绿箭——“塑”造绿色生活

节能型注塑机 1

中国塑料机械工业协会

符合

注塑机安全要求

GB22530-2008

中国塑料机械工业协会

国家塑料机械
产品质量监督检验中心

华南生产基地(东华机械)

地址：广东省东莞市东城区周屋工业区银珠路　　P. C.:523118
Address: Yinzhu Road, Zhouwu Industrial Park, Dongcheng District, Dongguan, Guangdong
Tel: 0086-769-22810389 22810339　　Fax:0086-769-22412829
E-mail: sales@cml.com.cn

捷克TOS(道斯) WRD150Q加工中心

日本TOSHIBA BTD-130H.R22加工中心

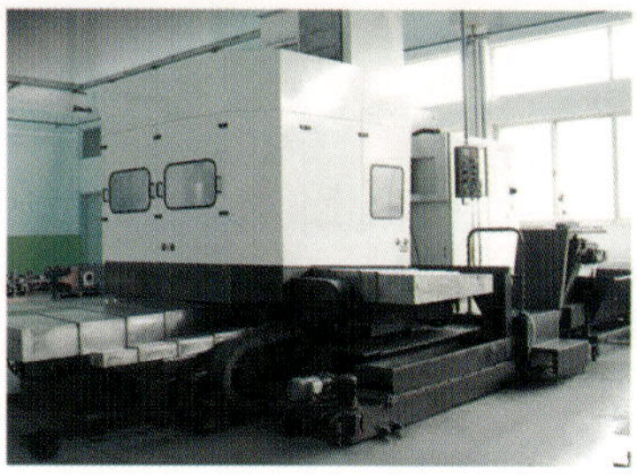

日本TOSHIBA BTD-110H.R16加工中心

日本MAZAK8800加工中心

广东伊之密精密机械股份有限公司是以“模压成型”为主题的装备机械制造商。始创于2002年，位于中国著名的工业之都——顺德（国家高新技术产业区），占地面积达80 000 m²。以高精度注射成型机、高性能铝镁合金压铸机、高品质橡胶机为主导产品。

成立至今，伊之密凭借雄厚的资金与规模实力支持，结合业界优秀的研发、设计、制造、服务、营销团队，秉持“让中国装备技术与世界同步，并为全球客户创造更佳的投资回报及客户体验”的企业宗旨，致力于成为一家经营好、管理好、文化好，让员工引以为傲，为社会仰慕及尊敬的企业。

伊之密拥有省级企业技术中心、工程中心，并设立了博士后科研工作站，目前已成为中国具有竞争力和发展潜力的大型装备综合服务商、中国具有规模的装备制造企业之一、国家高新技术企业及国家火炬计划项目实施企业单位。2009年，尽管受金融危机影响，伊之密仍然延续了以往的增长，全年实现销售同比增长80%。2010年，实现同比增长75%，远高于行业平均水平。

在国内，伊之密除顺德容桂生产基地外， 还建有顺德五沙、苏州吴江两大生产基地，2012年将部分投入使用。届时，伊之密年产能将翻一番，成为业内大型厂商之一。

在全球，伊之密建有多个海外办事处和服务点，业务覆盖数十个国家和地区。2011年3月，伊之密成功收购了美国百年企业HPM公司的全部知识产权，迈出了伊之密全球化的重要一步。

另外，伊之密计划 3 年内在印度、巴西或俄罗斯建立海外生产基地，计划2014年底投入使用，通过更多的海外生产基地为全球客户提供更好的产品和服务。

广东伊之密精密机械股份有限公司
GUANGDONG YIZUMI PRECISION MACHINERY CO.,LTD.

地址：广东省佛山市顺德高新区(容桂)科苑三路22号伊之密工业园(P.C:528306)
TEL:0086-757-29262000/29265555　0086-757-29265150 (Overseas)
E-mail: TANGZ@YIZUMI-GROUP.COM(国内营销中心)
IMM@YIZUMI-GROUP.COM(Overseas Sales)

www.yizumi-group.com

注塑机 系列

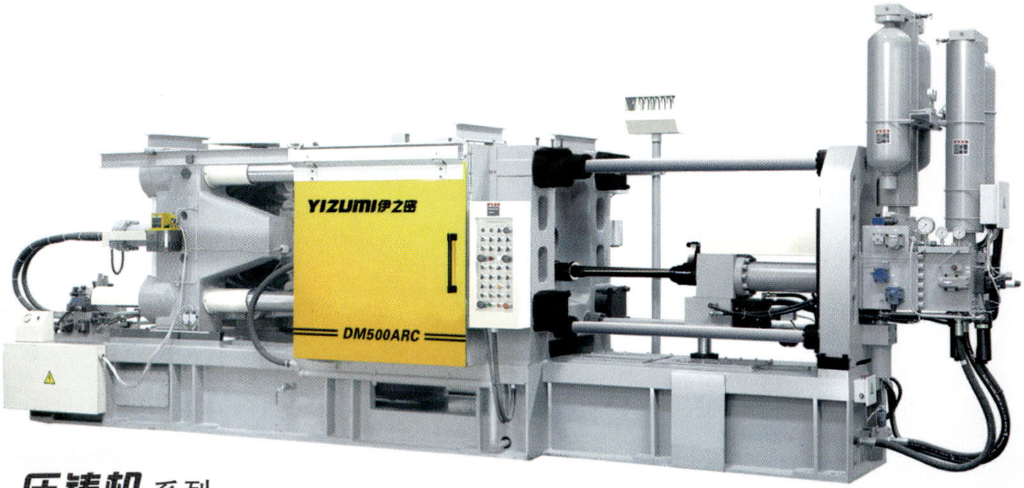

压铸机 系列

国家高新技术企业
国家博士后科研工作站
国家火炬计划项目实施单位
广东省名牌产品
广东省著名商标
广东高新技术产品
广东省高效节能注塑成型装备工程技术研究开发中心
广东省企业技术中心
广东省装备制造业50强骨干企业
广东省现代产业500强项目企业
广东省“百强创新型企业培育工程”示范企业

橡胶机 系列

ISO9001
广东名牌
广东省著名商标

JINMING
金明

BMJ VI—500
happyway

商 | 压铸机行业中国名牌产品

业 | 香港联合证券交易所主板上市公司

“集团”董事局成员在香港联合证券交易所力劲科技股票上市挂牌仪式上
2006年10月16日

“集团”董事局主席张俏英女士在人民大会堂颁奖仪式上
2007年9月11日

出上射式高精密微注塑机的企业。同年，集团研发的卧式冷室压铸机（DCC3000）和卧式冷室压铸机（DCC2500）及DCC3000M(镁合金)卧式冷室压铸机荣获“深圳市自主创新产品”。

力劲集团作为行业标准的制定者，负责多项压铸机国家标准的起草，并参加多项注塑机国家标准的拟订，先后参与国家“十五”科技攻关计划，国家“十一五”、“十二五”科技支撑计划等。集团拥有国家产业基地2个，省、市级企业技术中心3个，旗下4家子公司被认定为“国家高新技术企业”。

优良的质量 集团各生产厂已通过ISO9001质量体系认证，产品已获得CE认证，达到欧美日发达国家标准。

覆盖国内外的销售网络 集团在中国大陆拥有45个核心销售和服务中心；在中国香港、台湾各有1家子公司，在美国、加拿大、德国、意大利共设有6家子公司；另在全球发展了20多个代理商，销售和服务网络已经遍布全球。

整体解决方案和一体化服务 集团致力于客户的成功，追求为客户提供整体解决方案，不仅提供压铸设备，还可提供周边配套设备和压铸后加工CNC加工中心等成套设备。我们可以为客户提供从厂房规划、机型选择、安装调试、人员培训、工艺流程设计、运行跟踪、售后维修等一系列的一体化快捷服务，现已经实现中国大部分区域“24小时快速服务”。

由于集团拥有在市场上的领导地位、享誉业界的品牌、庞大的生产规模、领先的研发能力、卓越的产品质量、覆盖全球的销售网络和优质高效的服务，赢得了“中国名牌”、“香港名牌”、“广东省名牌”、“香港工业奖”、“国家高新技术企业”、“上海市高新技术企业”、“广东省高新技术企业”、“十佳塑机企业”、“深圳百强企业”、“全国外商投资双优企业”、“中国机械500强”等多项殊荣，赢得业界的广泛认同。

展望未来，集团将坚持创新，持续不断提升质量和服务，脚踏实地为成为世界级的精密机械制造商而做出不懈努力。

集团概况

| 世界级的压铸机制造商　| 中国五大注塑机制造商　| 中国主要的CNC加工中心制

| 中国机械500强企业　| 国家高新技术企业　| 率先参与国家科技攻关项目的外资企

力劲科技集团有限公司1979年创立于中国香港，是一家专业从事研发、制造和销售冷、热室压铸机及镁合金压铸机、精密注塑机和计算机数控加工中心（CNC加工中心）的技术和资本密集型企业集团。经过30余年的发展，集团已经成为世界五大压铸机制造商、中国五大注塑机制造商和中国主要的CNC加工中心制造商之一。集团于2006年10月在香港联交所主板成功上市。

集团产品广泛应用于汽车、3C（计算机、通信、消费电子）、家电、建筑材料（卫浴、灯饰、锁具等）、包装、电动工具、玩具、礼品和物流等行业和领域。经过30余年的不懈努力，集团已经在全球范围内建立起独特的竞争优势。

行业领导地位 目前，集团已成为产销量庞大的压铸机制造商。2007年以来，连续几年，集团在中国销售的压铸机数量大约占中国和东南亚市场每年销量的50%。2008年集团成功并购了压铸机制造商意大利意德拉（IDRA）公司,2010年又收购了著名的压铸机周边设备制造商日本普莱克斯（PREX）公司，成为全球压铸机行业的领导者。

卓越的品牌 经过30余年的努力，力劲“LK”牌压铸机已成为享誉海内外的卓越品牌。2007年，力劲压铸机率先被授予“中国名牌产品”称号。力劲注塑机和CNC加工中心也成为具有成长性的品牌。

全球首屈一指的生产规模 集团在深圳、中山、上海、宁波、昆山、阜新、中国台湾及意大利拥有8个现代化生产与研发基地，占地面积约80万m^2，覆盖华南、华东、华北和中国台湾，以及欧洲等市场区域。

领先的技术 集团实施科技领先战略，致力于为社会提供更多更好的高科技产品，与清华大学、浙江大学、香港理工大学、北京化工大学等多所著名科研院校“联姻”，在特种铸造、注塑成型、自动控制、材料技术等方面进行多元化技术合作，产品集各领域先进技术于一身，共获得80多项专利，并在国内率先成功研发出镁合金压铸机，实时控制冷室压铸机，两板压铸机，锁模力20 000kN、30 000kN、45 000kN冷室压铸机,填补了多项国内空白,是全球为数不多的能生产制造合模力30 000kN以上压铸机的企业之一。2008年，集团与香港理工大学组建合资企业合作研发和生产2吨级、5吨级等多种高精密微注塑机，成为全球率先开发

CHNAK 爱科
CHN-AK MACHINERY
爱心造就和谐 科技引领未来
科技的力量
科技的力量无处不在
爱科正在科技的引领下
沿着创新驱动、内生增长的轨道
奋力前行
扎根中国 行走世界
这就是爱科永远的坚持
立式塑胶 · 电木射出成型机
AT、AC、AK三大系列，100多种型号
锁模力：250~6 500kN，射出量：10~6 000g
CHNAK 爱科 立式注塑机
杭州爱科机械有限公司
咨询热线：0571-88607729
地址：浙江省杭州市余杭区径山镇漕桥工业园
电话：0571-88607728 传真：0571-88607727
E-mail:chn-ak@hotmail.com
PLAS
CE
www.chn-ak.com

PET片材挤出生产线

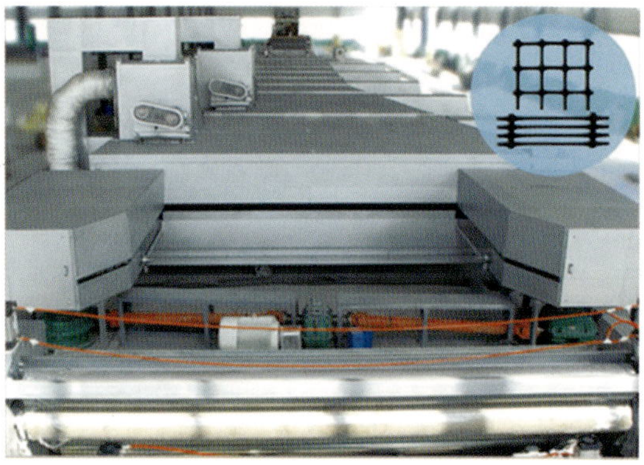

土工格栅挤出生产线

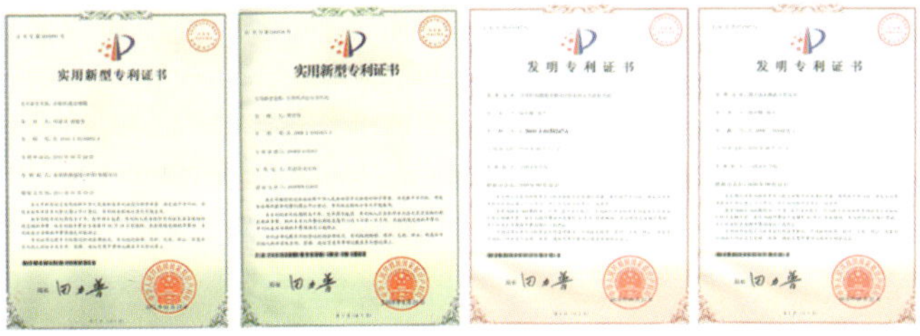
实用新型专利证书
实用新型专利证书
发明专利证书
发明专利证书

TEDERIC
泰瑞机器

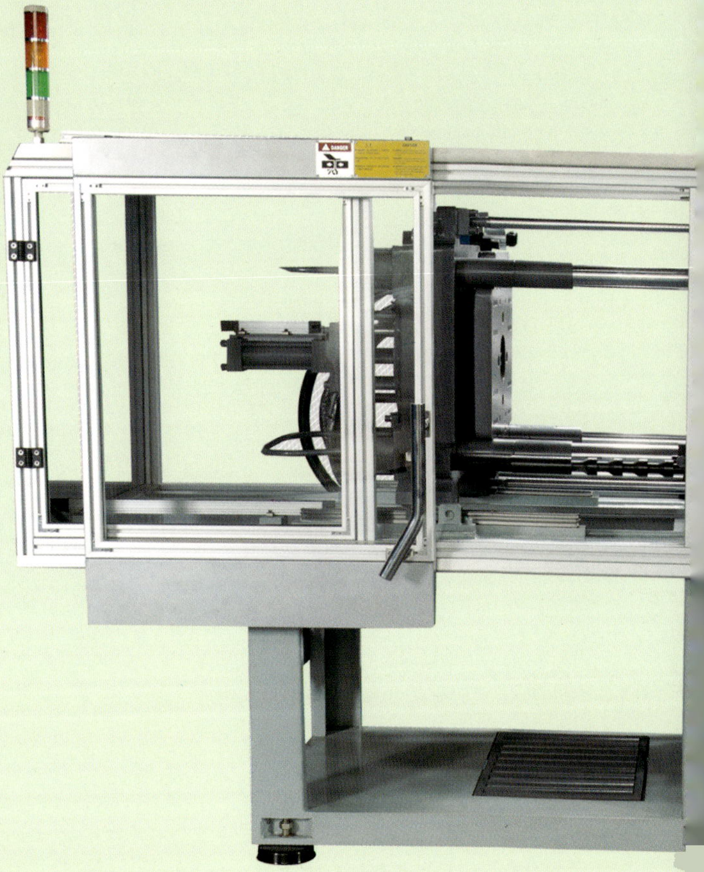

二板直压式注塑机

更精密 更节能 更高效 更洁净

应用领域

★高精密产品
★医用塑料制品
★PET、食品包装
★粉末冶金
★薄壁制品
★深腔制品

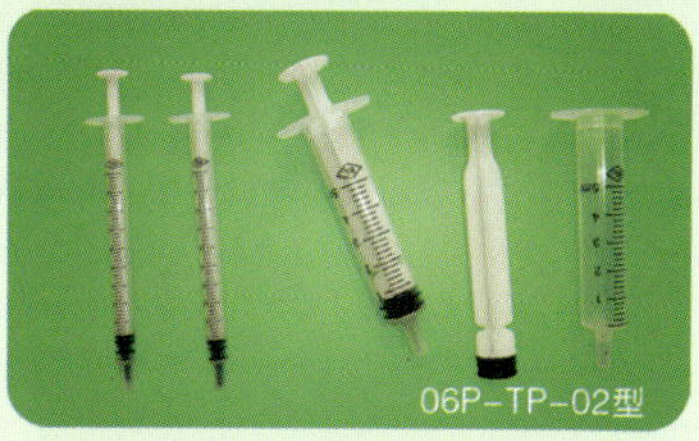

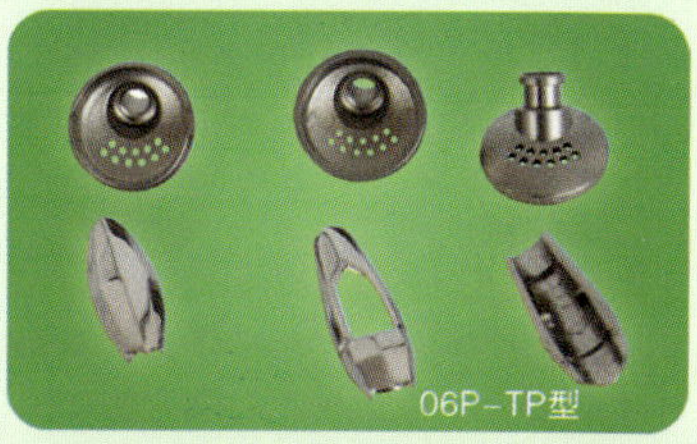

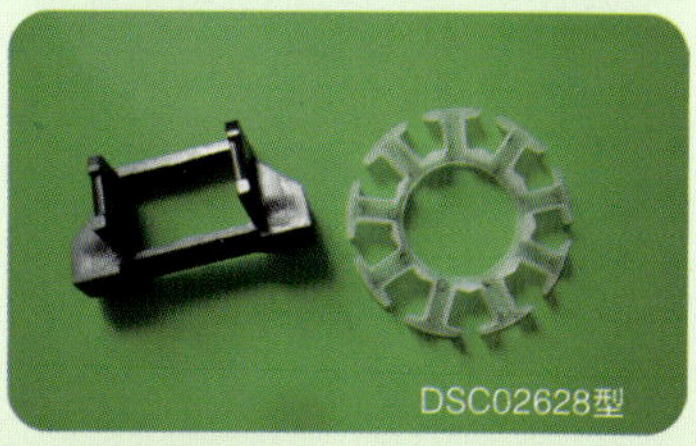

安全高效

★不用调模，低压护模灵敏可靠，可很好地保护模具和机器，损耗小，机器寿命提高一倍以上，模具寿命提高两倍以上

高速便捷

★升压时间短，启、闭模速度快，最高移模速度可达 800m/s
★模具安装方便，大机可在锁模部位底部由下而上吊装模具

中国机械工业年鉴系列

中国塑料机械工业年鉴

2011

中国机械工业年鉴编辑委员会
中国塑料机械工业协会 编

机械工业出版社
China Machine Press

《中国塑料机械工业年鉴》2011年刊设置综述、专文、行业概况、统计资料、产业集群、产品与项目、标准、大事记和附录栏目，集中反映2010年塑料机械行业的发展情况及发展趋势，全面系统地提供了塑料机械行业的经济指标。另外，本年鉴设置的“产业集群”栏目介绍了塑料机械行业多个富有鲜明特色的产业集群，展示了这些产业集群为我国经济社会发展做出的重要贡献。

《中国塑料机械工业年鉴》主要发行对象为政府决策机构、机械工业相关企业决策者和从事市场分析、企业规划的中高层管理人员以及国内外投资机构、贸易公司、银行、证券、咨询服务部门和科研单位的机电项目管理人员等。

图书在版编目（CIP）数据

中国塑料机械工业年鉴. 2011/中国机械工业年鉴编辑委员会，中国塑料机械工业协会编.—北京：机械工业出版社，2012.3

(中国机械工业年鉴系列)

ISBN 978-7-111-37848-8

Ⅰ.①中… Ⅱ.①中… ②中… Ⅲ.①塑料—化工机械—中国—2011—年鉴 Ⅳ.① F426.45-54

中国版本图书馆CIP数据核字(2012)第 051040 号

机械工业出版社(北京市西城区百万庄大街22号　邮政编码 100037)

责任编辑：魏素芳

北京画中画印刷有限公司印制

2012年3月第1版第1次印刷

210mm × 285mm · 15印张 · 44插页 · 354千字

定价：260.00元

领导关怀

中共中央政治局常委、国务院总理温家宝到塑料机械行业企业考察

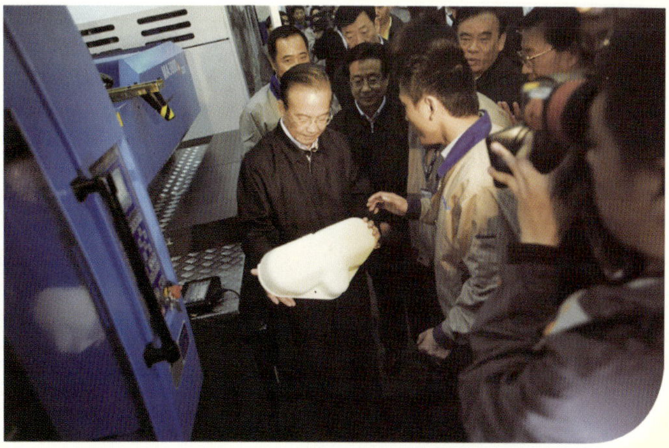

中共中央政治局常委、国务院总理温家宝参观塑料机械企业自主研发制造的高效节能型注塑机

中共中央政治局常委、国家副主席习近平到塑料机械行业企业考察

中共中央政治局委员、国务院副总理张德江到塑料机械行业企业考察

中国机械工业年鉴系列

作为『工业发展报告』

记录企业成长的每一阶段

中国机械工业年鉴

编辑委员会

中国塑料机械工业年鉴

记录历史

塑造品牌

中国塑料机械工业年鉴
执行编辑委员会

中国塑料机械工业年鉴

记录历史

塑造品牌

中国塑料机械工业年鉴
编辑出版工作人员

总 编 辑 郭 锐

主 编 李卫玲

副 主 编 刘世博 肖新军

执行主编 朱彩绵

责任编辑 魏素芳

市场编辑 曹春苗 蒋 斌

图文设计 张慕原

地 址 北京市西城区百万庄大街22号（邮编100037）

编 辑 部 电话（010）88379829 传真（010）68997966

发 行 部 电话（010）68326643 传真（010）68326017

E-mail：cmiy@vip.163.com

http：//www.cmiy.com www.mepfair.com

中国塑料机械工业年鉴
特约顾问单位特约顾问

（排名不分先后）

特约顾问单位	特约顾问
广东佳明机器有限公司	陈镇洪
博创机械股份有限公司	朱康建
浙江申达机器制造股份有限公司	王　珏
海天国际控股有限公司	张静章
香港震雄集团	蒋志坚
力劲集团	刘相尚
宁波市海达塑料机械有限公司	蒋忠定
东华机械有限公司	杜　江
广东伊之密精密机械股份有限公司	廖昌清
山东通佳机械有限公司	张建群
广东金明精机股份有限公司	马镇鑫
青岛顺德塑料机械有限公司	赵桂旭
泰瑞机器制造（中国）有限公司	郑建国
佛山市步明精密机器有限公司	黄步明
苏州同大机械有限公司	徐文良
南京艺工电工设备有限公司	杜德鑫
杭州爱科机械有限公司	徐红亮
仁兴机械（深圳）有限公司	梁伟祥
江苏维达机械有限公司	高学飞
潍坊中云机器有限公司	张其智
大连橡胶塑料机械股份有限公司	林　炬
杭州大禹机械有限公司	杨茂荣
科倍隆（南京）机械有限公司	沈　君
大连三垒机器股份有限公司	俞建模
北京华腾佳和科技有限公司	刘瑞章
宁波海星塑料机械制造有限公司	陈兴良
东莞钜邦机电有限公司	王邦枝
富强鑫（宁波）机器制造有限公司	王俊杰
广东达诚机械有限公司	罗庆青
广东乐善机械有限公司	郭锡南
张家港市贝尔机械有限公司	何德方
张家港市二轻机械有限公司	俞振明
青岛福润德塑料挤出技术有限公司	赵炳仁
信易电热机械有限公司	吴峻睿
宁波弘讯科技股份有限公司	俞田龙
舟山市金久机械制造有限公司	顾建军

中国塑料机械工业年鉴

记录历史
塑造品牌

中国塑料机械工业年鉴 特约顾问单位特约编辑

（排名不分先后）

特约顾问单位	特约编辑
广东佳明机器有限公司	方　来
博创机械股份有限公司	唐小军
浙江申达机器制造股份有限公司	俞婷婷
海天国际控股有限公司	高世权
香港震雄集团	王忠民
力劲集团	孙　猛
宁波市海达塑料机械有限公司	李树平
东华机械有限公司	陈玉城
广东伊之密精密机械股份有限公司	张　涛
山东通佳机械有限公司	李　勇
广东金明精机股份有限公司	陈　浩
青岛顺德塑料机械有限公司	杨韵洁
泰瑞机器制造（中国）有限公司	岳钦杨
佛山市步明精密机器有限公司	黄步明
苏州同大机械有限公司	朱建新
南京艺工电工设备有限公司	吴佳淼
杭州爱科机械有限公司	盛群丹
仁兴机械（深圳）有限公司	梁志健
潍坊中云机器有限公司	崔维明
大连橡胶塑料机械股份有限公司	程　卫
杭州大禹机械有限公司	范君芳
科倍隆（南京）机械有限公司	付　晓
大连三垒机器股份有限公司	刘冰冰
北京华腾佳和科技有限公司	徐树勋
宁波海星塑料机械制造有限公司	陈凯定
东莞钜邦机电有限公司	施玉枝
宁波市塑料机械行业协会	陈　栋
富强鑫（宁波）机器制造有限公司	陈晓周
广东省塑料工业协会注塑专业委员会	蔡恒志
广东达诚机械有限公司	吴奕万
广东乐善机械有限公司	梁少玉
张家港市塑机（饮机）协会	顾惠聪
张家港市贝尔机械有限公司	仲清锋
张家港市二轻机械有限公司	乔卫祥
信易电热机械有限公司	陈彦良
宁波弘讯科技股份有限公司	郑　琴

前　言

东风浩荡春光好，金龙起舞气象新。伴随着“十二五”精彩开局的喜悦，满怀着稳中求进、好中求快的豪情，《中国塑料机械工业年鉴》再书新篇，散发着浓浓的墨香，呈现在广大读者的面前。

回首2011年，我们备感振奋。2011年4月8日，中共中央政治局常委、国务院总理温家宝在浙江就经济运行情况进行调研时，到宁波海天塑机集团有限公司考察并作重要讲话。这既是对海天塑机集团的亲切关怀，也是对全国塑料机械行业的巨大鼓舞。这一年，塑料机械行业发展的建议被列入国家规划，使行业的主张上升为国家意志，提高了规划的层次和执行力，成为全国机械行业规划体系中的亮点。这一年，工业和信息化部、国家发展和改革委员会、科技部等国家部委对塑料机械行业寄予厚望，并给予有力支持，为行业发展创造了难得的历史机遇，极大地激发了企业家和职工奋发进取的热情，有力地推动了行业经济又好又快发展。

审视2011年，我们备感欣喜。这一年，是全面实施“十二五”规划的起步之年，也是塑料机械行业攻坚克难、成绩斐然的一年。面对极为复杂的国内外发展环境，全行业坚持以科学发展为主题，以加快转变经济发展方式为主线，以推进产业转型升级为主攻方向，开拓进取，顽强拼搏，呈现出经济增长继续提速、外贸出口逆势上扬、大型企业奋发有为、中小企业激流奋进、质量效益稳步提升、科技创新成效突出、转型升级步伐加快、产品创新成果丰硕、企业文化绽放力量和行业面貌焕然一新的良好态势，交上了一份来之不易的满意答卷。

统计资料显示，2011年，全行业塑料机械产量达到29.04万台，塑料机械产量继续位居全球第一位，实现了“十一连冠”的新成就；全行业工业总产值464.51亿元，比上年增长16%；工业销售产值444.46亿元，同比增长17%；出口交货值80.59亿元，同比增长33%，各项经济指标均创历史新高。

已经开启的2012年，是实施“十二五”规划承上启下的重要一年，是党的十八大胜利召开的喜庆之年，也是我国塑料机械行业加快推进转型升级、向更高目标迈进的关键之年。我们既面临难得的发展机遇，又面临更为复杂的发展形势。在新的征程中，我们务必牢牢把握主题主线，坚持稳中求进的总基调，突出转型跨越的总目标，进一步增强机遇意识和忧患意识，紧紧抓住塑料机械行业发展获得国家支持的重大历史机遇，做好应对各种困难挑战的准备，加快推进创新驱动、高端发展、绿色发展战略，以更加积极的姿态、更加昂扬的斗志、更加务实的作风，迎难而上，开拓进取，努力实现行业经济更好更快发展，继续谱写塑料机械行业由大变强的新篇章，以优异成绩迎接党的十八大胜利召开！

《中国塑料机械工业年鉴》2011年版客观记录了2010年来行业经济发展的历程，如实地反映了企业和行业科技创新、产品创新、节能减排等各项工作的新亮点，实事求是地总结了2010年的成绩，中肯地分析了当前行业经济发展面临的主要问题，冷静地分析了2011年乃至今后一个时期行业发展的趋势，是塑料机械行业最权威的年度报告，是政府职能部门和有关单位掌握行业情况的重要依据，是了解、研究中国塑料机械工业的权威工具书，是上下游产业和国内外客户加强合作交流的首选资料。

我们坚信，素有攻坚克难精神和危中求进经验的中国塑料机械工业，一定会抓住机遇，开拓奋进，在新的征程中书写更加辉煌的新篇章，创造更加美好的未来。同时，《中国塑料机械工业年鉴》一定会越办越好，成为广大读者欢迎的知名年鉴。我们诚挚期待业内企业和社会各界的热情关注和支持！

中国塑料机械工业协会会长　[signature]

2012年3月

广告索引

序号	公司名称	页码
1	广东佳明机器有限公司	封面
2	博创机械股份有限公司	封底
3	浙江申达机器制造股份有限公司	封二
4	海天国际控股有限公司	拉折页
5	香港震雄集团	拉折页
6	力劲集团	拉折页
7	宁波市海达塑料机械有限公司	扉页
8	东华机械有限公司	前特联版
9	广东伊之密精密机械股份有限公司	前特联版
10	山东通佳机械有限公司	前特联版
11	广东金明精机股份有限公司	前特联版
12	青岛顺德塑料机械有限公司	前特联版
13	泰瑞机器制造（中国）有限公司	前特联版
14	佛山市步明精密机器有限公司	前特联版
15	苏州同大机械有限公司	前特联版
16	南京艺工电工设备有限公司	前特页
17	杭州爱科机械有限公司	前特页
18	仁兴机械（深圳）有限公司	前特页
19	江苏维达机械有限公司	后特页
20	潍坊中云机器有限公司	封三联版
	“十一五”回眸　“十二五”展望	
21	大连橡胶塑料机械股份有限公司	A2～5
22	杭州大禹机械有限公司	走进企业专题A6～9
23	科倍隆（南京）机械有限公司	走进企业专题A10～11
24	浙江申达机器制造股份有限公司	走进企业专题A12～13
25	大连三垒机器股份有限公司	走进企业专题A14～15
26	北京华腾佳和科技有限公司	A16
27	宁波海星塑料机械制造有限公司	A17
28	中国塑料机械工业协会活动掠影	
29	东莞钜邦机电有限公司	A20
	中国塑料机械产业集群	
30	宁波市塑料机械行业协会	B2～3
31	海天塑机集团有限公司	B4～5
32	富强鑫（宁波）机器制造有限公司	B6～7
33	宁波市海达塑料机械有限公司	B8～11
34	广东省塑料工业协会注塑专业委员会	B12
35	广东达诚机械有限公司	B13
36	广东乐善机械有限公司	B14～15
37	广东佳明机器有限公司	B16～19
38	张家港市塑机（饮机）协会	B20～21
39	张家港市贝尔机械有限公司	B22
40	张家港市二轻机械有限公司	B23
41	青岛市塑料机械行业协会	B24
42	青岛福润德塑料挤出技术有限公司	B25
43	大连塑料机械研究所	B26～27
44	信易电热机械有限公司	B28～29
45	宁波弘讯科技股份有限公司	B30～31
46	舟山市金久机械制造有限公司	B32

中国塑机振兴之路

“十一五”回眸
“十二五”展望

大连橡胶塑料

一、总结“十一五”

“十一五”时期是大连橡胶塑料机械股份有限公司（以下简称大橡塑公司）发展进程中极不平凡的五年，面对复杂多变的内外部形势，大橡塑公司坚持以科学发展观为指导，秉承“追求更好”的经营理念，充分发挥公司的优势，以新产品开发为突破口，及时调整产业结构，顺利地完成了“十一五”的既定目标，公司的综合实力大幅提升，2010 年在全球橡胶机械供应商排序中列第 12 位。

公司经营　“大橡塑”的品牌声誉得到巩固和提高，销售收入年均增长 10% 以上，“十一五”时期,大橡塑公司实现销售收入20亿元,比“十五”时期翻了一番。企业资产大幅增加，总计 16.8 亿元，比 2005 年增长 175%。

科技创新　先后开发完成了为石化乙烯工程配套的大型挤压造粒机组；用于子午线轮胎生产的钢丝帘布压延生产线和电池膜、碳纤维的新材料装备等新产品 54 项，其中以“大型挤压造粒机组”为代表的系列新产品打破国外垄断，为国家经济安全做出了重要贡献。销售收入中，新产品比重不断提高，2010 年达到 23%，成为公司新的经济增长点。2010 年，公司被国家知识产权部门列为“全国企事业知识产权试点单位”。公司新获专利授权 38 项，其中，发明专利 11 项，实用新型专利 27 项。4 项新产品获得省部级科技进步奖励。

节能减排　公司不仅在内部管理上降耗，2010 年万元产值能源消耗为 0.16t 标准煤，比 2005 年降低 45%，而且还注重开发节能降耗的新产品，有以大功率高压交流变频装置密炼机为代表的新型系列密炼机的开发，还有一步混炼工艺新技术的应用，都代表了当今节能、低碳、环保的新理念。

人力资源建设　通过完善人才培养与引进机制，公司建有国家博士后科研工作站和高校人才培养基地，企业的核心竞争力不断提高。在科技创新中，充分发挥人力资源优势，中青年员工已

机械股份有限公司

担当重任，成为骨干力量。至2010年末，在职员工中，大专以上学历占39%，具有中级以上职称的工程技术人员和工人技师占24%，有28人次享受政府特殊津贴。与企业发展同步，员工收入不断提高，人均工资较2005年增长70%以上。

信息化建设 经多年持续投入，以企业搬迁改造为契机，信息化基础设施建设取得了质的飞跃，信息技术应用覆盖了公司所有部门和所有业务领域。以千兆光纤为骨干的局域网为公司信息化系统提供了快速、安全的信息处理保障，各项工作借助信息化手段向自动化和智能化方向深入发展。

搬迁改造 历经4年努力，搬迁改造工作取得重大进展，营城子主厂区整体落成，投入正常使用；长兴岛机械制造基地也进入全面施工阶段；市区研发销售中心也在规划当中。搬迁过程中，公司投入1.3亿元购置各类先进设备，显著提升了装备优势，确保高等级橡塑机械产品生产制造的需要，为实现公司跨越式发展打下了坚实的基础。

转变发展方式 推进实施发展战略，先后分立经营电控柜业务、产品大修业务和电镀业务；与国际知名公司结为战略合作伙伴并完成了对加拿大麦克罗公司的整体收购，为走国际化发展道路进行了探索和尝试，实现了公司走出国门，跨国经营“零”的突破。

精神文明建设和企业文化 公司荣获省级“文明单位”称号；公司党委喜获市相关部门“先进党委”称号；公司的市级企业文化示范基地稳固确立。企业文化是企业的核心竞争力，大橡塑公司的企业文化经历了百年的积淀，是其他企业不可也是不能复制的。

“十一五”时期，公司取得的成绩来之不易，凝聚了全体员工的智慧和汗水。实践表明，在市场经济条件下，公司要实现更大发展，必须坚持以科学发展观为指导，立足现实，明辨形势，科学决策，不断创新，这样，企业才能永葆生机与活力，才能成为引领发展、受人尊敬的现代企业典范。

大连橡胶塑料

二、规划“十二五”

“十二五”时期是我国加快转变经济发展方式，促进经济转型升级的关键时期。国家将继续加大对经济结构的调控力度，淘汰落后产能，发展低碳经济。同时，第十一届全国人民代表大会第四次会议强调，要坚持以人为本，把保障和改善民生作为一切工作的出发点和落脚点。这要求我们，在今后的工作中务必把握住发展机遇，加快调整步伐，在推动产业升级，实现跨越发展的过程中着力提高员工收入水平，建立共创、共享的和谐发展机制

“十二五”时期，公司规划销售收入年均增长35%以上，至2015年达到24亿元，人均产值100万元。届时，以开放式炼胶（塑）机、密闭式炼胶（塑）机、橡胶（塑料）压延机为代表的传统产品销售额将占21%，以“大型挤压造粒机”、“丁基橡胶挤出机”为代表的石化产品及备件占29%，以电池膜、碳纤维为代表的新材料装备占8%。此外，由长兴岛子公司实现的销售额占21%，电控柜制造、设备大修等辅助产业实现的销售额占4%，由新增项目实现的销售额占17%，企业经营的规模和质量明显提高。

经营和发展方式 充分利用上市公司平台，加强资本运作，通过并购、合资等方式实施国际化发展战略。组织模式由直线职能型制造企业向战略管控型企业集团转变。改变“大而全”的生产模式，继续将部分辅助性、专业性业务剥离，实行独立的市场化运作。进一步加强与外部合作，发挥外部资源优势，实现1+1>2的扩大效应。

产品结构调整 完善激励机制，加大投入力度，提高新产品开发和新技术应用的速度和质量。至“十二五”期末，新产品营销比重达到50%以上，并形成四大产品系列架构，即：以橡胶塑料机械为主的传统产品，以“大型造粒”为核心的石化装备，以电池膜、碳纤维为代表的新材料加工装备和以大中型机床零部件制造、粗加工为主要内容的工业装备配套产品。

信息化建设 实现三个目标，即：构建适应公司发展要求的信息化网络平台；搭建纵向一体化的信息管理系统，实现精准化生产；按照集团

机械股份有限公司

化管理要求，构建融汇了企业文化和企业管理理念的信息系统。

企业管理和人力资源开发 按照市场经济条件下现代企业的发展要求，建立完备、有效的制度体系和质量管理体系；加强人力资源管理与开发，建立更加完善的选人、用人机制，为公司实现可持续发展提供良好的制度保证和体系保证；持续提高员工收入水平，至2015年，人均工资将在2010年的基础上翻一番。

杭州大禹机械有限公司

杭州大禹机械有限公司成立于 2001 年，是我国专业的立式塑料注塑机制造企业之一，产品一直定位于中高端市场。公司拥有浙江杭州大禹以及广东东莞大禹两个核心制造基地，专注于塑胶及电木BMC 等高精密注塑设备的研发和生产，引进欧洲、日本的先进技术，以技术、品质取胜作为企业发展理念，持续改进、不断创新，制造出一系列高品质、高精密的立式注塑成型机。公司在全国设有 20 多个办事处，并在印度、印度尼西亚、伊朗、马来西亚、越南、巴西、德国及美国等 10 多个国家设有代理机构。

2006 年，公司成为中国塑料机械工业协会会员； 2008 年，通过欧盟 CE 安全认证； 2009 年，被认定为国家高新技术企业及浙江省科技型中小企业，通过了国际标准化组织 ISO9001 质量管理体系认证，获得 6 项软件著作权； 2010 年，取得 3 项新型专利权。2008 年、2009 年连续荣获塑料行业荣格技术创新奖。公司经营的主要产品属于《国家重点支持的高新技术领域》规定的范围，销售到国内外知名企业，如中国石油集团、一汽集团、二汽集团、ABB（中国）有限公司、美的集团及日本松下、东芝、西川，德国西门子、霍尼韦尔等大型企业。2011 年，公司率先成为中国航天科技集团在立式注塑机行业的合作伙伴，为中国航天事业发展增添了实力。

大禹塑機
TAYU MACHINERY

企业简介

公司拥有一支优秀的研发队伍，覆盖了机械、电子电力、液压传动、高分子材料等相关领域，研发队伍的整体实力和研发经验在国内同行业中处于领先水平。先进实用的产品给公司带来强劲的市场竞争力，公司的几大优势机型：TYU 系列联动锁模超低工作台面机器、LED 灯支架专用注塑机、BMC 自动成型机、LSR 液态硅胶机、双色注塑机、精密闭环成型机等成为公司2011 年的主要增长来源，同时，这些产品被同行纷纷模仿，进一步验证了公司在行业内的领军地位。公司于 2005 年推出的伺服节能立式注塑机，2011 年增幅超过 70%，为环保事业做出了贡献。

历经多年发展，公司以强大的研发实力，先进的品质管理体系，国际化服务水准，成为以自主创新、技术领先为核心竞争力的优秀塑料机械制造企业。产品质量是企业生存之根本，为使机器的稳定性、使用寿命得到充分保证，公司一方面与世界流体控制巨头德国博世力士乐、日本油研、奥地利西格玛泰克建立起密切的合作伙伴关系，电气、液压及密封件等关键零部件全部采用进口件；另一方面又组织研发部门与多个研究所密切配合，采用欧洲的先进技术，对产品进行优化设计，并结合多年的实践经验，使产品更合理、更安全、更高效，从而为用户提供更适合的精密射出成型机。

公司拥有国际、国内业务部，研发部，技术部，制造部及售后服务部，组成了完善的组织结构。先进的品质管理体系、国际化服务水准、合理的价格，博得了众多客户的好评！公司成立以来，先后开发了 4 000 多家客户。不断地超越自我，始终引领行业发展潮流是公司矢志不渝的追求。公司作为我国卓越的立式射出成型机生产企业，在行业中率先取得了欧盟 CE 认证，大禹制造走出了国门，并成为我国立式注塑机的主要出口基地。

质量是企业生存的基石！公司坚持把铸造品质放在第一位，严格品质管理，改良生产工艺，精益求精。"以品质求生存"是每个大禹人牢记在心并持之以恒付以实际的信念。

节能 energy-saving　**环保** pro-environment　**高效** efficient　**精密** precision

http://www.tayu.cn

科技创新，

引领立式注塑机

- 全电动立式注塑机
- BMC、电木射出成型机
- 高尔夫球专用机
- 双色(多色)射出成型机
- 高速高压注塑机
- IMD模内装饰射出成型机
- J系列节能注塑机
- MIM金属粉末射出成型机
- LSR液态硅胶注塑机
- APC系列全自动拉送带成型机
- 全自动LED支架射出成型机
- TYU系列联动锁模超低工作台立式注塑机

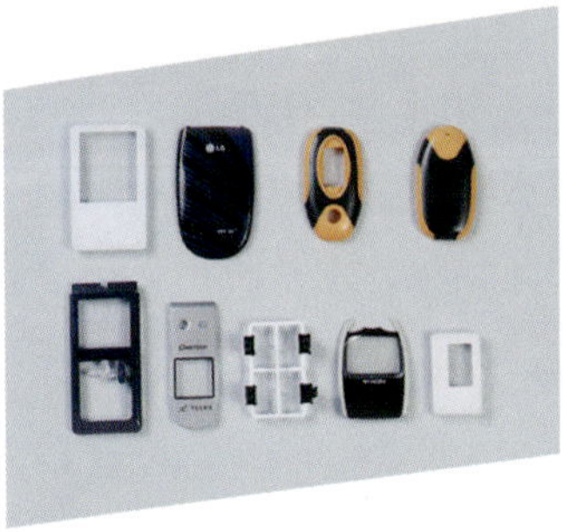

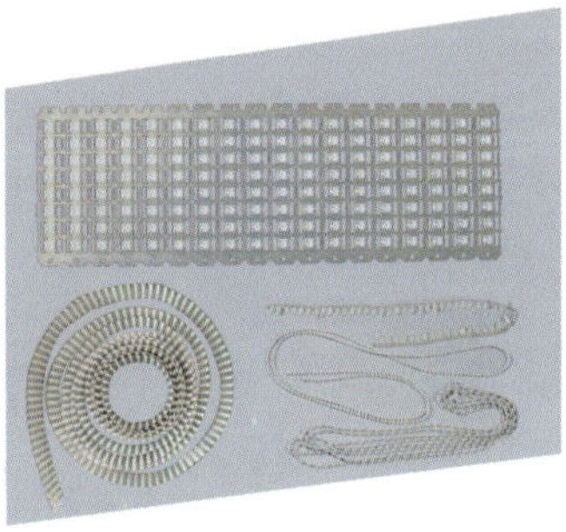

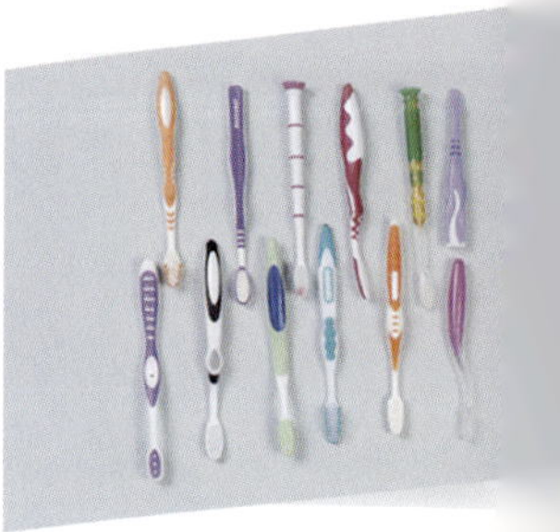

EXPO 2010 SHANGHAI CHINA
2010世博会民企馆入馆单位

欧盟CE认证

ISO9001质量认证

国家高新企业

大禹塑機
TAYU MACHINERY

行业发展！

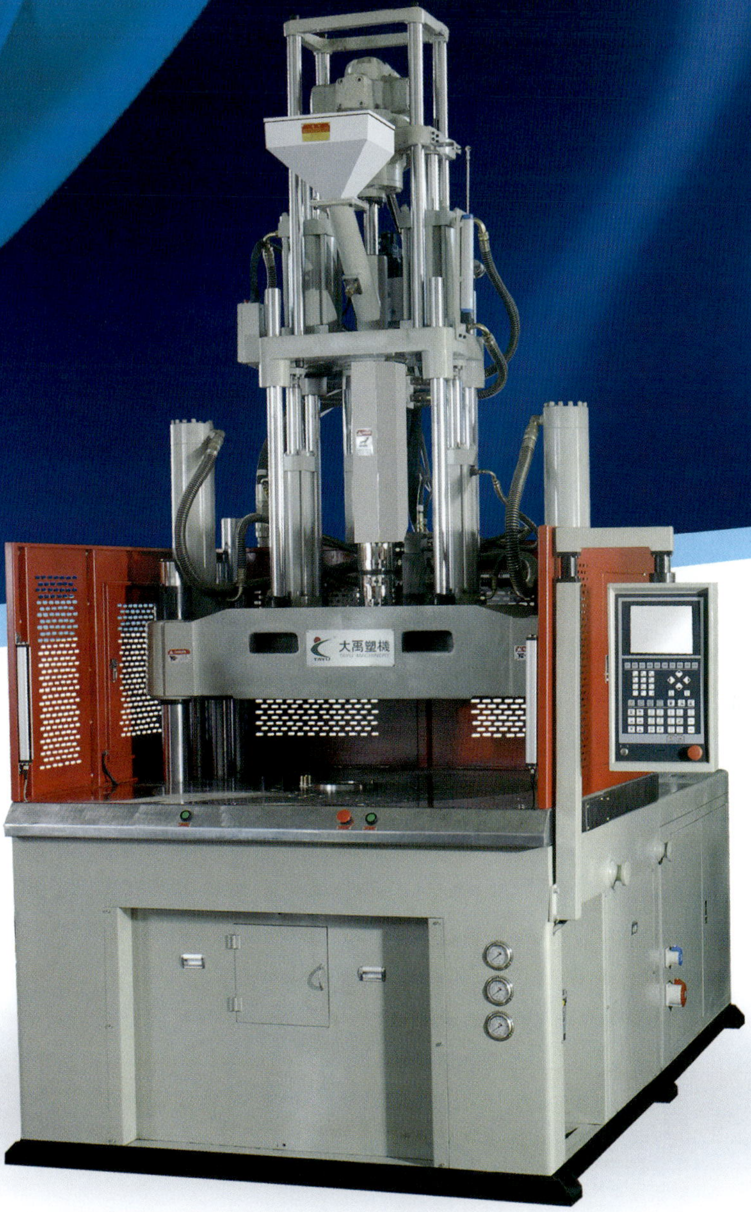

杭州大禹机械有限公司
地址：浙江省杭州市余杭区闲林工业园
电话：0571-88687198　88687296
传真：0571-88686887
邮编：311122
E-mail:hztayu@yahoo.com.cn
http://www.tayu.cn

东莞大禹机械有限公司
地址：广东省东莞市中堂镇袁家涌工业园
电话：0769-88188296　88189567
传真：0769-88188285
邮编：523220
E-mail:dgtayu@163.com
http://www.tayu.cn

科倍隆（南京）机械有限公司隶属于德国科倍隆集团。科倍隆集团（以下简称科倍隆）股东为德国法兰克福股市大型的基金投资公司 DBAG (Deutsche Beteiligungs AG)，德意志参股上市公司，对约 40 家子公司进行控股。科倍隆是塑料配混和挤出系统及化工行业大型物料输送系统在全世界范围的领导者，其旗下的 4 家主要生产基地累加拥有 300 多年的历史，全球超过 75% 的新型塑料材料是在科倍隆的测试实验室中进行开发和研究的。科倍隆(南京)机械有限公司严格遵守科倍隆的质量标准，充分确保了每道生产工序的高质量完成。科倍隆在德国总部和美国设有研发中心，位于中国南京的研发中心也于 2008 年 10 月 7 日举行了隆重的揭幕仪式，此中心的成立将有助科倍隆更快更好地为中国及亚洲的客户提供系统解决方案。

科倍隆的产品

作为双螺杆挤出机行业的领导者，科倍隆拥有领先的技术和丰富的经验。从 20 世纪 50 年代起，科倍隆就不断地为用于配混技术的加工机械和设备建立了许多全新的标准，为塑料、化工和食品行业设计和加工设备，并可根据客户的具体要求进行量身定制。科倍隆已经安装了 10 000 多台挤出设备。

ZSK 系列双螺杆挤出机

(1)ZSK MEGAcompounder 机型。由科倍隆 Werner&Pfleiderer 公司开发的第七代 ZSK 系列，是提高生产效率的又一里程碑。积木式结构，高转速，高能量传输，运行平稳，使用寿命长，优化的机械设计，较高的安全系数，方便灵活的控制。用于聚烯烃、工程塑料和其他需要高能量输入的连续配混过程，效果理想。

(2)ZSK MEGAvolume 机型。是满足高质量要求的理想配混机。采用模块式设计，优化平衡螺槽容积、扭矩和螺杆转速，实现优良工艺设计，性价比高，生产效率高。

(3)ZSK Kombiplast 机型。双阶结构和 ZSK 加工段的模块化原理使 Kombiplast 适用于多数领域的应用。在产品质量和成本上的优势保证了热敏感性和剪切敏感性聚合物在市场上的成功。

(4)ZSK Mc^{18} 机型是当前生产性能卓越的 ZSK 机型，工艺技术水平发展到了一个新的里程碑。拥有 18 N·m/cm³ 比扭矩，意味着产量显著增加的同时产品质量也得到提高，在市场上具有广泛的应用领域，可为您提供独特的技术优势。

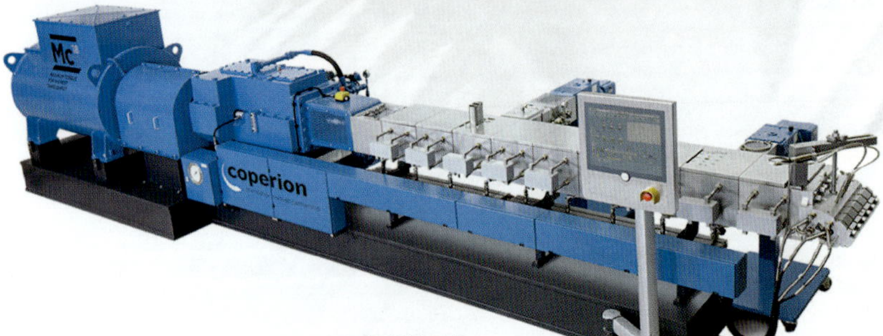

ZSK Mc^{18} 双螺杆挤出机

新型 STS advanced 系列配混挤出机

由科倍隆（南京）机械有限公司制造的 STS advanced 系列配混挤出机，具有高性能的驱动装置和可编程序触摸式操作控制系统。高强度的主机底座设计，使整个挤出机的结构更坚固，更符合人体工程学的要求。科倍隆在上海雅式展上，先期展示了这种高性价比的新机型。

STS 65 advanced 配混挤出机

CTE 系列双螺杆挤出机

CTE 系列双螺杆挤出机采用积木式结构，其主要优势在于加工段的多元化组合可根据各个不同的加工作业提供特定的优化组合，使机器的应用范围更广。机筒的积木式结构使加工精度更高。每节筒体的温度可单独设置；电加热，水冷却；机筒、螺杆元件和啮合块是氮化钢材质，也可根据客户要求，提供适合于特殊物料的耐磨、耐蚀性材质。

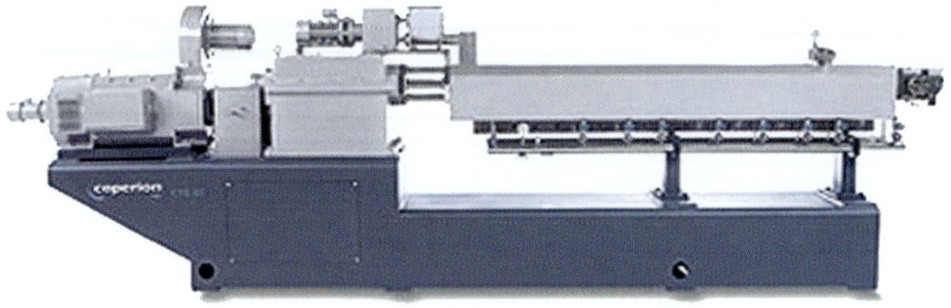

CTE 50 双螺杆挤出机

CKY 系列双阶挤出机

CKY 系列双阶挤出机主要用于热敏型和剪切敏感型物料和配混。双阶式结构和加工段的积木式结构使此机型适用于多种物料的加工。如 PVC、XLPE 电缆料、软 PVC 医用料、硬 PVC、EVA 发泡鞋底料和 PE 低烟无卤阻燃料等。

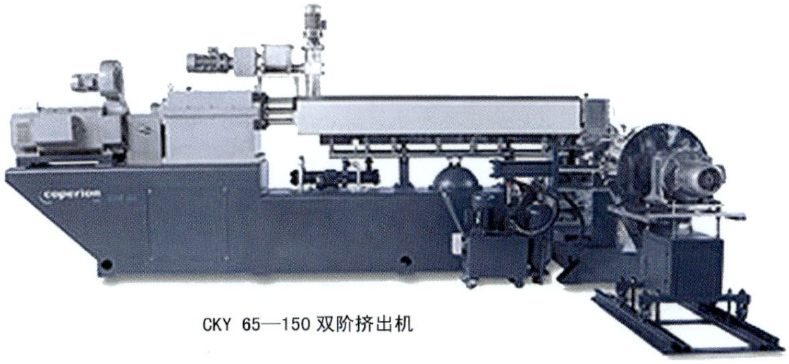

CKY 65—150 双阶挤出机

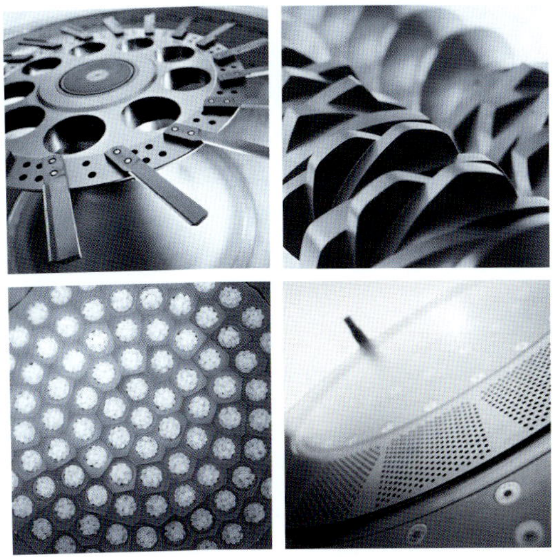

科倍隆的服务

科倍隆在工程设计技术之外，还一直恪守这样的信条：我们倾听客户的声音。就像科倍隆人常说的那样：confidence through partnership（信心源于合作）。科倍隆的服务领域非常广泛，遍布全球的 2 100 位专家、30 多个服务网点随时为客户提供全面的服务。科倍隆的员工拥有丰富的经验和专业知识，可以为客户提供全方位服务，科倍隆会派出优秀的工程师帮客户排除故障。科倍隆特有的服务体系包含：定期对客户的设备进行保养和检修，拥有大量的紧急备件库存，为客户提供解决问题的方案，长期对客户的设备进行检测与分析。定期对客户的操作员进行培训，对设备进行升级，以提高客户的生产效率。这种服务结构与科倍隆个性化的服务合同相匹配，可以为客户提供从基础检测到全方位维护和不同层次的服务。

科倍隆提供的不仅是服务。科倍隆之所以能创造这种新式的、个性化的服务，是因为科倍隆已经在科倍隆实验室对将来可能出现的各种风险进行了论证，这种研究经验的积累能立即应用于新产品的研发和制造，为客户提供技术竞争优势，长期保障客户的正常生产。

浙江申达机器制造股份有限公司是国内较早以自主品牌专业化研发、生产、销售注塑机的企业，是浙江省二轻集团公司控股的核心企业、国家和省级高新技术企业、全国轻工业卓越绩效先进企业，曾荣获国内塑机行业国家银质奖等重量级奖项。

公司拥有具有世界先进水平的加工中心和制造装备，装备数控化率达到79%，其中不乏日本新泻NIIGATA加工中心、捷克SKODA数控镗铣床、日本仓敷KURAKI数控镗铣加工中心等国际一流数控加工设备；公司通过自主研发，取得5项加工工装专利；公司还拥有一大批高精密度的检测仪器，如三坐标仪、红外线探伤检测仪、电阻应变仪及硬度仪等，并将公司研发的“注塑机锁模力测量装置”专利成功应用于精密注塑机合模力实时监测和控制。

公司具备完善的科研设施和较高素质的科研队伍，是一个拥有高效技术创新机制的专门从事精密注塑机研究的“省级精密注塑机研究开发中心”。公司人才力量雄厚，拥有国内同行中荣获“国家特殊贡献”荣誉的高级专业设计师、浙江省“151人才工程”学科带头人等。研发中心本科人员和中级以上职称研发人员36人，高级工程师职称5人，并有3名享受国家政府津贴的行业技术专家。

公司先后被浙江省经信部门、浙江省科技部门认定为浙江省级技术中心和浙江省级高新技术企业研究开发中心。承担了多项国家、省、市科技计划和技术创新项目；参与了1项行业标准和3项国家标准的制定，并承担20余项行业标准的评审和起草工作；与多家高等院校和科研院建立了广泛长久深度的合作关系，以产学研结合的方式来承担科技项目，并以科技项目来带动产学研结合，开展了包括学术（技术）研讨、技术攻关、技术培训、合作开发高新技术产品等科技活动，并取得了一系列具有突破性的科技成果。

公司拥有四大系列126种规格产品，形成了完整的塑料注射成型装备产品组合，基本上能够满足所有客户的要求。主要产品包括传统型注塑成型机、伺服精密节能环保注塑机、IT和汽配薄壁专用注塑机等机械产品。公司产品覆盖的合模力范围达900~40 000kN、理论注射容量100~143 200cm^3的注塑机，是国内产品品种、规格较齐全的厂家之一，也是国内大型和超大型塑料注射成型装备制造的龙头企业，具有一定的规模和全系列产品优势。

产品远销至日本、法国、沙特阿拉伯、印度、印度尼西亚、俄罗斯等50余个国家和地区。经过多年的市场培育和拓展，公司凭着领先的研发能力、过硬的产品质量、完善的售后服务，已成功地将产品推广应用于建材、包装、汽车、电子信息、家电等多个行业或领域，并赢得了用户的广泛认可。

www.injectionmachine.com

浙江申达机器制造股份有限公司
ZHEJIANG SOUND MACHINERY MANUFACTURE CO.,LTD.

地址：浙江省杭州市村口 HANGZHOU P.R.CHINA
电话：0571-87095113
传真：0571-87097616
邮编：310038
E-mail:sound@injectionmachine.com

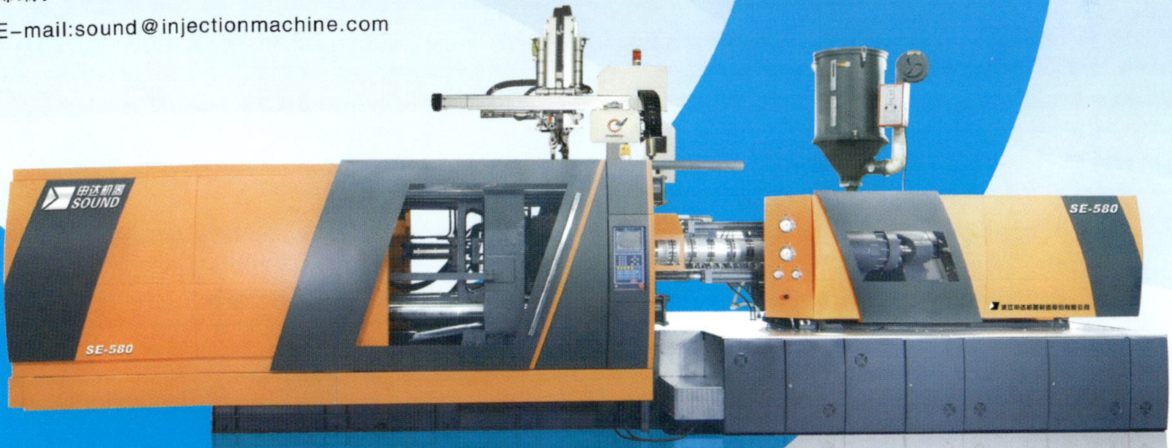

IQNet　ISO9001:2008　SGS　CE

大连三垒致力打造国际一流塑机成套装备

2011年9月29日，大连三垒机器股份有限公司在深圳证券交易所成功挂牌上市，股票简称大连三垒，股票代码002621，这是大连三垒机器股份有限公司发展的里程碑，同时也是大连三垒机器股份有限公司发展的新起点。

大连三垒机器股份有限公司坐落于风景秀丽的大连高新园区，作为中国建设部门大口径双壁波纹管生产线设备产业化示范建设基地，具有雄厚的技术力量、强大的设计研发能力、高效的现代化管理模式和完善的质量管理体系。公司自创立以来，始终专注于双壁波纹管生产线及相关成套装备的研发、设计、生产和销售，当前公司已发展成为国内规模大、品种系列齐全、生产工艺处于行业领先地位的双壁波纹管制造装备供应商之一。

双壁波纹管作为一种新型管材，拥有较高的技术含量和广阔的市场应用空间，因而伴随经济的持续发展，城市化建设的不断深入以及对环保要求的不断提高，近年来其市场需求持续快速增长，从而促进了公司的快速成长。专注于双壁波纹管生产线装备的发展战略使得三垒公司凭借产品定位优势在行业内保持市场领先地位。公司一直以先进的生产工艺和加工设备为基础，近年来从日本、德国、西班牙等技术先进国家引进了一批五轴联动加工中心、多工位加工中心、数控铣床、数控车床等国内少有的高精尖加工设备，凭借多年的技术积累和管理经验，逐步在双壁波纹管装备制造领域确立了专业化生产的技术优势，如2005年先期研发的PVC/PE/PP波纹管打孔机，ϕ800mmPVC双壁波纹管生产线、ϕ1 500mmPE双壁波纹管生产线等多项自动化装备的生产技术已达到国际先进水平。

作为国内先期成功研发ϕ1 500mm超大口径塑料双壁波纹管自动化生产线的高新技术企业，公司拥有与塑料机械制造相关的专利技术数十项，先后被评定为住建部门新技术产业化示范建设基地、大连市综合实力百强民营企业、大连市创新成长型民营中小企业、中国塑料行业先进单位。公司现为中国塑料机械工业协会常务理事单位、中国塑料加工工业协会会员单位，参与起草的《塑料挤出双壁波纹管辅机》（标准号：JB/T 10899－2008）已成为国家机械行业标准，标志着公司的整体技术能力在业内受到专业认可，其技术优势将为公司的未来发展和持续创新提供有力的保障。

面对未来，大连三垒机器股份有限公司充满信心，不断完善公司的规范治理，谨记责任和使命，全力打造公司品牌，通过领先的软硬件实力、卓越的服务意识、高效的运营管理，不断地开发创新产品，打造国际一流的塑机成套装备，以优异的产品和业绩回报广大客户和广大投资者。

正强
北京华腾佳和科技有限公司
（原北京华腾佳和塑胶挤出机有限公司）
行星挤出机 创新产品及技术服务信息：
●增产耐磨：用400—S塑化段（改造原350型，功率350kW），最大产能4 200kg/h；
●高效节能：标准HT400—S国产整机的名义比功率≤0.1 000kW•h/kg；
●精特压延：大型或精密压延机“专、特”材料（TPU、PP、ABS等）塑化供料；
●环保再生：与北京化工大学联合开发的（聚烯烃混杂料再生）挤出成型机组；
●连续炼胶：华腾强力型HT280—s或专用行星机具有卓越的炼胶功能。
特订供应HT500、HT550等超大产能特大型挤出机，欢迎中外企业洽谈合作开发；
本公司与北京化工大学合作的挤出试验平台及HT150—M3多功能试验平台，欢迎中外企业科研机构专业人士拓展应用洽谈合作。
通过系统试验
——为客户量身定制专用行星塑化系统
——为客户提供更有价值的服务
AUDITED SUPPLIER
COSIC
荣誉证书
北京华腾佳和科技有限公司
地址：北京市门头沟区石龙经济开发区平安路3号 邮编：102308
电话：010-60804091（办公室） 010-60800371（销售）
传真：010-60804239 E-mail:dep1@b-trust.com.cn dep1_1@b-trust.com.cn

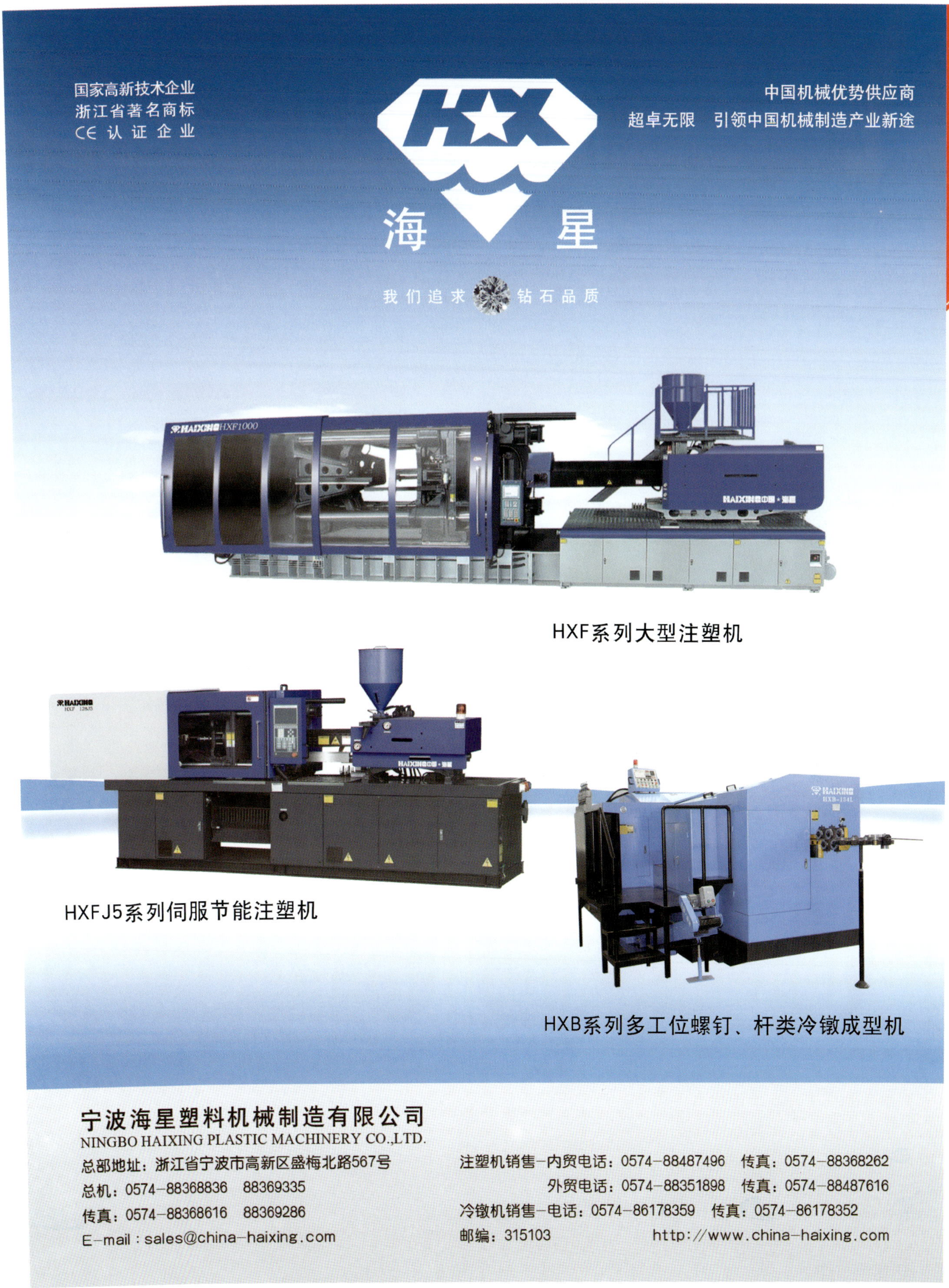
国家高新技术企业
浙江省著名商标
CE 认 证 企 业
中国机械优势供应商
超卓无限　引领中国机械制造产业新途
HX
海 星
我 们 追 求 钻 石 品 质
HAIXING HXF1000
HXF系列大型注塑机
HXFJ5系列伺服节能注塑机
HXB系列多工位螺钉、杆类冷镦成型机
宁波海星塑料机械制造有限公司
NINGBO HAIXING PLASTIC MACHINERY CO.,LTD.
总部地址：浙江省宁波市高新区盛梅北路567号
总机：0574-88368836　88369335
传真：0574-88368616　88369286
E-mail：sales@china-haixing.com
注塑机销售-内贸电话：0574-88487496　传真：0574-88368262
外贸电话：0574-88351898　传真：0574-88487616
冷镦机销售-电话：0574-86178359　传真：0574-86178352
邮编：315103　http://www.china-haixing.com

中国塑料机械工业

《橡胶塑料注射成型机安全要求》等 3 项国家标准宣贯和技术研讨会代表合影

中国塑料机械工业协会四届四次常务理事会

中国机械工业联合会王瑞祥会长参观企业展位

中国塑料机械工业协会张静章会长组织会员参观副会长单位——博创机械股份有限公司

协会活动掠影

2011 年 5 月 16 日，中国塑料机械工业协会于上海召开“中国塑料机械产业论坛暨四届三次会员代表大会”

第二十五届中国国际塑料橡胶工业展览会开幕式嘉宾合影

在《中国塑料机械工业年鉴》2010 刊新书发布仪式上中国机械工业联合会王瑞祥会长和工业和信息化部装备司王富昌副司长为新书揭幕

全国塑料机械电气系统标准制定工作组第二次会议暨《注塑机交流伺服驱动系统通用技术条件》行业标准意见评审会代表合影

Chinaplas 2012
国际橡塑展
18-21.4.2012 Booth NO. W4F05
立即回收系统
Instant Recycling System
=Auto Loader+Hopper Dryer+
Proportional Valve+Low-speed Granulators
高温水式模温机
Water-type Mold Temp.
Controller (High Degree)
吸粉填料机
Vacuum Loader for powder
荣格技术创新奖
大型料斗干燥机
Hopper Dryer
晏 YB 邦
累重式&体积式计量
配色混料系统
Gravimetric & Volumetric
Auto Dosing & Mixing System
中央供料系统
Central Material Conveying System
环保粉碎&回收系统
Granulating & Recycling System
模具冰温机
Multi Mold Temp.
Controller
结晶式料斗干燥机
Crystallized Hopper Dryer
专利除湿&干燥系统
Patented Dehumidifying & Drying System
自动输送&粉体吹送系统
Auto Conveying & Powder Blowing System
节能冷冻&温度控制系统
Economic Cooling & Heating System
智能人机自动配色&混料系统
HMI Auto Dosing & Mixing System
色料色母自动计量器
Master-batch Feeder
中国台湾塑橡胶机周边设备的领先品牌
TAIWAN FIRST
IN RUBBER & PLASTIC AUXILIARY EQUIPMENT
CE
中国台湾精品2009
TAIWAN EXCELLENCE
荣格技术创新奖
真空式除湿干燥机
Vacuum Dehumidifying Dryer
晏邦电机工业有限公司 YANN BANG ELECTRICAL MACHINERY CO., LTD.
中国台湾省台中市太平区工业20路26号 TEL:00886-4-22710000 FAX:00886-4-22711988
东莞钜邦机电有限公司 DONGGUAN JU BANG ELECTRICAL MACHINERY CO., LTD.
广东省东莞市常平镇漱新管理区 TEL:0086-769-83982966 FAX:0086-769-83396871
www.yannbang.com yb@yannbang.com

综合索引

记录历史

塑造品牌

综述

回顾塑料机械行业"十一五"发展情况，对塑料机械行业"十二五"予以展望；分析总结2011年行业发展情况

P3~15

专文

分析塑料机械行业发展现状、特点及技术发展动向

P19~50

行业概况

阐述塑料机械行业各分行业的发展情况

P53~83

统计资料

客观反映塑料机械行业主要经济指标

P87~141

产业集群

介绍塑料机械行业特色产业集群，展示企业风采

P145~179

产品与项目

介绍塑料机械行业国家火炬计划项目、获奖项目、产业关键共性技术项目以及塑料机械行业节能产品

P183~197

标准

塑料机械行业标准制定、修订情况

P201~213

大事记

介绍2011年塑料机械行业重大事件

P217~223

附录

介绍中国塑料机械工业协会2011年工作情况，介绍塑料机械行业相关科研院所，公布工业和信息化部节能机电设备（产品）推荐目录（摘选）

P227~236

中国工业年鉴出版基地

编辑说明

一、《中国机械工业年鉴》是由中国机械工业联合会主管、机械工业信息研究院主办、机械工业出版社出版的大型资料性、工具性年刊，创刊于1984年。

二、根据行业需要，1998年中国机械工业年鉴编辑委员会开始出版分行业年鉴，逐步形成了中国机械工业年鉴系列。该系列现已出版了《中国电器工业年鉴》、《中国工程机械工业年鉴》、《中国机床工具工业年鉴》、《中国通用机械工业年鉴》、《中国机械通用零部件工业年鉴》、《中国模具工业年鉴》、《中国液压气动密封工业年鉴》、《中国重型机械工业年鉴》、《中国农业机械工业年鉴》、《中国石油石化设备工业年鉴》、《中国塑料机械工业年鉴》、《中国齿轮工业年鉴》、《中国磨料磨具工业年鉴》和《中国机电产品市场年鉴》。

三、《中国塑料机械工业年鉴》由中国机械工业年鉴编辑委员会和中国塑料机械工业协会共同编撰，2009年创刊。2011年刊由综述、专文、行业概况、统计资料、产业集群、产品与项目、标准、大事记和附录栏目构成，集中反映了塑料机械行业的发展情况及发展趋势，全面系统地提供了塑料机械行业的主要经济指标。

四、统计资料来源于中国机械工业联合会、中国塑料机械工业协会、国家统计局（年报及快报）和中国海关。由于统计口径不一致，数据间若有出入，选用时请注意数据来源。

五、《中国塑料机械工业年鉴》主要发行对象为政府决策机构、机械工业相关企业决策者和从事市场分析、企业规划的中高层管理人员以及国内外投资机构、贸易公司、银行、证券、咨询服务部门和科研单位的机电项目管理人员等。

六、在编纂过程中得到了中国塑料机械工业协会及行业内众多专家、学者、工程技术人员和企业的大力支持和帮助，在此表示衷心感谢。

七、未经中国机械工业年鉴编辑部的书面许可，本书内容不允许以任何形式转载。

八、由于水平有限，难免出现错误和疏漏，敬请批评指正。

中国机械工业年鉴编辑部

2012年3月

目　录

综　述

塑料机械行业“十一五”回顾与“十二五”展望 …… 3

2011年塑料机械行业发展综述 …… 8

专　文

中国装备制造业发展展望 …… 19

建设机械制造强国，为经济社会发展做出新贡献 …… 21

机械工业国际贸易情况分析 …… 23

共同创造稳中求进的新辉煌 …… 27

中国台湾塑料橡胶机械产业现状与发展趋势 …… 29

中国塑料挤出技术发展的热点方向 …… 34

精密注塑机最新技术进展及发展趋势 …… 38

2012市场难言乐观　节能环保安全技术继续走热 …… 40

2010年中国塑料制品行业概况及“十二五”发展分析 …… 42

行业概况

塑料注射成型机 …… 53

塑料挤出机 …… 57

中空塑料吹塑成型机 …… 60

塑料吹膜设备 …… 64

塑料挤出发泡成型设备 …… 68

滚塑加工成型设备 …… 72

废旧塑料再生与利用 …… 74

统计资料

1990～2010年塑料机械行业工业总产值及占比 …… 87

2010年塑料机械行业主要经济指标 …… 88

1990～2010年塑料机械行业主要经济指标汇总 …… 96

2011年塑料机械出口情况统计 …… 97

2011年塑料机械进口情况统计 …… 134

2011年塑料机械产品关税税率汇总 …… 141

产业集群

转型升级中的宁波塑料机械产业 …………… 145
2011 年张家港塑料机械行业发展情况 ……… 147
大连橡胶塑料机械产业发展情况 …………… 149
滚塑产业发展情况 ……………………………… 151
企业风采 ………………………………………… 153

产品与项目

2011 年塑料机械行业国家火炬计划项目
简介 ………………………………………… 183
2011 年塑料机械行业获奖项目简介 ………… 185
塑料机械行业节能产品简介 ………………… 187
塑料机械行业产业关键共性技术项目简介 … 196

标　　准

我国注塑机安全标准推进情况及对策建议 … 201
塑料机械行业标准化工作概述 ……………… 203
塑料机械行业标准目录 ……………………… 208

大　事　记

2011 年中国塑料机械工业大事记 …………… 217

附　　录

2011 年中国塑料机械工业协会工作概况 …… 227
中国塑料机械行业科研院所介绍 …………… 232
工业和信息化部节能机电设备(产品)
推荐目录(第三批)(摘选) ………………… 234

Contents

Overview

Retrospect of Plastic Machinery Industry in the 11th Five - Year Plan Period and Prospects of that in the 12th Five - Year Plan Period …… 3
Overview of the Development of Plastic Machinery Industry in 2011 …… 8

Articles

Prospects of the Development of China's Equipment Manufacturing Industry …… 19
Constructing a Machinery Manufacture Power, Making Contribution to the Economic and Social Development …… 21
Analysis on the International Trade Situation of Machinery Industry …… 23
Jointly Creating New Splendor of Being Stable but Progressing …… 27
Present Conditions and Development Trends of Plastics and Rubber Machinery Industry in Taiwan of China …… 29
Hot - spot Direction of China's Plastics Extrusion Technique …… 34
Latest Technological Progress and Development Trend of Precision Plastic Injection Molding Machine …… 37
Market is Hardly Optimistic in 2012; Energy - saving, Environmental Protection and Safety Techniques Continue to Be Booming …… 40
Overview of China's Plastic Product Industry in 2010 and Analysis on the Development in the 12th Five - Year Plan Period …… 42

A Survey of the Industry

Plastic Injection Molding Machine …… 53
Plastic Extruder …… 57
Plastic Blowing Molding Machine …… 60
Plastic Film Blowing Equipment …… 64
Plastic Extrusion and Foam Molding Equipment …… 68
Rotational Molding Equipment …… 72
Recycling of Waste Plastics …… 74

Statistical Data

Gross Industrial Output Value of Plastic Machinery Industry in 1990 to 2010 and Its Proportion in the Total …… 87
Main Economic Indicators of Plastic Machinery Industry in 2010 …… 88
Summary of the Main Economic Indicators of Plastic Machinery Industry in 1990 to 2010 …… 96
Statistics of the Export of Plastic Machinery in 2011 …… 97
Statistics of the Import of Plastic Machinery in 2011 …… 134
Summary of Tariff Rates of Plastic Machinery Products in 2011 …… 141

Industrial Cluster

Ningbo Plastic Machinery Industry in Transformation and Upgrading …… 145

Development Situation of Zhangjiagang Plastic Machinery Industry in 2011 ··· 147
Development Situation of Dalian Rubber and Plastic Machinery Industry ··· 149
Development Situation of Rotational Molding Industry ··· 151
A Survey of Enterprises ··· 153

Products and Projects

Brief Introduction of National Torque Plan Projects in Respect of Plastic Machinery in 2011 ··· 183
Brief Introduction of Prize – winning Projects in Plastic Machinery Industry in 2011 ··· 185
Brief Introduction of Energy – saving Products in Plastic Machinery Industry ··· 187
Brief Introduction of Key Industrial Generic Technology Projects in Plastic Machinery Industry ··· 196

Standards

Advancement Situation of China's Safety Standards for Plastic Injection Molding Machines and the Suggestions on Countermeasures ··· 201
Summary of Standardization Work in Plastic Machinery Industry ··· 203
Catalog of Standards of Plastic Machinery Industry ··· 208

Chronicle of Events

Chronicle of Events in China's Plastic Machinery Industry in 2011 ··· 217

Appendix

Overview of Tasks of China Plastic Machine Industry Association in 2011 ··· 227
Introduction to China's Scientific Institutes of Plastic Machinery Industry ··· 232
Recommended Catalog (the Third Batch) (Excerpt) of Energy – saving Mechanical and Electrical Equipment (Products) of Ministry of Industry and Information Technology ··· 234

综述

回顾塑料机械行业"十一五"发展情况，对塑料机械行业"十二五"予以展望；分析总结2011年行业发展情况

综述
专文
行业概况
统计资料
产业集群
产品与项目
标准
大事记
附录

塑料机械行业“十一五”回顾与“十二五”展望
2011年塑料机械行业发展综述

塑料机械行业“十一五”回顾与“十二五”展望

“十一五”是我国塑料机械行业发展史上极不平凡的五年，也是行业经济实现大发展、大跨越的五年。面对复杂多变的国内外环境，特别是国际金融危机的严重冲击，以及印度对华注塑机反倾销的不利影响，全行业坚持以科学发展为主题，以加快转变经济发展方式为主线，以推进转型升级为主攻方向，坚决贯彻落实国家宏观调控政策措施，攻坚克难，开拓创新，应对了各种挑战，克服了各种困难，创造了许多新业绩。我国塑料机械行业正在成为一个充满活力、生机勃发、强劲发展的朝阳产业，引起了国内外的普遍关注。

一、塑料机械行业“十一五”经济发展回顾

“十一五”期间，在国家调整振兴装备制造业和扩大内需的政策推动下，全行业坚持以科学发展观为统领，抢抓机遇，开拓奋进，攻坚克难，完成了“十一五”规划的目标任务，为“十二五”发展打下了坚实的基础。

1. 经济实力实现大跨越

塑料机械行业“十一五”各项经济指标均创下历史纪录：

一是规模以上企业大幅增加，由379家增加到564家，增加185家，年均增速为10.4%；二是工业总产值由193.07亿元增加到421.06亿元，是“十五”末的近2.2倍，年均增速为21.5%；三是工业销售产值由181.88亿元增长到400.65亿元，是“十五”末的2.2倍，年均增速为21.8%；四是出口交货值由30.15亿元增加到59.57亿元，是“十五”末的1.97倍，年均增速为18.6%。

特别是2010年，行业经济运行良好，完成工业总产值421.06亿元，比上年增长63%，超出装备制造业平均增速29个百分点，带动塑料制品业创造高达1.5万亿元的产值，创造了历史新高。其中新产品产值59.86亿元，比上年增长84%，超出装备制造业平均增速51个百分点。

2. 产业层次有了大提升

五年来，我国塑料机械产业一方面大力优化产业结构，坚决淘汰一批低档次、高能耗的落后产品。另一方面，以科技创新为抓手，紧跟国内外市场需求，加快推进产品升级，加大产品创新力度，积极研发和生产了一大批具有自主知识产权的专用化、系列化、复合化、智能化的中高档产品。这些产品不仅满足了国内重点用户的需求，并部分替代了进口，而且远销全球160多个国家和地区，大大提升了我国塑料机械产品的质量和档次。全行业大部分产品填补了国内空白，达到了同期国际先进水平，某些产品的精度和可靠性优于国外同类产品，已处于国际领先水平，得到了国内外市场的肯定。

3. 创新能力得到大提高

“十一五”期间，我国塑料机械行业的一个突出特点是科技创新能力有了大提高。截至2010年底，全国已有10多所高等院校设置了塑料成型机械专业，并普遍拥有硕士培养资格，其中，有两所重点大学设立了博士点。全行业已有国家级专业研究中心3个、国家级企业技术中心4个、省部级重点实验室和工程研究中心各1个、省级企业技术中心16个、市级企业技术中心39个、博士后工作站8个。有国家首批创新型企业1家、省级创新型企业试点单位5家、地市级创新型企业试点单位8家。全行业拥有科技人员5 000多人，其中，从事产品研发的科技人员达3 000多人。

根据中国塑料机械工业协会对行业内28家骨干企业的调研，“十一五”期间，这些企业分别与清

华大学、北京化工大学、华南理工大学、浙江大学等30多所大学和中国科学院等科研院所，大力开展产学研合作，先后建立产学研机构22个，实施产学研项目75项。随着科技创新能力的进一步增强，“十一五”期间，这些企业共计攻克技术难题251个，获国家级技术成果奖18项、省部级技术成果奖55项；申报国家专利643项，取得专利授权445项。

4. 品牌工作取得大突破

由于政府部门和中国机械工业联合会的重视和支持，通过中国塑料机械工业协会积极争取和全行业的共同努力，2007年塑料机械行业的产品首次被列入中国名牌产品目录，并首次荣获3个中国名牌产品奖牌，实现了“零”的突破。这3个中国名牌产品分别是：宁波海天塑机集团有限公司生产的“海天 HAITIAN”牌注塑机，震德塑料机械有限公司生产的“震雄 CH”牌注塑机，东华机械有限公司生产的“h”牌注塑机。同年，全行业还首次获得中国驰名商标1个。此后，行业内相继涌现出省级名牌产品9个、地区级名牌产品5个，新增中国驰名商标2个、省级著名商标6个、地区级知名商标7个。

5. 标准战略有了大推进

技术标准是科学、技术和实践经验的综合成果，是技术创新和知识产权追求的最高表现形式，是提升产品竞争力的技术支撑。“十一五”期间，我国塑料机械行业更加重视技术标准工作，为完善相关领域的标准体系，提高标准的时效性和配套性，强化标准对产业和市场的满足率，提升技术标准对产业科技创新的支持力度，做了大量的工作，取得了明显的成效。据统计，“十一五”期间，全行业先后成立标准制定工作组6个，召开技术标准评审会议30多次，企业参与制修订的国家标准12项、行业标准16项，是实施标准战略的最好时期。

6. 产业集群取得大发展

经过改革开放30多年的发展，在我国环渤海、长江三角洲和珠江三角洲三大区域，形成了10多个以专业生产注塑机、挤出生产线、双螺杆挤出机为特色的产业集群。其中，在长江三角洲的上海、南京、张家港、昆山、舟山、温州等地，形成了一批以专业制造塑料挤出机和塑料原料配混设备为主的产业集群；在浙江宁波，形成了以专业制造注塑机为主的产业集群；在珠江三角洲区域的广州、顺德、深圳等地，形成了多个制造注塑机产品的生产基地。

“十一五”期间，这些区域积极实施集群化发展战略和转型升级战略，努力打造六种能力，增创六种新优势，即打造科技创新能力，增创核心竞争力新优势；打造转型升级能力，增创快速发展新优势；打造引智聚才能力，增创人才高地新优势；打造资源利用能力，增创和谐发展新优势；打造现代服务能力，增创集群功能新优势；打造团结协作能力，增创抱团发展新优势。初步形成了龙头企业带动能力较强、产业结构趋于合理、产业链基本完善的产业集群体系，形成了一批具有地方特色和比较优势的集群经济板块。例如，以生产注塑机闻名的宁波市，被授予“中国塑机之都”称号；以生产塑机螺杆机筒知名的舟山市，被授予“中国塑机螺杆之都”称号；注塑机产量最大的宁波市北仑区产业集群，入选中国社会科学院发布的“2008中国百佳产业集群”名单。当前，这些产业集群正在由“低、小、散”状态向“园区化”、“集群化”格局转变，这不仅对我国塑料机械行业的快速发展具有重要的推动作用，也为区域经济的蓬勃发展注入了强劲动力。

7. 企业发展呈现大提速

企业发展实现大提速，企业规模明显扩大是“十一五”我国塑料机械行业的一大亮点。据统计，2010年规模以上企业达564家，比上年增长8.3%；比2005年的379家增加185家，增长48.8%；五年间全行业规模以上企业的年平均增速为10.4%。与此同时，企业实力有了显著增强。2007～2009年，位居行业前20名企业的销售收入合计依次为96.89亿元、90.17亿元、127.26亿元，分别占全行业销售总额的44.8%、41%、53%，在行业中发挥了中坚和带动作用。

另据企业申报资料,2010 年,我国塑料机械行业销售收入超亿元的企业有 26 家。其中,销售收入达 100 亿元的企业 1 家,其产品产量和销售收入首次位居世界第一。销售收入 5 亿~10 亿元的企业 6 家,销售收入 1 亿~5 亿元的企业有 19 家。这些龙头企业和骨干企业,有的在行业经济持续快速发展中起到了“发动机”的作用;有的在产业结构调整、加强产品创新、提升产品档次方面起到了领头羊的作用;有的在加大科技投入、推进科技创新、加强产学研合作、促进全行业技术进步以及在完善公司治理、创新管理模式方面起到了排头兵的作用;有的在实施“走出去”战略、增强国际竞争力、争取国际话语权方面发挥了行业“航母”的重要作用。

8. 节能技术有了大进步

主要表现在三个方面:一是在协会的推动下,出台了注塑机产业第一部节能技术标准——《塑料注射成型机能耗检测和等级评定的规范》,为开发节能型塑料机械产品起到了促进作用。二是节能技术有了显著提升。例如,宁波海天塑机集团有限公司生产的 MA 伺服节能塑料注射成型机,依据制品的几何形状和尺寸大小不同,可实现节能 40%~80%,节能效果达到国际先进水平。三是节能产品纷呈迭出,效果显著。2009 年,协会与国家塑料机械产品质量监督检验中心一起组织开展了第一批注塑机生产企业能耗检测和等级评定活动。通过检测表明,业内企业推出了一大批高效节能产品,为推进国内外相关行业的节能减排做出了重要的贡献。

9. 产业地位发生大变化

“十一五”期间,我国塑料机械产业的地位发生了巨大变化。

(1)我国塑料机械产品早已不是只生产塑料盆、塑料桶等一般制品的塑料机械,已经成为各行业产业升级和技术进步的重要保障,同时又是新能源、新材料、节能环保、生物医药、信息网络和高端装备制造产业的配套专用设备,是国民经济发展和国防建设的重要技术装备,是国家综合实力和技术水平的重要体现。塑料机械行业为国民经济的建设和发展做出了积极的贡献,日益显示出极为重要的作用。

(2)在应对国际金融危机中,塑料机械产业不仅对塑料加工等产业起到了强劲的带动作用,而且对启动国防、能源、交通、农业基础设施等重大工程建设,对推进家电、汽车、轻工、化工等产业的发展和拉动内需,起到了基础、带动和保障作用,为我国率先突围、保持经济社会平稳较快发展做出了新的贡献。

(3)我国塑料机械行业生产规模位居世界第一,自主创新能力显著增强,产业结构不断优化,一大批中高档技术装备实现自主制造,综合实力跃上新台阶。截至 2010 年底,我国在产品产量方面实现了世界 10 连冠,国际地位和影响力显著提高。

(4)国务院及政府部门更加重视塑料机械行业的发展。2009 年 5 月,国务院颁布的《装备制造业调整和振兴规划》,将塑料机械行业的多项产品列入发展重点,这是新中国成立以来塑料机械行业第一次被列入装备制造业发展规划,第一次上升为国家战略,是塑料机械行业发展史上的重要里程碑。2010 年 5 月,工业和信息化部颁布的《装备产业技术进步和技术改造投资方向(2010 年)》,将塑料机械行业的节能塑料橡胶注射成型机等 8 个重点产品列入其中。这次国家政府主管部门首次将塑料机械作为单列行业,首次将塑料机械产品列入技改技革目录,具有标志性的意义。这些重大战略、重大举措的出台和实施,为加快推进我国塑料机械产业的发展,提供了难得的有利条件和重要机遇。

总之,“十一五”是我国塑料机械行业经济发展环境极其复杂、宏观经济运行极其不平凡的五年,也是综合实力提升最快、发展业绩最好、科技成果最多、行业面貌变化最大的五年。“十一五”取得的成就,充分体现了令人瞩目的塑机精神、塑机速度、塑机效益,是全行业企业家和广大职工团结奋斗、攻坚克难的结果,也是中国塑料机械工业协会坚持创新服务、努力推进行业跨越发展的结晶。

二、塑料机械行业“十一五”经济发展中存在的问题

回顾“十一五”时期，我国塑料机械行业经济发展还存在不少问题，主要有八个方面：一是经济总量仍然偏小，做大做强的任务十分繁重；二是产业层次依然处于世界产业链的中低端，实施高端战略的步伐亟待加快；三是塑料机械产品进出口逆差较大，替代进口迫在眉睫；四是企业科技投入不高，科技创新能力不强；五是高端人才缺乏，创新型人才急需加快培育；六是粗放式的发展方式还没有得到根本转变，转型升级的力度必须加大；七是信息化程度不高，企业整体管理水平需要加快提升；八是在实施专利、标准和品牌战略、创建全国乃至世界品牌方面着力不够，成效不突出。为此，全行业应坚持不懈努力、加快解决这些问题，全力推进塑料机械行业实现由大变强。

三、塑料机械行业“十二五”面临的形势

展望“十二五”，我国塑料机械行业进入了经济发展的黄金期，处于改革创新和转型升级的提速期，处于加快实现由大变强的攻坚期，具有美好的发展前景。

放眼世界，国际金融危机致使外部环境更为复杂，但和平、发展、合作仍是时代潮流，经济全球化深入发展的趋势没有改变，科技创新和产业升级正孕育新的突破，国际资本和产业加速转移，总体上有利于我国塑料机械行业在更大范围、更宽领域、更高层次参与经济合作与竞争，实现新的跨越。

综观全国，国内经济面临的新情况、新问题不少，但经济发展长期向好的趋势没有改变，经济发展方式加速转变，工业产业加快转移，扩大内需依然是战略基点，这些都有利于塑料机械行业的加快转型升级，不断拓展新的发展空间。

审视行业，虽然前进道路上还有不少困难，但是，经过50多年的发展，特别是“十一五”时期的跨越发展，我国塑料机械行业的经济实力和竞争力显著提高，物质技术基础更加雄厚，基础设施日益完善，发展环境不断优化，发展势头十分强劲，多年形成的发展能量蓄势待发，新的竞争优势正在形成。特别是国家政府部门对塑料机械行业更加重视，行业发展已上升为国家战略，从而为加快振兴塑料机械行业提供了难得的有利条件。与此同时，全行业具有与时俱进、开拓创新的优良传统，企业家和广大职工思发展、谋跨越的愿望十分强烈，这是推进行业发展的强大动力。

以上这些充分表明，“十二五”时期，塑料机械行业面临的机遇和挑战并存，机遇大于挑战，是一个可以大有作为的战略机遇期，完全有条件、有能力推进行业经济更好更快发展。只要紧紧抓住机遇，切实用好机遇，团结一心，顽强拼搏，一定会实现新的跨越，谱写“十二五”发展的新篇章。

四、塑料机械行业“十二五”发展指导思想

坚持以科学发展为主题，以加快转变经济发展方式为主线，以推进产业转型升级为主攻方向，走绿色发展和可持续发展之路；通过加快转变经济发展方式和调整优化产业结构，着力提高企业核心竞争力和产业层次；通过加大技术改造投入，增强企业自主创新能力，着力提高基础配套件和基础工艺水平；通过加强创新型人才培育，推进产学研结合，突破一批关键共性技术，积极开发一批具有国内外竞争优势的绿色塑机产品；通过实施品牌、专利、标准战略，着力提高产品的科技含量和产业的国际竞争力，努力构建特色产品优势突出、专业协作分工合理、基础配套比较完备的产业发展格局，不断提高企业和行业经济增长的质量和效益，加快振兴我国塑料机械行业。

五、塑料机械行业“十二五”发展战略

“十二五”时期，我国塑料机械行业要大力实施“六大战略”：

1. 转型发展战略

大力促进塑料机械行业实现六个转变：由粗放式管理向精细化管理转变，由简单模仿制造向掌握核心技术转变，由低附加值产品向高附加值产品转变，由重生产规模向重质量控制和质量提升转变，由设备制造向系统集成转变，由单纯制造向制造服务化转变。

2. 高端发展战略

一是瞄准世界塑料机械制高点，主攻中、高端技术产品；二是用高新技术改造提升传统产品，向精品名品升级；三是大力促进产业结构高端化，使低端产品向高端产品升级；四是实施“数控一代”工程，发展智能塑料机械产品，全面提升塑料机械数控化、智能化水平，全面实现塑料机械升级换代；五是围绕战略性新兴产业，大力发展先进、适用、高端新兴产品。

3. 创新驱动战略

从过度依赖能源、资源等要素投入驱动发展，向更多地依赖于科技创新、体制机制管理创新和人员素质提高驱动发展转变。

4. 绿色发展战略

坚持绿色环保理念，大力提升节能技术，发展高效节能产品，提高节能降耗水平，为各行各业用户提供节能减排先进装备。

5. 两化融合战略

把信息化和工业化的融合作为主攻高端、强化基础的有力保障，将信息技术融入塑料机械产品之中，加快塑料机械产品向数字化、智能化发展，实现传统塑料机械产品功能的提升和可靠性的提高。同时，推进企业研发、生产经营和管理向信息化、自动化、网络化发展，大力改善企业的经营管理水平，不断提升研发设计、加工制造、企业管理及营销服务的效率和效益。

6. 稳中求进战略

根据新情况、新变化带来的新挑战、新机遇，正确把握稳与进、稳与快的辩证关系，抓住和用好我国发展的重要战略机遇期，着力稳定经济增长，确保行业经济继续平稳较快发展。

六、塑料机械行业“十二五”发展目标

塑料机械行业“十二五”总体目标是：按照科学发展、创新发展、高端发展、绿色发展的要求，到2015年，我国塑料机械行业要掌握一批拥有自主知识产权的核心技术，开发一批技术水平国内领先、国际先进的重点产品，构建一批具有特色和知名品牌的产业集群，培育一批具有行业带动力和国际竞争力的大企业，努力实现塑料机械行业由大变强的转变。

到2015年，主要发展目标如下：

1. 产业规模迈上新台阶

确保行业经济总量平均每年增长12%以上，工业总产值和销售总额均达到500亿元以上，资产总额、利润总额、出口总额等主要经济指标均要迈上新的台阶。

2. 科技水平实现新提升

形成30个以上具有自主设计和自主制造能力的国家级、省级企业研发机构（国家级、省级技术中心），重点骨干企业的研发投入占营业收入的比重达到3%以上，专业技术人员占从业人员的比例达到20%以上，新产品产值率力争达到40%以上，主导产品加快升级换代，具有自主知识产权的高新技术和创新产品大幅增加，自主创新能力在若干领域取得标志性突破，力争达到国际先进水平或领先水平。

3. 市场份额得到新拓展

着力扩大国内市场，使国产塑料机械在国内市场的占有率稳定在80%左右；大力提升出口产品的竞争优势，着力开拓出口市场，力争到2015年使我国塑料机械出口额达到100亿元以上。

4. 产业结构得到新提高

大力推进自主创新和技术改造，培育若干家经济技术实力雄厚、具有较强国际竞争力的大型企业，形成一批参与国际分工，具有“专、精、特”优势的中型企业。至2015年，基本形成以高新技术为先导、高效节能产品为重点、高附加值加工制造为亮点、高中低档产品协调发展、世界最大规模的先进塑料机械制造基地。

5. 发展方式取得新转变

生产组织方式和重要生产工艺得到新的改进，现代制造服务业得到新发展，单位工业增加值能耗、物耗和污染物排放显著降低，劳动生产率显著提高，大型企业集团的现代制造服务收入占销售收入比重达到20%以上。

七、塑料机械行业“十二五”重点发展的产品

“十二五”时期，我国塑料机械行业重点发展的产品有六大类：

1. 精密制造装备

重点研发精密注塑成型装备和精密挤出成型装备。瞄准欧洲先进企业的相关产品，开发达到国内领先、国际先进水平的精密注塑成型装备和精密挤出成型装备。

2. 节能型塑料注射成型和加工装备

重点研发节能型塑料注射成型机、微发泡注塑机、超高速注塑机、节能型塑料挤出装备。

3. 大型塑料加工和成型装备

面向国家重大工程项目、支柱产业的重大需求，开发系列大型塑料加工和成型装备。一是重点研发与石化大型乙烯装置配套的20万t/a以上生产能力的挤压造粒机组，实现替代进口；二是重点开发大型精密注塑机，如40 000kN以上锁模力的大型注塑机，以满足大飞机、大轮船、动车、汽车、建筑、家电等支柱产业关键塑料制件的生产需求；三是重点研发大型中空吹塑装备，满足石油化工、汽车、医药、食品等行业的包装需求；四是重点研发大型电缆生产线技术，研发用于生产500kV及以上高压和超高压塑料电力电缆，海底光电缆以及35kV橡胶核电特缆等的重大专用装备；五是重点研发工程装备放大设计技术，用于研发石化行业的大型挤压造粒机组、大型注塑成型机，推动我国在相关领域的设计和制造水平显著提高，进入世界先进行列；六是重点研发大型精密塑料压延机组；七是重点研发大型防腐容器滚塑成型装备；八是重点研发高速节能塑料挤出机组，用于生产各类管材、片板材、异型材产品，生产能力30～3 000kg/h，能耗小于0.35kW·h/kg。

4. 国家大型工程（高铁、高速公路、大飞机等）配套专用设备

包括大型塑料土工格栅生产技术装备、TPEE发泡减震垫片生产技术装备、往复式双轴取向拉伸数控经纬网生产技术装备及相关配套用专用设备。

5. 高分子材料高端制品制造装备

主要有微纳复合和微纳制造装备、生物医学材料成型制造装备、新材料制造装备等。

6. 环境友好型加工装备

围绕绿色高分子及其复合材料的成型加工，开发系列聚合物绿色制备技术及装备。重点研发环保型高分子及其复合材料专用成型加工技术及装备、高分子材料成型加工过程的绿色化技术及装备、循环再利用及无害化处理设备。

迈入“十二五”，我国塑料机械行业已经站在新的历史起点上，任务艰巨而繁重，前景美好而光明。全行业正以时不我待的紧迫感、不进则退的危机感、勇于担当的责任感、奋发有为的使命感，抓住发展机遇，积极应对挑战，大力推进科技创新和转型升级，全力确保行业经济平稳较快发展，努力实现新的跨越，创造更加辉煌的业绩，为推动国民经济持续发展做出新的更大贡献。

〔供稿单位：中国塑料机械工业协会〕

2011年塑料机械行业发展综述

2011年，在宏观环境复杂多变、全国经济增速逐季回落的大背景下，我国塑料机械行业依然延续又好又快的发展势头，各项工作都取得了显著的成绩，各项经济指标均创造了历史新高，实现了“十二

五”发展的良好开局。

一、2011年塑料机械行业发展概况

2011年，在国际经济形势复杂多变和国内宏观经济环境趋紧相互叠加、长期矛盾和短期问题相互交织的背景下，我国塑料机械行业坚决贯彻党中央决策部署，坚持以科学发展为主题，以加快转变经济发展方式为主线，以推进产业转型升级为主攻方向，坚定发展信心，抓住大好机遇，积极应对挑战，行业经济发展取得了显著成绩，跨上了新的台阶。

综合分析2011年全行业经济运行情况，主要有八个方面的特点。

1. 经济总量快速增长

根据国家统计局统计，2011年，我国塑料机械行业330家规模以上企业塑料机械产量29.042 7万台，产品产量继续位居全球第一位，实现“11连冠”的新成就；全行业完成工业总产值464.51亿元，同比增长16%；工业销售产值444.46亿元，同比增长17%，均创历史新高。2011年我国塑料机械行业主要经济指标完成情况见表1。

表1　2011年我国塑料机械行业主要经济指标完成情况

月份	塑料机械		工业总产值		工业销售产值		出口交货值		主营业务收入		利润总额	
	产量（台）	同比增长（%）	金额（亿元）	同比增长（%）	金额（亿元）	同比增长（%）	金额（亿元）	同比增长（%）	金额（亿元）	环比增长（%）	金额（亿元）	环比增长（%）
1	23 469	31	31.36	42	30.31	44	6.03	40	55.93		4.92	
2	18 192	13	26.13	31	26.20	44	4.26	19				
3	24 488	8	40.01	33	39.76	38	6.55	71	39.31		3.81	
4	30 663	25	42.74	30	39.53	22	6.17	27	35.85	−9	3.82	0.3
5	27 368	13	41.02	18	38.37	14	6.05	34	43.30	21	3.88	2
6	27 442	2	44.17	15	42.53	19	8.06	64	43.41	0.3	3.28	−15
7	26 523	2	42.17	16	40.04	13	6.81	16	38.29	−12	3.87	18
8	26 674	−4	39.88	9	37.87	8	6.92	41	40.11	5	3.18	−18
9	25 263	−16	41.34	14	39.24	12	7.66	49	42.00	5	3.69	16
10	22 862	−16	37.67	7	34.73	5	7.07	35	37.29	−11	2.86	−22
11	17 454	−10	38.68	2	37.26	6	7.32	14	37.49	0.5	3.33	16
12	20 029	−19	39.34	−1	38.62	4	7.69	8				
合计	290 427	1	464.51	16	444.46	17	80.59	33	412.98		36.64	

注：数据来源于国家统计局。

2. 外贸出口逆势上扬

2011年，在出口形势相当严峻的背景下，全行业外贸出口实现了逆势上扬。据国家统计局统计，2011年全行业出口交货值达到80.59亿元，比2010年增长33%，创造了高速增长的亮点。其中，一季度出口交货值16.84亿元，同比增长44%；二季度出口交货值20.28亿元，同比增长42%；三季度出口交货值21.39亿元，同比增长34%；四季度出口交货值22.08亿元，同比增长24.7%。在外需持续低迷、我国外贸增速呈现高位回落的情况下，塑料机械行业的外贸出口能够取得如此好的成绩，格外引人注目。

3. 业内企业激流奋进

中小企业多是我国塑料机械行业的一大特色，中小企业占全行业企业数量的95%以上。进入2011年以来，成本涨、税费重、融资难是诸多中小企业普遍面临的三大难题。然而，由于广大企业家坚守实业，坚守主业，坚定做大做强的决心，坚持向产业链高端发展，出现了大企业扬帆奋进、中小企业激流勇进，全行业奋力突围、逆势而上的良好局面。据行业的最近调研资料，2011年，行业内大企业工业总产值和销售产值继续大幅增长，同时，一大批

中小企业脱颖而出，规模不断扩大，实力不断增强。当前，全行业销售收入超亿元的中小企业约30家，与2010年相比，增长20%以上。

4. 质量效益稳步提升

2011年，全行业坚持走以质取胜、质量强企之路，着力加强企业质量管理，对产品设计、制造、营销、服务等实施全过程质量管理。不少企业还采取了做优"质量"、做好"存量"、做高"增量"的有力措施，认真做好提升产品质量的大文章，切实提高产品的质量和附加值，着力增强"中国塑机制造"的新优势。

同时，中国塑料机械工业协会还采取了一系列措施，深入推进贯彻实施3项国家标准：GB 22530—2008《橡胶塑料注射成型机安全要求》、GB/T 25156—2010《橡胶塑料注射成型机通用技术要求》、GB/T 25157—2010《橡胶塑料注射成型机检测方法》，引导企业切实维护质量安全，全面提升产品的质量水平，进一步提高了中国塑料机械产品的竞争力。随着塑料机械产品质量的提升，国内外用户对"中国塑机制造"的信心进一步增强，企业和行业的经济效益有了明显的提升。据国家统计局统计，2011年1～11月，全行业利润总额36.64亿元，取得了良好的经济效益。

5. 科技创新成效突出

2011年，我国塑料机械行业在科技创新方面有四个亮点：一是全行业有4项关键技术入选工业和信息化部的《产业关键共性技术发展指南（2011年）》，占装备制造业65个项目的6%；二是有4家会员企业的5个项目获得2011年中国机械工业科学技术奖一等奖、二等奖和三等奖；三是有3家企业的产品被列入2011年国家重点新产品计划项目，有13家企业的产品和技术被列为2011年国家火炬计划项目；四是有2家企业被评为2011年国家火炬计划重点高新技术企业。

6. 转型升级步伐加快

2011年，全行业以实际行动认真抓好规划的落实，加快转型升级的步伐，着力推进"五个转变"：一是由低端产品、常规产品、高能耗产品向高端产品、新产品、低碳节能产品转变，二是由跟踪模仿型向自主创新型转变，三是由外延式规模扩张向内涵式质量提升转变，四是由粗放式管理向精细化管理转变，五是由此起彼伏的"价格战"向加大技术改造力度、提高先进装备投入和研发投入转变。我国塑料机械产品在精度和可靠性等方面达到了更高水平，提升了产品档次和国际竞争力，得到了国内外市场的肯定，取得了明显的成效。

同时，不少企业还采取"腾笼换鸟"的措施：一方面坚决淘汰落后产能，适时砍掉落后产品；另一方面腾出笼子，着力提高企业的自主创新能力，大力研发和生产适应市场需求的新产品和高端产品，以及运用先进适用技术，大力改造提升传统优势产品，提高了产品的科技含量和档次，提高了市场竞争能力和可持续发展能力。有些企业还深入实施培育壮大新兴产业、坚决淘汰落后产业、改造提升传统产业的计划，加大了产业结构调整的力度，坚持走新型工业化道路，大力发展创新型经济。部分小企业则实施差异化发展战略，努力朝着"专、精、特、新"的方向发展，着力增强核心竞争力。

7. 节能产品硕果累累

2011年，全行业紧紧抓住国家大力推广节能环保产品的机遇，相继推出了一大批高效节能型塑料机械产品，不仅覆盖了塑料制品加工工业的各个领域，满足了各类生产厂家对批量化塑料制品生产及精密制品生产的不同需求，而且适应了航空航天、国防、石化、海洋、电子、光电通信、建筑材料、包装、电器、汽车及交通、农业和轻工业等国民经济各行业的更高要求，受到市场的青睐。在这些产品中，有的保持了高度的数字式动态随跟性，工作噪声低，制品重复精度高，节能效果达到40%～80%；有的不仅具有精密、高效、节能、环保等特点，而且填补了国内空白，整机技术达到国内领先、国际先进水平；有的以出色的性能、显著的节能效果、良好的安全稳定性、功能完善的人性化操作系统等特点，赢得了广大用户的好评和认可；有的还荣获有关省市高新技术产品、自主创新产品称号。当前，这些高效节能型产品不仅适应了国内客户绿色发展、节能环保的需求，而且销往全球170多个国家和地区。

8. 企业文化转化为动力源泉

先进的企业文化是企业持续快速发展的精神支柱和动力源泉，是企业核心竞争力的重要组成部分，也是企业应对困难和挑战的旗帜。进入2011年以来，面对复杂严峻的经济形势和各种矛盾与困难，塑料机械行业以推进企业文化建设为抓手，引领职工坚定信心、扎实工作，形成了积极应对困难挑战、努力实现"十二五"良好开局的强大动力。2011年2月，中国塑料机械工业协会发出了《关于征集"中国塑机新风采"摄影作品的通知》，提出了加强企业文化建设的要求，得到了会员企业的积极响应。宁波海天塑机集团公司成立了16个工人文化活动俱乐部，丰富了职工业余文化生活，提升了职工群众满意度。同时，坚持采取关爱职工的措施，实施员工素质提升工程，把职工的智慧和力量凝聚到完成企业的目标任务上来，增强企业核心竞争力。还有不少企业通过认真总结、提炼企业精神，形成了富有特色、个性鲜明的优秀企业文化。特别是在企业面对困难挑战的情况下，许多企业充分发挥企业文化的作用，引导职工坚定发展信心、沉着应对挑战，鼓舞了职工的士气，汇聚了攻坚克难的力量，有力地促进了企业发展。

2011年塑料机械行业取得了显著的经营成绩，实现了"十二五"发展的良好开局。但是，也存在一些值得高度关注的新情况、新问题。例如，进入4月份以后，行业经济运行出现了增速明显放缓的态势，出现了企业成本上升、利润空间逐渐缩小、经济结构不合理、科技创新能力不够强、转型升级步子不大等问题。对此，全行业要高度重视，深入研究，切实解决这些问题；要进一步增强发展的信心和决心，趋利避害，化危为机，加快推进转型升级，着力推动行业经济平稳较快发展。

二、2011年塑料机械产品进出口分析

（一）塑料机械产品外贸工作亮点

2011年，面对外贸出口的严峻形势，我国塑料机械行业通过调整和优化外贸策略，加快建立出口营销体系，大力拓展出口市场，不断扩大塑料机械产品的市场占有率，外贸工作呈现持续向好、逆势上扬的好势头，创造了历史最好成绩。

1. 出口数量和金额实现双增长，创造了历年最高纪录

据中国海关统计，2011年1～11月，共计出口塑料机械产品46 952台，比2010年同期增长17%；实现出口额13.2亿美元，同比增长30%，已超过2010年全年11.4亿美元的出口总额，创造了历史新纪录。

2. 出口国家和地区稳步增加，市场份额有所变化

据中国海关统计，2011年1～11月，我国塑料机械设备出口的国家和地区已达171个，比2010年同期增长4个，增长2.3%。其中出口至巴西的金额居首位，占出口总额的8.1%。与2010年同期相比，2011年，印度尼西亚取代伊朗成为我国塑料机械第二大出口市场。按洲际统计，出口至亚洲所占份额最多，约为59%；出口至拉丁美洲、欧洲、非洲、北美洲和大洋洲的比重则分别为16%、12%、9%、3%和1%。

注塑机、挤出机和吹塑机依然是我国塑料机械设备出口的三大主导产品，出口数量和金额保持了较快增长的势头。其中，2011年1～11月注塑机出口22 951台，占全部塑料机械出口量的49%；出口额近7.5亿美元，占全部塑料机械出口额的57%，与2010年同期相比，注塑机出口数量和金额分别增长36%和35%。

3. 出口模式、产品结构全面升级，由"量"增向"质"优转变

2011年，我国塑料机械设备出口呈现出许多可喜的现象。一是以往的靠低价取胜、出口模式单一等问题，正在全面改进；二是在出口模式上，一改过去一般贸易出口占主导的局面，形成了一般贸易出口、海外建厂、合资公司等多种形式；三是由过去增加塑料机械出口数量的方式，向提高塑料机械产品

质量、提高产品档次、提高经济效益转变;四是拥有自主知识产权和自主品牌的塑料机械产品增多,具有高效节能优势的产品增多。因而,我国塑料机械设备出口稳步提升,并再创佳绩。自2011年第二季度以来,贸易逆差额大幅减少。2011年1~11月我国塑料机械进出口情况见表2。2011年1~11月我国塑料机械产品进出口分税号统计见表3。

表2　2011年1~11月我国塑料机械进出口情况

月份	进口					出口					贸易逆差	
	数量（台）	金额（万美元）	平均单价（万美元/台）	数量同比增长（%）	金额同比增长（%）	数量（台）	金额（万美元）	平均单价（万美元/台）	数量同比增长（%）	金额同比增长（%）	金额（万美元）	同比增长（%）
1	1 039	20 380	20	4	35	5 753	12 210	2	79	60	8 170	10
2	675	13 050	19	7	29	2 862	7 257	3	−32	−10	5 793	176
3	1 296	27 005	21	6	65	3 670	10 982	3	40	44	16 023	83
4	941	18 546	20	−18	16	3 575	11 244	3	9	55	7 302	−16
5	1 026	18 422	18	−53	−8	3 941	11 976	3	14	39	6 446	−44
6	1 160	17 053	15	−16	8	4 320	13 538	3	6	41	3 515	−43
7	3 169	19 525	6	128	7	4 398	11 692	3	13	7	7 833	8
8	981	18 295	19	−32	−0.5	4 185	12 918	3	13	23	5 377	−32
9	882	16 630	19	−36	−12	5 735	13 999	2	37	39	2 631	−70
10	718	15 558	22	−21	3	4 135	12 664	3	21	28	2 894	−45
11	885	15 482	17	−20	−18	4 378	13 964	3	5	21	1 518	−79
合计	12 772	199 946	16	−7	9	46 952	132 443	3	17	30	67 502	−17

注:数据来源于中国海关,进出口统计中未包含零件。

表3　2011年1~11月我国塑料机械产品进出口分税号统计

序号	税号	名　称	进　口				出　口			
			数量（台）	数量占比（%）	金额（万美元）	金额占比（%）	数量（台）	数量占比（%）	金额（万美元）	金额占比（%）
1	84771010	注塑机	6 899	54.0	77 699	39.0	22 951	49.0	75 115	57.0
2	84771090	其他注射机	456	3.6	6 244	3.1	651	1.4	1 526	1.2
3	84772010	塑料造粒机	279	2.2	16 694	8.3	2 895	6.2	5 047	3.8
4	84772090	其他挤出机	2 969	23.0	36 058	18.0	5 309	11.0	19 389	15.0
5	84773010	挤出吹塑机	84	0.7	6 500	3.3	1 465	3.1	4 151	3.1
6	84773020	注射吹塑机	53	0.4	1 839	0.9	389	0.8	953	0.7
7	84773090	其他吹塑机	130	1.0	15 546	7.8	4 789	10.0	7 476	5.6
8	84774010	塑料中空成型机	111	0.9	2 656	1.3	1 222	2.6	3 350	2.5
9	84774020	塑料压延成型机	139	1.1	5 873	2.9	1 224	2.6	1 520	1.1
10	84774090	其他真空模塑机及其他热成型机器	756	5.9	16 398	8.2	3 216	6.8	4 888	3.7
11	84775900	其他模塑或成型机器	896	7.0	14 438	7.2	2 841	6.1	9 029	6.8
		合计	12 772	100.0	199 946	100.0	46 952	100.0	132 443	100.0

注:数据来源于中国海关;进出口统计中未包含零件;表中有些数据因四舍五入,合计数有微小出入。

（二）塑料机械产品进出口分析

1. 进出口总量分析

2011年1～11月，我国注塑机、挤出机、吹塑机、中空成型机、压延成型机等主要塑料机械产品进口量11 887台，同比减少6%；进口额约18.5亿美元，同比增长12%。出口则实现双增长，出口量达42 574台，同比增长18%；出口额近12亿美元，同比增长31%。由此可见，塑料机械进出口贸易逆差的局面始终未能改变，说明我国塑料机械产品的科技水平和档次与国外同类产品相比仍然存在较大的差距。然而，从另一个角度分析，塑料机械进出口贸易逆差的存在，说明我国塑料机械行业仍有很大的发展空间，全行业必须采取切实有力的措施，大力提高塑料机械产品的科技含量和档次，尽快实现部分中、高端产品的替代进口。

2. 进出口地域分析

2011年1～10月，我国从日本、德国、中国台湾、意大利、韩国、瑞士、美国、法国、奥地利、荷兰这10个地区进口的塑料机械数量和金额分别占同期进口总量和进口总额的96%和98%。尽管一季度德国超过日本成为我国塑料机械产品进口来源的第一大贸易伙伴国，但是随着日本塑料机械产业在二季度的恢复，日本仍为我国塑料机械第一大进口来源国。

按洲际统计，2011年1～10月，我国从亚洲地区进口塑料机械设备的数量占同期塑料机械设备进口总量的65%，进口额占同期塑料机械设备进口总额的53%；从欧洲地区的进口量虽然只占同期塑料机械进口总量的13%，但进口额占比达44%。

出口方面，2011年1～10月，我国塑料机械设备出口至170个国家和地区。其中，出口至巴西的金额持续居于首位。按洲际统计，出口至亚洲地区的数量及金额分别占56%和59%，是我国最主要的出口集中地；出口至非洲、欧洲、拉丁美洲的比重分别占我国出口市场份额的9%～16%。

3. 进出口贸易方式分析

2011年1～10月，通过一般贸易方式进口的塑料机械数量和金额分别同比增长4%和21%，进口数量和金额分别占我国同期塑料机械设备进口总量和进口总额的77%和69%；外商投资企业投资进口的塑料机械设备、物品数量同比减少29%，但进口额同比增长8%，进口数量和金额分别占14%和24%。通过一般贸易方式出口的塑料机械数量和金额同比分别增长12%和32%，占我国同期塑料机械设备出口总量和出口总额的76%和71%；通过进料加工贸易方式出口的塑料机械数量和金额同比分别增长15%和23%，占同期塑料机械设备出口总量和出口总额的14%和26%。

三、2011年塑料机械行业应对困难挑战的重要启示

2011年，我国塑料机械行业经济运行面临着六大“碰头”：一是世界经济发展速度放缓与国内经济增速放缓“碰头”，二是经济增长下行压力加大与物价大幅上涨“碰头”，三是国际市场需求不振与贸易摩擦大量增加“碰头”，四是企业用工成本增加与企业利润空间严重挤压“碰头”，五是“信贷紧缩”与小型企业缺乏正常融资渠道“碰头”，六是短期风险与长期风险“碰头”。因而，业内企业面临多重不利因素叠加的困难，生存压力增大。然而，全行业主要经济指标仍然创造了历史新高，其中积累的经验弥足珍贵，获得的启示尤为深刻。

（1）应对困难挑战，必须提振信心。在应对国际金融危机时，全行业依靠“比黄金还重要”的信心，实现了化危为机、率先突围。面对2011年行业发展经历的困难挑战，业内企业认为，有信心才有勇气，有信心才有力量，因而继续拿起提振信心这个武器，树立迎击挑战“勇”者胜的理念，振奋精神，稳定人心，保持积极向上的心态，在挑战中看到机遇，变不利因素为有利条件，抢抓机遇，科学应对，迎难而上，更加奋发有为地保持经济平稳较快发展。

（2）应对困难挑战，必须加快推进转型升级。业内企业认识到，转型升级是解决各种困难和问题的治本之策。企业现在遇到的问题，说到底都是企业发展层次低所遇到的问题，迫切需要通过加快推动转型升级来解决。秉承这一理念，业内企业紧紧抓住国家发展高端装备制造业的重要机遇，加大转型升级的步伐，坚决淘汰落后产品和低层次产品，大力研发和生产中高端塑料机械产品，取得了明显的经济效益。不少企业反映，尽管2011年塑料机械产品产量明显下降，但是销售收入却大幅上升，其主要原因是产品档次提升，产品价格上涨，经济效益随之提高。

(3)应对困难挑战，必须加快推进科技创新。科技创新是应对困难挑战的突破口。历史经验表明，谁能在科技创新方面占据优势，谁就能掌握发展的主动权。因此，业内企业加大了科技投入，深化了产学研合作，加强了科技人才培训，进一步增强了科技创新能力，不断推出新一代高效节能产品，涌现出一批高新技术成果，为确保行业经济平稳较快发展提供了支撑。

(4)应对困难挑战，必须坚守主业。面对个别企业放弃主业搞副业而陷入困境的现象，业内企业认为，坚守主业、坚守实业既是做大做强塑料机械产业的必由之路，也是企业发展壮大的明智选择。据此思路，业内企业家认清形势，不盲目搞多元化投资，坚定做大做强塑料机械产业的决心，集中精力专注做实业、做好主业，因而出现了大企业扬帆奋进、中小企业千帆竞发的可喜局面。

(5)应对困难挑战，必须强基础、练内功。面对复杂多变的经济形势，许多企业提出了强基础、练内功、提素质的思路，加强企业管理，积极开展职工培训，不断提升职工素质，较好地消化了制造成本上升等因素的不利影响，提高了经营管理效益。

(6)应对困难挑战，必须加强行业服务。2011年，中国塑料机械工业协会深入开展企业调研，及时了解企业面临的困难和问题，引导企业正确认识当前经济形势，准确判断经济走势，把握好行业发展机遇，主动适应形势变化，积极谋划应对之策，把更多的力量放在科技创新和转型升级上，巩固和扩大经济发展的良好势头。同时，进一步增强服务意识，提升服务能力，积极争取国家政策和项目，争取部委重视和支持，努力帮助企业攻坚克难，为企业和行业应对困难挑战、确保行业实现“十二五”精彩开局，发挥了重要作用。

四、2012年塑料机械行业发展的良好机遇和不利因素

2012年，我国面临的国内外经济形势更加严峻复杂。世界经济复苏的不稳定性、不确定性仍将上升，国际经济环境难以明显好转。我国经济发展中不平衡、不协调、不可持续的矛盾和问题仍很突出，经济运行又出现了一些新情况、新问题。同时，我国塑料机械行业发展面临诸多困难和挑战，经济增长存在下行压力。但是，应该看到，经济全球化的趋势不可阻挡，和平、发展、合作的时代潮流滚滚向前，科技革命加速发展、要素加速流动、产业加速转移，塑料机械行业完全可以在更大范围、更宽领域、更高层次实施“走出去”战略，努力推进塑料机械产业实现由大变强的跨越。

我国仍处于可以大有作为的重要战略机遇期，国民经济正朝着宏观调控的预期方向发展，经济增长速度回落到比较合理的区间，经济增长的有利条件、内在优势和长期向好趋势没有改变，市场需求巨大，发展良机无限，我国塑料机械行业具有广阔的发展空间。

1. 2012年我国塑料机械行业面临的机遇

2012年，我国塑料机械面临八大机遇：一是国家“十二五”规划深入实施的大好机遇，二是国家稳定政策、扩大内需的机遇，三是国家大力发展战略性新兴产业的机遇，四是国家支持中小企业发展的重要机遇，五是家电、汽车等相关产业发展所带来的良好机遇，六是居民收入稳步增加的利好机遇，七是全球绿色发展的重大机遇，八是党中央、国务院和政府部门重视塑料机械行业发展的大好机遇。

2. 影响我国塑料机械行业发展的不利因素

当前和今后一段时期，影响我国塑料机械行业发展的不利因素主要有如下几个方面：一是国际经济环境难以明显好转，给我国塑料机械产品出口带

来不利影响；二是国内经济运行出现的新情况、新问题，势必给塑料机械行业经济发展带来一定的压力；三是经济形势严峻，行业经济增长存在下行压力，特别是当前市场增速放缓，外部环境趋紧，用工成本上升，原材料价格大幅上涨，能源供应紧张，人民币升值，企业生产经营压力加大。

五、2012年塑料机械行业发展思路和对策

2012年是实施“十二五”规划承上启下的关键一年，是喜迎党的十八大胜利召开之年，也是我国塑料机械行业加快推进转型升级的关键之年。做好2012年的经济工作，保持行业经济发展的良好势头，具有十分重要的意义。全行业必须紧紧把握主题、主线，坚持稳中求进的总基调，积极做好应对更加复杂局面的工作准备，坚定信心，迎难而上，扎实工作，开拓奋进，大力推动行业经济更好更快发展，力争迈上新的台阶。为此，全行业要重点抓好六个方面的工作：

1. 加大力度推进转型升级

转型升级既是应对风险、攻坚克难的根本出路，也是推动经济又好又快发展，实现塑料机械产业由大变强的关键举措。全行业一定要坚持转型升级的主攻方向不动摇，推动塑料机械行业向高端攀升，向智能化迈进，逐步实现由量的扩张向质的提升转变。同时，引导中小企业发挥自身的优势，走“专、精、特、新”的发展道路。

2. 深入实施创新驱动战略

要大力推进自主创新和技术进步，着力研发和生产先进适用产品和特色产品，努力开发高效节能型产品，精心打造数一数二、独一无二的产品，创造企业的核心优势，提高企业的核心竞争力。

3. 深入实施质量提升工程

要大力推动质量强企工作，始终把提升产品质量安全水平作为企业的首要职责，不断提升塑料机械产品的质量水平。要深入推进标准化、专利化工作，着力提升产品档次，努力打造一批高质量的品牌产品，不断提升企业和行业的国际竞争力。

4. 加大力度开拓市场

要抓住国家扩大内需的政策基调保持不变的机遇，优化产品结构，提升产品科技含量和档次，千方百计地巩固和开发国内市场。要以新的理念和策略，加大国际市场开拓的力度，着力扩大国际市场的份额。

5. 大力推进管理创新

要大力推进管理创新，加强企业管理精益化、基础化和正规化，进一步增强企业发展的动力和活力，提高经营管理效益，不断提升企业经济效益和发展质量。

6. 吃透用好国家政策

要吃透和用好国家大力发展高端装备制造业等战略性新兴产业的政策，吃透和用好国家关于对中小企业优惠扶持的政策，吃透和用好国家重视塑料机械行业的政策，积极争取政府部门的重视和金融机构的支持，努力破解企业和行业发展的难题，确保行业经济平稳较快发展。

〔供稿单位：中国塑料机械工业协会〕

分析塑料机械行业发展现状、特点及技术发展动向

专文

中国装备制造业发展展望
建设机械制造强国，为经济社会发展做出新贡献
机械工业国际贸易情况分析
共同创造稳中求进的新辉煌
中国台湾塑料橡胶机械产业现状与发展趋势
中国塑料挤出技术发展的热点方向
精密注塑机最新技术进展及发展趋势
2012市场难言乐观　节能环保安全技术继续走热
2010年中国塑料制品行业概况及“十二五”发展分析

中国装备制造业发展展望

装备制造业是为国民经济发展和国防建设提供技术装备的基础性、战略性产业，是各行业产业升级、技术进步的重要保障，是国家综合实力和技术水平的集中体现。“十一五”以来，我国装备制造业取得巨大成就，产业规模跃居世界前列，汽车、船舶、机床、发电设备、工程机械等行业生产规模居世界第一；自主创新能力显著增强，一大批重大技术装备实现自主制造；产业体系不断健全和完善，产业结构不断优化，主要行业整体素质和综合实力跃上新台阶，国际地位和影响力显著提高。2010 年，装备制造业完成工业总产值 14.72 万亿元，居全球第一，占全国工业的比重从 2005 年的 16.6% 提高到 20.3%，“十一五”工业总产值年均增速超过25%。

塑料机械行业是为塑料原材料工业和塑料制品工业提供重要技术装备的基础性产业，是装备制造业不可或缺的重要组成部分。塑料机械行业为航空航天、国防、汽车、电子通信、建筑材料、轻工等各行业的发展提供重要装备支撑，其产品应用领域广，关联度大，综合性强，技术资金密集，在国民经济中日益显示出重要作用。在国家政策的推动下，我国塑料机械行业取得了令人瞩目的成绩。一是增长速度呈现新亮点。2010 年我国塑料机械行业工业总产值 421.06 亿元，同比增长 63%，超出装备制造业平均增速 29 个百分点，其中新产品产值 59.86 亿元，同比增长 84%，超出装备制造业平均增速 51 个百分点。二是产业带动能力进一步增强。2010 年，塑料机械行业以 421 亿元的产值带动塑料制品业创造高达 1.5 万亿元的产值，刷新了历史纪录。三是产品档次整体提高。随着科技实力的增强，塑料机械科技水平与发达国家差距越来越小，部分技术和产品已达到世界先进水平，高效节能型塑料机械产品技术水平位居世界前列。

在看到成绩的同时也应清醒地认识到，虽然我国已经成为装备制造大国，但还不是强国，与发达国家相比还有较大差距。我国装备制造业经济总量已跃居世界前列，但高端装备的比重和品牌知名度不高，产业能级较低；我国装备制造业自主化能力和水平虽不断提高，但一些关键领域的核心技术还没有掌握，技术储备不足；我国装备制造业产业体系虽不断完善，但关键零部件、核心元器件、高档数控系统等仍受制于人，产业配套能力薄弱；我国装备制造优势企业近年来虽不断发展壮大，但仍缺乏具有较强国际竞争力的大企业，产业集中度较低。我国仍处于工业化加速发展时期，装备制造业实现由大到强的转变还任重道远。

“十二五”时期是我国全面建设小康社会的关键时期，也是装备制造业加快转型升级的攻坚时期。综合判断国际国内形势，我国装备制造业发展仍处于大有作为的战略机遇期，既面临难得的历史机遇，也面对诸多风险和挑战。

从国际上来看，我国同世界的联系日益紧密，为我国在全球范围配置资源、拓展发展空间提供了机遇；科技创新孕育新突破，为我国发挥后发优势、实现技术和产业整体跃升创造了条件。同时，国际金融危机的深层次影响依然存在，产业结构深化调整，贸易保护主义有所抬头，世界经济不确定性仍然较大。新能源技术、新材料技术、新一代信息技术等新技术孕育并不断取得新突破，世界可能进入创新集聚爆发和新兴产业加速成长时期。不少发达国家提出“绿色新政”，实施“再工业化”和扩大出口战略，推行产业回归和制造业再造，加快高端制造和新兴产业创新发展。全球范围内抢占未来发展制高点的竞争日趋激烈。在有些领域，新兴经济体与发达国家的差距相对较小。在这样的背景下，只要把握趋势，应对得当，就可能抢占先机，推动行业实现跨越式发展。否则，就会贻误时机，甚至陷于被动和落后。

从国内来看，我国发展的有利条件、内在优势和长期向好趋势没有改变。经过改革开放30多年的雄厚积累，我国装备制造业综合实力大幅提升。我国有着潜力巨大的内需空间、广阔的发展余地和丰富的劳动力资源，为未来发展打下了牢固的物质基础。同时，制约我国装备制造业可持续发展的矛盾和问题依然突出。我国经济发展内生动力不足，资源环境约束不断强化，劳动力成本趋于上升，低成本优势正在减弱。我国装备制造业发展方式粗放，经济增长主要依赖投资拉动和产能扩张，增长质量和效益不高。所有这些，都使得我国装备制造业继续保持平稳较快发展难度加大。

总之，当今世界继续发生深刻变化，我国经济发展呈现新的阶段性特征，我国装备制造业已经进入只有加快转变发展方式才能实现可持续发展的关键时期。战略机遇十分宝贵，全行业必须增强机遇意识和忧患意识，主动适应环境变化，妥善应对各种挑战，奋发有为地推动装备制造业发展再上新台阶。

“十二五”时期，推动我国装备制造业发展，必须坚定不移走中国特色新型工业化道路，以科学发展为主题，以加快转变发展方式为主线，以结构调整为主攻方向，以科技进步和创新为重要支撑，主动适应国内外形势的新变化、新特点，加快推进转型升级，努力构建结构优化、技术先进、清洁安全、附加值高、产业链完善、吸纳就业能力强的现代装备产业体系，大幅提升产业核心竞争力，全面提高发展的质量和效益，为建设装备制造强国打下具有决定性意义的基础。借此机会，就推进塑料机械工业创新发展提几点看法，供大家参考。

（1）坚持高端发展与绿色发展并举，全力推进塑料机械行业跨越发展。促进塑料机械行业由粗放加工向精密制造、智能制造转变，由简单模仿制造向掌握核心技术转变，由低附加值产品向高附加值产品转变，由重生产规模向重质量控制和质量提升转变，由设备制造向系统集成转变，由单纯制造向制造服务化转变。

（2）坚持培育知名品牌和引导企业“专、精、特”发展并举，大力优化产业组织结构。鼓励具有规模经济优势、资金技术实力雄厚的大企业加大自主创新力度，依靠科技进步，大力实施高端发展战略，向市场和价值链的中端或高端迈进，形成若干知名品牌。同时，也要引导企业走“专、精、特”的发展道路，在产业链的某一个局部做专、做精，做到特色鲜明，无可替代。

（3）把实施“数控一代”工程和发展智能塑料机械相结合，全面提升塑料机械数控化、智能化水平。在推进装备产品创新中，通过数控技术的广泛应用，全面实现塑料机械升级换代，使之提升到“数控一代”水平。在此基础上促进塑料机械和先进制造技术、信息技术以及智能技术的深度融合，大力发展具有感知、分析、控制、执行、加工功能的智能塑料机械，使部分产品提升到“智能一代”水平。

（4）坚持把发展塑料机械和掌握核心零部件技术相结合，保证主机和配套零部件同步协调发展。在努力突破重大塑料机械产品自主化的基础上，通过主机发展带动核心关键零部件自主化。鼓励企业加大研发力度，掌握核心关键技术，大幅提升基础工艺水平，提高经济增长的质量和效益。

〔本文摘自工业和信息化部装备工业司副司长王富昌在2011塑料机械发展论坛上的讲话〕

建设机械制造强国，为经济社会发展做出新贡献

一、新世纪十年，我国机械工业走过了不平凡的历程

进入21世纪以来，伴随着我国经济社会发展的大好形势，受益于国家调整振兴装备制造业政策的强力支持，我国机械工业实现了平稳较快发展。十年间，行业规模以上企业从3.4万家增加到10.5万家，职工达1 752万人；资产规模从2万亿元增长到10.4万亿元。2010年工业总产值从2000年的1.44万亿元提高到14.38万亿元，年均增速25%以上。2010年，我国机械工业以产销双双突破14万亿元的业绩，确立了世界机械制造大国的地位。同时，产业结构优化改善，发展质量不断提高。机床向数控、精密、高效及大型化发展，汽车、电工设备、工程机械等基本适应了国民经济与市场需求，一批高端农机装备研制成功，绿色能源、高效节能技术装备与可再生能源装备的研发和生产进度加快，规模加大。据统计，“十一五”行业新产品产值增长近3倍，从7 000多亿元提高到2.72万亿元。十年间，行业科技新成果达2 490项，自主研发的15万～16.5万kN自由锻压机、特高压交直流输变电成套设备等一批产品，进入世界先进水平行列。2010年外贸出口达2 584.8亿元，是2000年的7倍。对全国新增总产值的贡献率达到22.29%，装备自给率从70%提高到85%。国际地位显著提升，发电设备产量连续5年超过1亿kW，占世界总产量的50%左右，比2000年增长近10倍。2010年汽车产量从2000年的207万辆提高到1 826万辆，以产销双双突破1 800万辆的业绩跃居世界首位。此外，内燃机、摩托车、装载机、轴承等众多产品产量位列世界前茅。

塑料机械行业作为机械工业的重要组成部分，经过半个多世纪的艰苦创业和开拓进取，从无到有、从小到大，逐步做强，行业发展取得了令人瞩目的成绩。如今，已形成一个门类齐全、基础牢固、能基本满足国民经济需求、具有世界最大规模和一定国际竞争力的工业体系。特别是“十一五”期间，面对国际金融危机的巨大冲击和复杂多变的严峻形势，全行业团结奋斗，攻坚克难，实现了跨越式发展，经济总量翻了一番多。2010年，规模以上企业的工业总产值和销售产值双双跨越400亿元大关，分别达到421.06亿元和400.65亿元，迈上了新的台阶。2010年塑料机械行业有4项主要经济指标增速超过全国机械工业平均增速30%～50%。同时，塑料机械的年产量已连续10年保持世界第一的位置。

过去的十年，是包括塑料机械行业在内的机械工业在振兴发展进程中完成量变、积蓄能力的十年，也是为实现质变、实现从大到强跨越发展奠定基础的十年。十年巨变，充分显示出我国机械工业已成为国民经济中的基础性、战略性产业，其地位与作用十分重要。

二、“十二五”时期，我国机械工业肩负着神圣的历史使命

“十二五”是我国全面建设小康社会的关键期，是深化改革、加快转变发展方式的攻坚期，也是可以大有作为的重要战略机遇期。机械工业将乘势而上，继续保持平稳健康发展的好形势，充分发挥国民经济的支柱产业作用。

遵循机械工业“十二五”发展总体规划部署，全行业将针对大而不强的主要矛盾和自主创新能力不强、核心技术落后、基础发展相对滞后、产业增长方式粗放、现代制造服务业比重过低等薄弱环节，继续以科学发展观为统领，坚持以转变发展方式为

主线，以实现转型升级为方向，积极推进产业结构调整和优化。按照“主攻高端、创新驱动、强化基础、两化融合、绿色为先”的总体要求，努力提高发展质量和效益，加快实现机械工业由大变强的战略目标。力争到“十二五”末，实现工业总产值、工业增加值、主营业务收入年均增长速度保持在12%左右，出口创汇年均增长15%左右；经济效益逐步提高，利润增速高于产销增速，总资产贡献率达到15%左右，工业增加值率达到28%左右。力争通过调结构、转方式、上水平，推进机械工业实现由大变强的跨越。

具有比较优势和广阔发展前景的塑料机械行业，其产品不仅遍及人民生活的各领域，而且正日益广泛应用于航空航天、光电通信、农业、交通等国防建设和各个行业，在国家振兴发展的重点产品中已经占有重要位置。“十二五”期间，塑料机械行业也将按照机械工业总体规划和行业发展规划要求，重点针对部分产品附加值不高，关键、核心技术较少，结构性矛盾突出，信息化程度较低及缺乏知名品牌等问题，着力加强自主创新、结构调整与绿色发展，力争产销达到500亿元以上。同时，实现科技水平有新提升，市场份额有新拓展，产业结构有新提高，发展方式有新转变，行业资产总额、利润总额、出口总额等主要指标均迈上新台阶。

机械工业、塑料机械行业“十二五”规划勾画了一幅令人鼓舞的发展蓝图，行业千万职工正牢记重托，不辱使命，脚踏实地地为实现规划目标努力工作。2011年1～2月，机械工业工业总产值同比增长29%；塑料机械行业工业总产值同比增长37%，销售产值同比增长44%，出口交货值同比增长31%，产量同比增长23%，实现了“十二五”的良好开局，为规划的整体推进奠定了基础。

三、合作共赢，为经济社会的和谐发展做出新贡献

中国机械工业联合会是在2001年国家行政管理体制改革中应运而生的行业综合性社会组织，现受政府委托代管机械工业48家专业性协会、学会，履行协助政府加强行业管理的支撑职能。十年间，遵循“以振兴为己任，以服务为宗旨”的办会方针，在服务政府、团结引导行业、履行行业自律和社会责任，以及为企业、会员的服务中，做了很多有益的工作，并与世界十多个国家和境外的相关组织建立了友好的合作关系。如今，中国机械工业联合会已成为具有特色工作思路和领域，具有一定知名度和社会影响力的行业组织。

作为机械工业专业协会之一的中国塑料机械工业协会，自1993年成立以来，特别是新一届理事会上任的几年中，在加强自身建设、坚持规范运作、创新工作平台、维护企业权益、创造性地开展服务等方面，取得了新的进展。同时，在推动行业科技创新、加强节能减排、实施品牌和标准战略、加强国际交往与合作、推进行业持续快速发展等各项工作中，做出了新的成绩。

当前，在世界多极化、经济全球化不断深入，先进科学技术不断催生新兴产业快速发展的新形势下，行业协会在国家经济社会发展中不可或缺的作用日益显现。行业协会与广大行业企业一定要善于把握机遇，学会用世界眼光、战略思维、超前意识，思考、谋划自身和行业的发展。行业协会要更好地发挥上联政府、下联企业的独特优势，发挥植根行业、熟悉行业的专业优势，发挥团结会员、引导行业的整体优势，充分发挥参谋助手和桥梁纽带作用。同时，要不断扩大国际交往与合作，博采众长，共谋发展。要按照创建一流协会的目标，发展壮大自己。广大企业要借助协会组织的整体力量，在履行好社会责任的同时，大力推进自主创新，努力打造具有高技术含量、高质量、高精密、高附加值的优质产品，培育知名品牌，不断提升核心竞争力。要牢固树立绿色、低碳发展理念，大力推进绿色制造，在设计和制造过程中，把高效、低污染、能回收、能源可重复利用等要素放在优先位置，着力发展符合新型工业化要求的先进塑料机械产品。要大力推进信息化与塑料机械制造的深度融合，加快制造服务业发展，努力开拓“两个”市场，不断做强塑料机械制造产业，为实现制造业强国目标多做贡献。行业工作要牢牢把握主题和主线，抢抓新机遇，找准切入点，寻求突破点，创造新亮点，加快结构调整，推动产业升级，共同推进塑料机械行业由大变强。

〔本文摘自全国政协提案委员会副主任、中国机械工业联合会会长王瑞祥在中国塑料机械工业协会四届三次会员代表大会暨2011塑料机械产业发展论坛上的讲话〕

机械工业国际贸易情况分析

随着我国改革开放政策的深化与推进，我国机械工业持续保持高速发展态势，并已基本确立市场经济地位，已融入世界成为全球经济一体化的重要成员。我国自2001年加入世界贸易组织（WTO）以来，一直遵循WTO的市场开放原则和公平贸易原则。机械产品的进出口额逐年上升，这一成绩使国人感到自豪，让世界感到惊叹。同时，在国际贸易中，我国遇到了一系列新问题、新摩擦。为此，我国有必要和经贸伙伴加强沟通，消除误解，扩大合作，调解摩擦，以利机械工业继续稳步发展，为世界经济繁荣做出贡献。

一、机械工业进出口概况

机械工业对外经贸活动包括一般贸易、承包成套工程项目、海外投资和兼并等形式。2001～2010年机械工业进出口贸易情况见表1。

表1　2001～2010年机械工业进出口贸易情况

（单位：亿美元）

年份	进出口总额	进口额	出口额	顺差
2001	886.90	538.90	348.00	-190.90
2002	1 138.18	696.68	441.50	-255.18
2003	1 558.88	975.64	583.24	-392.40
2004	2 227.80	1 369.93	857.87	-512.06
2005	2 228.67	1 184.07	1 044.60	-139.47
2006	2 839.71	1 416.12	1 423.59	7.47
2007	3 616.89	1 687.74	1 929.15	241.41
2008	4 373.28	1 948.29	2 424.99	476.70
2009	3 767.41	1 809.17	1 958.24	149.07
2010	5 138.30	2 553.47	2 584.83	31.36

历年进出口统计数据表明，我国机械工业对外贸易长期处于进出口逆差境况，2006年出现了贸易顺差，2008年顺差为历史最高。随着国际金融危机的爆发，国际市场萎缩，2009年顺差明显缩小，2010年顺差仅31.36亿美元，而且顺差是来自外企在华经营的加工贸易。

据海关统计，2010年全国外贸进出口总值29 727.6亿美元，同比增长34.7%。其中，出口15 779.3亿美元，同比增长31.3%；进口13 948.3亿美元，同比增长38.7%。全年贸易顺差1 831亿美元。

2010年，机械工业进出口总额5 138.30亿美元，同比增长36.4%。其中，出口额2 584.83亿美元，同比增长32%；进口额2 553.47亿美元，同比增长41.14%。全年贸易顺差31.36亿美元。2010年机械工业进出口分行业统计情况见表2。2010年机械工业进出口前20位省市见表3。2010年机械工业进出口超百亿美元贸易伙伴见表4。

表2　2010年机械工业进出口分行业统计情况

（单位：亿美元）

行业名称	进口额	出口额	顺差
农业机械	20.74	65.66	44.93
内燃机	114.77	54.17	-60.60
工程机械	78.78	97.73	18.94
仪器仪表	345.20	223.90	-121.30
文化办公设备	135.18	256.51	121.33
石化通用设备	266.19	437.89	171.69

（续）

行业名称	进口额	出口额	顺差
重型矿山设备	56.66	80.41	23.75
机床工具	159.27	56.36	-102.91
电工电器	491.98	711.72	219.74
机械基础件	158.94	138.80	-20.15
食品包装机械	33.74	16.77	-16.98
汽车	488.45	308.21	-180.23
其他机械	203.56	136.71	-66.86

注：塑料机械统计在“石化通用设备”中，塑料机械进口额20亿美元，出口额11.4亿美元，逆差8.6亿美元。

表3　2010年机械工业进出口前20位省市

（单位：亿美元）

省市名称	进出口总额	进口额	出口额	顺差
广东	1 214.42	503.78	710.63	206.85
江苏	785.92	365.83	420.09	54.27
上海	700.29	414.60	285.69	-128.91
北京	533.54	422.67	110.87	-311.81
浙江	433.44	84.37	349.07	264.70
山东	303.44	125.54	177.90	52.36
天津	201.29	123.64	77.65	-45.99
辽宁	160.85	86.20	74.65	-11.54
福建	136.10	55.29	80.81	25.52
吉林	97.83	90.91	6.92	-83.99
安徽	63.51	31.36	32.15	0.79
四川	63.38	33.03	30.35	-2.68
湖北	62.47	40.44	22.02	-18.42
重庆	60.65	22.59	38.06	15.48

（续）

省市名称	进出口总额	进口额	出口额	顺差
河北	60.61	24.02	36.59	12.57
湖南	38.83	24.78	14.05	-10.73
黑龙江	31.84	10.02	21.82	11.81
陕西	31.05	18.30	12.75	-5.56
河南	30.93	12.76	18.18	5.42
江西	24.91	11.49	13.41	1.92

表4　2010年机械工业进出口超百亿美元贸易伙伴

（单位：亿美元）

国家或地区	进出口总额	进口额	出口额	顺差
日本	968.11	740.75	227.36	-513.39
美国	623.02	217.80	405.22	187.42
德国	582.01	482.40	99.61	-382.79
韩国	308.18	217.30	90.88	-126.42
中国香港	272.59	10.79	261.81	251.02
中国台湾	155.96	112.56	43.40	-69.16
意大利	121.35	69.36	51.99	-17.37
英国	103.59	52.50	51.09	-1.41
欧洲国家联盟	1 276.54	835.04	441.50	-393.53
东南亚国家联盟	386.20	118.28	267.92	149.64

从表4中可以看出，在机械工业领域，造成我国逆差的主要来源国家是日本、德国和韩国，这也说明其机械产品的竞争力远远超过我国。

2011年1~9月机械工业分行业进出口完成情况见表5。2011年1~9月机械工业分省市进出口情况见表6。

表5　2011年1~9月机械工业分行业进出口完成情况

行业名称	进出口		进口		出口		顺差（亿美元）
	金额（亿美元）	同比增长（%）	金额（亿美元）	同比增长（%）	金额（亿美元）	同比增长（%）	
合计	4 693.87	25.69	2 328.97	25.77	2 364.90	25.62	35.93
农业机械	78.14	24.01	19.50	24.28	58.64	23.92	39.14
内燃机	158.07	27.96	103.18	22.48	54.89	39.70	-48.28
工程机械	175.18	37.24	68.80	19.41	106.38	51.92	37.57
仪器仪表	522.17	27.36	325.32	30.97	196.85	21.81	-128.47
文化办公设备	335.35	17.10	123.87	25.44	211.48	12.72	87.61
石化通用设备	644.90	24.29	232.66	18.53	412.23	27.80	179.57
重型矿山设备	119.34	15.81	54.41	29.07	64.93	6.63	10.52
机床工具	214.36	42.32	160.77	45.99	53.59	32.33	-107.18

（续）

行业名称	进出口		进口		出口		顺差（亿美元）
	金额（亿美元）	同比增长（%）	金额（亿美元）	同比增长（%）	金额（亿美元）	同比增长（%）	
电工电器	1 045.81	19.13	411.68	14.72	634.14	22.19	222.46
机械基础件	270.58	24.90	135.41	15.80	135.17	35.59	-0.24
食品包装机械	46.78	30.27	31.19	30.37	15.58	30.06	-15.61
汽车	759.76	32.10	461.83	31.69	297.93	32.75	-163.90
其他机械	323.43	31.60	200.35	35.32	123.09	25.97	-77.27

注：塑料机械统计在“石化通用设备”中，进口额 16.9 亿美元，同比增长 13%；出口额 10.6 亿美元，同比增长 32%。

表 6　2011 年 1～9 月机械工业分省市进出口情况

省市名称	进出口		进口		出口		顺差（亿美元）
	金额（亿美元）	同比增长（%）	金额（亿美元）	同比增长（%）	金额（亿美元）	同比增长（%）	
合计	4 693.87	25.69	2 328.97	25.77	2 364.90	25.62	35.93
北京	486.05	25.41	388.47	26.06	97.58	22.89	-290.89
天津	178.20	24.27	113.46	29.47	64.75	16.09	-48.71
河北	55.26	22.56	19.45	6.17	35.81	33.78	16.36
山西	20.11	29.42	13.53	23.02	6.58	44.91	-6.95
内蒙古	8.74	29.75	4.59	15.16	4.16	50.82	-0.43
辽宁	149.47	24.99	79.84	25.26	69.63	24.68	-10.21
吉林	100.94	38.46	93.63	38.13	7.30	42.95	-86.33
黑龙江	26.78	14.23	6.88	-13.70	19.90	28.63	13.02
上海	653.68	29.05	394.48	32.96	259.20	23.51	-135.28
江苏	729.82	28.03	343.24	29.99	386.58	26.35	43.34
浙江	402.91	27.30	77.40	27.26	325.51	27.31	248.11
安徽	62.96	39.08	24.76	13.48	38.20	62.90	13.44
福建	127.42	29.15	49.66	23.64	77.77	32.93	28.11
江西	25.39	45.47	10.78	24.63	14.60	65.96	3.82
山东	273.15	27.56	103.63	14.67	169.52	36.97	65.89
河南	38.09	76.24	19.59	126.60	18.51	42.68	-1.08
湖北	54.24	18.41	32.39	9.62	21.85	34.38	-10.53
湖南	38.44	36.26	25.59	43.25	12.85	24.21	-12.73
广东	1 041.37	17.00	424.35	15.35	617.02	18.16	192.67
广西	23.93	55.15	7.11	68.92	16.82	49.98	9.71
海南	4.22	44.39	2.94	47.57	1.28	37.62	-1.65
重庆	63.71	43.61	24.23	50.23	39.48	39.82	15.25
四川	59.92	27.71	35.35	45.10	24.57	8.92	-10.78
贵州	2.31	23.38	1.00	3.63	1.31	44.34	0.31
云南	11.88	13.87	5.04	-7.73	6.84	37.59	1.80
西藏	0.50	-30.74	0.17	-66.04	0.33	44.10	0.17

（续）

省市名称	进出口		进口		出口		顺差（亿美元）
	金额（亿美元）	同比增长（%）	金额（亿美元）	同比增长（%）	金额（亿美元）	同比增长（%）	
陕西	30.08	37.78	18.08	39.84	12.00	34.78	-6.07
甘肃	3.96	50.01	1.38	25.25	2.57	67.84	1.19
青海	0.68	-57.24	0.44	-69.69	0.24	77.97	-0.20
宁夏	3.22	10.70	2.13	-19.90	1.10	326.58	-1.03
新疆	16.42	15.82	5.39	10.92	11.02	18.38	5.63

注：表中数据由于四舍五入，数据分项之和与合计数有微小出入。

二、机械行业面临国际贸易摩擦的形势严峻

1. 贸易摩擦的概况和原因

我国在实行改革开放以前，与西方国家的摩擦主要集中在意识形态领域。改革开放以来，我国对发展战略进行了调整，提出以经济发展为中心的新战略。我国与外国经济体的主要矛盾随之转变，国际贸易摩擦逐渐显现。20世纪90年代，我国确立了市场经济地位，但部分国家对此不予置信。2001年，我国加入了WTO并签署了一系列入世协议。虽然我国做出了最大努力，但贸易摩擦案件从数量上和广度上都有增无减，涉案金额逐渐增多，摩擦形式也日趋多样化。近10年，机械领域每年都有数十起贸易摩擦案发生。究其原因，一是我国的发展融入世界后，出口产品的品种和数量逐年上升，与部分西方国家或新兴国家形成了竞争的关系。二是形形色色贸易保护主义抬头，特别在国际金融危机爆发后，与WTO相违背的贸易保护更加变本加厉。

2. 贸易摩擦的主要表现形式

贸易技术壁垒，指一国对进口商品设置复杂的技术标准、卫生检疫规定、商品包装和标签等技术性贸易保护措施。

补贴与反补贴，指一国政府或公共机构为出口企业提供财政资助，包括资金赠与、贷款、投股及贷款担保。

保障措施，指WTO成员方确认某种产品进口量增加，对其国内产业造成严重损害或严重威胁的即进行调查，实行临时性进口限制。

与贸易有关的知识产权，是指贸易过程中涉及的专利、商标、版权应予以保护。受到侵犯时立案调查、起诉或要求补偿。

倾销与反倾销，指一国出口产品低于正常的国内同类产品的价格，则出口方被认定为倾销。

3. 贸易摩擦新形态

汇率摩擦，人民币升值压力加大；绿色产业、低碳经济等绿色壁垒趋向严厉；社会责任指标体系已成为国际标准并进入商品贸易范畴；海外投资、兼并引发的矛盾与风险在增大。

中国的发展离不开世界，要积极发展互利互惠的多边、双边经贸关系，不断拓展新的开放领域和空间，反对各种形式的贸易保护主义，促进国际经济秩序朝着更加公正、合理、共赢的方向发展；要切实转变外贸发展方式，坚持进口和出口并重，改善贸易不平衡状况，妥善处理贸易摩擦，为建立一个和平、和谐的国际环境而努力。

〔撰稿人：中国机械工业联合会　陆仁琪〕

共同创造稳中求进的新辉煌

2011 年,是我国塑料机械行业发展历程中具有重要意义的一年。这一年,塑料机械行业的发展建议被列入国家的规划之中,塑料机械行业的 4 项关键技术被列入国家工业和信息化部(简称工信部)的《产业关键技术发展指南(2011 年)》;高速、节能、全自动塑料成型机和挤出造粒机(组)被列入工信部的《2011 年国家重点产业振兴和技术改造中央投资年度工作重点》;全电动智能化塑料注射成型机(微型)等 6 种设备作为高端成型加工装备,被列入工信部的《重大技术装备自主创新指导目录(2011 年版)》;塑料挤出机、伺服塑料注射成型机、全电动塑料注射成型机设备被列入《节能机电设备(产品)推荐目录(第三批)》(征求意见稿)。与此同时,国家发改委、科技部等部委也对塑料机械行业给予了有力支持。

党中央、国务院的亲切关怀和国家有关部委的鼎力支持,为塑料机械行业的改革发展提供了难得的历史机遇,极大地激发了全行业企业家和广大职工奋发进取、攻坚克难的强大精神动力,有力地推动了行业经济又好又快地发展。

2011 年,我国塑料机械行业经济运行面临六大“碰头”,一是世界经济发展速度放缓与国内经济增速放缓“碰头”,二是经济增长下行压力加大与物价大幅上涨“碰头”,三是国际市场需求不振与贸易摩擦大量增加“碰头”,四是企业用工成本增加与企业利润空间严重挤压“碰头”,五是“信贷紧缩”与小型企业缺乏正常融资渠道“碰头”,六是短期风险与长期风险“碰头”。为此,业内企业面临多重不利因素叠加的困难,经济形势复杂严峻,生存压力增大。

面对困难和挑战,全行业坚持以科学发展为主题,以加快转变经济发展方式为主线,以推动产业转型升级为主攻方向,坚决贯彻落实国家宏观调控政策措施,积极抢抓机遇,紧紧围绕实现由大变强的目标,提升发展思路,集聚发展优势,锐意进取,开拓创新,全面实施“十二五”规划,大力推进科技创新和转型升级,取得了显著的成绩,实现了“十二五”发展的精彩开局。

统计资料显示,2011 年全行业完成工业总产值 464.51 亿元,比上年增长 16%;工业销售产值 444.46 亿元,同比增长 17%;出口交货值 80.59 亿元,同比增长 33%,均创历史新高。特别是在我国外贸出口形势非常严峻、外贸增速呈现高位回落的背景下,行业外贸出口实现了高速增长。2011 年,全行业塑料机械产量达到 29.04 万台,连续 11 年保持了年产量世界第一的纪录。

在看到成绩的同时也要清醒地认识到,我国塑料机械行业发展中还存在不少困难和问题,主要体现在行业经济总量仍然较小,综合实力依然不强,经济增长下行压力加大;产业层次较低、创新能力较弱、竞争力不强的局面还没有根本改变;物价上涨压力依然较大,节能减排任务艰巨;国际国内形势复杂多变,外部需求萎缩和外贸出口形势严峻,部分企业生产经营困难。对于这些问题,全行业一定要高度重视,切实采取措施加以解决,推动行业发展再上新的台阶。

2012 年,是实施“十二五”规划承上启下的重要一年,也是我国塑料机械行业加快推进转型升级、向更高目标迈进非常关键的一年。当前,我国塑料机械行业发展面临的机遇与挑战并存,机遇大于挑战。随着世界经济格局的大调整、大变革,随着工业化、信息化、城市化、市场化、国际化的持续推进,随着战略性新兴产业的加快发展,我国塑料机械行业正处于加快转型升级的关键时期，具备了实现由大变强的有利条件。但是，世界经济复苏的不稳定性和不确定性上升，欧债危机日趋恶化；国内一些长期矛盾与短期问题交织，发展不平衡、不协调、不可持续的问题比较突出；多年积累的体制性、结构性、素质性矛盾凸显，影响行业做大做强的因素增多。面对日益繁重的转型发展任务，面对日趋激烈的国内外竞争格局，我国塑料机械行业继续保持跨越发展的压力不断加大。为此，要重点抓好八个方面的工作：

1. 紧紧把握稳中求进的总基调

稳中求进是2012年经济工作的总基调。要准确把握国家宏观政策和经济走向，按照中央经济工作会议的总体要求，紧紧围绕保持经济平稳较快发展的目标，准确把握速度与质量的关系，坚持稳中求进、又好又快的工作导向，着眼于“稳”，立足于“进”，以进促稳、好中求快、又好又快，努力实现稳中求进。要科学分析当前严峻复杂的经济形势，清醒认识企业面临的困难、风险和挑战，切实增强忧患意识，振奋精神，坚定信心，努力把应对措施考虑得更周密一些，把工作做得更扎实一些。同时，还要看到，当前塑料机械行业发展面临着国家宏观经济政策取向的机遇、国家发展战略性新兴产业的机遇、政府部门更加重视塑料机械行业的机遇、国内外经济形势变化中蕴含的机遇。这都有助于在保增长中稳步前进，在转型升级中加快步伐，努力实现更长时期、更高水平、更好质量的发展。

2. 加快推进创新驱动战略

自主创新是经济社会发展的“发动机”，也是实现塑料机械行业由大变强的内在动力。无数事实说明，没有创新就没有自主权，就没有话语权。技术可以引进，自主创新能力必须自己培育。因此，要加快推进自主创新战略，改变以往跟踪、模仿、再创新的路径，坚持引进—消化—吸收—再创新、集成创新、原始创新并重，构建以企业为主体、市场为导向、产学研结合的开放型创新体系，大力推进创新型企业建设；引导企业增加研发投入，大力增强自主创新能力，加强基础性、前瞻性和共性技术研发，着力攻克核心关键技术，加快科技成果转化和产业化，加强重大技术成套装备研发和产业化，着力提高产业的核心竞争力。

3. 大力推进转型升级战略

无论是从国际发展的趋势来看，还是从我国经济社会发展的需求来看，或者从产业发展的现状来看，加快产业转型升级步伐已刻不容缓。当前，要牢牢把握转变发展方式这个主线，抓住产业升级这个主攻方向，加快应用新技术、新材料、新工艺、新装备，推动信息化和工业化深度融合，用高新技术改造提升传统产业，努力实现由“低成本竞争”向“差异化竞争”转型，由“规模扩张”向“质量提升”转型，由“传统制造”向“先进制造”转型，由“生产型制造”向“服务型制造”转型，加快构建现代产业体系。同时，要积极推广先进质量管理技术和方法，切实加强品牌、标准和专利工作，努力占领国际产业竞争的制高点。

4. 积极实施高端发展战略

改革开放30多年来，我国塑料机械行业实现了跨越式发展，“中国塑机速度”享誉全球，我国已经成为塑料机械制造大国和出口大国。然而，低端制造、低成本竞争、低附加值出口的“三低”粗放型经济模式仍是我国塑料机械行业的明显弱点。为此，要把“主攻高端”作为重要战略，围绕“自动化、智能化、精密化、绿色化”的发展思路，主攻高技术产品，抢占产业链高端环节，尤其要加快发展当前严重依赖进口的高端塑料机械产品，努力打造具有高端、高质、高效、高精密特点的优势产品，以高端产品满足国民经济发展的需要，以高端产品参与国际竞争，提升我国塑料机械产品的形象。

5. 着力推进绿色发展战略

树立绿色、低碳发展的理念，把加快推进绿色发展战略作为实现由大变强的重要着力点。要大力推行绿色制造，努力提升节能技术，着力发展高效节能、低污染排放、资源循环利用的塑料机械产品，为各行各业用户的节能减排提供先进装备。同时，要在设计和制造过程的各个环节，更加关注体现生命周期的绿色理念，并把“高效、低污染、能回收、资源可重复利用”等因素置于优先位置，发展塑料机械产品再制造，坚持走绿色制造和循环经济的新型工业化道路。

6. 切实加强人才培育工作

要以加强人才培育工作作为重要抓手，大力加强人才队伍建设，培养造就专业技术人才、专门技能人才、经营管理人才和领军人才，营造人尽其才、才尽其用的人才环境，为实现塑料机械行业由大变强提供强大的智力支撑。

7. 继续强化协会服务职能

2011 年，中国塑料机械工业协会在争取国家政策和项目、争取部委重视和支持等方面，迈出了新的步伐；在树立先进典型、实施技术标准、维护会员权益等方面，做了大量的工作；在推进科技创新和转型升级、促进行业经济平稳较快发展等方面，取得了明显的成效。当前，协会的凝聚力和影响力进一步增强，生机和活力进一步激发，协会的面貌发生了可喜的变化。今后，协会要进一步增强使命感、责任感，坚持服务宗旨，强化服务职能，发扬“有为”精神，充分发挥上联政府、下联企业的桥梁纽带作用，注重挖掘独特优势，创新工作体系和平台，积极主动地做好服务会员、服务行业的工作，不断提高服务水平和服务质量，为加快推进塑料机械行业又好又快发展做出新的更大贡献。

8. 积极推进企业文化建设

《中共中央关于深化文化体制改革、推动社会主义文化大发展大繁荣若干重大问题的决定》多处提到企业文化，强调要不断提高企业文化建设水平，引导群众在文化建设中自我表现、自我教育、自我服务。全行业要认真学习贯彻党的十七届六中全会精神，以高度的文化自觉和文化自信，切实加强企业文化和行业文化建设。要适应经济社会发展的大趋势，联系塑料机械行业的地位和作用，针对全行业职工日益增长的精神文化需求，认真总结和提炼塑料机械行业文化，体现和表达塑机精神、塑机速度、塑机效益，提升全行业的思想道德水平，增强行业发展的凝聚力和创造力，展现塑料机械行业积极向上、和谐发展的新形象，不断推动行业经济发展跃上新台阶。要坚持以科学发展为主题，以建设社会主义核心价值体系为根本任务，以满足职工精神文化需求为出发点和落脚点，以改革创新为动力，采取有力的措施，努力做好企业文化的大文章，为加快振兴塑料机械产业提供坚强的思想保证和强大的精神动力。要针对职工对精神文化生活的更高需求和期待，提供更多更好的文化活动平台，积极开展丰富多彩的文化活动，营造快乐工作、生动活泼、和谐幸福、健康向上的良好氛围。

2011 年，塑料机械行业实现了“十二五”发展的精彩开局。2012 年，塑料机械行业广大企业将会以更加积极的姿态，坚定不移地走创新发展之路，调动凝聚各方面智慧和力量，大力推进科技创新和转型升级，在加快实现由大变强的历史跨越中再创新的辉煌。

〔撰稿人：中国塑料机械工业协会　张静章〕

中国台湾塑料橡胶机械产业现状与发展趋势

一、中国台湾塑料橡胶机械产业概况

2010 年，由于受全球景气复苏以及新兴国家强烈需求的拉动，中国台湾塑料橡胶机械产业交出一个亮丽的成绩单，生产值估算为 450 亿元新台币，比上年增长50.0%。2010年,塑料橡胶机械出口总额117 146万美元,比上年增长56.91%;进口额28 686万美元,比上年增长73.46%。1999~2010年中国台湾塑料橡胶机械生产、进出口及需求情况见表1。

表1 1999~2010年中国台湾塑料橡胶机械生产、进出口及需求情况

年份	生产		出口		进口		需求		外销比率(%)	进口设备占市场份额(%)	台产设备占市场份额(%)
	金额(百万新台币)	数量(t)	金额(百万新台币)	数量(t)	金额(百万新台币)	数量(t)	金额(百万新台币)	数量(t)			
1999	22 500	140 800	17 683	110 717	18 064	19 598	22 881	49 681	78.6	78.9	21.1
2000	27 000	160 780	22 003	136 662	18 751	22 550	23 748	46 668	81.5	79.0	21.0
2001	26 300	144 300	22 327	121 217	8 942	15 994	12 915	39 077	84.9	69.2	30.8
2002	29 100	170 500	24 710	144 952	7 451	17 705	11 841	43 253	84.9	62.9	37.1
2003	31 500	179 600	26 393	150 517	18 104	27 269	23 211	56 352	83.8	78.0	22.0
2004	37 600	209 900	30 834	172 143	20 015	42 245	26 781	80 002	82.0	74.7	25.3
2005	37 200	193 400	30 448	158 637	9 690	32 603	16 442	67 366	81.8	58.9	41.1
2006	37 300	185 800	30 528	152 039	11 464	35 916	18 236	69 677	81.8	62.9	37.1
2007	40 200	200 600	32 910	164 340	10 220	41 868	17 510	78 128	81.9	58.4	41.6
2008	41 500	182 700	33 950	149 490	10 161	39 448	17 711	72 658	81.8	57.4	42.6
2009	30 000	128 700	24 608	105 545	5 451	19 802	10 843	42 957	82.0	50.3	49.7
2010	45 000	203 597	36 901	166 950	9 036	38 212	17 135	74 859	82.0	52.7	47.3

注:数据来源于中国台湾海关进出口统计月报,台湾区机器工业同业公会。其中,US $ =31.12NT $(2000年),US $ =33.63NT $(2001年),US $ =34.486NT $(2002年),US $ = 34.371NT $(2003年),US $ =33.457NT $(2004年),US $ =32.08NT $(2005年),US $ =32.503NT $(2006年),US $ =32.785NT $(2007年),US $ =31.38NT $(2008年),US $ =32.96NT $(2009年),US $ =31.50NT $(2010年)。

2011年上半年,中国台湾塑料橡胶机械产业延续2010年的飞跃增长,增长势头仍很强劲,但是下半年受欧美经济不振、欧债阴霾加剧、日本地震海啸及核灾等全球性经济不景气的影响,出口增速放缓。根据国际贸易局统计数据,2011年1~9月塑料橡胶机械出口额比上年同期增长18.0%。其中,出口到中国大陆的增长16.1%,出口到中国香港的下降25.3%。因为出口到中国香港的机器绝大部分也转运到大陆,所以把香港与大陆加在一起,则对塑料橡胶机械最大出口地区中国大陆(包括香港)的出口实质仅增长9.7%,显示大陆需求有放缓现象,值得业界特别注意。另依照中国大陆地区的塑料机械制造商和外包商反映,2011年下半年中国大陆塑料机械各厂家库存成品甚多,2011年销售额将小幅度增长,甚至下降。依机种分析,中国台湾注塑机出口下降1.68%,挤出机增长65.79%,吹制成型机增长37.11%,真空及热压成型机增长62.32%。数据显示,挤出机和真空及热压成型机是出口增长的主要来源。

塑料橡胶机械产销数据显示,由于下游客户是塑料橡胶五金制品业及塑料代工加工业,皆属劳动密集产业,早期外移到东南亚,然后是中国大陆,近期已趋稳定,不再外移。随着3C(电脑、通信和消费性电子)产业发展,所需塑料制品朝轻、薄、短、小和精密发展,致使中国台湾塑橡胶加工业必须转型,以适应本地市场对加工高科技制品用的精密机械设备及自动化设备需求快速增加,而对传统设备需求逐年减少的变化。如果以外销占总销量的比重分析,1992年当时外销仅占总销量的62%,1995年已上升为75%,2006~2010年占比都在80%以上。如果以中国台湾市场本地产与进口塑料橡胶机械所占份额分析，则进口机器前几年占比远大于本地产机器，近几年本地产设备占比增加，但仍低于进口设备占比，双方在技术上仍有一定差距，值得塑料橡胶机械业界重视。

中国台湾塑料橡胶机械厂商总量200余家，98%是中小企业，平均雇用员工仅30余人。其中90%企业集中在台南、台中、新竹等地区，塑料橡胶机械产业成为该地区颇具代表性的产业。

二、中国台湾塑料橡胶机械产品进出口情况

（一）中国台湾塑料橡胶机械产品出口情况

据海关进出口月报统计，近5年来，中国台湾塑料橡胶机械产品出口额除2009年同比下降外，均为增长。2006年出口额为305亿元新台币；2007年出口额为329亿元新台币，比上年增长7.9%；2008年出口额为340亿元新台币，比上年增长3.3%；2009年出口额为246亿元新台币，比上年下降27.6%；2010年出口额为369亿元新台币，比上年增长50.0%；2011年1～9月为313亿元新台币，比上年同期增长18.0%。

1. 塑料橡胶机械分类产品出口情况

2010年，中国台湾塑料橡胶机械按出口类别分析，注塑机排第一位，出口额44 911万美元，占出口总额的38.34%，比上年增长89.8%；挤出机排第二位，出口额8 540万美元，占出口总额的7.29%，比上年增长20.4%；中空成型机排第三位，出口额7 193万美元，占出口总额的6.14%，比上年增长21.9%；真空及热压成型机排第四位，出口额5 798万美元，占出口总额的4.95%，比上年增长100.0%，其余为其他模制及成型机械与轮胎制造机等。

2011年1～9月，按出口类别分析，注塑机排第一位，出口额33 401万美元，占出口总额的33.09%，比上年同期下降1.7%；挤出机排第二位，出口额10 658万美元，占出口总额的10.56%，比上年同期增长65.8%；中空成型机排第三位，出口额7 298万美元，占出口总额的7.23%，比上年同期增长37.1%；真空及热压成型机排第四位，出口额6 679万美元，占出口总额的6.62%，比上年同期增长62.3%，其余为其他模制及成型机械与轮胎制造机等。

2. 塑料橡胶机械出口国家（地区）分析

2010年，中国台湾塑料橡胶机械出口额大幅增长，较上年增长50%。按出口国家（地区）分，最大出口市场是中国大陆（包括香港），出口额39 093万美元，占出口总额的33.37%，比上年增长103.7%。列第二位的是印度，出口额8 880万美元，占出口总额的7.58%，比上年增长72.9%，大幅增长的原因可能是印度对大陆塑料注塑机课征反倾销税，订单转向中国台湾所致。列第三位的是泰国，出口额8 498万美元，占出口总额的7.25%，比上年增长15.8%。接下来依次是印度尼西亚（占出口总额的6.75%）、越南（占出口总额的6.07%）、马来西亚（占出口总额的3.12%）、巴西（占出口总额的2.96%）、日本（占出口总额的2.56%）、土耳其（占出口总额的2.37%）、美国（占出口总额的1.93%）、沙特阿拉伯（占出口总额的1.36%）、俄罗斯（占出口总额的1.27%）。

2011年1～9月，中国台湾塑料橡胶机械出口额较上年同期增长18.0%。最大出口市场是中国大陆，出口额29 134万美元，占出口总额的28.86%，比上年同期增长16.1%。列第二位的是印度尼西亚，出口额7 981万美元，占出口总额的7.91%，比上年同期增长37.3%。列第三位的是印度，出口额7 206万美元，占出口总额的7.14%，比上年同期增长13.5%。列第四位的是越南，出口额7 110万美元，占出口总额的7.04%，比上年同期增长40.5%。列第五位的是泰国，出口额6 897万美元，占出口总额的6.83%，比上年同期增长16.1%。列第六位的是马来西亚，出口额3 420万美元，占出口总额的3.39%，比上年同期增长47.0%。

按出口国家（地区）分析，中国台湾塑料橡胶机械主要销往亚洲和美洲，特别是出口亚洲地区近年增长较快，约占出口总额的70%左右，其客户多是中小型塑料橡胶加工厂。德国与意大利是高端塑料橡胶机械生产基地,欧洲地区塑料橡胶制品厂家享有地利之便,多采用德国与意大利的塑料橡胶机械,因而对中国台湾塑料橡胶机械进口很少。

十年来,中国台湾塑料橡胶机械最大出口市场一直是中国大陆(包括香港)。另外,印度尼西亚和越南近年经济快速增长,企业争相投资设备,也是值得关注的市场。2010 年中国台湾塑料橡胶机械出口主要国家(地区)见表2。2011 年1~9 月中国台湾塑料橡胶机械出口主要国家(地区)见表3。

表2　2010 年中国台湾塑料橡胶机械出口主要国家(地区)

序号	国家(地区)	出口额(万美元)	比上年增长(%)
1	中国大陆(包括香港)	39 093	103.7
2	印度	8 880	72.9
3	泰国	8 498	15.8
4	印度尼西亚	7 913	105.7
5	越南	7 107	31.6
6	马来西亚	3 653	42.9
7	巴西	3 471	84.4
8	日本	3 002	46.8
9	土耳其	2 780	106.6
10	美国	2 257	0.7
11	沙特阿拉伯	1 588	1.0
12	俄罗斯	1 488	224.6
13	埃及	1 425	46.7
14	伊朗	1 395	-0.2
15	南非	1 352	71.9
16	菲律宾	1 307	81.5
17	墨西哥	1 269	43.1
18	孟加拉国	1 158	69.4
19	韩国	1 035	178.1
20	尼日利亚	977	-22.0
21	德国	831	38.0
22	阿根廷	725	242.1
23	波兰	696	166.7
24	委内瑞拉	669	-1.7
25	巴基斯坦	610	115.9

注:数据来源于中国台湾海关进出口统计月报,台湾区机器工业同业公会。

表3　2011 年1~9 月中国台湾塑料橡胶机械出口主要国家(地区)

序号	国家(地区)	2011 年1~9 月出口额(万美元)	比上年同期增长(%)
1	中国大陆	29 134	16.1
2	印度尼西亚	7 981	37.3
3	印度	7 206	13.5
4	越南	7 110	40.5
5	泰国	6 897	16.1
6	马来西亚	3 420	47.0
7	中国香港	3 050	-25.3
8	巴西	2 702	16.1
9	美国	2 516	43.9
10	土耳其	2 448	11.5

(二)中国台湾塑料橡胶机械产品进口情况

近10 年来,中国台湾塑料橡胶机械产品进口呈现下降走势。2010 年,进口额为90 亿元新台币,较上年增长65.8%。主要缘于高科技产业(如3C 产业)进口日制电动机及半导体用高价位封装机械等所致。由于高科技产业全球性不景气,2001 年与2002 年中国台湾塑料橡胶机械进口额大幅下降,进口额分别为89 亿元新台币、75 亿元新台币。2003 年、2004 年进口额分别为181 亿元新台币、200 亿元新台币,达到近10 年进口最高峰。2005 年进口额97 亿元新台币,较上年大幅减少;2006 年进口额为115 亿元新台币,2007 年、2008 年进口额分别为102.2 亿元新台币、101.6 亿元新台币,相差不大。2009 年,因国际金融危机的影响,进口额仅54.5 亿元新台币,为历年来最低。

1. 塑料橡胶机械分类产品进口情况

2010 年,中国台湾塑料橡胶机械按进口类别分析,注塑机排第一位,进口额7 944 万美元,占进口总额的27.69%;挤出机列第二位,进口额6 062 万美元,占进口总额的21.13%;真空及热压成型机列第三位,进口额1 455 万美元,占进口总额的5.07%;吹制成型机列第四位,进口额1 215 万美元,占进口总额的4.23%,其余依次为轮胎制造机等产品。

2011 年 1 ~ 9 月，中国台湾塑料橡胶机械按进口类别分析，挤出机排第一位，进口额 6 798 万美元，占进口总额的 21.58%；注塑机列第二位，进口额 6 663 万美元，占进口总额的 21.12%；真空及热压成型机列第三位，进口额 1 582 万美元，占进口总额的 5.02%；吹制成型机列第四位，进口额 584 万美元，占进口总额的 3.34%，其余依次为轮胎制造机等产品。

2. 塑料橡胶机械主要进口来源分析

2010 年，中国台湾塑料橡胶机械产品进口额 28 686 万美元，最大供应国是日本，金额为 12 480 万美元，占进口总额的 43.51%，比上年大幅增长 73.0%。列第二位的是中国大陆（包括香港），进口额 6 261 万美元，占进口总额的 21.83%，比上年增长 100.4%。德国排名第三位，进口额 4 492 万美元，占进口总额的 15.66%，比上年增长 144.6%。其余依次是美国（占进口总额的 5.9%）、瑞士（占进口总额的 2.5%）、意大利（占进口总额的 2.0%）。

2011 年 1 ~ 9 月，中国台湾塑料橡胶机械进口额 31 504 万美元，最大供应国是日本，金额为 13 222万美元，占进口总额的 41.97%，比上年同期增长 34.8%。列第二位的是德国，进口额 7 112 万美元，占进口总额的 22.57%，比上年同期增长 109.0%。中国大陆排名第三位，进口额 5 745 万美元，占进口总额的 18.24% ，比上年同期增长 26.9%。其余依次是美国（占进口总额的 5.61%）、奥地利（占进口总额的 3.38%）、瑞士（占进口总额的 2.42%）。

多年来，中国台湾塑料橡胶机械进口来源地主要是日本、德国、中国大陆和美国，合计占进口总额的 80% 左右。大部分日本机器已采用全伺服驱动的电动机，因省电、精密、低噪声等优点而深受买家的青睐。然而，德国机器的优异性能是业内公认的，但是碍于价格高昂，买家只能根据自己的制品需求和财务能力来决定是否选购。2010 年中国台湾塑料橡胶机械进口主要来源国家（地区）见表 4。2011 年 1 ~ 9 月中国台湾塑料橡胶机械进口主要来源国家（地区）见表 5。

表 4　2010 年中国台湾塑料橡胶机械进口主要来源国家（地区）

序号	国家（地区）	进口额（万美元）	比上年增长（%）
1	日本	12 480	73.0
2	中国大陆（包括香港）	6 261	100.4
3	德国	4 492	144.6
4	美国	1 686	−23.2
5	瑞士	718	35.0
6	意大利	575	169.5
7	法国	376	65.8
8	加拿大	337	183.7
9	荷兰	327	−9.8
10	韩国	302	−8.9
11	新加坡	198	20.4
12	马来西亚	149	−35.1

注：数据来源于中国台湾海关进出口统计月报，台湾区机器工业同业公会。

表 5　2011 年 1 ~ 9 月中国台湾塑料橡胶机械进口主要来源国家（地区）

序号	国家（地区）	2011 年 1 ~ 9 月进口额（万美元）	比上年同期增长（%）
1	日本	13 222	34.8
2	德国	7 112	109.0
3	中国大陆	5 745	26.9
4	美国	1 768	28.3
5	奥地利	1 066	1 700.0
6	瑞士	762	232.4
7	荷兰	388	42.0
8	新加坡	321	130.5
9	意大利	237	−53.9

三、中国台湾塑料橡胶机械产业发展趋势

由于客户对塑料橡胶机械环保和节能的要求日益严格，中国台湾大部分厂家都已向客户提供伺服节能系统的机器，其原理是将机器的动力源由传统的电动机改为伺服电动机，其省电效果依生产制

品和机器之不同可高达50%以上，节能效果显著。一般来说，如果机器以24h生产运转，所增加的设备投资可在两年之内回收。另外，因3C产业蓬勃发展，塑料橡胶制品用户对制品外观的要求日益严格，双色甚至三色的塑料注塑机需求明显增多。有些厂家因产能有限，无法及时交货而损失了订单。由于关键性部件（如伺服电动机、控制器等）中国台湾的产品性能和稳定性不及日本，且发展进度一直缓慢，从而需从日本或德国进口，但价格甚高，希相关单位和业界加以重视。

近10年来，中国大陆塑料机械产业发展迅速，中国已是全球最大的塑料机械生产基地，也是全世界塑料机械消费最多的国家，德国、日本、美国的主要制造厂家都已在中国大陆设厂，中国台湾业界也早已在大陆设厂生产或设立销售服务据点。大陆本地厂家经过这几年的努力和学习，其生产的机器因质量和性能提升，价格低廉，着实给中国台湾机器厂家造成很大的压力。一般性、通用性的机器，中国台湾厂家几乎已无竞争力。面对全球化的竞争，中国台湾业者应采取积极的应对措施：

1. 差异化策略

大量生产一般通用机种在中国台湾已不可能，只有根据客户特殊需求，提供量身定制的个性化方案，才能从价格竞争中胜出。为客户规划自动化生产、专用机生产一条龙服务，以及提升控制器功能，增加服务内容，发展优质高端产品，才是企业生存之道。

2. 研究创新

要能提供差异化的产品必须拥有优良的工程技术团队，工程能力的提升十分重要。要注重研究创新，善用政府资源，如科技专项计划、主导性产品开发、研发联盟、小型企业创新研发计划（SBIR）、协助传统产业技术开发计划（CITD），推动产、官、学、研合作开展研究创新，提供优质产品和服务，增加产品的附加价值。

3. 拓展国际市场

中国台湾内需较小，市场有限，而过多集中在中国大陆市场也不是长远发展之计，分散市场就是降低风险的重要举措之一，尤其是新兴国家经济发展潜力雄厚，对机器设备需求多，印度、印度尼西亚、巴西、伊朗、土耳其、俄罗斯、越南都是值得投入拓展的市场。如因人力和财务限制，可借助台湾区机器工业同业公会和对外贸易发展协会的协助，也可申请海外展览补助。

〔撰稿人：台湾区机器工业同业公会塑橡胶机械专业委员会　吴正炜〕

中国塑料挤出技术发展的热点方向

经历新型挤出机开发的热潮之后，我国塑料挤出技术市场呈现三个显著的特点：其一，业界对高效、节能技术的关注度日渐高涨，高效、高产节能挤出机成为技术创新的一个重要方向；其二，食品、饮料以及新能源等工业领域对高性能软包装薄膜的需求持续高涨，推动塑料薄膜多层共挤技术不断推陈出新；其三，我国在挤出技术各种配套零部件与辅助设备领域开始加大研发力度，新技术应用与拓展的步伐加快，推动整体技术水平的迅速提升。

1. 高效节能技术市场走热

我国塑料制品行业“十二五”发展战略特别强调“要遵循绿色发展、低碳发展、循环发展、创新发展的发展战略”，毋庸置疑，这一战略也是我国塑料行业创新发展必须长期坚持的原则。塑料加工业的可持续发展离不开塑料加工技术的绿色化发展。正因如此，在挤出机行业的各个领域，积极开发高效节能技术已成为业界抢占市场先机的重要举措。

在 2011 中国国际塑料橡胶工业展览会（CHINAPLAS 2011）上，南京波利玛机械设备有限公司展出的 CTE—SC 同向平行双螺杆挤出机，采用自主研发的高扭矩、高转速齿轮箱，扭矩提升 50% 以上，转速也提高一倍，使得 CTE—SC 产品产能比原来机型提高 2～3 倍。该挤出机可提供多种喂料及切粒方式，满足多种作业的工艺要求，可应用于 UMHWPE 纤维、BOPET 薄膜、PET 打包带、WPC 型材等以及常规配混造粒。该公司已完成 25～133mm 高扭矩双螺杆挤出机系列化推广，并将在 2012 年上海 CHINAPLAS 展会期间展出超高扭矩新设备。

南京诚科机械有限公司在 2011 年推出新一代 AK、HK、SK 三个系列成套同向双螺杆挤出机组，AK—Y、HK—Y、SK—Y 三个系列双阶挤出机组，WF 系列脉动式单螺杆混炼挤出机组及 MD 系列连续混炼机。公司推出的双螺杆挤出机突出的特点是高转速、高扭矩和大产出。据介绍，单机最高转速可达 900r/min，产量比市场一般机器高出 20%～30%。

近年来，国内双螺杆挤出机供应商已逐渐向更广阔的领域拓展。南京越升挤出装备有限公司研发成功的 BOPET 挤出设备产量可达 1～1.5t/h，相对于我国国内的单螺杆挤出机生产等量产品可节能 35%。此外，值得一提的是，该公司近几年在各种节能设备上有许多收获。如采用公司研发的 EVA 薄膜生产技术，生产速度可达 4m/min，节能可达 30%。采用 PET 免除湿干燥挤出机，原料无需结晶、干燥，节省了结晶、干燥装置，降低了设备成本和能耗。该设备可用于加工 PET 瓶片料、破碎料或粒料。采用结晶干燥挤出技术路线的能耗是 0.5kW·h/kg，而采用免干燥挤出机能耗为 0.3 kW·h/kg，节能效果显著。而且，采用免干燥挤出加工方式比传统的结晶干燥挤出方式更灵活，根据需要可以快速地更换原料，直接挤出制品或者造粒等，而不用等待对聚合物进行预干燥。无需干燥的 PET 加工技术不仅解决了能耗问题，同时具有很好的灵活性，有效提高了生产率，必将成为 PET 的主流加工方式。

免除湿干燥 PET 生产线也是天津市恒瑞塑胶机械有限公司近年来推广的重点。该公司向市场推出采用抽真空排气方式的新产品，当前正在对相关的设备进行调试。这种技术还可应用于 PC 生产线。

广东达诚机械有限公司研发的节能、高效和高产的双螺杆挤出片材机，适用于 PET、PLA 片材和二次料的生产，同样可减少预结晶干燥所需的能耗，具有高产量、低能耗、优塑化的特点。

事实上，各种节能新技术已经应用于挤出技术的方方面面，从挤出机本身的螺杆结构改进，到新型驱动电动机的应用，以至各种新型加热技术的应用，都在推动挤出技术向着更加高效、高产、节能的方向发展。

2. 多层共挤薄膜技术实现更优异的包装功能

随着人们对食品饮料包装安全性的重视程度日益提升，以及新能源工业蓬勃发展带动对太阳能封装膜的旺盛需求，高性能薄膜包装材料市场最近几年一直保持超高速发展的态势。与此同时，各种薄膜共挤技术成为塑料加工市场关注度最高的技术之一。20 世纪 80 年代中期，我国单层吹膜机尚且需要进口，如今国内有越来越多的厂家可自主研发 7 层甚至 9 层的多层共挤设备，并进入国内外市场。

昆信机械集团当前的主要产品为三层薄膜共挤生产线，基于多层共挤成型设备的发展趋势和客户对多层薄膜及功能膜不断增大的需求，公司已在 2010 年研发五层薄膜挤出生产线。

汕头市海精科机械有限公司通过产学研联盟，主要针对航空航天、电子、液晶显示器、包装、新能源等应用领域，研发了具有流延、压花、多层共挤的功能性热熔胶膜生产线。当前已经成功开发出五层共挤的 PE + EVA 热熔胶膜生产线，并不断向宽幅化发展。据该公司介绍，当前在中国市场，这种高功能热熔胶膜只有不到 20% 是由本土企业生产，且生产设备多是进口。公司自主研发的高性能热熔胶膜生产线不仅填补了国内该领域的空白，而且有助于降低设备价格，创利于设备用户企业及制品消费者。

新乐华宝塑料机械有限公司推出的高速五层共挤 PE 保鲜膜生产线，采用 3 台新乐华宝的高性能单螺杆挤出机，挤出机配备高扭矩齿轮箱，经过优化设计的螺杆和机筒可保证均质的熔体以及稳定的挤出量。除挤出部分之外，完美匹配的下游设备对保证高速高质量挤出 PE 保鲜膜同样非常重要。公司专门开发的全自动高速三轴式收卷系统，三轴不停顿无隙换卷，产品换卷前后张力始终恒定如一，可保证产品具有良好的外观质量，收卷最高设计速度 350m/min，自动穿纸管和卸卷系统保证高效率的运转。

佛山捷勒塑料设备有限公司推出的七层共挤高阻隔吹塑薄膜生产线，已顺利通过国内高阻隔吹塑薄膜龙头企业的验收，投入商业运营。该装备可用于生产高品质的对称结构高阻隔薄膜，如 m - PE/Tie/PA/EVOH/PA/Tie/m - PE 或非对称结构的高阻隔薄膜，如 PA/Tie/PE/Tie/PA/Tie/m - PE。整套系统可以方便地在线更换薄膜层结构，使薄膜制品的成本更低，阻隔性能更优越。该条 7 层共挤吹膜生产线配备 7 台 GET—60—30S 光滑机筒挤出机、GET—500—7 低模体螺旋芯棒七层共挤模头、带 116 个控制区的自动膜厚控制风环、瑞士 KUNDIG 公司的阻隔膜专用测厚仪、IBC（膜泡内冷）控制系统、自动称重系统以及水平旋转上牵引和两台背靠背式中心表面收卷机。该生产线通过一台 19in 英特尔双核彩色触摸屏平板电脑控制系统实现全线的自动控制。该设备用于生产膜厚25 ~ 200μm、厚度偏差 ≤ ±3%、最大幅宽1 800mm的薄膜，产量可达 400kg/h。

近年来，佛山捷勒塑料设备有限公司在挤出新技术方面收获颇丰，如采用高扭矩直驱电动机和高效的机筒加热系统技术。其采用的模块化翼型铜铝合金散热片和翼型陶瓷加热圈组合，加热效率可达 $7W/cm^2$，可使螺杆和机筒快速升温和降温。该技术应用于挤出系统中，单位产品的能耗降低 20% 左右。此外，专业设计的同一支螺杆既可加工 PA 又可加工 EVOH 树脂，使得更换薄膜品种和产品结构时，不需停机更换螺杆，减少了冲洗机器的时间和原料浪费，提高了生产效率。这对生产高阻隔薄膜的企业极为重要。公司总经理彭坚强调，我国挤出设备想要提高在国际市场上的竞争力，必须从设计上创新，品质上提高，同时在外观上也要改善。这样，我国挤出设备才能在国际市场取得一席之地。

3. 新技术助力我国挤出机行业竞争力提升

从挤出机传动系统，到螺杆、机筒、模头的设计与改进，再到加热、冷却技术的创新，以至全新成型方案的提出等，我国挤出技术供应商正在从加工技术的方方面面追赶国际先进水平。

采用无齿轮直驱电动机既可以实现显著的节能效果，同时又可以节省设备占用空间，这一技术在国内挤出机行业的应用正越来越成熟。大连橡塑机械有限公司挤出技术最重要的改进聚焦于两个方面：采用直驱电动机、在挤出辅助与配套设备技术领域实现更高效率的改进。公司推出的双向拉伸系统已有多套出口日本市场。

开发新型减速系统也是近年来国内挤出机行业提高设备性能的一个重要关注点。南京创博机械设备有限公司最近推出全新的传动箱设计，打破了沿用十几年的设计风格，并且正在就该设计申请专利。新的传动箱具有更大的安全系数，并且能轻松实现普通扭矩和高扭矩之间的互换。此外，公司正着力推出 CM 系列连续密炼机新机型，并采用该设备针对一些特殊的应用做了许多实验，效果良好。连续密炼机未来几年会有很大的发展，因而公司在这一领域投入了很大的精力和资源。

提高挤出系统的加热冷却效果也是提高挤出

系统设备性能与效率的一个重要途径。

宁波康润机械科技有限公司通过在挤出生产线的不同部位实现合理的冷却系统设计，成功开发出新型大口径PE管材超强冷却技术挤出生产线。对于大口径厚壁管材，厚壁管坯由于自重易引发下塌，造成壁厚不均匀、散热困难及外径难以控制等问题，因此，冷却定径十分重要。公司设计的HDPE挤出生产线采用真空定径法，将6m或12m长的真空定径水箱分成几个真空冷却室，以满足各个冷却阶段对真空度的不同要求。在第一真空室外装有定径筒，其真空度调节到挤出管坯贴吸到定径筒上，各个真空室的真空度可根据需要任意控制，以适应不同冷却阶段对管径的要求。为了克服挤出管坯与定径筒间的摩擦阻力和避免熔体粘附在定径筒上，保证管材表面外观良好，定径筒前端采用水环冷却和水膜式冷却润滑结构，将水流当润滑介质，保证在一定长度的定径筒内管材得到均匀的冷却与润滑，同时在箱体内加装几道定径环，以弥补修复管材的椭圆度。生产线采用公司自己发明的超强内部冷却技术，可实现优异的冷却效果。

挤出模具技术同样是提升挤出生产线整体效率不可忽视的方面。北京长城牡丹模具制造有限公司最近推出的新型模具技术，采用定型套技术，能够达到更好的冷却效果，同时设计了专门的异型水孔，对型材关键尺寸的保证很有帮助。

浙江精诚模具机械有限公司作为我国流延膜模头的专业生产厂家，研制出七层共挤分配器，实现了与国际先进技术的同步。公司的专利成果“在线自动控制”装置，与模唇温控系统红外线、β射线、X射线的相互配合作用，依据测厚仪自动横向往返准确检测后的反馈数据，采用特殊的热膨胀螺栓对模唇的开口厚薄进行自动微调，从而可快速有效地控制制品的精度。在每分钟20多次的扫描频率中，能够非常准确地动态显示制品的厚度尺寸。因采用的是当前非常先进的全闭环控制系统和自动测厚系统，使得产品的厚薄精度控制在±2%以内。

在微层复合技术领域，国内供应商与研发机构均有最新进展。2009年初，浙江精诚模具机械有限公司成功研制出“微层共挤复合”技术，实现了复合倍数的层数叠加，制品可达到更强的柔韧性和相当效果的色彩光度。据浙江义乌用户反馈，2010年订购的两套超过130层共挤复合彩虹膜产品很好地满足了终端生产要求。北京化工大学杨卫民教授开发的纳米叠层复合挤出技术可生产尺度达到纳米级的微层材料。与国内外已有技术相比，该技术提供的流道平顺性提高，流程路径缩短，相应压力损失大幅度减少，不仅可获得更薄的微层厚度，而且也适用生产橡胶类高黏度材料。当前已经研制成功的“一分为四”的塑料层叠器在四节以内串联试验中取得了满意的叠层复合挤出效果。

随着我国制造业技术水平的整体提升，以及我国挤出制品应用市场的全面扩展，我国挤出设备技术供应商在国内外市场已经赢得一席之地。但不能不看到，我国挤出制品行业依然面临着高附加值产品大量进口的状况。据中国海关统计，2011年前三季度，我国累计出口塑料造粒机2 255台，金额3 976万美元；其他挤出机4 157台，金额1.52亿美元。2011年前三季度，我国累计进口塑料造粒机244台，金额1.31亿美元；其他挤出机2 844台，金额3.1亿美元。挤出机出口与进口之间巨大的单位产品价差，实际上明确指出我国挤出机行业研发的重要方向——大力开发高水平、高档次的高附加值产品。尽管我国挤出设备技术近年来发展迅速，国际竞争力显著提升，但是如何提高设备的附加值依然是我国挤出机行业面对的最大挑战。

〔撰稿人：北京化工大学　袁聪姬、《CPRJ中国塑料橡胶》　段庆生〕

精密注塑机最新技术进展及发展趋势

近几年,随着塑料原材料价格和性能的提高,塑料制品向小型化、轻量化以及多功能化方向发展。注塑机行业一方面要满足市场对加工附加值高的精密塑料制品装备的需求,另一方面也要满足一些日用品、医疗器械等一次性塑料耗材为降低成本普遍要求减少壁厚,减少原材料消耗,希望提供更高水平注塑机的要求。也就是说,精密注塑机是为了提高价值、降低成本。

1. 注塑机向高速精密、高效节能、环保洁净方向发展

高速精密成型塑料制品有两类:一种是尺寸精度高,另一类是制品的壁很薄。因此,必须开发高速注射精密成型技术。现在的趋势是,只要是大量使用的,越是低价的产品因为薄壁就越需要高速精密注塑机加工。锁模精度是薄壁塑料成型注塑机的一个最主要技术难点。如果合模精度差,会导致壁厚不均,这在壁厚产品中影响不太明显,但当产品的壁厚只有 0.1 ~ 0.2mm 时,壁厚相差 0.02 ~ 0.03mm 也会严重影响制品的成型,会导致有些地方缺料、有些地方出现飞边等缺陷。此种缺陷在一模多腔的情况下会更加严重。操作者经常只看到出现飞边,而不了解飞边的产生缘于设备的锁模力不平衡,所以往往以简单地加大锁模力来解决。锁模力的增加对肘杆式注塑机意味着机绞销轴在加速磨损,从而导致锁模力的下降和锁模精度的进一步下降,严重者会导致折断销轴、折断拉杆、撕裂模板等。所以在生产薄壁产品时,除了考虑提高机器的控制精度外,锁模结构的精度也是至关重要的。当注射速度大于 200mm/s 时,双缸注射已经不适合。其主要原因是:双缸会导致注射速度不平衡;运动惯性大且起动慢,保压点不准;能耗较高。由于劳动力紧缺,劳动力成本高,要求注塑机能够实现高效全自动化生产。为此,注塑机普遍需求使用机械手,这时,开模终止位置的精度和低压护模的可靠性就成为制约全自动化生产的一个因素。高效还要考虑生产的顺畅和稳定性,所以低压护模非常重要。特别对于一模几十甚至一百多腔的既小又薄的制品,如果低压护模不可靠,偶尔有 1 ~2 个制品顶不出来,留在模具上的制品在高压锁模力作用下将会损坏模具。传统肘杆式注塑机的肘杆装置在低压合模区刚好是肘杆力的放大区,其移模力经过放大后远超设定值,且不稳定,所以很不可靠。

节能是注塑机近几年的一个突出要求。最近几年许多注塑机厂采用伺服电动机取代普通电动机驱动油泵从而显著地节省能耗,这已经被实践验证。其实节能还有很多方法可选,如改变注射工艺也可以取得显著的节能效果,机筒加热方式的改变也是节能的一个主要方向。

机台洁净环保和减少对周边环境的影响是注塑机另一个发展方向。生产医疗器械、电子产品等不但要考虑洁净要求,同时还要考虑机器对周围环境的影响。传统肘杆式注塑机需加油润滑,这既浪费资源又污染环境。单缸充液式的大油缸容易漏油也需要改进。塑料在高温下排放的有些气体是有害的,必须经过滤处理后才能排放;采用电磁加热机筒的设备其电磁辐射对操作者是有害的,也必须加以保护。另外,生产效率低、寿命短的设备也是对资源的浪费。

2. 注塑机的锁模结构从三板式向二板式发展

十几年来,大型注塑机的锁模结构已经向复合二板式发展,二板式锁模结构不但减少了后模板,节省了钢材,也缩短了机身,减少了厂房车间的占

用空间，而且还有一个很重要的优点，那就是作用在模具4个角8个点的力几乎是相等的，这是三板式锁模结构不能比拟的。另外，二板式锁模结构的合模平行度误差几乎为零，在高压锁模时可以根据模具的精度自适应。复合二板式锁模结构由于增加了机械动作，开合模周期延长，因此不太适合应用在中小型注塑机中。二板直压式锁模结构由于在高压锁模前不需要增加机械动作，效率比较高，速度快，能耗低，而且没有肘杆式零件固有的容易磨损、低压护模不可靠等问题。因此，二板直压式锁模结构是未来最有发展潜力的锁模结构。二板直压式锁模结构由于技术难度高，当前国外只有德国等少数国家的几家企业能够生产，国内虽然也有许多厂家在研发，但实现产业化的仅有一两家而已。总的趋势是，未来中小型注塑机将从三板式向二板直压式发展，而大型注塑机向复合二板式发展。

3. 注塑机从单一驱动方式向电液混合驱动方式发展

全电动式驱动和全液压式驱动究竟哪种更适用于注塑机，主要取决于注塑机不同装置的性能要求。

(1)在合模装置方面，当前全电动式注塑机采用的是肘杆式合模装置，具有速度快、能耗低等优点。但肘杆式合模装置零件多，容易磨损，低压护模差，还要加油润滑。采用全电动式驱动，位置控制精度高，不需要使用液压油，因此不受油温的影响，合模精度比肘杆式高，节能效果也更好一些，而且，冷却水的用量也大为减少。但是，全电动式在控制压力方面不如全液压式直接、方便、可靠，而且全电式用滚珠丝杆驱动肘杆，不但不能解决肘杆式销轴容易磨损的问题，更增加了滚珠丝杆的磨损。全液压式的主要优点是精度高、寿命长、使用方便，不需要复杂的调模动作，不需要加油润滑，维护费用低。传统全液压式的缺点是速度慢、能耗高、容易渗油和漏油等，影响了全液压式的普及。最近几年，在采用伺服电动机取代普通电动机驱动油泵以后，虽然全液压式能耗仍然比电动式高，但相差已不太大，全液压式能耗高的问题就不太明显。全电动式不但价格昂贵，维护成本高，故障维修价格也很高，而且寿命不及全液压式。所以，对一些附加值不太高的注塑机产品，采用全电动式并不是最佳选择。新一代二板直压式锁模结构彻底消除了全液压式速度慢、能耗高、容易漏油等缺陷，它具有高精度、高效、节能、环保洁净，机身短，容易操作且维护费用低等一系列优点。用液压驱动二板直压式或用伺服电动机驱动开合模，用液压完成高压锁模动作的电液复合锁模装置将是未来发展的趋势。

(2)对于注射装置来说，如果注射速度小于200mm/s，采用普通单缸或双缸注射是可行的。如果注射速度在200～350mm/s，采用电动注射不但精度有保证，成本也不会太高。如果注射速度在350mm/s以上，还是采用伺服阀加蓄能器的单缸注射比较适合。注射速度太高时，全电动式滚珠丝杆的磨损发热严重，磨损较快，不太适宜。另一方面，对于一些保压时间很长的产品，一些需要二次动作(如注压、排气等)成型的产品，全电动式也不适合；伺服阀加蓄能器单缸注射成本很高，而且高速注射的控制难度较大。电动注射、液压保压的电液复合驱动注射技术是未来的发展趋势，未来更有可能用直线电动机取代现有的伺服电动机＋滚珠丝杆的组合，用于直线注射。

(3)对于有些顶出位置要求较高的制品，用伺服电动机加滚珠丝杆驱动顶出也是一个很好的选择，也可以直接用直线电动机驱动顶出。

(4)预塑用伺服电动机驱动，因为不需要滚珠丝杆，既节能又可同步开合模，提高了效率。

(5)预塑螺杆和注射活塞分离也是高速注射的一种选择。

4. 为满足特殊产品的成型而创新结构的注塑机成为未来趋势

克劳斯—玛菲用二板直压式锁模结构上安装水平旋转模具配合双头注射，用于成型双组分制品及中空制品的方案，比现有的垂直旋转模具的双组分制品方案，可成型面积更大的制品，且速度快，效率高。

5. 注塑机与周边设备（如模具、机械手等）的有机结合是未来的趋势

未来许多模具上的功能可能被分拆固化在设备的模板上，如热流道装置、冷却装置等。另外，机械手和设备的有机结合也是未来的方向。将机械手直接安设在机器上，并由机器统一控制。甚至还可以将破碎干燥等工序组成注塑机的一部分，将模具的加热冷却和机器的加热机筒、冷却油等进行能量交换从而创新节能方式，这也是未来的发展方向。模内标贴和模内装配现在已经成为注塑机的一个有机组成部分。

6. 注塑机向智能化、网络化方向发展

未来注塑机会更加容易操作，更加智能化。操作者不需要具备很多专业知识，只需要输入简单的参数，如塑料的型号、制品的名称和规格等，机器就可以自动生成工艺参数并自动调节运行。未来注塑机应该有专家系统远程监控，对注塑机进行诊断、答疑并及时排除故障。在智能化方面，注塑机还有很多创新和发展的空间。

〔撰稿人：广东省佛山市步明精密机器有限公司　黄步明〕

2012 市场难言乐观
节能环保安全技术继续走热

2011 年，尽管全球经济面对大量的不利因素，但全球橡塑机械行业整体仍取得不错的业绩，甚至远远超出年初的预期。2012 年，全球经济环境整体不容乐观，塑料机械行业如何应对是一个严峻的问题。

一、回顾 2011 年，整体结果满意

回顾 2011 年，从各种市场调查结果到各行业协会陆续发布的报告来看，“满意”甚至“创出新高”成为最主流的市场特征。

德国橡塑机械工业销售额以远超危机后预期的速度，迅速达到历史高点，可以作为 2011 年全球橡塑机械行业发展整体“满意”最突出的证明。2011 年 9 月，德国机械设备制造业联合会（VDMA）认为全年的增长将达到 18%，并预期可能达到 20%，创历史最高值。但随着三季度订单的进一步增长，VDMA 在 12 月初发布的最新报告，将全年的增长率调高到 22%，预计全年销售额将达到 60 亿欧元左右。

意大利塑料机械工业的增长速度虽未同样达到德国的高速度，但估计全年可以达到 11% 的两位数增长。

我国塑料机械市场尽管有部分企业反映受市场不景气冲击明显，但从中国塑料机械工业协会发布的统计报告来看，2011 年 1～11 月，330 家规模以上企业完成工业总产值 425.17 亿元，同比增长 18%；工业销售产值 405.84 亿元，同比增长 18%；出口交货值 72.9 亿元，同比增长 36%。

塑料制品行业尽管发展速度受到市场环境不景气的影响，但整体同样保持了较高的增长速度。

尽管整体塑料机械行业发展状况比较满意，但从二季度开始，逐渐减缓的发展速度让业界开始感受巨大的压力。从我国塑料机械行业工业总产值增速的逐季变化走势已可见一斑：一季度同比增长 35%，二季度同比增长 21%，三季度同比只增长 13%，从中亦可看出行业面对巨大的挑战。

我国塑料制品行业工业总产值 2011 年估计仍

将有接近20%的增长。据中国塑料加工工业协会发布的统计数据,2011年1~11月,全国塑料制品产量4 921万t,同比增长21.11%。塑料薄膜产量762.9万t,同比增长11.94%,其中农用薄膜产量139.9万t,同比增长20.48%;泡沫塑料产量130.9万t,同比增长28.45%;塑料人造革、合成革产量215.8万t,同比增长9.21%;日用塑料制品产量407.9万t,同比增长5.38%;其他塑料制品产量3 403.4万t,同比增长26.29%。

从相关的行业调查报告同样可以看出,业界对整体市场表现出整体满意和积极的信心。据Ceresana研究公司塑料与化学品2011年冬季调查报告,超过一半的用户对当前的业务表示满意,而只有13.7%的被访者认为当前的市场不好。同样,对于未来状况的调查,超过40%的受访者认为业务会更好,而只有17.3%的被访者认为市场可能变坏。

对整体的业绩满意,在各大公司的财务报告中同样反映得非常明显。例如,巴斯夫2011年三季度的报告显示,销售额在第三季度取得很好的增长,预计在第四季度市场需求会下降,但预期全年业绩仍明显超过上一年。德国Reifenhaeuser塑料机械公司2011年度销售收入增长12%,新订单增加量占比更高。

二、展望2012年,市场难言乐观

与2011年对市场整体结果满意相反,2012年,市场销量增速可能延续2011年开始的逐渐变缓,甚至销量下降的趋势。

2011年12月2日,VDMA在宣布调高2011年整体销量增长预期的同时,预计2012年销量将整体下跌7%。这在很大程度上源于2011年第四季度开始的订单下降以及全球经济环境的不景气。而深陷欧债危机之中的德国,更难以在欧洲这一至为重要的市场看到新的发展动力。而2012新年伊始,意大利、法国等国家金融机构的评级判定无疑为市场带来更多不利的因素。

而作为全球经济发展发动机的新兴国家市场,在新的一年将难以再充当发动机的角色。世界贸易基金组织(IMF)认为当前的情况与2008年的情形完全不同,当时的不确定性来源于金融机构的衰落,而如今,不确定性则来自于对主权健康状况以及主权与银行之间棘手的反馈链的担忧。2008年,通过采取前所未有的货币宽松政策,为金融部门提供直接支持,并出台一系列财政刺激政策,使得危机的影响以最快的速度得以减缓;而如今,货币政策受到更多限制,银行业问题再次出现,危机又遗留下大量公共债务——与之前相比,先进经济体平均增加了大约相当于国内生产总值30%的公共债务。同时,市场对于相关政府能否走出这一轮可能再度爆发的危机根本没有信心。

对于我国市场而言,随着货币紧缩政策、房地产业调控、城市对汽车限制等政策实施引起的连锁反应,已经不只是影响建筑、汽车等行业,各种配套的相关产业(如电子电器)以及家庭用品所涉及的相关产业,包括塑料制品行业同样已经受到明显影响。以汽车行业为例,年初考虑到2010年整体基数较高,各种刺激政策退出,仅仅提出10%~15%的产销增长预期,估计没有多少人会预料到2011年仅有2%多一点的增长率。对于1 800多万辆汽车的基数而言,2%与两位数的增长,对相关产业的不同影响可想而知。

事实上,面对同样影响的绝不只是我国市场。2012年年初,IMF发布的首份报告,尽管对亚洲市场在2012年的活力持肯定意见,但对于欧洲经济下滑可能带来的风险更是充满担忧。基金组织的经济学家表示,在远离亚洲的地区发生的事件可能影响亚洲2012年的经济前景。亚洲是世界上对贸易依赖程度最高的地区之一,其出口从金属和大米到先进的电子产品和汽车,无所不包。因此,外部需求是影响该地区经济表现的一个重要因素。根据基金组织经济学家的预测,未来对亚洲出口的需求只会相对疲软。风险一旦成为现实,尽管亚洲多数国家尚有充足的政策空间,但与国际金融危机开始时相比,政策空间已经收窄。从当前来看,2012年我国即使可能有政策松动,也会非常有限。

三、节能环保安全相关技术成为2012年市场热点

从当前来看,2012年的市场状况终究还有赖于市场大环境的改善以及政府政策的调整。但是整体经济复苏乏力已成为不争的事实,那么企业发展的出路将何去何从?尤其是塑料机械行业究竟应该如何发展?《CPRJ中国塑料橡胶》近期结合当前市场技术发展特点,总结出以下值得业内关注的重点发展方向。

1. 针对新应用领域开发制品加工技术与材料

大力开发针对太阳能、风能发电设备塑料制品用的材料与加工技术和装备,如高性能太阳能封装膜生产线、风机叶片用高性能轻量化复合材料等;针对各种新应用领域开发材料改性技术,如期待在LED市场广泛应用的导热塑料,可激光印刷塑料、薄膜电子塑料等新型改性塑料将逐渐扩大应用空间。

2. 基于应用安全性与环境友好性的技术与材料的开发

增塑剂、双酚A、建筑保温材料阻燃等引发的热点话题,使得社会对环保、安全添加剂技术提出了更高的期望;基于绿色、节能、低碳、高效率等概念的加工技术,继续广受市场重视,作为现有工厂节能改造的技术将继续快速发展;废旧塑料的分选技术以及各种生活垃圾中塑料的高性能分选技术、高附加值的回收再生技术将成为市场追逐的热点。

3. 基于高效节能的新技术与新理念的迅速应用

在以伺服驱动为重要特征的油电混合注塑机、全电动注塑机、全电动中空成型机迅速发展的同时,伺服驱动技术将在更多橡塑加工设备中广泛应用;塑料加工过程中不可或缺的加热、冷却环节是耗能大户,电磁感应加热、红外加热等新型加热技术,特殊设计的结构化快热快冷等技术将在塑料制品加工业发挥重要作用;无齿轮挤出机具有节能、节约空间等优点,在各种挤出加工领域的应用逐渐增多,我国市场将迎来直驱挤出机发展的热潮。

4. 基于高性能组合的解决方案将广受关注

为满足高性能食品、饮料、医疗包装的需求,复合薄膜层数增多的趋势将持续,基于纳米微层、层倍增等技术的高性能薄膜技术将逐渐为越来越多客户所接受;基于注塑生产单元概念的解决方案将在各种展览会上呈现。这一概念将在更多的塑料加工设备领域得到推广应用。

以上技术大都已有成熟的工业化应用经验。2012年,在当前的经济环境下,这些技术势必有助于提升企业的竞争力,并为客户赢得更多的收益。

〔撰稿人:《CPRJ中国塑料橡胶》 段庆生〕

2010年中国塑料制品行业概况及“十二五”发展分析

2010年是塑料制品行业全面实现“十一五”规划目标、为“十二五”发展打好基础的重要一年。全行业紧紧围绕国家《轻工业调整和振兴规划》,以加快发展方式转变和产业结构调整为主线,努力开拓内需、外需两个市场,不断促进科技进步、自主创新、品牌建设和节能减排降耗,推进产业合理布局,认真制定“十二五”规划,力求保持塑料制品行业经济平稳运行,又好又快地发展,实现主要子行业的转型升级,不断缩小与先进国家的技术差距,促进我国由塑料生产大国向强国跨越。

一、行业发展概况

我国塑料制品行业随着国民经济的持续繁荣

而蓬勃发展,2010 年,塑料制品产量达 5 830.38 万 t,塑料五大合成树脂表观消费量达到 6 365 万 t,我国不仅是世界第一大塑料生产国,而且已成为世界第一大塑料消费国。

"十一五"是我国塑料制品行业综合实力发展较快、技术进步大为提升、发展成效显著的 5 年,实现了持续、稳定、健康的发展。塑料制品行业规模以上企业工业总产值从 2006 年的 6 358.15 亿元增长到 2010 年的 1.42 万亿元,年均增长 22.34%。塑料制品产量从 2006 年的 2 801.9 万 t 增长到 2010 年的 5 830.38 万 t,年均增长 20.11%。2010 年塑料制品出口量 1 462 万 t、出口额 359 亿美元。2010 年利润达到 620.0 亿元,是 2006 年利润 264.53 亿元的 2.34 倍;2010 年利税为 925.2 亿元,是 2006 年利税 417.1 亿元的 2.22 倍。主要经济指标均超过"十一五"规划的增长预期,实现了翻番以上的增长。2006 年、2010 年塑料制品行业规模以上企业主要指标及其年均增长情况见表 1。

表 1　2006 年、2010 年塑料制品行业规模以上企业主要指标及其年均增长情况

指标名称	2006 年	2010 年	年均增长(%)
工业总产值(亿元)	6 358.15	14 242.52	22.34
塑料制品产量(万 t)	2 801.90	5 830.38	20.11
企业数(家)	12 860	20 775	12.74
从业人员人数(万人)	196	268	8.14

1. 行业发展特点

(1)塑料消费总量世界领先,人均消费超世界平均水平。随着经济建设快速发展,消费市场需求旺盛,我国塑料消费量已远超过德国、日本,并超过美国,居世界首位。2010 年我国塑料消费量超过 6 500 万 t,约占世界塑料消费总量的 1/4;人均消费约 46kg,超过 40kg 的世界平均水平(美国人均消费约 170kg,比利时高达 200kg,其他发达国家也在 120kg 以上)。2006 ~ 2009 年我国塑料消费年均增长达 9.6%,可见我国塑料消费增长稳定,塑料制品行业发展潜力仍很大。

(2)塑料制品产量大幅增长,市场需求十分旺盛。2006 ~ 2010 年塑料制品产量年均增长 20.11%,2010 年规模以上企业塑料制品产量达 5 830.38 万 t,比上年增长 21.14%。可以看出,塑料制品加工业生产总体水平不断提升,规模持续扩大。在各种塑料制品产量之中,2010 年塑料管材及管件有出色的表现,产量比上年增长 37.14%;塑料编织制品增长 23.05%,塑料包装箱及容器增长 20.39%。从上显示出塑料建材、塑料包装这两个最大的应用领域产量增长较快,发展空间很大。其余塑料制品产量也均增长 15% 以上,亦说明塑料制品作为新材料制品市场需求十分旺盛。近年来,塑料制品行业各大类的主要品种(如塑料薄膜、塑料建材、日用塑料制品等)产销率均达 97% 以上。2006 ~ 2010 年塑料制品产量及其年均增长情况见表 2。2010 年各种塑料制品产量占比见表 3。

表 2　2006 ~ 2010 年塑料制品产量及其年均增长情况

产品名称	产量(万 t)					年均增长(%)
	2006 年	2007 年	2008 年	2009 年	2010 年	
塑料制品合计	2 801.90	3 302.32	3 713.79	4 479.28	5 830.38	20.10
塑料薄膜	528.69	605.05	590.10	690.43	798.97	10.87
农用薄膜	86.15	96.06	93.91	119.34	157.16	16.22
塑料板片材				320.26	385.57	
塑料管材及管件	288.14	331.75	459.34	580.37	840.21	30.68
塑料条棒型材				160.37	310.94	
塑料丝及编织制品	301.28	404.16	477.18	581.56	711.96	23.99
塑料人造革合成革				184.82	214.62	

（续）

产品名称	产量(万 t)					年均增长(%)
	2006 年	2007 年	2008 年	2009 年	2010 年	
泡沫塑料	113.05	138.10	170.83	187.05	220.03	18.11
塑料包装箱及容器	148.74	166.30	173.09	274.49	343.08	23.23
日用塑料制品	301.87	371.04	408.47	544.18	645.86	20.94
其他塑料制品	674.96	773.02	894.37	955.74	1 359.15	19.12

注：因四舍五入，表中分项之和与合计数有微小出入。

表 3　2010 年各种塑料制品产量占比

序号	产品名称	产量占比(%)
1	塑料薄膜	13.7
2	塑料板片材	6.6
3	塑料管材及管件	14.4
4	塑料条棒型材	5.3
5	塑料丝及编织制品	12.2
6	塑料人造革合成革	3.7
7	泡沫塑料	3.8
8	塑料包装箱及容器	5.9
9	日用塑料制品	11.1
10	其他塑料制品	23.3

(3)主要经济指标逐年稳增，塑料制品产业成为轻工业产值最大的产业。国家统计局发布的第二次全国经济普查主要数据表明，2008 年塑料制品行业共有 9.5 万家企业，从业人员 387.4 万人，主营业务收入 11 362.8 亿元，利润总额 645.9 亿元，主营业务收入利润率为 5.7%。2008 年末塑料制品行业研究与试验发展经费投入为 36.1 亿元，研究与试验发展经费投入强度为 0.38%。

2010 年，塑料制品行业总体继续呈现生产稳定增长、效益保持较大增幅的运行态势，市场需求旺盛，发展潜力巨大。规模以上企业完成工业总产值 14 242.52亿元，同比增长 31.08%，占轻工业总产值的 10.27%，位居轻工业第一位。2006～2010 年塑料制品行业规模以上企业主要经济指标完成情况见表 4。

表 4　2006～2010 年塑料制品行业规模以上企业主要经济指标完成情况

指标名称	2006 年	2007 年	2008 年	2009 年	2010 年	年均增长(%)
工业总产值(亿元)	6 358.15	8 018.16	9 638.4	10 992.8	14 242.52	22.34
主营业务收入(亿元)	6 129.17	6 942.81	8 306.74	9 354.79	12 205.03	18.79
利润总额(亿元)	264.52	308.94	342.57	435.48	620.07	23.74
利税总额(亿元)	417.14		549.63	685.17	925.24	22.04

注：2007～2010 年主营业务收入、利润总额、利税总额为 1～11 月份统计数据。

(4)塑料制品出口附加值低。2010 年塑料制品出口量1 462.2万 t，出口额 359.4 亿美元；进口量 183.8 万 t，进口额 162.0 亿美元。2010 年塑料制品进出口情况见表 5。

表 5　2010 年塑料制品进出口情况

项目	2009 年	2010 年	同比增长(%)
进口量(万 t)	149.14	183.80	23.2
进口额(亿美元)	115.99	162.00	39.7
出口量(万 t)	1 011.20	1 462.20	44.6
出口额(亿美元)	266.90	359.40	34.7

注：数据来源于中国海关。

应该指出的是，以 2010 年为例，从大量的塑料制品出口(1 462.2 万 t)与小量的塑料制品进口(183.8 万 t)相比不难看出，塑料制品出口量约为进口量的 8 倍，而出口额却仅为进口额的 2.2 倍，我国塑料制品出口附加值过低。因此，调整出口产品结构，提高产品质量和档次，才能从根本上改变塑料制品出口附加值非常低的被动局面。

2. 塑料制品产业布局和特点分析

塑料制品行业生产分布具有明显的地域性，主要生产地区集中在我国东南沿海。2010 年塑料制品产量地区分布如下：广东塑料制品产量达1 331.88万t，同比增长17.23%，仍居全国首位；浙江为915.57万t，同比增长16.09%，居第二位；山东为507.11万t，同比增长21.56%，居第三位；江苏为439.50万t，同比增长13.19%，居第四位；辽宁为318.42万t，同比增长19.59%，居第五位；河南为314.68万t，同比增长22.82%。广东、浙江、山东、江苏、辽宁、河南6省塑料制品产量合计为3 827.16万t，占塑料制品总产量的65.64%。四川、河北、上海、安徽、福建塑料制品产量介于160万~260万t。

东部经济发达地区塑料制品行业因用户行业发展强劲而逐步走向成熟，其规模、经济技术水平乃至产品质量、应用领域均有很大提升。近几年来，随着东部劳动力和用电成本上升以及土地资源逐步紧张，一些塑料制品加工企业逐步向中西部等经济欠发达地区转移，通过市场需求配置机制逐步实现产业结构调整。为此，中西部省份塑料制品产量增速逐年大幅提升，显示了中西部塑料制品产业高速发展的态势。2010年中西部及东北部分省市塑料制品产量及其增长情况见表6。

表6　2010年中西部及东北部分省市塑料制品产量及其增长情况

省市名称	塑料制品产量(万t)	同比增长(%)
陕西	72.8	241.25
黑龙江	46.1	137.58
青海	17.8	101.90
江西	45.9	47.66
广西	73.7	47.39
内蒙古	20.8	43.45
吉林	49.7	42.15
四川	254.3	40.21
贵州	23.3	38.40

从表6可以看出，中西部、东北地区的塑料制品产量增幅较大，这种趋势在“十一五”期间尤为明显。从选取的东部5省(广东、浙江、江苏、山东、福建)、中部6省(河北、河南、安徽、湖北、湖南、江西)、西部6省(区)市(内蒙古、广西、甘肃、新疆、四川、重庆)塑料制品产量及其增长对比可以看出，塑料制品行业向西部转移趋势越来越明显。

2006~2010年东、中、西部塑料制品产量年均增幅呈梯级上升态势。东部塑料制品产量年均增幅最低，占全国比重呈下降态势；中部年均增幅居中，占比小幅增长；西部则增速最快，占比也增长较快。但是塑料制品行业绝大多数大中型企业仍集中在东部沿海，主要分布在广东、浙江、山东、江苏、上海、辽宁等省市。2006~2010年塑料制品分地区产量及其年均增速见表7。

表7　2006~2010年塑料制品分地区产量及其年均增速

项目		2006年	2007年	2008年	2009年	2010年	年均增长(%)
东部	产量(万t)	1 910.72	2 269.92	2 506.25	2 848.40	3 360.37	15.16
	比重(%)	68.19	68.74	67.48	63.59	57.64	-4.11
中部	产量(万t)	428.36	460.14	516.17	673.55	993.94	23.42
	比重(%)	15.32	13.93	13.90	15.04	17.05	2.71
西部	产量(万t)	131.12	148.89	215.94	310.03	475.32	37.98
	比重(%)	4.68	4.51	5.81	6.72	8.15	14.88

包装塑料、建筑塑料、日用塑料行业是塑料制品行业较大的3个子行业。国民经济以较高速度发展，中部崛起、关中经济带开发、西部大开发、振兴东北老工业基地等一系列发展战略的逐步实施，以及家电下乡、建材下乡、交通运输基础建设、城镇化建设、加大水利设施建设等一系列政策的实施，

都将拉动中西部、东北欠发达地区的经济发展。塑料制品行业作为配套行业服务国民经济各领域,必将得到进一步发展和提升。

塑料制品产业发展布局与全国各地区经济发展程度、消费水平、重点工程建设、产业配套功能、劳动力供求和素质、原料供应地半径覆盖、下游产品特色需求均有关系,但是最重要的是市场供求关系。市场在哪里,塑料产品就会出现在哪里,塑料制品产业布局随着市场供求变化而发生转移,塑料制品产业随着市场需求的不断提升而提升,提升的内容有改进加工技术、增添先进装备、提高原材料功能和劳动力素质,同时带动周边经济环境变化,形成产业集聚。

在长期市场供求过程中,在浙江的余姚、台州,广东的乐从、樟木头、夏西、黄江、珠海,江苏的常州等地形成了规模较大的塑料原料集散地。这些原料集散地周边就是深圳、广州、佛山、东莞、珠海、顺德、台州、温州、温岭、绍兴、宁波、杭州、上海、南京、苏州、无锡、常州等全国闻名的塑料制品制造基地,为珠江三角洲、长江三角洲发达的家电、汽车、电子信息、建筑、包装、日用等产业生产配套塑料产品,逐步形成了高明、丽水、温州及福鼎等合成革生产基地,瑞安、宿迁塑料薄膜生产基地,惠州惠东、汕头、宿迁宿城、慈溪、莱州、临沂、保定望都等塑料再生利用基地,台州、温岭日用塑料制品生产基地,宁波工程塑料生产基地,温州、淄博、聊城莘县、德州临邑塑料编织品生产基地等。这些基地在市场经济发展过程中逐步形成了特色产品产业集群,提高了产业集中度,带动了相关产业形成产业链,拉动了投资、就业、上下游产业更好地服务区域经济发展。

二、行业发展中存在的主要问题

塑料制品行业在发展过程中存在一些问题,主要如下:

(1)塑料制品加工业总体装备水平偏低,工艺技术相对落后。

(2)产品结构不合理,低档产品产能相对过剩。

(3)科技投入不足,自主创新能力薄弱。

(4)大中型塑料制品企业(集团)少,一些产品未形成集约化规模经营。

(5)塑料制品行业区域发展不平衡,中西部差距十分明显。

(6)国产原料供不应求,专用料大部分依赖进口。

(7)塑料制品相关标准制修订滞后,质量控制有待加强,假冒伪劣产品破坏正常生产和市场秩序。

(8)出口产品附加值低,只能满足一般性的消费需求。

(9)废弃塑料加工利用水平低,二次污染严重,行业发展缺乏分类技术规范。

(10)生产成本上涨因子活跃,市场竞争压力加大。

三、"十二五"规划基本原则和发展方向

(一)总体思路和基本原则

深入贯彻落实科学发展观,以市场需求为导向,坚持走新型工业化道路;切实转变发展方式,加快产业结构调整,提高塑料制品行业经济增长质量;推进科技创新,推动塑料制品行业的自主创新和品牌建设,促进工业化与信息化的融合;大力推进清洁生产,推进节能减排降耗,发展绿色环保低碳经济;发展循环经济,保持塑料制品行业持续稳定健康发展;在保持总产量增长的同时,增加塑料产品的科技含量,不断开拓塑料产品的应用领域,提高经济效益和社会效益;充分发挥塑料制品行业在改善民生、服务三农、促进就业、出口创汇等方面的重要作用,为农业、工业与信息业、建筑业、交通运输业和人民生活提供优质安全的配套产品,同时加强标准和质量工作,推进品牌建设。

坚持调整与发展相结合,重在促进结构调整和产业升级;坚持近期与长远相结合,重在促进行业持续健康发展;重视技术创新,推动制造业科学发展;统筹推进,突出重点,抓住对产业发展有重大影响的子行业、特色区域、关键环节;坚持以市场为主导，加强和改善宏观调控政策的导向作用。产业布局原则如下：

（1）塑料制品行业布局要体现贴近市场的原则，服务其配套的产业和产品，通过产业集群发展核心技术，提升产业结构水平。

（2）产业布局要体现推动技术创新、技术升级与合理转移的原则，东部发达地区要将技术、装备及时向中西部、东北转移，用以提升欠发达地区的产业水平。

（3）产业布局要体现促进特色区域、产业集群式发展的原则，发挥我国小企业多、扎堆经营的民营特色，强化合作互补，市场细分，分工协作，提升地区特色产品在国内外市场的竞争力。

（4）产业布局要体现扶持行业龙头企业、有自主知识产权和核心技术的企业及有核心竞争力企业发展的原则，它们是行业中坚，代表着行业发展方向，也是国家有关政策坚定的执行者。

（5）产业布局要体现环保、绿色、低碳方式生产的原则，要鼓励符合国家节能减排、循环经济发展、可持续发展的产品的生产，鼓励低消耗、高产出、配套服务较为齐全的产品集中地和园区建设，构建科学发展的产业集群。

（6）产业布局最终目的是要实现“十二五”产业结构调整和转型升级，所以要体现国家产业政策扶持、引导作用的原则，国家产业政策是产业发展的指路明灯。

（二）主要任务和发展重点

当前主要任务是推进塑料制品加工业结构调整、科技创新、节能减排、品牌建设、产业升级，保持经济平稳较快增长。

发展重点是要在促进发展方式转变上下功夫，真正把保持塑料制品加工业平稳较快发展和加快生产方式转变有机统一起来，在发展中促转变，在转变中谋发展。

（1）增强行业企业的自主创新能力，推进关键技术创新及其产业化发展。

（2）推进行业节能减排降耗，培育以低能耗、低污染、低排放为基础的低碳经济模式。

（3）增强大型企业综合实力，提高产业集中度。

（4）加快产品结构调整，鼓励节约节能型、减排环保型、循环利用型的产品发展，推动产业规模集约化、信息自动化、市场细分化、高端产品应用扩大化。

（三）新材料、新技术发展方向及重点

（1）纳米微层复合高分子材料发展方向：重点发展塑料包装新材料、高阻透多层共挤纳米微层复合材料。

（2）新能源与节能材料发展方向：重点发展太阳能、风能、海水动能等可再生能源领域应用的高分子材料；对电力、冶金、化工等高耗能行业具有显著节能减排效果的高分子材料；在建筑节能领域具有保温隔热特性的高分子材料等。

（3）现代制造业高性能工程塑料发展方向：重点发展纤维增强复合材料、聚合物合金等。

（4）其他功能性材料发展方向：重点发展熔体静电纺丝纳米过滤材料（在空气净化、水处理、工业除尘等领域大量应用）、纳米抗菌塑料（在冰箱上大量应用）、降解塑料（在一次性塑料制品上大量应用）、阻燃塑料（在建筑、家电、电子产品、汽车、飞机等领域大量应用）、氟塑料（常用于制作军事领域、工业领域各种零部件等）。

重视塑料微结构、微成型制品加工工艺与装备的产业化发展，支持具有自主知识产权的微型塑料件加工技术成果转化。

（四）总体规划目标

塑料制品行业“十二五”规划是基于“十一五”发展基础上制定的，也是塑料制品行业三年（2009～2011年）规划实施的衔接和延续。三年规划是为应对国际金融危机、在上级有关部委和中国轻工业联合会直接领导与指导下制定的，是《轻工业调整和振兴规划》的组成部分。

到2015年，全国塑料制品重点行业结构调整和产业升级取得明显成效，行业抗风险能力和国际竞争力得到有效提高；自主创新能力和品牌建设力度得到较大提高，建立起较完善的行业创新支持体系；重点行业技术装备国产化取得重大进展；形成一批具有较强国际竞争力的骨干企业；扩展应用领域，开拓内需产品市场，明显提高出口产品附加值，进一步推进市场多元化；加强诚信体系建设，加快我国从塑料制品制造大国向制造强国迈进的进程。

多年来，塑料制品行业发展平均速度一直都高于全国国民经济同期增速。预计2010～2015年规模以上企业塑料制品产量年均增速将超过12%，工业总产值年均增速超过15%，利润、利税年均增速超过18%。塑料制品行业“十二五”主要经济指标规划见表8。

表8　塑料制品行业“十二五”主要经济指标规划

项　　目	2011年	2012年	2013年	2014年	2015年
产量(万t)	6 500	7 200	8 100	9 000	10 000
产值(万亿元)	1.60	1.80	2.10	2.40	2.80
利润(亿元)	730	860	1 000	1 200	1 400
利税(亿元)	1 062	1 200	1 400	1 700	2 000

1. 结构调整目标

(1)推动东部发达地区企业向中西部转移，带动中西部及东北老工业基地快速发展；促进行业内企业重组联合，打造多家企业航母，逐步构建众多大中型以上规模企业和区域产业集群相结合的发展模式。

(2)提高高档合成革市场份额，拓展其产品应用领域。聚氨酯合成革占比增长超过2个百分点，由现在的37.3%增长到40%。

(3)“十二五”期间通过惠农政策的贯彻，大力扶持高保温、高光效、功能与寿命同步以及受环境影响低的功能性农地膜的推广应用，加快产品升级换代，改变落后的产品结构模式，争取使高、中、低档产品份额分别占到10%、40%、50%，使农膜产品结构更趋合理。同时，提高产业集中度，培育大型企业集团，在边远的地区培育具有先进技术的规模企业。

(4)“建材下乡”政策为塑料建材带来发展机遇，一是开发新产品，实现产业升级换代；二是塑料型材生产厂家直接服务到用户，避免不合格型材和门窗流入用户家庭，影响塑料建材下乡政策的实施。

(5)在2011～2015年期间减少3种HCFC物质，相当于减排二氧化碳约900万t，将为减少温室气体和消耗臭氧层物质排放、为环境保护事业做出贡献。

(6)着力推进绿色塑料新技术在节能减排、低碳经济中的应用，为减少温室气体排放做出显著贡献。

2. 科技进步目标

(1)加快超细纤维新材料产业化的研发，着力推进聚氨酯合成革用水性材料(水性树脂和水性色浆)的研发与产业化应用，加大无溶剂高固含量聚氨酯树脂在合成革生产中的推广应用。

(2)积极推动高气密性节能推拉窗的科技攻关、高隔声塑料窗的研发应用和高光亮、高品质等高档塑料异型材的开发，气密性提高15%以上。

(3)通过循环经济试点和20万t废塑料高值化技术示范的实施，在塑料再生行业中推进废塑料高值化比重上升3个百分点。

(4)加大塑料制品行业中环保型PVC热稳定剂的研制与应用，推进PVC—U制品无铅化。

3. 节能减排目标

(1)实施合成革生产环境治理新技术产业化示范，通过高效节能DMF精馏系统、高效干法DMF吸收系统和外循环厌氧双膜法SBR系统处理合成革废水稳定达标排放的技术创新，使合成革废气中DMF吸收率达到99%，尾气DMF含量≤40mg/m^3；污水回用率达到70%；年回收DMF15 000t，减少COD排放量600t，年回收用水量27.96万t。根据全国污染排放调查，加大研究氨氮处理技术应用，3年内在各个地区选择1~2个试验基地，在全行业推广使用环境治理技术。

（2）在PVC制品行业中广泛推广应用无铅热稳定剂，推动PVC制品禁止使用含铅热稳定剂，有效防止重金属铅盐的长久性危害；同时大力推广环保绿色塑料异型材替代高耗能的铝型材，仅此制造过程全年可节电400亿kW·h，可为国家节约煤电资源、减少二氧化碳和二氧化硫等有害气体的排放，对低碳经济发展具有突出贡献。

（3）推进实施废塑料再生利用的资源化、改性高值化利用技术产业化示范，构建50万t废塑料资源化利用（产值30多亿元）、20万t废塑料高值化利用（新增利润2亿元）和10万t塑木产品再利用（新增利润1亿元）的废塑料再生利用一体化产业链；可减少等量废塑料排放，增加可利用再生塑料40万t，减少生产同等数量塑料产生的CO_2、SO_2排放，减少废水排放20万t以上。

（4）继续推动电磁替代电阻加热及变频等节能技术在塑料机械的应用，力争在“十二五”期间塑料机械节能15%以上。

4. 品牌建设目标

（1）人造革、合成革中国名牌产品由现在的8个增加到15个。

（2）培育塑料异型材中国名牌产品14个。

（3）塑料管道在2006年12个中国名牌的基础上增加3个，达到15个。

（4）农膜中国名牌产品培育至10个。

5. 出口产品结构目标

塑料制品总体出口保持在4%~6%的年均增长速度；人造革合成革、氟塑料制品、塑料管道、降解塑料制品出口年均增长12%以上。

6. 产业集群目标

（1）着手在浙江丽水和温州合成革产业集群区域研究推行“生态合成革工业园区”的建设标准、评价管理机制，逐步开展试点工作。积极实施江苏江阴地区人造革合成革集群规划，打造华东人造革之乡品牌建设；推进福建泉州晋江地区以鞋用合成革产业集群的品牌建设。

积极推进温州与高明地区的合成革产业聚集区域的企业联盟、上下游的合作机制与企业合作整合。

（2）提高产品集中度，将60%塑料异型材、塑料管道产能及产量集中在50个大中型企业之内。

（3）继续推动产业集群、特色区域建设。在广东、江浙、环渤海地区推动建设废塑料资源化产业集群，实现节能减排目标，解决资源紧缺、环境保护问题。

7. 装备国产化目标

（1）推进双向拉伸薄膜设备技术国产化。

（2）开发新型人造革合成革设备节能装置、无溶剂喷涂聚氨酯工艺、水性聚氨酯应用设备与氨氮处理设施等。

（五）建议和措施

根据塑料制品行业规划目标，“十二五”末塑料制品行业工业总产值达2.8万亿元、利润达1 400亿元、利税达2 000亿元，在2010年基础上实现翻一番的目标；产量达到约10 000万t，比2010年增长近1倍。为此，在“十二五”规划开局之年，一定要努力开创“十二五”时期塑料制品行业新局面。

（1）认真贯彻落实国家一系列方针政策。应贯彻以加快发展方式转变为主线、以结构调整为主攻方向的国家大政方针，逐步实现“循环经济、低碳工业、节能减排”的发展目标。

（2）实施产业结构调整，推进现代制造业发展。根据塑料制品行业中小企业占90%以上，整体装备水平偏低的现状，一定要大力优化产业结构，淘汰落后产能，优化生产工艺，提升加工技术水平和创新能力。例如，注射成型机、挤出机率先推动以节电为突破口的节能改造；复合膜生产使用无苯无酮油墨，实现车间清洁生产、环境无害化等。

（3）高度重视保护环境和废塑料回收利用。应采用先进科学技术提升废塑料的再生利用水平。为减少对石油及煤化工生产合成树脂的依赖，在塑料制品生产中广泛提倡3R原则(减量化、重复使用、再回收)。用生物降解材料制造难以回收的塑料制品。

(4)拓宽塑料应用领域,走新型工业化道路。需一如既往地发展循环经济和低碳经济,走出一条科技含量高、经济效益好、能源资源消耗低、环境污染少的新型工业化道路,努力构建低投入、高产出、低消耗、少排放、能循环、可持续的发展模式。

(5)立足自主创新兴业,着力开发新品种。我国塑料制品行业的蓬勃发展不能停留在量的增长上,一定要在质的提升上立足自主创新兴业,着力开发差异化的新品种,进一步提升行业的核心竞争力;瞄准国际上已有的高端产品,立足自主研发,满足国民经济各部门发展的需要。

(6)关注国家扶持政策,着力采取发展对策。塑料制品行业是"十二五"期间《轻工业调整和振兴规划》国家扶持的新型产业之一。国家发改委、科技部和工信部等国家有关部门出台了一系列政策:国家体制改革,市场及技术创新政策、财税及投融资政策等保障措施;加强技术创新鼓励政策,改革科研投入体制,把专项资金支持技术改造作为塑料加工产业升级的重要手段;设立新产品研发和产业化的扶持资金,支持并推广一批技术创新示范项目;企业享受国家有关支持技术改造、节能节水、技术进步及研发费用扣除等税收优惠政策;建立技术创新战略联盟,支持完善产、学、研、用相结合的行业技术创新体系,建立行业公共服务平台;支持企业建立国家认定企业技术中心、国家工程研究中心、国家工程实验室,开展共性、关键技术研发。这些政策措施为塑料制品行业可持续发展奠定了坚实基础。

我国已跻身于世界塑料制品大国的行列,整体优势逐步在增强,发展空间十分广阔,产业升级方兴未艾。通过"十二五"规划的实施,不断调整自身发展重点,明确主攻方向,开拓国内和国际市场,使我国不仅是塑料制品生产大国、消费大国、进(出)口大国,而且也是生产强国、技术强国、出口强国。全行业一定要抓住这难得的发展机遇,认真贯彻落实国家有关政策措施,推进产业结构调整,通过科技创新,推进绿色塑料应用领域,不断提高塑料制品企业在国际国内市场的竞争实力,在激烈的市场竞争中不断发展壮大。

〔撰稿人:中国塑料加工工业协会 廖正品〕

行业概况

阐述塑料机械行业各分行业的发展情况

行业概况

塑料注射成型机
塑料挤出机
中空塑料吹塑成型机
塑料吹膜设备
塑料挤出发泡成型设备
滚塑加工成型设备
废旧塑料再生与利用

塑料注射成型机

塑料注射成型机(又称注塑机)是塑料机械产品中的主要类别之一。从世界范围看,注塑机产值占塑料机械总产值的40%以上。我国塑料机械行业与世界塑料机械行业的产品构成大致相同,注塑机也是产量最大、产值最高、出口最多的塑料机械产品。经过50多年的发展,注塑机已经成为航空航天、国防、石化、海洋、电子、光电通信、建筑材料、包装、农业、轻工等国民经济各领域及战略性新兴产业的重要技术装备。

一、"十一五"时期注塑机行业发展回顾

"十一五"时期,是我国注塑机行业发展史上极不平凡的五年,是经受重大考验、战胜重大挑战、取得重大成就的五年。面对国际金融危机的巨大冲击,面对印度对华注塑机反倾销的不利影响,面对要素制约、原材料价格大幅波动、人民币升值等严峻形势,业内企业在国家工业和信息化部等政府部门、中国机械工业联合会和中国塑料机械工业协会的正确领导下,深入贯彻科学发展观,认真落实党中央、国务院宏观调控政策,积极应对危机和挑战,深入实施自主创新战略,扎实推进产业转型升级,在推进科技创新和转型升级等方面积累了许多宝贵的经验,促进了行业经济保持持续又好又快的发展,巩固扩大了经济回升向好的势头,圆满完成了"十一五"规划确定的目标任务,为"十二五"发展打下了坚实的基础。

二、2011年前三季度注塑机行业发展情况

2011年,在国际经济形势复杂多变、国内经济运行出现不少新情况和新问题的背景下,注塑机行业的企业家们积极贯彻落实国家一系列宏观调控措施,密切关注国内外经济形势对产业的影响,高度重视经济运行中的不稳定因素,带领广大职工牢牢把握主题主线,抓住国家大力发展高端装备制造业等战略性新兴产业的机遇,抓住塑料机械行业"十二五"规划列入国家规划及4项关键技术入选国家工业和信息化部《产业关键共性技术发展指南(2011年)》的良好机遇,积极应对新情况,不断化解新问题,加大科技创新的力度,加快转型升级的步伐,千方百计地攻坚克难,着力挖掘内外需求,大力拓展内外市场,积极推进行业经济平稳较快增长,全力以赴完成年度目标任务,为实现"十二五"良好开局打下了坚实的基础。

1. 经济实现平稳较快增长

根据国家统计局的数据,2011年前三季度我国注塑机行业工业总产值达到139.53亿元,比上年同期增长21.0%;工业销售产值达到133.54亿元,比上年同期增长20.0%;出口交货值达到23.40亿元,比上年同期增长36.8%。2011年前三季度注塑机行业主要经济指标完成情况见表1。

表1　2011年前三季度注塑机行业主要经济指标完成情况

指标名称	2010年前三季度	2011年前三季度	同比增长(%)
工业总产值(亿元)	115.31	139.53	21.0
工业销售产值(亿元)	111.28	133.54	20.0
出口交货值(亿元)	17.10	23.40	36.8

从2011年前三季度行业经济运行情况看,工业总产值和工业销售产值的增长均达到20%或以上,创造了历史同期最高水平,比同期国内生产总值(GDP)9.2%的增长高出11.8个百分点,备受业界关注。以上数据充分说明,注塑机行业经济增长的内生动力十分强劲,正在健康发展的轨道上前行,发展前景比较乐观。

2. 质量效益稳步提升

面对国内外市场的严峻挑战，业内企业深刻地认识到：市场竞争已经从价格竞争逐渐向品质竞争转变。企业要想在更高层次上参与国内外市场竞争，必须把质量摆在重要的战略位置，努力打造一批高质量的品牌产品。

2011 年，全行业牢固树立“质量兴则企业兴”的理念，坚定质量观念，不断增强质量意识，把质量视为产品的生命，坚持走以质取胜、质量强企之路，着力加强企业质量管理，对产品设计、制造、营销、服务等实施全过程质量管理。注塑机行业的领军企业宁波海天塑机集团在全公司范围内开展了“精益生产”活动，采取做优“质量”、做好“存量”、做高“增量”的有力措施，认真做好提升产品质量的大文章，切实提高产品的质量和附加值，着力增强“中国塑机制造”的新优势。

同时，业内企业积极参与技术标准体系建设，深入贯彻实施国家标准，如《橡胶塑料注射成型机通用技术条件》、《橡胶塑料注射成型机检测方法》、《橡胶塑料注射成型机安全要求》等，切实维护质量安全，全面提升产品的质量水平，进一步提高了我国注塑机产品的竞争力。随着产品质量的提升，国内外注塑机用户对“中国制造”的信心进一步增强，企业和行业的经济效益有了明显的提升。

3. 科技创新不断加强

经历过国际金融危机考验的注塑机企业深知，自主方能自强，创新才有进步，科技创新是推动企业发展的重要“发动机”。为了在激烈的国际竞争中赢得发展的主动权，2011 年以来，业内企业大力实施创新驱动战略，大幅增加研发投入，着力建设高水平的研发机构，积极推进创新型企业建设；加快培养和集聚创新型科技人才，进一步深化产学研合作；加快建立健全以市场需求为导向，以产品开发为核心的研发设计、生产营销、售后服务一条龙的技术创新体系，大力提高企业自主创新能力；下大气力解决影响我国注塑机产业未来发展的重大科学技术问题，着力突破制约注塑机产业升级的核心技术、关键技术、共性技术，从而为提升我国塑机产品的档次和科技含量，为确保企业和行业经济平稳较快发展，提供强有力的支撑。同时，为全面贯彻落实《国家中长期科学和技术发展规划纲要(2006—2020)》，面向国民经济和社会发展的需求，重点解决经济社会发展中的重大科技问题，业内企业积极申报国家支撑计划。例如，宁波海天塑机集团的“精密塑料注射成型装备研发”项目通过对精密塑料注射成型系统工程化技术的研究、精密塑料注射成型装备先进设计平台及关键结构技术的研究、精密塑料注射成型装备电伺服机械传动及控制技术的研究、精密塑料注射成型装备电伺服液压传动及控制技术的研究，研发完成了达到国际先进水平的精密塑料注射成型装备，构建了精密塑料注射成型装备研发与产业化基地，提升了我国塑料机械装备制造水平，为塑料注塑成型加工产业提供了精密塑料注射成型装备，满足了航空航天、电子、通信工程、汽车、包装、家电、IT 及医疗卫生等领域对精密塑料制品的需求。归纳而言，2011 年我国注塑机行业在科技创新方面有以下四个亮点：

(1)7 月 1 日，注塑机行业的伺服节能塑料注射成型技术入选国家工业和信息化部《产业关键共性技术发展指南(2011 年)》，标志着注塑机行业的发展进入了新的阶段(参见国家工业和信息化部“关于印发《产业关键共性技术发展指南(2011 年)》的通知”)。

(2)两家企业的 2 个项目获 2011 年度中国机械工业科学技术奖三等奖建议授奖项目，分别是东华机械有限公司研发的“新一代伺服节能注塑机”，广州博创机械有限公司研发的“BU 系列新型锁模结构大型二板式注塑成型机”(参见 2011 年 9 月 23 日《中国机械工业科学技术奖励工作办公室公告》)。

(3)3 家企业的产品被列入 2011 年国家重点新产品计划项目，5 家企业的产品和技术被列为 2011 年国家火炬计划项目。其中，被列入 2011 年国家重点新产品计划项目的有震德塑料机械有限公司的伺服驱动节能注塑机、广州博创机械有限公司的节能环保注射成型设备、浙江申达机器制造股份有限公司的SE型高效精密塑料注射成型机。被列为2011年国家火炬计划项目的有宁波海天塑机集团有限公司的MA伺服节能塑料注射成型机、泰瑞机器制造(中国)有限公司的塑料管件专用注塑机、浙江申达机器制造股份有限公司的适用IT和汽车行业的高速高效薄壁注塑机产业化、广州博创机械有限公司的高精度节能复合液压注射成型机产业化、杭州方圆塑料机械有限公司的PS140电驱动成型机(参见2011年8月31日国家科技部发布的《关于下达2011年度国家有关科技计划项目的通知》)。

(4)两家企业被评为2011年国家火炬计划重点高新技术企业。它们分别是浙江申达机器制造股份有限公司、广州博创机械有限公司(参见2011年10月8日国家科技部发布的《关于发布2011年国家火炬计划重点高新技术企业评选结果的通知》)。

4. 电动注塑机不断发展

以宁波海天塑机集团的长飞亚VE系列为代表的电动注塑机,引进了德国先进设计技术,集当今最先进的控制技术和良好的成型专业技术于一体,融合人性化设计理念,具备节能环保、高效精密、响应敏捷、运行可靠等良好性能,整机技术填补了国内空白,达到国内领先、国际先进水平。随着市场对高精密塑料制品需求的不断加大,电动注塑机的市场占有率也不断扩大。

5. 节能产品纷呈迭出

进入2011年以后,全行业紧紧抓住成为市场热点的节能环保产品,相继推出了高效节能型注塑机产品。这些产品覆盖了塑料制品加工工业的各个领域,满足了各类生产厂家对批量化塑料制品生产及精密制品生产的需求,而且适应了航空航天、国防、石化、海洋、电子、光电通信、建筑材料、包装、电器、汽车及交通、农业、轻工等国民经济各行业的更高要求,受到市场的青睐。宁波海天塑机集团有限公司继成功研发和生产MA系列伺服节能塑料注射成型机、VE全电动塑料注射成型机之后,又推出了天剑PL/j系列伺服节能注塑机等8个高效节能型产品,引起了国内外用户的关注。震德塑料机械有限公司研发了伺服精密节能注塑机,东华机械有限公司研发了全自动伺服驱动注射成型机,广州博创机械有限公司研发了大型二板式注塑成型机,无锡格兰机械集团有限公司研发了JSe二板式全自动伺服驱动塑料注射成型机,宁波市海达塑料机械有限公司研发了HDJS伺服节能塑料注射成型机,广东伊之密精密机械股份有限公司研发了UN90SM—UN480SM伺服驱动注塑机,浙江申达机器制造股份有限公司研发了SE90伺服节能高效精密注塑机,浙江金鹰塑料机械有限公司研发了塑料注射成型机,富强鑫(宁波)机器制造有限公司研发了节能型精密射出成型机,广东佳明机器有限公司研发了塑料注射成型机,宁波双马机械工业有限公司研发了BL100FE节能环保型全电动注塑机。这些产品均具有显著的节能效果。

在这些产品中,有的保持了高度的数字式动态随跟性,工作噪声低,制品重复精度高,节能效果达到40%~80%;有的以出色的性能、显著的节能效果、良好的安全稳定性、功能完善的人性化操作系统等特点,赢得了广大用户的好评和认可;有的还荣获有关省市高新技术产品、自主创新产品称号。

三、2011年前三季度注塑机进出口分析

2011年,在世界经济复苏充满变数、发达经济体和新兴经济体经济增速都出现回落、外贸出口形势相当严峻的背景下,我国注塑机行业大力调整和优化外贸策略,积极实施“走出去”战略,加快建立出口营销体系,大力拓展出口市场,不断扩大市场占有率,出口呈现出持续向好、逆势上扬的好势头,创造了历史上最好的出口成绩。归纳起来,主要有如下三个亮点:出口金额和数量实现双增长,创造了历年最高纪录;出口国家和地区稳步增加,各地区市场份额有所变化;出口产品结构全面升级,由“量”增向“质”优转变。

2011年前三季度，我国注塑机进口量占塑机设备进口总量的49%，少于上半年67%的进口量占比；进口额占40%，与上半年进口额占比持平。注塑机出口数量和金额则分别占我国塑机设备出口的51%和57%，与上半年出口占比基本持平，但出口数量和金额同比分别增长46%和37%。

四、当前和今后一段时期我国注塑机行业面临的形势和机遇

从国内外形势看，世界经济正在缓慢复苏，但复苏进程还很脆弱、很不平衡。国际金融市场持续动荡，国际金融危机的深层次影响还没有过去，又暴露了新的问题，世界经济面临诸多困难和挑战。与此同时，和平、发展、合作仍然是时代潮流，世界多极化趋势更加明显，经济全球化继续深入发展，国际环境总体上仍有利于我国和平发展。此外，全球科技产业变革，为我国发挥后发优势、实现技术和产业整体跃升创造了条件；国际经济体系和治理结构进入调整期，发展理念和模式的多样性更加受到重视，为构建公平、公正、包容、有序的国际经济新秩序，提供了较好的国际环境。虽然我国经济增速略为放缓，经济运行面临多方面挑战，但是，我国扩大内需的政策基调保持不变，经济增长的动力仍然强劲，我国经济将继续保持平稳较快发展。这些因素均有利于我国注塑机行业的平稳较快发展。

从注塑机行业形势看，经过50多年的发展，我国注塑机行业已经形成门类齐全、基础牢固、具有世界最大规模和一定技术水平、能够基本满足国民经济的需求，并且具有相当国际竞争力的产业体系，取得了令人瞩目的成就。截至2010年，我国注塑机行业的生产产量已经连续10年位居世界第一，我国已成为世界注塑机生产大国、消费大国和出口大国。当前，我国注塑机行业已具备了由大变强的坚实基础，正处于转型升级、向高端迈进的攻坚时期，处于做大经济总量和提升发展质量的关键时期。“十二五”主要面临四大机遇：

（1）国家“十二五”规划深入实施。国家总体规划和主体功能区规划相继发布，一大批“十二五”专项规划的密集出台，社会建设、民生保障等方面大批项目的陆续启动，一些专项资金和计划的提前安排下达，都为注塑机行业提供了良好的发展机遇。

（2）国家大力发展战略性新兴产业。2010年10月，国务院出台了《加快培育和发展战略性新兴产业的决定》，将节能环保、新一代信息技术、生物、高端装备制造、新能源、新材料、新能源汽车产业确定为战略性新兴产业，并提供了政策支持。此后，全国各地相继制定了战略性新兴产业发展规划，出台了加快战略性新兴产业发展的政策意见，竞相推进战略性新兴产业发展。注塑机行业是高端装备制造产业的重要组成部分，其产品直接服务于新能源汽车产业等六大新兴产业，因此具有广阔的发展前景。

（3）全球绿色发展。我国塑料机械行业研发和生产的高效节能型产品，顺应全球绿色发展的大趋势，得到了国内外市场的认可，发展前景看好。

（4）党中央、国务院和政府部门重视塑料机械行业发展。党中央、国务院及工业和信息化部、科技部等政府部门对塑料机械行业的发展十分关心，寄予厚望。中共中央政治局常委、国务院总理温家宝，中共中央政治局常委、国家副主席习近平，中共中央政治局委员、国务院副总理回良玉、张德江等，曾先后来到宁波海天塑机集团有限公司考察，并寄予厚望和大力支持。

以上这些机遇必将使注塑机行业迎来科学发展的美好明天，必将全面提升广大企业家和职工的信心，更加激励全行业加快振兴我国塑料机械行业的热情和干劲。

〔撰稿人：海天塑机集团有限公司　傅南红〕

塑料挤出机

一、行业概况

在塑料挤出成型设备中，塑料挤出机通常称之为主机，而与其配套的后续设备塑料挤出成型机则称为辅机。塑料挤出机作为塑料机械的第二大类产品，产量约占塑料机械产量的38%。随着塑料制品的不断开发和应用，这一占比呈逐年上升的趋势。

经过100多年的发展，塑料挤出机已由原来的单螺杆衍生出双螺杆、多螺杆，甚至无螺杆等多种机型，主要包括单螺杆挤出机、双螺杆挤出机、多螺杆挤出机、特殊类型挤出机、新型叶片式挤出机及混沌混炼节能挤出机等。塑料挤出机可以与管材、薄膜、棒材、单丝、扁丝、打包带、挤网、板(片)材、异型材、造粒、电缆包覆等各种塑料成型辅机匹配，组成各种塑料挤出成型生产线，生产各种塑料制品。因此，塑料挤出机无论现在或将来，都是塑料加工行业中应用广泛的机种之一。

二、生产情况

2009年下半年至2010年上半年，我国经济增长速度适度回落，但仍然总体保持回升向好的发展态势，正朝着宏观调控的预期方向发展。近3年，我国塑料机械行业的经济运行除2009年外整体呈现上升的走势。2008～2010年我国塑料机械行业主要经济指标见表1。

表1　2008～2010年我国塑料机械行业主要经济指标

指标名称	2008年	比上年增长(%)	2009年	比上年增长(%)	2010年	比上年增长(%)
工业总产值(亿元)	280.43	4.74	258.48	-7.83	421.06	62.90
销售产值(亿元)	262.98	0.91	250.85	-4.61	400.65	59.72
出口交货值(亿元)	54.83	3.37	36.46	-33.50	59.57	63.38

据有关统计数据，2010年，塑料机械总产量350 707台(套)，比上年增长30.23%。其中，挤出机产量71 400台(套)，比上年增长60.0%，占塑料机械总产量的20.36%；挤出机行业产品销售收入1 548 802万元，比上年增长60%。2011年塑料机械行业销售收入2 000万元以上的生产企业有330家以上，其中，注塑机生产企业约占40%以上，挤出机生产企业约占31%，压延机生产企业约占19%，其他塑料机械生产企业约占10%。

2010年，我国挤出机和吹塑机出口额3.91亿美元，占塑料机械出口总额的34.27%；出口量18 596台，占塑料机械出口总量的41.8%。挤出机和吹塑机的进口额7.38亿美元，占塑料机械进口总额的36.78%；进口量1 479台，占塑料机械进口总量的9.9%。我国挤出机产品虽有很大的进步，正在逐步替代进口产品，并挺进世界市场，但进口额仍是出口额的近1.9倍。这又说明我国挤出机产品技术水平同国外挤出机相比，依然存在较大的差距，尤其是高端产品仍旧无法满足国内需要，产品结构和出口结构亟待提升。2008～2010年塑料挤出机产品进出口情况见表2。

三、技术发展情况

近年来，我国不仅常规挤出机及生产线以优异的性价比逐渐走俏国际市场，同时，在先进挤出技术领域也不断创新，开拓出多种新型挤出机产品。

表2　2008～2010年塑料挤出机产品进出口情况

年份	产品名称	进口量(台)	进口额(万美元)	出口量(台)	出口额(万美元)
2008	合计	1 383	63 763.90	15 118	37 923.00
	塑料造粒机	174	14 546.70	3 381	4 005.00
	其他挤出机	756	20 900.90	4 563	20 916.10
	吹塑机	340	25 537.40	6 239	10 727.20
	塑料中空成型机	113	2 778.90	935	2 274.70
2009	合计	1 175	51 055.12	15 413	30 013.58
	塑料造粒机	128	12 434.10	2 377	2 722.16
	其他挤出机	742	18 894.65	3 716	14 330.89
	吹塑机	234	17 931.04	6 767	10 970.21
	塑料中空成型机	71	1 795.33	2 553	1 990.32
2010	合计	1 479	73 792.22	18 596	39 069.73
	塑料造粒机	158	13 551.73	2 557	3 644.22
	其他挤出机	865	28 238.27	4 661	19 388.58
	吹塑机	309	30 400.94	8 311	13 639.98
	塑料中空成型机	147	1 601.28	3 067	2 396.95

精密挤出成型技术可以免去后续加工工序，更好地满足制品应用的要求，同时还可降低材料成本和提高制品质量。如今，为满足塑料制品精密直接挤出的需要，多种成熟的技术手段已经推向市场，其中聚合物熔体齿轮泵就是一种重要手段。这种齿轮泵已经广泛应用于化纤、薄膜、型材、管材、板材、线缆、复合挤出和造粒等生产线。

北京化工大学经过多年对熔体齿轮泵的系统研究，已成功完成塑料熔体齿轮泵系列的开发和研制，设计制造的塑料熔体齿轮泵产品的中心距与齿宽比为28/28、56/56、70/70、90/90等，最大出入口压力差可达30MPa，能够满足不同产量的要求，并已在实际中得到应用，取得了良好的效果。北京化工大学还通过对一体型齿轮泵挤出机的深入研究，开发设计了115一体型齿轮泵挤出机。

齿轮泵对橡胶行业精密成型同样大有裨益。为了满足国内对橡胶熔体齿轮泵的需求，北京化工大学还与北京航空制造工程研究所、杭州朝阳橡胶有限公司合作，共同研制开发XCP150/100、XCP120/90两种型号橡胶熔体齿轮泵挤出机组。这一机组具有理想的工作特性，保证挤出量与齿轮泵的转速成线性关系，可以实现对产量的精确控制，提高产品的尺寸精度。

多层共挤技术发展成熟。多层复合技术是对具有中高阻隔性能的材料与其他包装材料进行复合，综合阻隔材料的高阻隔性与其他材料的廉价或特殊的力学、热学等其他性能，可满足特定的功能要求。共挤出复合薄膜挤出机的结构设计要求能系统地达到集功能、技术、成本、环保、安全、二次加工于一体的理想境界，从而实现复合层数的最大化。广东金明塑胶设备有限公司的七层复合薄膜共挤吹塑机组可谓是这一领域发展的典型。该七层复合薄膜共挤吹塑机组采用的关键技术包括两短一长螺距变化的螺杆塑化挤出系统，以工程分析软件对振动诱导塑化装置的优化设计，平面阀加成型模头和斜式阀加成型模头、内冷却技术及双风口负压冷却技术，多组分失重式计量喂料，薄膜厚度在线精确控制系统，计算机集中自动控制系统和总线控制(CANOPEN)技术等。

在层数增多的同时，适应特殊功能的薄膜生产技术也是市场发展的热点之一。广东仕诚塑料机械有限公司设计制造了一条幅宽为3 150mm的PP环保木纹膜流延生产线。该生产线产能超过800kg/h,采用高速剪切、混炼的高效率塑化螺杆,客户可以直接使用高填充碳酸钙粉和无机颜料色粉,从而节约了昂贵的原材料成本。整线除了可以生产PP环保木纹膜外,还可以灵活地转换生产其他产品,拓宽了客户产品种类。

经过20余年的高速发展,平行同向旋转双螺杆挤出机技术已经相当成熟,已用于配混造粒生产线。另一方面,传统的啮合盘式与往复螺杆式挤出机更适应高填充配混的要求,产业化程度不断提升。

辉隆公司与华南理工大学共同完成的“基于混沌混炼的高性能高分子包装材料成型关键装备及技术研发”项目通过了广东省科技厅科技成果鉴定,并获得国家2007年度科学技术进步奖二等奖。该项目中的多边螺槽对流式螺杆混沌混炼型低能耗挤出机属国际首创,节能显著,整体技术及产品达到国际先进水平。

(1)采用流变学建模的方法,并结合控制高分子材料形态演变的微观流变学模型,对高分子材料挤出加工中的流场以及共混物和纳米复合材料的形态演变进行了建模、仿真和分析。尤其是对挤出机内熔融、混炼和熔体流动等理论研究,揭示了如何提高熔融和混炼性能以及降低能耗的机理。

(2)基于上述理论研究,研制的混沌混炼型低能耗挤出机在原理上与当前国内外普遍采用的挤出机明显不同:后者发生的是经典的Maddock熔融过程和剪切混炼,其熔融和混炼效果较差;前者产生分散熔融和混沌混炼,物料所产生的剪切热小于其熔融所需的热能,可防止材料在熔融和混炼过程中产生过热而浪费能量,节能效果明显。经广东省技术监督机械产品质量监督检验站现场检验表明,该挤出机的名义比功率(即单耗)为0.17kW/(kg/h),比机械行业标准JB/T 8061—1996的规定值0.32kW/(kg/h)还低0.15kW/(kg/h)。与代表当前国际上挤出复合最高水平的两家国外公司(美国Davis Standard公司和日本住友重机械摩登公司)的挤出机进行比较表明,该挤出机挤出产量最高,而配备的电动机功率最低。该挤出机还具有挤出熔体温度低、物料适应性强等优点。

(3)在上述宏观流场模拟和微观形态演变理论研究的基础上,结合研制混沌混炼型低能耗挤出机,对高分子共混物(尤其是黏度比远大于1)和纳米复合材料(尤其是以聚烯烃这类非极性材料为基体)的形态演变、分散状态和宏观性能进行了系统研究,证实混沌混炼型挤出机可改善加工性能、降低加工能耗,尤其是其提供的拉伸和折叠效应有利于形成高度分散、薄片状、插层或剥离等形态。这在一定程度上解决了纳米粒子在高分子材料加工中易团聚的难题,大幅提高了包装制品的阻隔性能和力学性能。

(4)采用混沌混炼型低能耗挤出机生产EVA预涂膜,与常规的采用有毒溶剂溶解EVA涂覆在基材上的方法相比,消除了有毒有机溶剂的排放及其对环境的污染和人体的损害。此外,大幅度提高了挤出膜与复合基材的粘合性能,实现了无胶粘促进剂的绿色复合工艺。

四、行业发展趋势

塑料机械行业总的发展趋势是朝着专用化、系列化、标准化、复合化、微型化、大型化、个性化和智能化方向发展,同时还要满足节能、节材、高效和环保的要求,以适应塑料原料、塑料制品加工企业节约成本的要求。

1. 国际发展趋势

(1)从制品开发开始,向机械使用者提供从制品、工艺配方、设备和售后服务等全方位服务。

(2)应用面向最终制品的模块化设计与虚拟制造技术,按照用户的要求,设计制造专为用户解决其工艺困难的适用设备。

(3)及时借鉴相关产业的最新科技成果,诸如电子、通信和汽车、航天等工业的科技成果,将其运用到塑料机械产品上。

(4)紧跟材料科学的进展,使新型设备适应新型材料的加工。

(5)树立"设备是用户竞争取胜的关键"这一理念,力求设备运行的高速、高效和节能。

(6)企业之间有优化重组的案例,但未见大规模的联合。由于国外专业化协作很成熟,塑料机械生产企业的规模不会太大。

2. 国内发展趋势

(1)打破原有行业界限,塑料机械为各行业服务已成定式并向纵深发展,进而有可能向引导市场消费过渡,但要注意引导必须是正确导向。

(2)在条件许可的情况下,通过各种方式,包括合资、合作,继续借鉴国外的先进制品及工艺和设备,提高我国塑料机械的技术水平。

(3)国内中低档塑料机械市场容量将被挤压得越来越小。

(4)社会专业化协作将逐渐走向成熟。有些厂家会集中精力在某一个局部市场将生意做大。

(5)个别有远见、有实力的企业开始加大科技投入,加速吸纳高素质的管理及科技人员,以期进一步提升国际竞争能力。

〔撰稿人:上海金纬机械制造有限公司　岳崇少〕

中空塑料吹塑成型机

随着我国石油化工、汽车、食品、医药、日用化工和物流等众多行业的快速发展,塑料中空包装制品业发展迅速,并带动了中空塑料吹塑成型机行业的快速发展,中空塑料吹塑成型机在我国已经形成较大规模的生产能力与市场需求。

进入2010年以来,受国际金融危机及欧债危机的影响,我国中空塑料吹塑成型机行业的出口受到一定影响,产品出口减少,多数企业产销基本维持与上年持平,少数企业产销仍保持一定速度的增长,但是增长幅度明显下降,有些企业产值有一定程度下降。

一、生产情况

我国中空塑料吹塑成型机行业已经能够批量生产各种规格、型号的全系列吹塑机产品。产品除行销全国外,还销往许多国家和地区,我国已成为世界中空塑料吹塑成型机的重要生产基地,中空塑料吹塑成型机的产量已稳居世界第一。我国中空塑料吹塑成型机主要产地集中在陕西宝鸡、广东开平、广东顺德及江苏张家港等地,其中规模较大的生产厂家主要有秦川未来塑料机械有限责任公司、香港雅琪集团广东开平塑料机械厂、苏州同大机械有限公司、广东乐善机械有限公司、张家港华丰重型设备制造有限公司及中山凤记机械有限公司等。秦川未来塑料机械有限责任公司、香港雅琪集团广东开平塑料机械厂及苏州同大机械有限公司2010年、2011年中空吹塑机销售产值基本与2009年持平,均达1.5亿元以上,张家港普信机械有限公司销售额在5 000万元左右,比上年略有减少。

规模较大的生产厂家中,除秦川未来塑料机械有限责任公司是国有大型股份制上市企业外,其余多数为台资、港资或民营企业。各生产企业经过多年的创新、研发与扩展,已经形成较大规模的研发与生产能力。全行业年生产、销售中空塑料吹塑成型机1 200～1 500台,销售产值9亿～10亿元,加上配套设备的销售产值共15亿元。

我国少数中空塑料吹塑成型机生产厂家的技术水平与产品质量已达国际一流水平。近年来,更是加快了自主创新和新产品研发速度,许多关键技术均取得显著进展。但行业总体研发、制造技术水平与发达国家相比还有一定的差距，品牌效应不强，产品的销售价格还远低于发达国家的同类产品。这就需要中空塑料吹塑成型机行业所有厂家共同努力，不断创新，强化品牌意识。

中国塑料机械工业协会组织的“2011 中国塑料机械行业优势企业排序工作”，本着“公平、公正、自愿”的原则，根据各企业上报的 2009 年和 2010 年材料，经核实、公示后，评选出 2011 中国塑料中空成型机行业 3 强企业：秦川未来塑料机械有限责任公司、苏州同大机械有限公司和广东乐善机械有限公司。

二、研发成果及新产品

我国中空塑料吹塑成型机行业在产品技术创新与技术进步方面取得了重大进展。近年来，秦川未来塑料机械有限责任公司、张家港华丰重型设备制造有限公司、香港雅琪集团广东开平塑料机械厂等企业相继推出1 000L容量的大型中空吹塑成型机。

1. 秦川未来塑料机械有限责任公司

秦川未来塑料机械有限责任公司主要研制、生产 30 ~ 1 500L 的大中型中空塑料吹塑成型机，其中 200L 塑料桶生产设备产量在国内占有较高的比重。公司开发的 SCJ230 系列大型中空成型机已生产 150 多台，在国内同类产品市场中占有较高的份额。当前，该产品配置专用的径向壁厚控制系统，适用于生产单层及双层 200L 双 L 环化工桶。SCJ—500 ×6 多层燃油箱大型中空成型机组技术已经基本成熟，至 2009 年已生产 7 台机组，主要用于生产轿车用多层塑料燃油箱，在多层燃油箱产品替代进口方面做出了较大的贡献。2010 年上半年，公司研制成功的 SCJ1500 大型中空成型机，可用于生产多种大型吹塑制品。2011 年公司又有多台 1 000L以上的设备出厂。

2. 香港雅琪集团广东开平塑料机械厂

香港雅琪集团广东开平塑料机械厂主要设计、生产制作塑料瓶、塑料桶的高速中空吹塑机生产线。2009 年，创新研制成功的 AE—70—TS 电动吹瓶机生产线，突破常规设计，采用世界先进技术，将传统的液压驱动更换为伺服电动机驱动，以国际著名品牌零部件组装而成，速度快、噪声小、无污染，机器节能 30%，可满足节能环保要求。AE—70—TS 电动吹瓶机生产线结构新颖，外形美观大方，性能稳定可靠，操作容易，维修方便。此类型全电动吹瓶机生产线在国内尚属空白，在国际上处于技术领先水平。此外，该厂研制的1 000L塑料桶大型中空成型机也有多处技术创新，主要用于生产1 000L IBC 塑料桶以及吹塑托盘。该厂在中小型中空成型机组、生产线的设计与制造方面有其独特的优势，产品远销西方发达国家，2011 年的产销量基本与 2010 年持平。

3. 苏州同大机械有限公司

苏州同大机械有限公司主要研发、设计、生产 10mL ~ 2 000L的全系列中空塑料吹塑成型机，各种不同规格的中空成型机除满足国内客户不同的需要以外，还销往海外 58 个国家与地区。2009 年，公司研制成功我国最大的超大型中空成型机组——TDB—2000L高强度、高刚度吹塑托盘专用机，主要用于高速生产全系列的吹塑托盘以及超大型中空吹塑制品。同时，公司还研发成功国内急需的高强度塑料粉碎机、全自动脉冲式中空塑料上料机、混料机等为超大型塑料成型机配套的辅机，并已与 TDB—2000L机组配套组成年产 12 万块高强度吹塑托盘的高速生产线。TDB—2000L超大型中空成型机生产线的研发成功，标志着我国超大型中空吹塑机组的研发水平已经跃上一个新的台阶，同时也为今后我国研发更大容量的中空吹塑成型机组积累了设计与制造经验。该生产线已经获得国家发明专利 8 项、实用新型专利 15 项、外观设计专利多项。2011 年，公司研发成功 TDB—1200L 吹塑托盘生产线，产品销往新疆中石油管业公司，主要用于生产 1614 以内各种规格的吹塑托盘。

2010 年上半年，公司首次研制成功的“动则灵”柔性曲环径向动态口模控制系统与静态芯模控制系统，可有效实现对塑料型坯的多方向控制，具有其他类似控制系统不可比拟的优势。这两种控制系统完全是我国工程技术人员的技术独创，已获得多项国家发明专利和实用新型专利。控制系统的口模柔性曲环直径 150～850mm，可适应不同机型产品、不同吹塑制品对不同口模直径的要求，同时可实现对口模的柔性曲环 2～16 点的多点调整控制。调整控制点为 16 个点时，最多需要采用 16 组电液伺服装置进行控制，系统也可实现单独点的任意控制；具体控制点数主要根据吹塑制品的特点进行选择。芯模柔性曲环控制系统的控制点数多达 18～36 个，控制精度可达 0.1mm 以内。这两项高新技术的研制成功，标志着我国中空塑料吹塑成型机的综合创新能力已经达到国际先进水平，同时也为今后我国研制开发各种异型吹塑制品创造了有利的条件。另外，低成本、适用广泛的柔性曲环控制系统正在快速研制开发中。柔性曲环控制系统经过较长时间的试验过程，其技术已经基本成熟，有望在 2012 年进入装机试验与批量制造阶段。

公司开展了液压系统伺服电动机与变量泵系统的研究，与常规液压系统相比，节能效果明显，单项节能 30% 以上。公司设计、制造的 15L、30L、50L 双工位高速吹塑机具有生产速度快、效率高，运行稳定，制品质量好，全过程自动化操作，节能效果明显，生产线配套完整等诸多特点，受到国内外高端吹塑制品客户的欢迎。公司还与国内一些大学开展联合研究，研发了适合挤出吹塑中空成型机的永磁伺服电动机，用于直接驱动挤出机螺杆，该系统单机可以节能 30% 左右。

国内其他一些中空塑料吹塑成型机生产厂家在技术上也取得不同程度的进步与突破。

三、发展趋势

我国中空塑料吹塑成型机市场以销售中低档次的一般机型产品偏多，而高速、稳定、节能明显的高档次生产线较少。近年来，国内设备生产厂家不断推出节能、高速、稳定的吹塑生产线。从当前国内外市场发展趋势看，由于塑料瓶、塑料桶、汽车配件和工业吹塑件等许多吹塑制品规模化生产的需要，各种大中小型高速、稳定、节能、辅机配套完善的专业化、全自动生产线将是未来几年的发展主流，需要引起相关企业的足够重视，加快技术创新步伐，以引领这一行业的市场潮流。

1. 大型、超大型中空成型机组、生产线

（1）制作吹塑托盘的大型中空机组、生产线。随着物流、食品、化肥、石油化工、日用化工、铁路运输与仓储、制药和饲料、啤酒及饮料等行业的高速发展，必将带动托盘制造业特别是吹塑托盘制造业的高速发展。

近几年，注塑托盘行业虽然获得了长足的发展，在技术上也已取得较大的进步，但由于受塑料原材料性能以及成型机理的固有限制，在使用环境温差较大以及高强度频繁使用的条件下，注塑托盘使用寿命较短，容易掉块破损，影响操作人员的人身安全与包装物的安全。而高强度吹塑托盘具有高抗冲击强度、经久耐用等优势，被列为塑料托盘的首选，其市场需求年增长率在 20% 左右，而国内高强度吹塑托盘的年生产能力基本在 100 万块以内，远远不能满足市场的需求。

当前，国内多数大型中空机多以通用机型为主，既用于生产1 000L IBC 塑料桶，又用于生产吹塑托盘，设备产能不能充分发挥。为此，加大力度研制专业生产吹塑托盘的大型、超大型中空成型机组、高速生产线是行业内一些企业的主攻方向之一。

（2）IBC 塑料包装桶大型中空成型机组。国内已经有多家中空成型机生产企业可研发、制造 1 000L IBC 塑料桶生产设备。各公司在设备的设计与制造上各有特点，但多以通用设备为主。当前国产1 000L中空成型机配置塑料型坯壁厚径向控制装置的较少，造成产品四角处的壁厚控制不均，塑料原料消耗加大，影响成型设备性能的发挥，值得引起国内大型中空成型机制造企业的高度重视。

（3）其他大型中空成型机。我国是一个具有多种气候环境条件的国家，各种不同使用要求的储水罐、储水箱均有较大的市场需求，研发更加适应制品市场需求的超大型中空成型机也是发展方向之一。

近几年，一些大型吹塑制品厂家联合设备生产厂家研究开发的专用储水箱、储水罐生产设备，其制品容积已经达到2 000L。其中，潍坊市华玉塑料机械有限公司设计、制造的大型储水罐生产设备已经比较成熟。这种产需双方的联合研发值得在行业内推广。

2. 多层中空成型机组、生产线

(1)汽车多层塑料燃油箱生产设备。秦川未来塑料机械有限责任公司研究开发的SCJ—500×6多层塑料燃油箱大型中空成型机组，技术已经成熟，已经生产7台机组供国内客户使用，在替代相关进口设备方面做出了较大的成绩。如果该机组配置国产柔性曲环径向控制系统对塑料型坯的壁厚进行径向控制，将使该设备的技术水平达到一个更高的档次，同时也会使国产塑料多层燃油箱质量达到更高的水平。

(2)多层三维中空成型机组。当前国内中空成型机生产厂家已经具备多层三维中空成型机组的设计与制造能力。但是由于当前国内多层三维成型吹塑制品还未形成巨大的市场需求，故而这种高技术含量的中空成型机组的研发相对迟缓。随着国内轿车产业的发展与升级，将会助推这类中空成型机组的研究与开发。

(3)多层日用化工产品包装塑料桶、塑料瓶中空成型机生产线。多层塑料瓶、塑料桶中空成型机生产线的设计与制造技术已为多家中空成型机生产企业掌握。其中，香港雅琪集团广东开平塑料机械厂研发的多层塑料瓶生产线的生产速度较快，节能效果显著，其技术已经达到国际先进水平，设备已经出口到欧美等发达国家。苏州同大机械有限公司研制的4层塑料瓶高速生产线配套齐全，速度快，节能效果好，其多条塑料瓶、塑料桶多层中空成型机生产线已经出口到多个国家与地区。预计在未来几年内，塑料桶、塑料瓶多层中空成型机生产线将加快研发步伐，将特别关注模具配套、全自动去飞边、全自动贴标、全自动检测以及全自动打包等方面的研究，为吹塑制品厂家进一步减少生产线的操作人员提供设备与技术支撑。

(4)多层化工塑料桶中空成型机组。当前秦川未来塑料机械有限责任公司设计、制造的SCJ—230×2双层大型中空成型机组主要用于生产200L系列的双层塑料桶，在国内双层200L塑料桶制品的设备市场占有较大份额。为了适应国内外大型吹塑制品厂家的需求，国内中空成型机生产企业将加强对双层、三层及多层大型中空成型机组的研发工作，高速生产，高度节能，壁厚均匀，节约塑料原料，长期稳定运行将是这类设备的主要研发重点。

3. 其他特种吹塑中空成型机组

我国各行业的迅速发展，必然带动具有特种吹塑功能的中空成型机组的研究与发展。预计制作汽车、摩托车行业一些特种吹塑制品(如多种塑料材料的顺序挤出吹塑管道)的中空成型机组在未来几年将会获得技术突破，并且以较为合适的市场价格获得相关吹塑制品厂家的认可。

4. 电动型中空成型机组

近年来，电动型中空成型机组在吹塑制品的洁净化生产和节能方面具有较大的优势，其研发进展较快。对于一些需要高度洁净化的吹塑制品生产车间，电动型中空成型机组将是优先选择之一。当前，大中型电动型中空成型机组较为少见。随着对一些大中型塑料桶洁净化生产要求的提高，这类大中型电动型中空成型机的研制将可能加快。当前，一般电动型中空成型机主要用于一些高端吹塑制品行业与需要高度洁净化生产的行业。随着设备制造成本的进一步降低，该设备将可能向其他吹塑制品行业推广。

四、展望

近年来，随着国内外各用户行业的快速发展以及国家将高端塑料成型设备行业纳入政策支持的重要装备行业，中空成型机设备制造行业获得了高速发展，取得了巨大进步，在我国塑料机械制造行业中已经占有重要地位。由于国内地区间工业发展的不平衡，以及国外市场对中空成型机技术要求的不一致，中空成型机企业既要研发与制造满足高中低不同档次设备的市场需求，同时更要注重研发、生产长期稳定运行、高效节能的专用中空成型机设备，为进一步拓展市场空间和进军高端产品市场奠定基础。

近年来，美债危机与欧债主权危机基本重叠，危及范围巨大，以及中东地区较多国家的社会不稳定，致使国内外许多产品市场需求不旺。国内化工产品出口也比往年降低较多，汽车制造业等一些行业也在调整中，与此相关的吹塑制品行业也受到不同程度的影响。

预计2012年中空成型机制造业将会受到一定程度的影响，整个行业可能需要经历一个调整期。除少数企业可能维持2011年的产销水平外，多数企业产销会有一定程度的下降，一些企业可能会出现相当程度的经营困难。这需要引起行业内企业家的重视与关注，研究相应的对策，苦练内功，进一步做好各项创新工作，为今后更好地适应市场变化打下坚实的基础。

〔撰稿人：苏州同大机械有限公司　邱建成〕

塑料吹膜设备

塑料机械是对高分子类新型材料进行成型加工的技术装备。随着高分子材料的性能、功效的不断开发与突破，高分子材料与其他材料（金属、木材、纤维、无机材料等）复合化的不断创新，以及塑料制品在制造业和生活领域中的广泛应用，塑料机械行业发展前景极其广阔，并逐渐沿着节能环保的方向发展，塑料机械行业已经成为我国先进制造业的重要组成部分。

塑料机械与塑料原材料、塑料制品加工工业的发展息息相关。近年来，随着我国经济的增长，塑料制品的需求量也随之大幅增加，从而带动我国塑料机械行业飞速发展。据中国塑料机械工业协会的资料，截至2011年，我国塑料机械产业不仅在产品产量上实现连续11年的世界第一，而且在科技水平和产业层次等方面也有大幅提升。

一、市场需求分析

1. 整体市场需求分析

据国家统计局统计数据，2010年，我国塑料制品行业规模以上企业20 775家，塑料制品产量5 830.38万t，比上年增长21.14%；实现工业总产值14 242.52亿元，同比增长31.08%。

塑料制品行业工业总产值增长速度高于我国国内生产总值增长速度，显示出经济增长对于塑料消费的极大促进作用。塑料制品产销率稳定在97%以上，表明塑料制品行业的供求关系较为合理，尽管在低端市场存在产能过剩的现象，高端市场的需求不论在量上还是质上都不断提高。2010年，规模以上企业数量增长7.8%，证明塑料制品行业在迅速扩展，作为其上游的生产设备提供者，塑料机械行业必将受益于整个塑料制品行业的高速发展。据中国塑料机械工业协会统计，2011年我国塑料机械行业规模以上企业工业销售产值近450亿元。另据可行性研究报告分析，以塑料制品工业总产值的增长趋势及其对塑料机械需求量的贡献率，2015年塑料机械行业销售产值将接近470亿元。通过对近几年塑料机械分类产品的产值、产量以及进出口数量及金额数据的分析，吹塑机及中空成型机的产值占比基本稳定在16%左右，产销率维持在97%以上。以此估算，到2015年我国吹塑机及中空成型机的市场规模将超过75亿元。

2. 分行业市场需求分析

（1）包装行业。2008年我国包装薄膜产量为

780.80 万 t，2009 年为 825.14 万 t，增长率为 5.68%。由于受 2009 年“禁塑令”的影响，塑料购物袋产量从 250 万 t 下降到 180 万 t，降幅为 28%，导致整体塑料包装薄膜产量增幅不高；而复合膜（袋）、多层共挤包装薄膜的产量增幅分别为 20%、30%，增长迅速。考虑到政策的偶发性影响不会持续，塑料购物袋的产量已下降到一个较为合理的水平，而复合膜（袋）及多层共挤包装薄膜的产量增长是未来的趋势，其中多层共挤复合膜的产量增速将依然高于整体水平。

结合行业内薄膜吹塑设备的平均生产能力、设备使用寿命及折旧速度以及包装行业的扩张周期等因素，预计到 2012 年我国吹塑设备的需求量将达到4 000台。

（2）农业。农膜（地膜和棚膜）在农业用塑料中占主要地位，是继化肥、农药之后的第三大农业生产资料。近年来，我国塑料农膜产量及地膜覆盖面积都稳居世界第一，2010 年我国使用农用薄膜 157.16 万 t，同比增长 27.7%。

在扶持三农政策的推动以及近年来极端天气等自然灾害对农业的影响下，农民对功能农膜的需求迅速增加。而由于农膜行业进入门槛较低，早期企业多采用低档次设备，产品质量参差不齐。《农用薄膜行业准入条件》于 2010 年正式实施，将有效提高行业准入门槛，提升农膜行业的技术水平。国家发展和改革委员会也已经下文将“长寿命功能性农膜生产”列入国家技改项目，同时，受惠于国家 40 000亿元固定建设投资项目和国家大幅调高农产品收购价格的双重拉动，一些实力较好的农膜生产企业开始购置新机器，更换和淘汰旧机器，市场对于农膜生产专业设备的需求大幅增加。

（3）建筑行业。近年来，我国不断增加高速公路、水利工程等公共基础设施建设的投入，用于生产各种优质建筑材料及土工膜的塑料机械市场前景十分广阔。根据我国《综合交通网中长期发展规划》的发展目标，2020 年我国综合交通网总规模为 338 万 km 以上（不含空中、海上航线以及城市内道路和农村公路村道里程）。以平均每公里公路的土工膜用量为 30t 计算，结合行业内薄膜吹塑设备的平均生产能力、设备使用寿命、折旧速度以及建筑行业及土工膜行业的扩张周期等因素，预计 2012 年公路建设对于土工膜生产设备的需求将达到 750 台左右。

（4）医疗、卫生领域。过去 15 年，我国医用塑料制品产业保持高速增长，产值年增长率为15% ~ 18%。据医药商会人士统计，我国医用塑料制品产业由于起步较晚，总产值仅为全球市场的 2% ~ 3%。由此可见，未来医疗、卫生领域是塑料机械的一个非常重要的市场。

据统计，当前我国每年输液产品的需求量为 70 亿 ~ 80 亿单位（瓶、包），其中绝大多数仍然是玻璃瓶和塑料瓶包装。相比之下，世界发达国家几乎 100% 采用非 PVC 软袋包装。据中国数字医药网统计和预测，2008 年全国市场上软袋输液（其中以非 PVC 软袋输液为主）的销量达到 9.7 亿袋，预计到 2012 年全国市场上软袋输液的销量将超过 21 亿袋，由此可以估算输液袋膜生产设备每年的需求量约为 200 台。

（5）汽车行业。轻量化、节能化以及追求空间最大利用率是汽车行业发展的最新趋势，这一趋势将加速汽车塑料化的进程。汽车自重每减少 10%，燃油的消耗可降低 6% ~ 8%，汽车塑料的用量已成为衡量一个国家汽车生产技术水平的标志之一。

当前世界每辆汽车平均塑料用量 105kg 左右，其中发达国家每辆汽车塑料用量达 120kg，预计到 2030 年将达到 500kg 以上。而国内每辆汽车塑料用量仅为 78kg，尚低于世界平均水平。零部件塑料化已成为我国汽车工业的一大趋势，随着塑料功能的不断提高，汽车塑料用量将越来越大。据中国汽车工业协会最新公布的数据，2011 年我国汽车产量、销量分别为1 841.89万辆和1 850.51万辆，预计 2012 年汽车产销增长速度为 10% 左右。以塑料燃油箱占燃油箱市场 56% 计算，考虑单台中空成型设备的生产能力，预计 2012 年对塑料中空油箱生产设备的需求将达到185台。

二、行业发展趋势

1. 多层化、大型化、精密化是未来塑料机械发展的主要方向

多层化、大型化及精密化是我国塑料机械行业未来发展的主要方向。塑料机械行业重点发展多层大型中空成型机、多层薄膜吹塑机、电动注塑机及精密挤出机、包装行业用的双向拉伸薄膜生产设备、医疗卫生领域用的精密挤出机等，其中挤出机、中空成型机及吹塑机将朝着多层化、大型化、精密化方向发展。

（1）多层化。随着科技的进步及生活水平的提高，终端市场对各种薄膜的功能要求越来越苛刻，从而促进多功能薄膜材料的发展。由于对终端消费市场的众多要求已经无法靠单一品种的材料来满足，通过不同薄膜材料的多层复合搭配来满足这些需求，已成为未来薄膜生产技术发展的必然趋势。

随着市场竞争的加剧，生产厂家必须考虑所购买的设备既具有专业化功能，又能兼顾灵活性。在这种背景下，五层共挤将逐渐取代三层共挤用于生产高品质的PE薄膜。因为五层共挤薄膜不仅仅在原料选择和配方设计方面更具有灵活性，同时五层吹膜机也可以兼顾生产三层共挤薄膜，可以满足层间比例从1:1:1到1:5:1的大跨度要求。九层共挤技术也逐渐成为高阻隔薄膜行业热点，广东金明精机股份有限公司最新研制的九层共挤设备已经通过市级技术鉴定。可以预见，在未来几年，多层化的优势将更加凸显。

（2）大型化。塑料机械的大型化是指机器设备功能的集成化及设备生产能力的大规格化。高度集成化的机组通过将喂料、称重、收卷等辅助设备与塑料机械高度结合，使设备使用过程高度自动化，从而提高生产效率。而通过加入先进的监控检测技术，使生产过程的控制更加精确。塑料机械生产能力的大规格化是由市场需求决定的。对于某些特殊应用领域，对于产品的容积或幅宽有特殊的要求。例如，塑料汽车油箱需要达到一定的容积要求，土工膜、农膜及包装膜等薄膜制品幅宽的增大，既可减少拼接工序，又可提高密封性能等。

（3）精密化。精密是指成型塑料制品的精密度，主要体现在塑料制品的厚薄均匀度等。从节能的角度看，提高制品的精度能够产生巨大的节能效果。一般成型制品的厚薄不均匀度如果达到8%～10%，材料浪费可达制品总量的8%。提高塑料机械的精密度，能够显著地提高制品质量及减少次品率，从而有效地减少原材料及能源的消耗。

2. 从简单的设备供应向一站式服务发展

随着我国经济的发展，部分地区民间资本较为充裕，而塑料制品行业具有资本导向特征，且发展空间巨大，可吸引民间资本的大量涌入。因此，塑料机械供应商不仅仅应向用户提供设备，还需要从最终塑料制品的开发开始，向机械使用者提供从塑料制品、工艺配方、生产设备、人员培训和售后服务的一站式服务。

3. 塑料机械性能向高速、高效、节能方向发展

高速、高效、节能一直是近年来国际塑料机械发展的主旋律。近年来，我国塑料机械行业经过从引进学习到自主研发，产品技术水平已经有较大幅度的提升，与国际先进水平差距不断缩小，少数领先企业的产品已经达到国际先进水平。随着我国轻工业调整和振兴规划的实施，对制造业生产过程节能减耗提出明确要求，塑料机械使用者对设备在高效与节能减耗方面的性能也越来越重视。

4. 塑料机械逐渐适应下游塑料消费的绿色、环保及安全要求

近年来，塑料科学的研究朝着可降解、可再生、阻隔性、无害性等方向发展。一方面，塑料机械行业需紧跟材料科学的发展，适应新材料的加工要求；另一方面，先进的塑料机械制造厂商往往与原材料开发商合作引导消费市场，开发新型的塑料制品，并为此而设计机器、安排工艺配方。

5. 国产高档塑料机械“替代进口”效应逐步显现

近年来，我国塑料机械产品的质量和技术水平

正在大幅提升，与世界先进水平的差距正在缩小，部分产品已接近世界先进水平，且国产高端塑料机械具有明显的性价比优势，因此在国内高端市场的份额不断扩大。据中国塑料机械工业协会统计，2009年国内塑料机械市场的国产设备占有率由2008年的48.5%迅速提升至70.5%，国产塑料机械“替代进口”效应明显。

多年来，行业内某些企业积极与埃克森美孚、三井化工、陶氏化学、德国巴斯夫等世界知名原料商进行战略合作，根据原料商研发的新型材料的特性研制相关生产设备，通过合作举办新材料展会等方式引导下游市场的需求走向，在向下游厂商推广新材料的同时，激发设备使用者购买新设备。

三、行业发展主要影响因素

1. 有利因素

(1)下游塑料制品行业发展迅速，带动对塑料机械的需求。我国作为塑料消费大国，年消耗量居世界第二，仅次于美国，而我国的人均消费仅为46kg，刚刚超过40kg的世界平均水平(美国人均消费约170kg，比利时高达200kg，其他发达国家也在120kg以上)。2006~2010年我国塑料制品产量年均增长20.1%，可见我国塑料制品消费增长稳定，发展潜力仍很大。因此，塑料制品需求量的增长将为塑料机械带来增量需求，而新材料、新产品的推出又不断产生对技术含量更高的中高端塑料机械的需求。

(2)国家产业政策的支持。塑料制品行业是关系国计民生的重要行业，塑料机械尤其是高端装备的自主研发及产业化一直是国家产业政策鼓励的发展方向。塑料机械将重点朝着组合结构、专用化、系列化、标准化、复合化、精密化、大型化、个性化、智能化方向发展，同时要满足节能、节材、高效的要求。2010年10月18日，十七届五中全会通过的《中共中央关于制定国民经济和社会发展第十二个五年规划的建议》中提出，推动先进装备制造业的发展，强化核心关键技术研发，积极有序发展高端装备制造等产业，加强财税金融政策支持。同日，国务院发布《国务院关于加快培育和发展战略性新兴产业的决定》，明确将高端装备制造业作为现阶段重点培育和发展的七大新兴产业之一。

(3)技术水平不断提高，并呈现“替代进口”趋势。我国塑料机械行业起步较晚，发展初期在研发、设计、生产与产品技术等方面和发达国家存在相当大的差距。近年来，在国家产业政策的扶持下，行业经历了从引进吸收国外先进技术到自主创新的过渡，产品技术水平大幅提高。以薄膜吹塑机为例，我国部分薄膜吹塑机在薄膜厚薄均匀度、最大宽幅、多层共挤层数、单位能耗等技术指标上已达到或接近国际先进水平。国内薄膜吹塑机技术水平的提升改变了我国高端薄膜吹塑机长期依赖进口的局面，具有明显的“替代进口”趋势。

2. 不利因素

(1)人民币汇率上升对塑料机械出口造成压力。我国的塑料机械具有性价比高的优点，部分产品出口到世界上很多发展中国家，且一般以美元结算。然而，据《经济观察报》统计，汇率改革之后的2006~2009年，人民币对美元的升值幅度分别为6.804%、6.882%、3.349%和0.09%。2010年6月以来，我国进一步增强人民币汇率的弹性，2010年人民币对美元汇率又升值3.09%。人民币对美元汇率的上升在一定程度上削弱了我国塑料机械出口的价格优势，进而影响产品出口。

(2)高端外协产业发展较慢。由于塑料机械产品结构专业且复杂，各大型厂商一般对部分非标准机械加工件采用外协加工的生产模式，而将主要的生产能力集中在附加值较高的环节。由于我国的塑料机械外协加工企业数量不多，特别是在高端塑料机械领域能承接精密加工外协的企业更少，且没能很好地与各塑料机械产业形成产业集群，因而外协机械加工件的加工质量、加工精度、交货时间等对塑料机械行业造成一定的不利影响。

四、行业竞争情况

1. 竞争格局及市场化程度

2010年，我国塑料机械行业规模以上企业为564家，行业骨干企业正在不断壮大，龙头企业加快了由大变强的步伐,行业的集中度进一步提高。

在市场化程度方面,由于塑料机械行业产品类别众多,不同的细分行业市场化程度不尽相同。一般而言,技术含量较高且应用于新兴领域的设备所处的细分行业市场化程度较低,均被少数技术领先企业所垄断。而产品附加值低、技术壁垒不高的行业则处于充分的竞争状态,市场化程度较高。

2. 行业内主要竞争企业

在全球范围内,薄膜吹塑设备的知名厂商主要如下:

(1)德国温德默勒与霍尔舍公司(W&H):成立于1869年,主要产品包括薄膜吹塑机、流延机、印刷机、复合机、制袋设备和灌装封口包装设备等。该公司是当前全球吹塑机市场份额最高的企业,在全球130多个国家有超过5 000家客户。

(2)德国莱芬豪舍公司(Reifenhauser):成立于1911年,主要生产薄膜吹塑机、流延机和热成型板机等。2005年公司销售额为3.15亿欧元,其中用于包装领域的薄膜生产设备销售额达到8 000万欧元。

(3)意大利马奇公司(Macchi):成立于1961年,主要生产薄膜吹塑机和流延机,产品主要销往全球50多个国家,拥有超过1 000家客户,在意大利、法国、西班牙、葡萄牙和韩国等市场占有率较高。

(4)加拿大宾顿公司(Brampton):成立至今已经30多年,主要生产薄膜吹塑机,在加拿大、美国、亚洲、中东、拉丁美洲和新西兰地区具有一定的竞争优势。

(5)大连橡胶塑料机械股份有限公司:成立于1907年,2001年8月在上海证券交易所上市。主要生产橡胶机械专业设备和塑料机械专业设备,产品销往全国34个省、自治区、直辖市以及港、澳、台地区,远销欧洲、美洲、亚洲、大洋洲和非洲等70多个国家和地区,2008年和2009年营业收入分别为4.85亿元和4.26亿元。

(6)湖北轻工机械股份有限公司:成立于1958年,主要生产薄膜吹塑机,年生产制造能力大约200台(套)。该公司是原轻工部定点生产轻工机械设备及各种零部件的专业厂家,生产的"湖北轻机"牌塑料挤出吹膜生产线除销往国内20多个省、自治区、直辖市外,还远销北欧、南美、东南亚、中东、非洲等国家和地区。

(7)上海昆中机械有限公司:成立于1992年,港资企业,主要生产薄膜吹塑机、印刷机械、复合设备及分条机械。

(8)广东金明精机股份有限公司:成立于1987年,主要生产薄膜吹塑机和中空成型机,年生产制造能力接近200台(套),2010年营业收入约2亿元。公司掌握的多层共挤技术代表塑料机械行业的未来发展方向,现该技术领域已实现九层共挤,达到了国内同行业的最高技术水平;在5~7层共挤领域实现了大规模产业化,处于国内同行领先地位。此外,公司加大了将多层共挤领域的研究成果实现产业化的力度,产品应用领域也逐渐从包装行业拓展到医疗卫生、农业、汽车零部件、建筑工程及军工等领域。

〔撰稿人:广东金明精机股份有限公司 陈浩〕

塑料挤出发泡成型设备

一、行业发展概况

随着塑料制品行业和塑料机械行业的持续快速发展,塑料发泡产品及其成型技术装备行业也得到了长足的发展和进步。泡沫塑料作为一种新型材料，主要以塑料为基础材料，通过物理或化学的方法在聚合物体系内填充大量气泡，形成常温常压下的固相和气相两相复合体系。由于发泡材料中含有大量气体，与纯塑料材料相比，具有密度小、比强度高、能量吸收能力强、隔声隔热效果好和成本低等优点，广泛应用于航空航天、节能保温、防撞防振、填充漂浮和包装等领域。塑料发泡机械产品符合我国资源节约、循环利用的产业政策，塑料发泡成型设备行业是国家支持发展的新兴产业之一。

随着科学技术的发展，泡沫塑料的用途不但在逐步被认识，而且在逐步扩大。现在泡沫塑料的应用已遍及各行各业，特别是在包装、建筑、生活日用和高科技等领域，泡沫塑料已占有不可取代的地位。针对塑料发泡产品市场的巨大需求，国内塑料发泡机械生产企业加大科研投入，引进消化吸收国际先进技术，大力开发塑料发泡技术和加工装备。当前，塑料发泡机械行业已拥有规模以上生产企业100多家，板、片、膜、网、异型材、管、棒等9大系列、200多个品种的塑料发泡机械产品，具备年产5 000多台（套）的生产能力，产品远销100多个国家和地区。

二、生产发展情况

塑料发泡材料品种繁多，分类方法也多种多样，根据发泡倍率分为高发泡和低发泡两种；根据泡体质地的软硬程度，可分为硬质泡沫塑料和软质泡沫塑料以及半硬质泡沫塑料；根据泡孔结构可分为开孔泡沫塑料和闭孔泡沫塑料；根据发泡方法又分为物理发泡和化学发泡。

（一）物理发泡塑料挤出机械

1. 市场应用及分布情况

塑料物理发泡是在挤出成型过程中利用发泡剂的物理相态变化，形成大量气体并均匀分布在高分子材料中的过程。物理挤出发泡主要用于生产发泡倍率在4倍（一般达到20～60倍）以上的产品。由于发泡倍率较高、质轻，其主要代表产品有XPS、PSP、EPE及EPP等。广泛应用于保温、隔热和包装等领域。

据不完全统计，我国专业从事物理发泡塑料挤出机械的厂家50余家，但规模以上企业不到10家，形成一定规模并在国内外市场具有一定影响力的企业有山东通佳机械有限公司、上海金纬机械制造有限公司、河北广兴泡塑机械有限公司、青岛德意利塑料机械有限公司、南京法宁格机械有限公司和重庆捷成机械有限公司。随着减振包装和建筑节能保温等领域高倍率发泡材料的广泛应用，我国物理发泡塑料挤出机械产业发展较快，产业规模迅速扩大，当前已形成山东地区和长江三角洲地区两大产业基地，产品种类齐全、市场竞争力强，可有效替代进口，产业规模10亿元以上，年生产能力超过3 000台（套），每年为下游用户创造社会产值500多亿元，新增就业岗位30多万个。

当前，XPS、PSP、EPE、EPP等物理发泡塑料挤出机械除在国内市场占有绝对优势外，国际市场竞争力也不断增强，已出口到100多个国家和地区，外销市场也由原来以发展中国家市场为主，拓展到工业发达国家和发展中国家市场协调发展。近几年，出口量呈快速上升趋势，由2005年的不足1 000万美元上升至2010年的1.14亿美元，2011年达到1.5亿美元。物理发泡塑料挤出机械出口创汇情况见表1。

表1　物理发泡塑料挤出机械出口创汇情况

（单位：万美元）

项目	XPS	EPE	PSP	其他	合计
2006年	1 300	650	400	450	2 800
2007年	2 900	820	500	680	4 900
2008年	3 700	1 200	980	1 520	7 400
2009年	4 600	1 800	1 200	1 600	9 200
2010年	5 800	2 000	1 600	2 000	11 400
2011年	7 000	3 600	2 200	2 200	15 000

2. 产品技术创新与国际市场竞争能力

（1）HCFC（氟利昂）发泡剂替代技术和装备。当前，国内塑料物理发泡生产企业大都采用HCFC22或142B作为发泡剂，因其含有氟氯分子，对大气环境和臭氧层具有一定的破坏作用。CO_2发泡技术将成为HCFC的理想替代产品。CO_2来源于空分产生的气体，通过有效利用可以大大提高其产品的环保水平，年可为物理发泡塑料挤出产业减少HCFC排放约1 000万t，既有效保护了环境，又降低了成本，推动了新型节能产品的推广和应用。但是由于CO_2活性较强，随着压力和温度的变化，其密度变化较为敏感，易于在挤出机内部产生气相和气液相分离，不利于发泡过程的稳定控制。

由山东省物理发泡塑料机械工程技术研究中心立项开发的"环保多元共混物理发泡板材技术及装备"通过了省级鉴定，产品采用超临界CO_2和共沸体系的水溶性多组分发泡剂，替代传统的HCFC发泡技术。该新型发泡剂成本低廉，来源广泛，是氟利昂发泡剂的理想替代品，每条生产线每年可以减少氟利昂排放量500t，将对环境保护起到积极的作用。

(2)生物质高分子材料发泡技术及装备制造技术。聚乳酸(PLA)是利用聚乳酸为原料生产的新型聚酯材料，有良好的生物可降解性，使用后能被自然界中微生物完全降解。用PLA制成的各种制品埋在土壤或水中，6～12个月即可完成自动降解，在微生物分解下生成碳酸气和水，它们在阳光下，通过光合作用又会生成起始原料淀粉。

生物质高分子材料——PLA、聚羟基脂肪酸酯(PHA)是世界视为继金属材料、无机材料、高分子材料之后的"第四类最具广泛应用价值和环保应用价值的新型高分子材料"，是国家列入"九五"、十五"、"863"、"十一五"和《国家中长期科技发展计划》重点科研攻关项目之一。针对PLA、PHA生物质高分子材料的流变特性和物理发泡材料的加工性能，华南理工大学、北京化工大学、山东省物理发泡塑料机械工程技术研究中心等单位，成功开发新型生物质高分子发泡材料加工技术和装备制造技术，现已具备工业化生产条件，为我国发展可循环经济和提高环境保护水平提供了良好的技术支撑。

山东通佳机械有限公司承担研发的"PLA聚乳酸全降解发泡片材生产技术及装备"被列为国家"火炬计划项目"、山东省技术创新项目，并获得济宁市科技进步奖。该项目已通过山东省科技厅和山东省经信委的科技成果和新产品鉴定，当前已形成年产40台(套)的生产能力。按照每台年生产能力1 000t的保守产量计算，可年生产新型生物质发泡高分子材料40 000t，减少白色污染效果显著。

(3)一次性挤出发泡EPE厚板生产技术及设备。一次性的挤出发泡EPE厚板一般采用间歇法和连续挤出法两种成型工艺生产。生产的产品由于是一次成型发泡，相对于多层贴合产品具有较多的应用优势，主要应用于包装缓冲，如光学和电子产品、仪器仪表、医疗器械、精密机械的包装；产业领域，如墙体保温板、地板衬垫、抗震材料、防水层保护材料、汽配隔热材料及隔声材料；其他领域，如体育用品的滑板、游泳圈、沙滩垫、玩具和家私。此外，经深加工制成各种织物的粘合制品是各种车辆和居室全环保装修材料。

由于一次性发泡EPE厚板的厚度一般要达到100mm，宽度600～1 000mm，因此挤出成型所需的压力和流量较大，当前山东通佳机械有限公司和山东省物理发泡塑料机械工程技术研究中心正在立项研发间歇式一次性发泡EPE厚板生产设备及技术。该项技术采用储料式间歇成型结构，可以在任意传统生产设备上加装相应装置，设备投资少，生产效率高。

(二)化学发泡塑料挤出机械

1. 市场应用及分布情况

塑料化学发泡是指将发泡剂均匀地布散在树脂中，在一定温度下，迅速分解产生气体，从而形成以气体为填充的复合材料。由于化学发泡剂产生的气体一般为N_2和CO_2，而N_2和CO_2在塑料熔体中的溶解度远没有物理发泡剂大，所以添加剂量一般较少，发泡倍率则只有0.5～5倍。由于PVC发泡材料、PVC木塑发泡材料、PE低发泡材料和PS低发泡材料等化学发泡材料的密度较大，具有优良的力学性能，一般应用于装饰、家装等领域。

当前生产化学发泡塑料机械的厂家较多，主要以生产 PVC 化学发泡板材和 PVC 木塑发泡装饰型材与建筑模板机械为主,PS 发泡镜框和 PE/EVA 低发泡密封片材生产设备市场需求量也呈逐年上升趋势。塑料挤出化学发泡产品种类繁多,生产设备也多种多样,机械装备与模具生产企业分布较广,但主要集中在山东、长江三角洲和珠江三角洲地区,具有代表性的企业有山东通佳机械有限公司、上海金纬塑料机械有限公司、上海金湖挤出机械有限公司、上海一柯模具有限公司和青岛三益塑料机械有限公司等。

2. 产品技术创新情况

(1)PE/PP 聚烯烃木塑芯层发泡技术。木塑复合材料是由塑料和天然植物纤维(如锯木粉、糠壳、花生壳、稻秆等)经过挤出、模压或者注射等方法复合而成的一种新型材料。该材料具有一系列优于木材和塑料的特殊性能:有木质外观以及类似木材的二次加工性,尺寸稳定性比木材好,且吸水性小、不怕虫蛀,不会像木材那样产生裂缝;具有热塑性塑料的加工性,但硬度比塑料高,耐磨、耐老化、耐腐蚀。各种助剂的加入可以赋予其更多特殊性能,如抗菌性、阻燃性、抗强酸强碱性等,还可以加入着色剂或覆膜制成具有各种色彩和花纹的美观制品,可用于户外景观、物流行业以及作为建筑模板等。更为重要的是,所选用的塑料可以是新料,也可以是回收塑料,添加的植物纤维资源丰富,价格低廉,其本身可回收利用,对减少环境污染、保护森林资源意义重大。

木塑复合材料虽具有很多优点,但由于是树脂和木粉的复合,其材料脆,延展性和耐冲击性较低,密度也是传统木制品的 3~4 倍,力学强度(拉伸和弯曲)比未填充的塑料要小,并且在挤出成型过程中材料产生极大的内应力使 PE 木塑材料在使用过程中易发生翘曲变形。为了克服上述缺点,扩大木塑复合材料的使用范围,将发泡技术引用到木塑复合材料的加工过程中,取得了良好的效果。经发泡的木塑复合材料由于具有良好的泡孔结构,可钝化裂纹尖端,有效地阻止裂纹的扩张,从而显著提高了材料的抗冲击性能和延展性,且大大降低了制品的密度,不仅节省原料,而且隔声、隔热性能也较好。在建筑结构材料、汽车内饰、航天、物流、园林、室内装潢等领域得到极为广泛的应用。

(2)发泡绝缘同轴电缆。发泡绝缘同轴电缆主要应用于数据传输和信号传导,由于材料中均匀分布细小泡孔,材料的绝缘介电常数减少,介质的信号损耗系数降低,信号的有效传输距离增加,从而提高了数据传输容量,并能够节省材料和能源。南京艺工电工设备有限公司等企业当前已完全掌握同轴电缆发泡挤出成型技术,并已实现批量化生产。

(三)其他塑料发泡机械

PE、PP 交联发泡材料具有耐高热、弹性好、手感细腻、耐撕裂等特点,按照其交联方式可分为化学交联、辐射交联和硅烷交联等。

随着加工技术和制造技术的进一步完善,我国已具备 XPP、XPE、IXPE、EVA 交联发泡材料生产装备的生产能力。当前,山东通佳机械有限公司、上海金纬塑料机械有限公司已成功生产制造 XPE、IXPE 交联发泡片材生产线 10 多套,并成功交付客户使用,填补了国内空白,有效替代了进口,并实现了出口创汇。

硅烷交联物理发泡 PE 片材生产工艺及技术装备当前也形成产业化生产。硅烷交联聚乙烯物理发泡片材设备利用大长径比的特殊螺杆推进原料,先注入硅烷交联剂,经过螺杆元件的压缩与强力混合,逐渐塑化熔融接枝成为均质的塑料熔体,届时再注入低沸点丁烷物理发泡剂,在螺杆中进行混合和冷却,在口模的作用下,通过挤出发泡成为优质的塑料泡沫片材。材料在挤出过程中在过氧化物的催化下,引发自由基,并进行硅烷接枝反应,制成遇水分子进行水解交联反应,形成三维立体空间网状结构。这种片材耐温可达 120℃,不仅适用于较高温度场所,同时因材料的无毒、无味和耐药性可用于食品的包装,以及环境条件比较苛刻的场所,如油、酸、碱、高温及潮湿等环境。

塑料发泡挤出机械产业在不到 20 年的时间内,因市场需求旺盛,得到了较快的发展。但由于我国塑料机械产业,特别是塑料发泡机械产业起步比较晚,在很多方面还存在不足,主要表现在两个方面:一是自主研发能力不足,基础装备不够精良;二是我国塑料发泡机械行业还没有国家标准,厂家良莠不齐,产品价格竞争激烈,不少小型企业和作坊式小企业以低价冲击国内、国际市场,严重扰乱市场秩序,对市场的健康发展极为不利。

塑料发泡机械产业要保持快速健康的发展,必须加大基础装备的投入,加大自主创新能力建设。另外,还要加快行业标准的制定,形成良性竞争和有序发展的局面,进一步促进产业稳定、持续、健康发展。

三、塑料发泡机械产业发展方向及前景

面对我国发泡塑料产品的巨大市场需求和发泡塑料产品技术水平的不断提高,发泡塑料产品行业朝着高发泡、高填充的方向发展。发泡成型设备行业应着重加强设备的研发力量,以市场为导向,对重点产品加大投资力度,提高科研水平,使之科研成果尽快转化为产业化生产。

在研发方面,加强自动化技术研究,注重设备的人性化设计,减少人力资源成本。不断涉足高科技领域,提高产品的技术含量和附加值。在新兴发泡技术方面,开发微孔发泡材料加工技术和塑料加工节能技术;在氟氯烃发泡剂替代技术方面,开发水发泡剂或空气发泡剂,市场前景广阔,社会效益显著。

现阶段,塑料发泡装备行业应该不断地依据国家的产业政策,发展循环经济,建设环境友好型社会,促进塑料产品的可回收利用。

发泡塑料机械的总的发展趋势是朝着高效、节能环保、精密、高附加值的方向发展。塑料发泡机械行业应在现有的基础上,更加积极努力,争取不断缩小与国际先进塑料机械行业的差距,使我国成为塑料发泡机械制造强国。

〔撰稿人:山东通佳机械有限公司　张建群〕

滚塑加工成型设备

一、行业概况

现代滚塑业是 20 世纪 60 年代随着 PE 等材料被引入滚塑业后从国外发展起来的。据不完全统计,2010 年全球滚塑业产值约 90 亿美元,年增长率达到 9%,创下了 1950 年以来的最高增长率。这种高增长在中国、印度、巴西等国表现得尤其突出。当前,全球滚塑企业有 2 400 多家,按地区划分,滚塑企业最多的是亚洲,主要以中国和印度为主。其次是欧洲、北美洲、大洋洲和南美洲,而非洲和中东地区仅零散分布着一些小型的滚塑企业。2010 年,全球消耗滚塑用料约 110 万 t,其中北美洲就占了 1/3。美国当前仍是世界上最大的滚塑强国,特别是在滚塑制品的产量上独占鳌头。在滚塑设备的研发制造、滚塑产品的创意设计、滚塑科研和教学等方面,美国和欧洲国家仍处于国际先进行列。

滚塑设备的类型主要有明火摇摆式、烘箱摇摆式、穿梭式、蚌蛤式、垂直臂式、塔式、独臂式和热油式等。单体明火摇摆式设备的优点是成本低、易维护、燃料消耗低,不仅有利于制作对称形状制品,同时易于控制壁厚、长度和造型等。其缺陷是非对称形状制品加工成型中较难平衡,非一致加热导致能量损失。而单体摇摆式烘箱设备可同时安装多个或多种模具,这有助于提高滚塑制品的产量。单体穿梭式机器不仅可以节约占地面积,还可以从单工位扩展到双工位。至于单体蚌蛤式机器,由于所有操作都在一个工位上,因而显得最紧凑,但因加热和冷却都在一个炉内,其能源利用率较差。单工位的多臂设备具有较高的空间利用率,但冷却和装卸都要花较长时间。多工位双梭式设备其双臂系统使模具可以互相独立,在加工过程中有较大的灵活性。还有多工位可以扩展的梭式设备,具有很强的适应性,可以提供多个烘箱、多个工位,而人工却是最少的。从全球范围讲,当前质量最好的滚塑设备大多产自欧洲和美国。

当前,国内的滚塑行业多以小型的私营民营企业为主,主要分布在浙江、江苏、广东、上海和山东等地。据不完全统计,2011 年我国滚塑行业消耗原料超过 10 万 t,年产值 20 多亿元,取得了较快的发展。在滚塑专用料的研发生产方面,浙江金色盛唐化工有限公司做了积极的努力。当前该公司的滚塑专用料品种有近 40 种,这对国内滚塑行业专用料的普及使用具有积极的引领作用。同时,无锡市澳富特精密快速成形科技有限公司将国际上先进的无模金属板料的成型技术引入滚塑模具的加工制造领域,高效、节能、精细,使滚塑行业的模具加工技术得到了丰富、补充和提高。

二、行业活动

2011 年 3 月 25 日,由上海市塑料工程技术学会主办、鲍志成滚塑工作室等承办的“国际著名滚塑专家保罗·纽金特滚塑讲课交流活动”在上海举行。这是我国滚塑行业首次邀请国际滚塑界著名专家来华举行的专题讲课。国内滚塑界对此反响热烈,众多业界人士聆听了保罗·纽金特博士的讲课。讲课期间,由这位国际滚塑权威撰写的滚塑行业经典著作——《滚塑生产指南》中文版也大受欢迎。这次活动对开阔国内滚塑从业人员的眼界、了解学习国际先进滚塑技术等起到了积极的作用。

2011 年 5 月 14 日,中国塑料加工工业协会中空制品专委会在广东汕头举行“2011 塑料中空制品行业市场与技术交流会”,滚塑企业积极参会。广州市白云清洁用品有限公司总工程师朱瑞震作了“雏形工艺对中空制品发展的影响”的演讲,浙江温岭市旭日滚塑科技有限公司则对中空制品中滚塑产品的发展前景作了探讨。众多中空制品企业对滚塑加工技术有了进一步的了解,有些企业表现出较大的兴趣。

2011 年 7 月,在江苏南京举行的“2011 中空及滚塑制品市场技术论坛”上,参会的国内外中空及滚塑基料供应商、贸易商、下游领域制品企业、设备厂家以及其他相关企业等,共同探讨了中空及滚塑材料和制品行业的现状与未来发展趋势。中国石化股份有限公司齐鲁分公司工程师刘少成介绍了国内滚塑专用料研发的新进展。中石化茂名分公司橡塑研究所高级客户经理张玮介绍了该公司塑料中空及滚塑制品专用料的开发生产和应用情况。上海春旭模具工业有限公司董事长黄全春分析了我国滚塑行业发展现状及对上游供应商的要求。交联聚乙烯的应用是滚塑行业近来的热点,广州亚雷森高分子材料有限公司技术总监胡建中就交联滚塑工艺原理、交联滚塑工艺难点等,与参会人员进行了交流。广东滚塑技术研究所所长张立光介绍了交联聚乙烯滚塑成型中低放核废料永久容器的研究等。

2011 年 8 月 23 ~ 25 日,在辽宁举行的中国塑料加工工业协会专家委员会二届二次会议暨 2011 年塑料新材料、新技术、新成果交流会上,滚塑成型技术也得到了国内塑料界专家的重视。浙江慈溪金磊塑机有限公司总经理柴柏苍向国内塑料行业专家学者介绍了“中国滚塑加工技术及应用”。大会组委会还安排了“超大型碱液防腐滚塑制品技术”研讨会,就滚塑技术在超大型防腐塑料构建方面的技术可行性作了探讨。

2011 年 9 月,河北省廊坊市全振汽车配件有限公司从美国引进的具有国际先进水平的滚塑设备——M—5500 梭式和 RS—2600 独立臂旋转式滚塑生产线正式投产,并成功生产出北汽福田汽车油箱和化工液体运输容器。其中,M—5500梭式滚塑生产线还是亚洲最大的滚塑生产设备。这套滚塑生产设备与技术,对国内滚塑行业在生产汽车、叉车、机罩、油箱、挡泥板等许多零部件和运输容器上有很大的引领作用,使我国的滚塑生产加工能力逐渐接近国际先进水平。

2011年11月1~3日,全球滚塑界最主要的行业活动Rotoplas '2011展览暨国际滚塑业者协会年会在美国芝加哥举行。来自世界各地的数千名业界人士参加了这些活动,有70余家各国滚塑企业参加了展览活动。我国的两家著名滚塑企业——上海春旭集团和浙江慈溪德顺容器有限公司通过展会向全球同行展示了各自的产品。这是我国滚塑企业首次参加国际滚塑行业这一主要贸易活动,向世界展示了快速发展中的中国滚塑企业的良好形象。

在中国塑料加工工业协会滚塑专委会的大力支持下,浙江嵊泗洋山滚塑游艇科技开发有限公司在滚塑船舶的标准制定方面作了有益的探讨。该公司参照国内外有关技术标准,结合我国的实际情况和该公司的滚塑船舶生产技术,制定了相关的生产标准,填补了国内在这一领域的空白。2011年11月20日,该公司在浙江舟山市邀请全国相关领域的专家,召开了聚乙烯滚塑船舶企业标准评审会。

2011年12月1日,一年一度的"滚塑技术与市场发展论坛暨滚塑企业联谊交流活动"在杭州举行。国内滚塑界人士共同探讨了"玻纤增强不饱和聚酯滚塑"、"热引入技术"对滚塑行业发展的影响、滚塑制品的设计等;介绍了国际滚塑行业在滚塑设备与滚塑制品方面的发展现状,以及国内滚塑行业在滚塑模具、磨粉机、节能滚塑机和滚塑专用料等方面的最新进展。

2011年12月18日,我国第一个地方性滚塑行业民间组织——浙江省宁波市塑料行业协会滚塑专业委员会成立大会在慈溪市召开,40余家滚塑企业代表参加了大会。会议宣读了宁波市民政局准予成立专委会的行政许可决定书,审议并通过了专委会管理条例,审议并通过了专委会理事会选举办法、专委会理事单位名单等。在国内滚塑界有较大影响力的宁波江南塑胶容器有限公司董事长房华江被推举为专委会名誉会长,宁波仕波交通设施有限公司总经理张曙波被选为专委会会长。

从上述活动可以看出,国内塑料行业对滚塑加工技术的重视程度和宣传力度正在不断提高,滚塑制品的应用领域也在不断扩展,我国滚塑行业已经进入一个大发展的时期。

〔撰稿人:上海华塑商务有限公司　鲍志成〕

废旧塑料再生与利用

废旧塑料造成的"白色污染"已成为全球瞩目的环境公害。为贯彻联合国巴西环境与发展大会通过的"21世纪议程"提出的经济社会可持续发展的方针,促使人口、资源、环境协调发展,解决废旧塑料污染问题,国家环境保护部已将废旧塑料列为21世纪环保领域控制的三大重点之一,强调必须强化管理、依靠科学技术实现回收利用。废旧塑料再生利用将是21世纪最具有投资潜力的新兴产业。

一、废旧塑料再生利用的必要性和可行性

塑料具有优异的化学稳定性、耐腐蚀性、电绝缘性、绝热性以及优良的吸振和消声隔声性能，并具有很好的弹性，能与金属、玻璃、木材等其他材料粘接，易加工成型。塑料是现代经济发展中可实现“减量化、再利用、资源化”的重要材料，其生产、加工成型是无污染排放、低消耗、高效率的过程，绝大部分塑料使用后能够被回收再利用，是典型的资源节约环境友好型材料。然而，塑料的某些优异性能又致使其在使用或消费后不易腐烂，日积月累，严重影响地球的生态环境，引起世界各国的极大关注。

1997 年，世界塑料总产量突破 1.4 亿 t，其体积相当于 10 亿 t 钢材；2000 年，我国塑料制品产量已经突破 1 200 万 t，并以 13% 的增长速度高速发展，废旧塑料的总量也急剧增长，环境与发展的矛盾日益突出，对废旧塑料的治理已经刻不容缓。

在巴塞尔公约中，所有的塑料都被认为是无毒的。使用后的废旧塑料最理想的处置方式是将其视为可再生资源加以回收再利用。我国塑料行业的发展不可避免地要面对使用后废旧塑料合理处置的问题，如果处理不当会给环境带来负面影响。

作为我国一个新兴产业——塑料及其制品加工行业规模正在不断发展壮大，对经济、社会持续健康发展具有重要现实意义。在我国塑料消费量不断增长的情况下，废旧塑料的合理处置对环境保护及资源再生利用方面的作用和影响日趋突出。

塑料与环境的关系以及废旧塑料再生利用问题已成为全社会关注的热点，在当今构建和谐社会、环保节约型社会、重视环境保护和资源再生的政策环境下更应引起足够的高度重视。

废旧塑料再生利用行业在我国具有广阔的发展前景。塑料工业是国民经济的支柱产业，废旧塑料再生利用是塑料工业持续发展的必由之路，是低碳经济的一个不可缺少的组成部分。废旧塑料再生利用既可节约资源，缓解塑料原料供需矛盾，又可为环境保护做出重要贡献。

据有关部门统计，一个中等城市每年产生的废旧塑料再生利用后，可满足 20 家中小型塑料制品企业的原料需求。废旧塑料资源被现代经济学家称之为“人类的第二矿藏”、“城市里的宝藏”。废旧塑料资源的开发利用，既可有效治理污染，又可创造巨大的经济和环境效益，符合利国利民的绿色环保政策。而我国这方面做得显然不够。

原国家经贸委作过统计，“九五”期间，我国每年大约有 1 400 万 t 废旧塑料没有得到回收利用，回收利用率只有 25%，直接资源浪费高达 280 亿元/a。

废旧塑料蕴藏巨大财富，商机无限。所以，在中美洽谈关于我国加入世界贸易组织（WTO）事宜时，美国提出的对等条件之一，就是要求我国向美国开放环保市场，其中就包括废旧塑料的再生利用。日本 2002 年向我国出口废旧塑料同比增长 40%，约 54.9 万 t，10 年间大约增长 8.1 倍。当前，日本国内废旧原料收集经营者在备货以后，集中向我国出口。近年来，我国已经成为美国、日本、韩国等国家最大的废旧塑料出口国。

塑料再生行业的健康、持续发展是利国利民的大好事。应该说，这一行业近几年已经获得了不小进步，一些地方形成了一定规模，当地政府因势利导，培植出年产值数亿元的再生塑料工业园。人们期望，政府更好地发挥职能作用，出台相关的法规、标准来正确引导废旧塑料的回收利用。这一行业的经营者要把科技融入到生产中去，改进回收再生技术，提高产品质量，创造品牌产品，同时注意节约资源，防止环境污染，既为自己带来利益，也为社会造福。

二、国外废旧塑料再生利用的技术和方法

国外在废弃塑料处理方面，当前主要采用填埋、焚烧和回收再利用 3 种方法。因国情不同，各国有异，美国以填埋为主，欧洲、日本以焚烧为主。采用填埋处理，因塑料制品质大体轻，不易腐烂，塑料自然降解需要百年以上，析出的添加剂污染土壤和地下水等，同时还会导致填埋地成为软质地基，

今后很难利用。采用焚烧处理,因塑料发热量大,易损坏炉子,加上焚烧产生的气体会促使地球暖化,有些塑料在焚烧时还会释放出有害气体而污染大气。因此,废旧塑料处理技术的发展趋势是再生利用。采用再生利用的方法,由于耗费人工,回收成本高,且缺乏相应的回收渠道,当前世界再生利用仅占全部塑料消费量的15%左右。究其原因,虽有管理、政策、回收环节方面的问题,但更重要的是再生利用技术还不够完善。但因世界石油资源有限,从节约地球资源的角度考虑,塑料的回收再生利用具有重大意义。为此,世界各国都投入大量人力、物力,开发各种废旧塑料再生利用的关键技术,致力于降低废旧塑料再生利用的成本,并拓展再生塑料的应用领域。

废弃塑料再生利用是变废为宝和防止生态环境污染的重要途径。全球环境保护的呼声越来越高,推动着废旧塑料再生利用技术的发展,再生塑料的应用也日益受到重视。这一切都应引起国内企业的重视。国外废旧塑料再生利用技术多种多样,有可回收多种塑料的技术,也有专门回收单一树脂的技术,回收利用方法主要包括:分类回收、制取单体原材料、生产清洁燃油和用于发电等。近年来,废旧塑料再生利用技术取得了可喜的进展。

1. 分离分选技术

废旧塑料回收利用的关键环节之一是废旧塑料的收集和预处理。尤其我国,造成回收率低的重要原因是垃圾分类收集程度很低。由于不同树脂的熔点、软化点相差较大,为使废旧塑料得到更好的再生利用,最好分类处理单一品种的树脂,因此分离筛选是废旧塑料回收的重要环节。对小批量的废旧塑料,可采用人工分选,但分选效率低,回收成本较高。国外开发了多种分离分选方法:

(1)仪器识别与分离技术。意大利 Govoni 公司首先采用 X 光探测器与自动分类系统将聚氯乙烯(PVC)从相混塑料中分离出来。美国塑料回收技术研究中心研制了 X 射线荧光光谱仪,可高度自动化地从硬质塑料容器中分离出 PVC。德国 Refrakt 公司则利用热源识别技术,通过加热在较低温度下将熔融的 PVC 从混合塑料中分离出来。

近红外线具有识别有机材料的功能,采用近红外线技术的光过滤器识别塑料的速度可达2 000次/s 以上,常见塑料聚乙烯(PE)、聚丙烯(PP)、聚苯乙烯(PS)、PVC、聚对苯二甲酸乙二醇酯(PET)可以明确地被区别开来。当混合塑料通过近红外光谱分析仪时,装置能自动分选出 5 种常见的塑料,速度可达到 20~30 片/min。

(2)水力旋分技术。日本塑料处理促进会利用旋风分离原理和不同塑料的密度差开发了水力旋风分离器。将混合塑料经粉碎、洗净等预处理后装入储槽,然后定量输送至搅拌器,形成的浆状物通过离心泵送入旋风分离器,在分离器中密度不同的塑料被分别排出。

美国 Dow 化学公司也开发了类似的技术,以液态碳氢化合物取代水来进行分离,取得了较好的效果。

(3)选择性溶解法。美国凯洛格公司和 Rensselaser 工学院共同开发了一种利用溶剂选择性溶解分离回收废旧塑料的技术。将混合塑料加入二甲苯溶剂中,在不同的温度下选择性溶解、分离出不同的塑料,其中的二甲苯损耗小,且可循环使用。

比利时 Solvay SA 公司开发了 Vinyloop 技术,采用甲乙酮作溶剂,分离回收 PVC,回收的 PVC 与新原料密度相差无几,但颜色略呈灰色。德国也有溶剂回收的 Delphi 技术,所用的酯类和酮类溶剂比 Vinyloop 技术少得多。

(4)浮选分离法。日本一家材料研究所采用普通浸润剂,如木质素磺酸钠、丹宁酸、Aerosol OT 和皂草甙等,成功地将 PVC、PC(聚碳酸酯)、POM(聚甲醛)和 PPE(聚苯醚)等塑料混合物分离开来。

(5)电分离技术。用摩擦生电的方法分离混合塑料,如聚丙烯腈(PAN)、PE、PVC 和聚酰胺(PA)等。原理是两种不同的非导电材料摩擦时,通过电子得失获得相反的电荷,其中介电常数高的材料带正电荷,介电常数低的材料带负电荷。回收的塑料混杂料在旋转锅中频繁接触而产生电荷，然后被送至另一只表面带电的锅中被分离成不同的塑料。

2. 焚烧回收能量

PE与PS的燃烧热高达46 000kJ/kg，超过燃料油的平均值44 000kJ/kg，PVC的热值也高达18 800 kJ/kg。废弃塑料燃烧速度快，灰分低，国外用来代替煤或油用于高炉喷吹或水泥回转窑加热。由于PVC燃烧会产生氯化氢，腐蚀锅炉和管道，并且废气中含有呋喃、二恶英等，美国开发了RDF技术（垃圾固体燃料），将废弃塑料与废纸、木屑、果壳等混合，既稀释了含氯的组分，又便于储存运输。对于那些技术上不可能回收（如各种复合材料或合金混炼制品）和难以再生的废旧塑料可采用焚烧处理，回收热能。优点是处理数量大、成本低、效率高，弊端是产生有害气体，需要专门的焚烧炉，设备损耗大，投资、维护和运转费用较高。

回收热能是塑料回收的最后方法之一，不容轻视。但是许多环保团体反对焚烧塑料，他们认为，焚烧法把杂乱的化学品全部集中燃烧，会产生有毒气体。如PVC中一半是氯，燃烧时放出的氯气有强烈的侵蚀破坏力，而且是引发二恶英的元凶。

当前，德国每年有20万t的PVC垃圾，其中30%在焚化炉燃烧，法律不得不对此拟定对策。德国联邦环境局已规定所有的焚化炉都必须符合每立方米废气值低于0.1ng（纳克）的限量。德国的焚化炉空气污染标准虽然已经属于世界公认的高标准，但仍然没人敢说燃烧方法不会因机械故障放出有害物质。所以，可以预见，各国环保团体仍将大力反对焚烧法回收热能。

3. 熔融再生技术

熔融再生技术是将废旧塑料加热熔融后重新塑化。根据原料性质，可分为简单再生技术和复合再生技术两种。简单再生技术主要回收树脂厂和塑料制品厂的边角废料以及那些易于挑选清洗的一次性消费品，如聚酯饮料瓶、食品包装袋等。回收后其性能与新料相差不多。

复合再生的原料因废弃塑料来自不同的收集渠道，有杂质多、品种复杂、形态多样及脏污等特点。因此，再生加工的程序比较繁杂，分离技术要求高，筛选工作量大。一般来说，复合回收的塑料性质不稳定，易变脆，常被用来制备较低档次的产品，如建筑填料、垃圾袋、微孔凉鞋、雨衣及器械的包装材料等。

4. 裂解回收燃料和化工原料

（1）热裂解和催化裂解技术。由于裂解反应理论研究的不断深入，国内外对裂解技术的开发取得了许多进展。裂解技术因最终产品的不同分为两种。一种是回收化工原料（如乙烯、丙烯、苯乙烯等），另一种是回收燃料（汽油、柴油、焦油等）。虽然都是将废旧塑料转化为低分子物质，但工艺路线不同。制取化工原料是在反应塔中加热废旧塑料，在沸腾床中达到分解温度（600~900℃），一般不产生二次污染，但技术要求高，成本也较高。裂解油化技术通常有热裂解和催化裂解两种。

日本富士循环公司将废旧塑料转化为汽油、煤油和柴油的技术，采用ZSM—5催化剂，通过两台反应器进行转化反应将塑料裂解为燃料。每千克塑料可生成0.5L汽油、煤油或柴油。美国Amoco公司开发了一种新工艺，可将废旧塑料在炼油厂中转变为基本化学品。经预处理的废旧塑料溶解于热的精炼油中，在高温催化裂化作用下分解为轻产品。由PE回收得液化石油气、脂肪族燃料，由PP回收得脂肪族燃料，由PS可得芳香族燃料。Yoshio Uemichi等人研制了一种复合催化体系用于降解PE，催化剂为二氧化硅/氧化铝和HZSM—5沸石。实验表明，这种催化剂对选择性制取高质量汽油较有效，所得汽油产率为58.8%，辛烷值94。

德国拜尔公司开发出一种水解式化学还原法裂解PVC海绵垫。试验证明，化学还原法在技术上是可行的，但只能用来处理清洁的塑料，例如生产制造过程中产生的边角粉末和其他塑料废料。而家庭里使用过的沾染其他污物的塑料，很难用化学分解法处理。一些新的化学分解法还在研究过程中，美国福特汽车公司当前正在将酯解法运用于处理汽车废塑料件。

美国伦塞理工学院研制出一种可分解废弃塑料的溶液（已申请专利），将这种溶液和6种不同类型塑料混合在一起加热。在不同的温度下，可分别提取6种聚合物。实验中，将PS碎片和有关溶液在室温条件下混合成溶解态，将其送入一个密封的容器中加热，再送入压力较低的“闪蒸室”中，溶液迅速蒸发（可回收再用），剩下的就是可再次利用的纯聚苯乙烯。

据称，研究所用的提纯装置，每小时可提纯1kg聚合物。纽约州政府与尼加拉·摩霍克电力公司正打算联手建造一座小规模试验性工厂，建成后，每小时可回收4t聚合物原料。其成本仅为原生产原料的30%，具有十分明显的商业价值。

将废旧塑料通过裂解制得化工原料和燃料，是资源回收和避免二次污染的重要途径。德国、美国、日本等都有大规模的工厂，但仍存在许多尚待解决的问题。由于废旧塑料导热性差，塑料受热产生高黏度融化物，不利于输送；废旧塑料中的PVC产生的氯化氢（HCl）在腐蚀设备的同时降低了催化剂的活性和使用寿命，生产成本高；碳残渣粘附于反应器壁，不易清除，影响连续操作；生产中产生的油渣当前无较好的处理办法。国外关于热解油化的报道还有很多，但如何吸收已有的成果，攻克技术难点，还有许多工作要做。

（2）超临界油化法。水的临界温度为374.3℃，临界压力为22.05MPa。临界水具有常态下有机溶液的性质，能溶解有机物而不能溶解无机物，而且可与空气、氧气、氮气、二氧化碳等气体完全互溶。日本专利有用超临界水对废旧塑料（PE、PP、PS等）进行回收的报告，反应温度为400～600℃，反应压力25MPa，反应时间在10min以内，可获得90%以上的油化收率。用超临界水进行废旧塑料降解的优点很明显：水作为介质成本低廉；可避免热解时发生炭化现象；反应在密闭系统中进行，不会给环境带来新的污染；反应快速，生产效率高等。

（3）气化技术。气化法的优点在于能将城市垃圾混合处理，无需分离塑料，但操作需要高于热分解法的高温（一般在900℃左右）。德国Espag公司的Schwaize Pumpe炼油厂每年可将1 700t废旧塑料加工成城市煤气。RWE公司计划每年将22万t褐煤、10万t塑料垃圾和城镇石油加工厂产生的石油矿泥进行气化。德国Hoechst公司采用高温Winkler工艺将混合塑料气化，再转化成水煤气作为合成醇类的原料。

（4）氢化裂解技术。很多专家认为，氢化作用可用于处理混合塑料制品。将混合的塑料碎片置入氢反应炉内，在特定温度下施以压力，便能产生合成原油和瓦斯等原料。这种方法可用于处理PVC废料，其优点是不会产生有毒的二恶英与氯气。采用这种方法处理混合塑料物品，根据不同的塑料成分，可将其中的60%～80%的成分炼成合成原油。德国巴斯夫等3家化学公司在共同的研究报告中指出，氢化作用为热裂解法中的最好方式，析解出的合成原油品质好，可用来炼油。

德国Vebaeol公司建造了氢化裂解装置，使废旧塑料颗粒在15～30MPa、470℃下氢解，生成一种合成油，其中链烷烃60%、环烷烃30%、芳香烃1%。这种加工方法的能量有效利用率为88%，物质转化有效率为80%。

美国列克星敦肯塔基大学发明了一种将废旧塑料变成优质塑料燃料油的工艺方法。用这种方法生产的燃料油很像原油，甚至比原油更轻，不含硫磺，杂质也极少，更容易提炼高辛烷值的燃料油。采用类似方法把废旧塑料与煤一起液化，也能生产出优质燃料油。

研究人员在沐浴器中把各种废旧塑料和沸石催化剂、四氢化萘等混合在一起，然后放进称之为“管道炸弹”的反应炉里，用氢加压并加热，促使大分子塑料分解成分子量较小的化合物。这一工艺过程类似于原油处理中的化合。废旧塑料经此处理后产油率很高，PE塑料瓶的出油率可达88%。

当废旧塑料和煤大致以1:1的比例混合和液化时，可以得到更为优质的燃料油。当前，德国已开始在博特普建立一座有望日产200t塑料燃油的反应炉。

5. 减类设计法

研究开发部门在设计产品时就应考虑利于塑料的回收和拆卸处理。美国对适宜回收塑料的考虑重点不在于制作每种零部件应采用哪种塑料最为理想，而是考虑可以广泛动用的材质，这是在构思上的革命性转变。

为了有利于回收，设计人员在设计产品时就应避免使用多种塑料，美国宝马公司准备在其新车设计中减少40%的塑料种类，目的是方便废旧塑料的回收。汽车工业之所以降低塑料使用种类，并且在设计上考虑其回收性，主要是期望赢得重视环保的优良形象，受到消费者的青睐。当前，这种设计构思正逐渐波及整个塑料制品加工业。但是各方面的努力仍然无法使市场上通行的20种塑料中的任何一种绝迹。毕竟产品的多样性导致塑料品种类别的千变万化，例如，电子计算机使用的塑料和汽车使用的塑料就不一样。

为此，专家建议制定有关回收标准，规定特种行业只能使用指定的塑料，否则无法控制有效的回收，电子与汽车行业都已开始制定这样的标准。

世界电子电器市场对废弃塑料回收利用已予以重视，国际商用机器公司（IBM）已开始对计算机和商用机器的塑料部件进行标码，并致力于开发可回收再用的塑料电子部件和简化产品结构，以利于设备拆卸。同时，还考虑取消元件的表面着色，控制塑料添加剂的外部粘合剂的用量，减少使用不利于回收的工艺部件及外加零件。

废弃汽车塑料零部件的回收工作也有很大的进展，许多国家都是以可回收、易回收作为汽车塑料件原料选用和产品设计的前提。有些国家已制定汽车塑料件标准回收号码和回收计划，并在考虑制定有助于拆卸和分拣汽车塑料件的统一标志体系。欧美等国还在研究化学解聚法回收汽车塑料件。

6. 生物降解法

在积极开发塑料回收再利用技术的同时，研究开发生物降解成为当今世界各国塑料加工业的研究热点。研究人员希望开发出一种能在微生物环境中降解的塑料，以处理大量一次性使用塑料，减少地膜及废弃包装膜对农田、山林、海洋的污染。研究目标是开发出一种在使用过程中具有各项使用性能，而一旦用完废弃后，可被环境中的微生物分解，从而完全进入生态循环的塑料。同时，这种塑料的生产成本较低，具有相应的经济性。这种生物分解性塑料在使用后就可与普通生物垃圾一起堆肥，而不必花费很大代价进行收集、分类和再生处理。而且，分解产物进入生态循环，不产生资源浪费问题。

在生物降解塑料的研究开发方面，世界各国都投入了大量财力和人力。塑料加工业普遍认为，生物降解塑料是21世纪的新技术课题。

20世纪80年代末，为了解决垃圾袋的降解问题，在美国玉米商的推动下，添加淀粉的聚乙烯塑料袋被作为生物降解塑料在欧美风靡一时。但由于其中的聚乙烯不能降解，故其应用研究已大大降温。只是由于淀粉的原料来源丰富，而价格便宜，当前仍有不少研究人员在从事这方面的研究，希望通过各种配方技术在降解性方面有所突破。

当前开发的技术路线主要有微生物发酵合成法和利用天然高分子（纤维素、木质素、甲壳质）合成的化学合成法等，并已开发出一些生物降解塑料的水溶性树脂，但总的说来，其生产成本都未达到工业化批量生产的要求。

德国拜尔公司研究纤维制品的专家们经过数年研究，制成了一种可以完全分解为腐殖质的塑料。用这种塑料制成的包装薄膜，可以在土壤中迅速分解，10天之内可以回归大自然。根据环保组织的鉴定，此种塑料及其分解后的中和物对环境和人类均是安全可靠的。该公司研制成功的这种新型塑料是由坚硬而不易延伸的纤维素与聚氨酯混和制得。把这种新型塑料埋入土中后，可成为土壤中微生物的可口佳肴,迅速繁殖的微生物很快将这种塑料完全消化成为腐殖质。

由这种塑料制成的一种家用保鲜膜,14 天后可完全成为粉末,8 周后会失去 80% 的重量。用这种材料制作培养物的营养钵,植入土中数周后均化为腐殖质,充当起堆肥的角色。由于这项新技术的生产成本太高,是普通塑料的数倍,因而当前很难实现商品化生产。

在应用实验方面,经过多年的努力,我国在生物降解聚乙烯地膜研究项目上已取得初步成功,开发出生物降解地膜试样,并进行了小面积的试用,在其技术成熟性方面,尚未达到大面积推广应用的程度。我国对添加型光降解塑料领域尚未涉足。美国将光降解塑料用于制作饮料瓶的提议已有多年,以色列和加拿大对光降解地膜均有试用,但未见大面积应用的报道。

据预测,如将生物降解塑料的工业化研究算作 100 的话,当前的研究开发只处于 30 的相对阶段,预计若干年以后,可望实现工业化。美国对这项技术的研究开发处于领先地位,欧洲居次,日本第三。

总的来说,在生物降解塑料研究开发中还有许多有待攻克的难题。首先,对塑料降解的定义尚无统一的认识。生物降解塑料的分解时间究竟应为多长,分解的产物有哪些,当前尚无定论。其次,对生物降解塑料的评价试验尚无世界公认的统一的方法。美国材料与试验协会(ASTM)、日本工业标准协会和国际标准化组织都在积极开展这方面的工作,虽然美国材料与试验协会已正式颁布多项试验结果,但也不能完全覆盖塑料垃圾的各种降解处理方法。

7. 其他利用技术

废旧塑料有着广泛的用途。美国得克萨斯州立大学采用黄砂、石子、液态 PET 和固化剂为原料制成混凝土,Bitlgosz 公司将废旧塑料用做水泥原材料。国外有报道用高密度聚乙烯做原料,通过一种特殊的方法,使长度不同的玻璃纤维在模具内沿着物料流向的轴向同向分布,用以生产高强度塑料枕木。

索尔维公司投产了世界上第一套回收软 PVC 树脂装置,每年可从 1 万 t 废旧塑料(大多由 PVC 组成)再生出约 8 500t PVC。该技术采用甲乙酮混合物在 100 ~ 140℃ 和加压条件下溶解 PVC 及其添加剂。含 PVC 的溶液最后沉淀生成均相的软 PVC。甲乙酮混合物则可循环使用。该装置的原料主要由电缆绝缘 PVC 组成,至少 80% 的物料是使用后的废料。采用这种工艺,可减轻 PVC 尤其是软 PVC 对环境的影响,而且再生的 PVC 纯度很高,其价格等于甚至高于原来的价格,投资偿还期很短。

美国 EFD 公司开发的专利技术可从混合的废旧塑料中回收清洁的燃料级柴油。废旧塑料在接近真空条件下,加热至高于 700℃,并喷向催化板块,即可产生柴油和燃气;生产的柴油含硫量为 1×10^{-6},远低于直馏柴油的含硫量,可用于现有的柴油机而无需改造。小型装置每套的费用约 250 万美元,每天从 7t 的废旧塑料粗料中可回收约7 350L 柴油;投资偿还期约 1 年。

日本 Sanix 公司利用废弃塑料作为燃料,建设了工业化发电装置。该发电装置每天可燃烧约 704t 废弃塑料,发电 74MW。来自 8 套废弃塑料处理设施的废弃塑料被切碎成小于 50mm 的颗粒,送入发电装置的循环流化床锅炉。物料在 850℃ 以上温度下燃烧,排气通过石灰和活性炭去除氧化硫和其他污染物,飞灰收集在袋式过滤器内。排气中 NO_x 含量 $<200\times10^{-6}$、SO_x 含量 $<50\times10^{-6}$、烟尘含量 $<0.04\ mg/m^3$。该工业化装置投资约 8 300 万美元,每年外售电力收入约 4 600 万美元。

三、我国废旧塑料再生利用行业简述

1. 行业发展过程和现状

我国塑料工业起步于 20 世纪五六十年代,发展于七八十年代,兴盛于 90 年代。近年来,随着科技进步,塑料工业突飞猛进,得到空前发展,大量新型工业和民用塑料制品不断涌现,可以说现实生活中塑料无处不在,人们已经到了离不开塑料的地步。

我国政府和各级地方部门相继出台一系列优惠政策，鼓励从事废旧塑料的回收处理利用，在税收上给予减税、免税或返还企业所得税等不同形式的扶持。寻求一种既可解决塑料垃圾污染，又可变废为宝，创造巨大经济效益和社会效益的途径已刻不容缓。

另一方面，由于塑料是石化副产品，新原料价格昂贵且严重不足，而塑料再生颗粒则仅需3 000~8 000元/t，因此塑料厂家广泛采购塑料再生颗粒原料满足生产所需。一个中型水泥编织袋生产厂年需聚丙烯再生颗粒高达2 000t，即使一个中小型私营塑料厂年需再生颗粒也有数百吨，而一个大型综合塑料厂年需量可高达数万吨。可见，从事废旧塑料再生加工行业是一种销路广阔、效益巨大、永不衰竭的致富热门行业。

原始的废旧塑料再生利用是采用火烧锅熬进行熔缩的简单手段，以减少废旧塑料的单位体积，制成粗糙的块状再生料坯。由于没有进行分类和清洗过滤，大大降低了其利用价值，制成的再生料仅能制作一些简单、低档的再生制品，如水泥灰桶、粪桶、包装箱底板等，在一定程度上浪费了大量的再生资源。

传统的废旧塑料再生机器基本仅具有简单塑化挤出的加工功能，此类设备多为普通材质的非标设备，螺杆设计，结构简单，长径比小，脱水、排气功能差；不能实现精确的自动控温；仍采用煤或燃气加热，产生大量二次污染；一套传统再生机械仅能加工一种单一材料，不具备一机多用的功能，且造出的颗粒质地成色差，使得废旧塑料回收利用价值得不到充分体现。

随着科学技术的进步和机械制造技术水平的提高，新型废旧塑料再生设备具有自动化、精细化、优质、高产、节能、环保以及一机多用、干湿料均可加工的特点，同时能满足设备在高温、高压下连续工作的高要求。新型废旧塑料再生设备制成的颗粒能最大限度地发挥其使用价值，如由废旧水泥编织袋制造的再生颗粒能直接用作拉丝绕卷，然后供给圆织机再编织成袋；由废旧农地膜、方便袋制成的再生颗粒能用于吹膜机吹塑成折边卷膜，供制袋机再制成方便袋；而由废旧塑料盆桶、家电壳体回收造粒后可直接供给注塑机再塑制成同类产品等。废旧塑料再生颗粒企业在为塑料制品厂家提供各种原料的同时，自身也获得了更大的经济效益，同时带动了整个废旧塑料收购行业，使得废旧塑料的收集、供给得以保证，形成一个良性循环的大好局面。

广阔的发展前景和国家政策的支持，促使废旧塑料回收和再生利用市场日趋完善和成熟，一个巨大的行业体系已经形成。

自20世纪50年代起，我国开始建立独具特色的废旧物资回收体系。当前，我国已有各类废旧物资回收企业5 000多家，累计回收网点达16万个，几乎遍及大、中、小城市和乡镇，从事资源再生行业的人数已达1 000多万人，从废旧物资市场上可以批量购得门类齐全的废旧塑料。与此相应的是，我国各地活跃着废旧物资收购大军，定点收购他们手中的废旧塑料，可相应降低原料的采购成本。

塑料制品厂在生产加工过程中产生的下脚料，不用分类和清洗，是加工再生颗粒的上好原料。与塑料制品厂建立业务往来，将收购的下脚料加工成颗粒后折价返销给塑料厂，或收取一定的加工费。这样，既为塑料制品厂解决了循环利用问题，又是废旧塑料再生企业创收的有效途径，是一个双赢的方案。

我国东北、西北、华北等地区农村大量使用的地膜，属一次性使用的农用物资，数量巨大，价格低廉。广大农村人员充足，如果组织人员在当地自行收集或收购废弃农膜，既可及时解决对土壤的污染问题，又免去中间环节，在确保原料来源的同时，还大幅度降低了原料成本，增加了利润。

价格低廉、随处易得的废旧塑料为创办废旧塑料再生颗粒厂提供了得天独厚的资源。实现废旧塑料的就地收购、加工和销售，天时地利，优势显著，利润丰厚。近年来，我国进口塑料处理量大幅上升，废旧塑料再生利用行业正在逐步形成跨国性的产业链。

业界一些专家一致认为，废旧塑料回收的市场规范问题尚处于日臻完善的阶段。我国早在1996年就发布了关于塑料包装制品回收标志的标准，但是由于缺乏执行监督机构和具体的处罚办法，执行情况并不好，很多塑料制品在制作过程中没有标注分类标志。在废旧塑料回收再生产市场运营时应当多加留意。

2. 我国对废旧塑料回收利用的相关优惠政策

废旧塑料回收利用是针对废旧塑料、合成化纤等废物的回收利用，一方面可消除白色污染，净化环境；另一方面可节约资源，缓解塑料原料的供需矛盾，是高科技开发推广项目。我国政府对此相当重视，先后制定了一些相关的政策法规，给予扶持、优惠。

(1)国家财政部、税务总局分别于1994年、1995年、1996年、1998年、1999年、2001年出台《关于废旧物资回收经营企业实行增值税优惠政策的通知》，对废旧资源回收企业免征增值税。

(2)国务院批转原国家经委《关于开展资源综合利用若干问题的暂行规定》(国发〔1985〕117号)中和原国家经委、财政部、商务部及原国家物资局颁发的《关于进一步开展利用再生资源若干问题的通知》(经综〔1987〕353号)中，都列有对利用再生资源的鼓励和优惠政策。

(3)原国家计划委员会《关于印发1989—2000年全国资源综合利用发展纲要的通知》中，要求对社会上废塑料、废橡胶等废弃的资源要大部分回收利用。

(4)1992年开始实行的《城市市容和环境卫生管理条例》中明确指出，对城市生活废弃物应当逐步做到分类收集、运输和处理。

(5)国家经贸委2002年1月发布的《再生资源回收利用"十五"规划》(国经贸资源2002第9号)提出，加大公共财政对再生资源回收利用的支持力度，鼓励企业回收利用，支持一些经营好、符合上市条件的的企业上市，为企业上市融资创造条件。

(6)国家经贸委、国家计委、科技部、财政部、建设部、中国人民银行、税务总局、国家质检总局等八部委联合发布《关于加快发展环保产业的意见》。

(7)在财税政策方面，进一步完善资源综合利用减免税收的优惠政策，要求各地区和有关部门把环保产业作为重点发展领域，鼓励和扶持环保产业的快速发展。

(8)为促进再生资源综合利用朝规范化、产业化方向发展，国家经贸委会同有关部门起草了《再生资源回收利用管理条例》，这意味着我国废旧物资的回收利用将面临一次历史性大发展机遇。

3. 我国当前废旧塑料再生利用行业面临的机遇

我国法律环境正向着有利于资源再生利用的方向倾斜。政府日益重视创建节约型社会，按照循环经济的思路去发展经济，正在加快有关法律体系的建设。当前，借鉴国际经验，针对我国国情，已经把循环经济立法体系建设的任务确定为：

修订《环境保护法》，在总则中对循环经济做出原则性规定，在分则中单列清洁生产和资源的回收、再用、再生利用规定。或把之分散到污染防治、资源与生态保护的章节之中。

制定与《清洁生产促进法》相衔接的《循环经济促进法》，规定了循环经济的基本方针、指导思想、基本原则、具体的法律制度和责任。

修订《固体废物污染环境防治法》、《水污染防治法》、《矿产资源法》等专门性的环境法律，对资源的节约、回收、再利用作出特殊的规定；修订《政府采购法》、《税收征管法》和《商业银行法》等法律，在其中纳入政府扶持和经济刺激的内容。

制定和完善循环经济的专门条例和部门行政规章。为了促进循环经济的发展，有必要在法律的框架内由政府制定一些条例，并在条例的指导下制定或完善有关部门的行政规章。

如果同样按发达国家已走过的传统经济模式，

我国要达到发达国家的人均能耗水平将需要3倍于当前全球的资源，这是不可能的。因此，发展循环经济是我国政府的必然选择。

废旧塑料再生是个庞大的系统工程，需要各部门、各行业的共同努力，需要全社会在思想上和行动上的共同参与和支持，有赖于全民科技意识、环保意识的提高。政府部门在制定法规加强管理的同时，应把发展环保技术和环保产业作为刺激经济和扩大就业的重要渠道，使废旧塑料的收集、处理及回收利用产业化。当前，我国塑料回收和加工企业分散、规模小，很多国内外塑料回收与加工的新技术和新设备无法推广普及，回收加工产品质量低下，因此对塑料回收企业应进行规范化管理，以提高产品科技含量和经济效益。在回收利用的同时，更需研究开发可环境消纳的塑料，寻求切实可行的替代品。

〔撰稿人：上海金纬机械制造有限公司　林永宏、苏州大云塑料回收辅助设备有限公司　强志峰〕

中国塑料机械产业集群

经过50多年的发展，在我国环渤海、长三角和珠三角三大区域，形成了10多个专业生产注塑机、挤出生产线、双螺杆挤出机的特色产业集群。

环渤海区域的天津、北京、大连、青岛、济南等地区，由于橡胶塑料制品业比较发达，形成了一批以专业制造塑料挤出生产线为特色的产业集群。

长三角区域的上海、南京、张家港、昆山、宁波、舟山、温州等地，由于塑料制品产业发达，对塑料机械的需求量较大和品种较全，因而在南京、张家港、上海等地，形成了一批以专业制造塑料挤出机和塑料原料配混设备为主的产业集群，以及专业生产中空、滚塑机械等产品的产业集群。在宁波地区，形成了以专业制造注塑机为主的产业集群，宁波被授予“中国塑机之都”称号。在舟山地区，形成了以专业制造塑机螺杆为主的产业集群，舟山被授予“中国螺杆之都”称号。

在珠三角区域的广州、顺德、深圳等地，形成了多个制造注塑机、挤出机、压铸机等产品的生产基地，并带动了区域内相关基础零部件加工配套市场的迅速发展。

这些产业集群呈现出鲜明的特点和旺盛的生命力，有的展现出“人无我有、人有我优、人优我先、人先我特”的差异化特色，有的以规模大、产量高、产品优、市场大而闻名国内外，不仅成为所在地区产业发展的“助推器”，而且成为我国塑料机械行业经济发展的重要支撑和生力军，为我国经济社会发展做出了重要贡献。

宁波——中国塑机之都

宁波市塑料机械行业协会是由宁波市经济与信息化委员会主管、宁波市民政局监管的社会团体，目前有团体会员 85 家。会员企业创国家名牌产品 1 个、省级名牌产品 3 个及数个宁波市名牌产品。

2010 年，宁波市规模以上塑机企业完成工业总产值 148.1 亿元，实现出口交货值 28.29 亿元，新产品产值达到 29.38 亿元，利润总额 17.15 亿元。行业龙头企业宁波海天塑机集团有限公司塑机产量和销售收入两项指标均位居世界前列。

2011 年上半年，宁波市塑机制造行业在国家“调结构、促发展”宏观经济政策指导下，全行业认清形势，团结一致，积极应对，努力克服国际经济复苏乏力，国内受劳动力成本、融资成本、汇率变动等不利因素对企业经营带来的巨大压力和更加严峻的挑战。通过不懈努力，在 2010 年全行业高速增长的基础上，又取得了行业经济平稳、较快、健康发展的好成绩，经济运行质量良好。2011 年上半年，宁波市规模以上企业完成工业总产值 75.18 亿元，实现出口交货值 16.23 亿元，新产品产值达到 21.21 亿元，利润总额 9.56 亿元。

宁波市塑料机械行业协会领导走访企业

宁波市塑料机械行业协会

- ◎ 宁波市塑料机械行业协会连续获宁波市优秀行业协会组织称号
- ◎ 坚持双向服务，构筑沟通平台
- ◎ 开展调查研究，掌握产业动态
- ◎ 推进诚信活动，优化产业环境
- ◎ 开展宣传活动，大力弘扬行业和企业的优势
- ◎ 加强协会基础建设，不断完善服务水平

宁波市塑料机械行业协会召开三届三次会员大会暨四次理事会

宁波市塑料机械行业协会领导考察中国义乌国际小商品博览会工业展

会长：张剑鸣（宁波海天国际股份有限公司总经理）　秘书长：陈栋

电话：0574-87806452　传真：0574-87806452　E-mail：nbsjxh@yahoo.com.cn

http://www.nbpmia.com　地址：浙江省宁波市江东桑田路 722 弄 16 号 211 室　邮编：315040

共创卓越 同续辉煌

——海天塑机集团有限公司

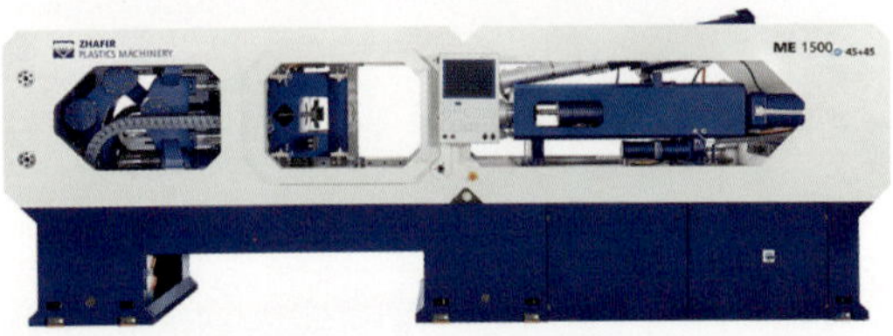

宁波海天塑机集团有限公司（简称海天集团）创建于1966年，2006年12月在中国香港联交所挂牌上市，是一家集研发、制造注塑机于一体的国家重点高新技术企业，是全国塑料机械行业同时获得“中国名牌产品”、“中国驰名商标”的企业，全国91家创新型企业之一，中国塑料机械工业协会会长单位。

经过40多年的发展，海天集团已经成为全球知名的塑料机械生产企业，具有较强的综合竞争力和抗风险能力，形成了良好的发展优势，即规模优势、装备优势、产品优势、节能优势、人才优势、科技优势、营销优势和管理优势。

一、规模优势——产量世界前茅

2011年，海天集团生产的注塑机产量近3万台，完成销售80多亿元。公司年产量已经连续18年保持了行业领先、连续11年保持了世界领先的纪录，年销售总额连续4年位居世界塑料机械行业领先地位。

二、装备优势——保持世界领先

海天集团已拥有价值10亿元的生产、科研、检测设备，其中，各类数控加工机床300多台，具备了国际一流注塑机企业所需的高、精、尖加工设备，形成了配套齐全的先进装备水平和开发研制、生产制造能力，并呈现出流水作业的领先性、先进的整机配套性、个性化服务的灵活性、工艺技术的创新性和生产过程的环保性等特点。

三、产品优势——优质造就名牌

海天集团在行业内率先通过了ISO9001国际质量管理体系认证和CE认证，建立了比较完善的质量管理组织机构、工作体系、控制体系和保障体系，确保每一个产品都成为优质产品。公司产品的主要特点：一是系列齐全品种多，已形成ME、VE、PA、MA、SA、IA、JU、PL 8个系列，锁模力600～60 000kN、注射量50～60 000g，共有40余种规格、100多个品种，自主研发的产品已达100%。二是高中低档协调发展，其中，大部分产品已接近世界先进水平，部分产品居于世界领先地位。三是以质量好、信誉佳得到了市场的认可，赢得了良好的口碑。2007年9月，海天牌注塑

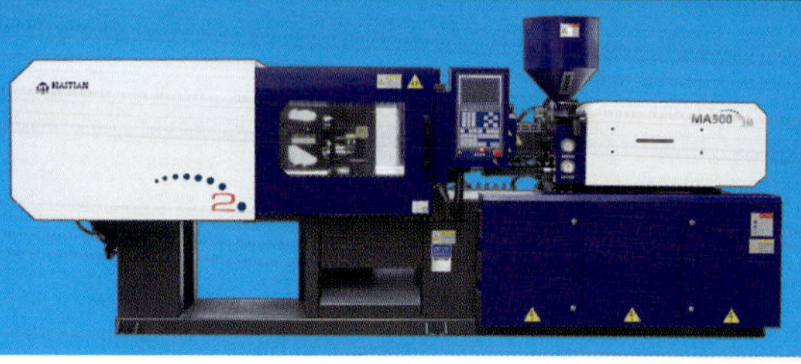

机获得“中国名牌产品”殊荣，海天牌商标也荣获“中国驰名商标”称号。当前，海天集团的注塑机产品，已形成了“人无我有，人有我优，人优我特，人特我专”的明显优势。

四、节能优势——综合效果创先

近年来，海天集团成功研发了多款高效节能注塑机。新一代全电动注塑机被宁波市推荐为节能产品，大型二板机在节能、节材、节地和高效等方面优势显著，J5型伺服节能注塑机具有响应快、精度高、周期短和效率高等特点，在节电、节水、节油和低噪声等方面创造了多项新纪录，突破了国外多项技术垄断，受到了国内外市场的肯定和用户的赞誉，并荣获2008年度宁波市科技成果进步奖一等奖。

五、人才优势——构筑人才高地

海天集团通过国内招聘和国外招聘并举、企业内部选拔和企业内外培养并举等形式，集聚了一大批高层次的创新型人才。通过培养人才、关爱人才、激励人才和成就人才等措施，切实加强经营管理、专业技术、操作技能三支人才队伍的建设，着力构筑人才高地。海天集团现有员工5 000多名，其中，来自德国、日本等国家塑料机械行业专家20多名，来自北京化工大学资深教授和省内外副高级职称以上专家30多名，具有大专以上学历的员工1500多名,工程技术人员500余名，中级职称以上的专业人才近300多名。公司设立了博士后科研工作站，委托北京化工大学为企业开设在职硕士班，培养工程硕士。公司坚持科学的人才观和人本创新管理，使人才引得进、用得好、留得住，职工队伍长期保持稳定，从而使企业获得了持续快速发展的动力。

六、科技优势——创新能力强劲

多年来，海天集团不断加大对科技创新的投入，每年用于产品研发的资金达到销售总额的5%以上，使科技创新有了源源不断的血液。2005年，公司技术中心被认定为国家企业技术中心。在德国建起了海天塑机研究院，聘请了多名德国塑料机械专家，与公司科研人员一起，跟踪世界先进技术，进行前瞻性的研究。与北京化工大学合作，成立了海天北化科技发展有限公司，构建了开放式的研发体系，实行风险共担、利益共享的机制。与浙江大学等高校和科研院所广泛开展科技合作和交流，在科研与生产方面较好地实现了资源共享和优势互补。进入21世纪以来，公司已拥有国家专利60余项，其中发明专利4项。

七、营销优势——市场覆盖全球

经过多年努力，海天集团已建立了覆盖国内、国际的营销网络。一是在国内市场划分了7大区域，设立了28个办事处，建立了统一管理、职责明确的服务体系，实行近距离的精心服务。二是在国外设立了5个服务中心，划分了服务界面，实行无缝隙的精心服务，较好地解决了以往存在的产品交货难和售后服务难等问题，加快了用户的响应速度，提升了服务质量。当前，公司生产的注塑机在国内市场的占有率为：大中型注塑机占60%以上，小型注塑机占30%左右。此外，公司产品还远销美国、欧洲、南美洲、中东和东南亚等120个国家和地区。

八、管理优势——跨上全新台阶

海天集团董事长张静章在认真总结实践经验的基础上，运用现代管理理念，创建了人本、资本、成本一体化的“三本”管理模式。公司坚持以人为本的理念，通过建立和谐的劳动关系、和谐的利益关系、和谐的人文关系，使职工收入和待遇令人称羡，创新人才充分涌现，创新成果层出不穷。通过有效的成本管理，使公司在每一次风云变幻中都能稳操胜券，在每一次大变革、大转型中都能平稳前行。通过与时俱进和创业创新，强化了公司战略管理、资本运作和风险防范等功能，实现了由传统的资本管理向现代资本经营的转变，加快了塑机产业的转型升级，增强了国际竞争力。尽管2008以来国际金融危机加剧蔓延，我国的塑料机械行业同样受到冲击，让人们遭遇了多年未见的“寒流”，但是，海天集团依靠富有成效的“人本、成本、资本”管理，依然一如既往、快速发展，依然呈现出“风景这边独好”的喜人局面。

作为塑料机械行业的领头羊，海天集团在新的历史起点上，深入贯彻落实科学发展观，抓住机遇，迎接挑战，充分发挥企业的八大优势，为加快推进产业转型升级，建设“国内领先、国际一流”的塑料机械企业，为加快振兴我国塑料机械工业，为我国经济社会的发展做出更大的贡献。

MOODY INTERNATIONAL CERTIFICATION
UKAS
ISO Certificate No.0310029
IT'S VERY WELL MADE IN TAIWAN
CE

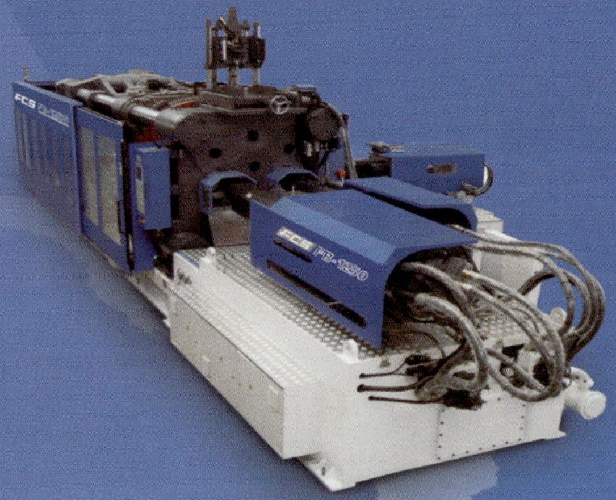

领先科技

再创成型技术新巅峰

注塑成型专家

富强鑫精密工业股份有限公司为中国台湾地区规模较大的注塑机专业制造商之一，并且是台湾注塑机专业厂中率先上市的公司。富强鑫拥有30年以上的研发及生产经验，产品种类齐全，从高速型、三回路、双色机、油电式、电木机、PET专用机到超大型机等，多次荣获“台湾精品奖”，并连续两届获得台北橡塑展之研发创新产品竞赛“优等奖”。

富强鑫（宁波）机器制造有限公司是由台湾富强鑫精密工业股份有限公司于2001年12月与中策动力机电集团有限公司合资成立，主要从事精密注塑机的生产。投资总额为690万美元（2006年），注册资本为500万美元。宁波富强鑫新厂占地面积为34000m²（50亩），位于宁波市投资创业中心B区，于2007年完成二期厂房建设并陆续启用。目前员工200人，生产机种锁模力600～35000kN，年产量可达1000台。

2004年富强鑫集团公司进行了关键性的组织变革，台湾、东莞及宁波富强鑫形成整个生产及营业中心，整个集团进行专业化分工。其中，宁波富强鑫除了生产HN系列机种外，并由中国台湾引进精密加工设备，成为集团的零件加工中心及模组供应中心，在富强鑫全球运筹计划中扮演关键性角色。在产品方面宁波富强鑫根据市场需求，引进中国台湾相关技术，陆续研发制造专用双色机、高精度镜片专用机、双模式高性能注塑机、电木机、PET专用机等，并引进锁模力10000kN以上大型机，可生产锁模力40000kN的超大型机种。

富强鑫双色机在温州、宁波一带享有较高的品牌声誉，经过10年的耕耘，目前已取得不错的口碑与成绩。由于双色成型市场不断提升，越来越多的客户采用双色成型技术，许多大陆同业亦积极投入双色机的开发。富强鑫将高技术含量的双色成型技术，导入国际市场，对于中国大陆注塑成型行业的技术提升做出了积极的贡献。

宁波富强鑫经过全体员工共同努力和对质量的不断要求，已于2003年底通过ISO 9001质量体系认证。今后更将秉持富强鑫企业集团之经营理念，以合理的价格，为顾客提供优良的产品及满意的服务。

主要产品及服务项目

- 精密塑胶射出成型机（锁模力600～35000kN）
- 高速闭回路油电复合式射出成型机（锁模力300～8000kN）
- 二板复合直压式精密射出成型机（锁模力17000～37000kN）
- 双色射出成型机（锁模力140～14200kN）
- 夹层混色射出成型机（锁模力1100～3200kN）
- 电木射出成型机（锁模力1000～5200kN）
- BMC专用射出成型机（锁模力100～10000kN）
- AD三回路快速射出成型机（锁模力1500～12500kN）
- CAP多回路快速瓶盖生产系统
- PET瓶胚射出成型机（锁模力1400～4200kN）
- PVC专用射出成型机（锁模力1800～30000kN）
- 气体辅助射出成型系统（GU-25/GU-25C）
- 智慧型橡胶射出成型机（锁模力1000～2500kN）
- PET瓶胚模具
- 各类塑胶射出钢模，提供整厂规划，人员教育训练，射出成型技术指导，模流分析等服务。

3C零件整厂规划 3C Product Total Solution

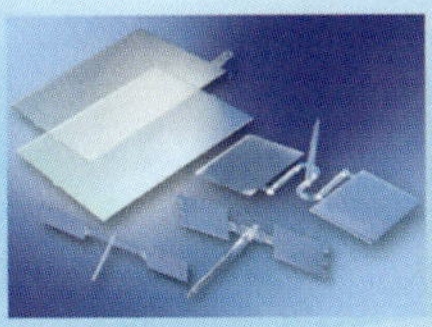
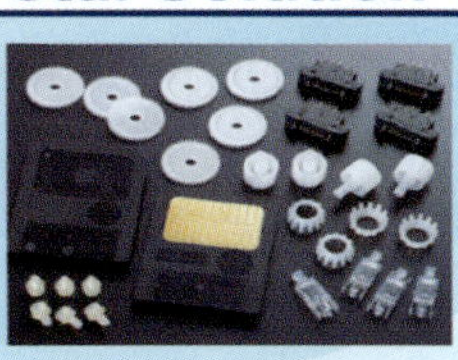

汽车零件整厂规划 Auto Parts Total Solution

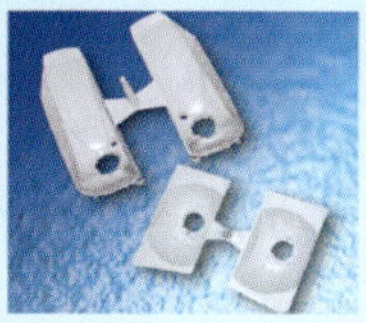

模内装饰整厂规划 In Mold Decoration Total Solution

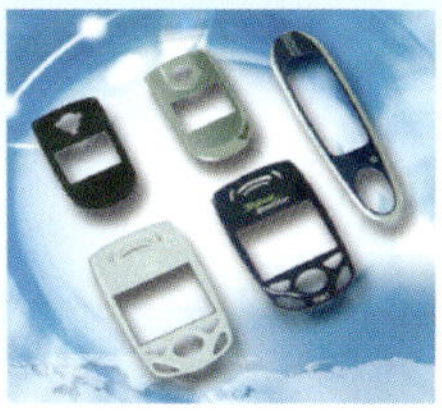

饮料包装整厂规划 Beverage Package Turnkey Solution

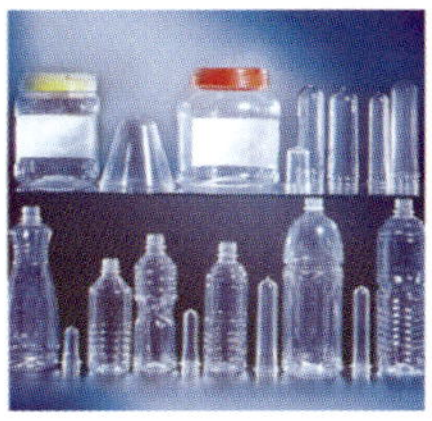

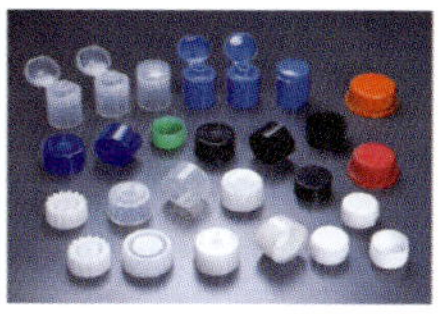

FCS
Injection Molding Solution

富强鑫（宁波）机器制造有限公司
Fu Chun Shin (Ningbo) Machinery Manufacture Co., Ltd.
浙江省宁波市江北区海川路115号
No.115, Haichuan Road, Jiangbei District, Ningbo City, Zhejiang Province, China.
TEL: 0086-574-56138688 • FAX: 0086-574-56138699 • E-mail: cnb@fcs.com.tw

伺服注塑机特色

宁波市海达塑料机械有限公司HDJS伺服注塑机以绿色技术革命为发展的核心，实现全系列伺服动力液压驱动。

采用伺服电动机取代传统的三相异步电动机，实现节能型的高性能动力驱动，攻克了注射冲击、多泵系统保压、平行成型工艺等技术问题，提高了伺服节能注塑机的成型性能，扩大成型功能。

在大型注塑机上创新使用多泵动力驱动，主动力为多个交流伺服电机+齿轮泵的节能动力驱动系统，充分发挥了伺服电动机在大型注塑机上运行功能。运用CAN总线及多泵控制技术，实现多泵控制同步，达到多泵并用的完满效果，并实现完全避免采用模拟信号控制时信号在传送过程中受到外来因素干扰的现象发生；通过CAN总线实现对压力、流量控制，并对实际压力、流量、驱动器电流、负载等多个信号实时监控。

伺服动力驱动升级注射成型设备性能。根据伺服动力驱动的性能，改进锁模机构的性能，达到锁模机构在低速高压的实际成型工况下达到额定合模力，提高了成型性能。以前，一般注射机需在高速冲击工况下才能达到额定锁模力，但这种锁模工况不符合实际成型工艺。伺服电动机动力驱动情况下，无法实现高速冲击锁模，因而往往不能达到额定锁模力，同时也暴露出了传统设计的缺陷。公司及时改进设计，纠正传统设计的缺陷，升级了锁模机构的性能。

公司HDJS全系列伺服电动机动力驱动注射设备不但耗电量优于《塑料注射成型机能耗检测和等级评定的规范》I级能耗等级规定的标准，而且富有自主特色，同时提高了普通注射设备的性能，使公司的注射设备又上一个新的水平。

HDJS168伺服机

海达塑机　开拓创新

——宁波市海达塑料机械有限公司

一、企业概况

宁波市海达塑料机械有限公司系中国塑料机械工业协会常务理事单位、宁波市塑料机械行业协会副会长单位。公司始创于1992年，当前已成为全国注塑机生产10强企业、浙江省著名商标企业。公司占地面积10余万m²，现有员工350人，其中具有众多中高级职称的技术骨干，并常年聘请行业知名高级工程师和教授担任技术顾问，积极开展企业自主创新工作。在完全没有信贷压力的情况下，从创业至今，公司的工业总产值年平均增长率在15%以上。

二、国际市场开拓

2004年至今，公司已通过了多项CE认证。面对激烈的市场竞争，公司除了与韩国、东南亚、东欧和中东地区的客商保持着稳定的合作关系外，产品还出口欧洲并引起欧洲经销商的浓厚兴趣，双方当前已进行了多项技术合作，建立了长远的合作关系。近几年来，随着外贸业务的不断扩大，公司又在商务网上注册成功，开通了商务贸易业务，进一步拓展了销售渠道。公司还积极在海外注册“海达”商标，分别在澳大利亚、埃及、伊朗、意大利、塔吉克斯坦、俄罗斯、沙特阿拉伯和乌兹别克斯坦等国家注册成功。当前，“海达”牌注塑机已经远销世界多个国家，“海达”品牌在用户中具备了相当的知名度。

三、企业品牌建设情况

从2000年始，公司积极争创省市级名牌产品和著名商标，成立了商标管理领导小组和相应的商标管理制度。2000年，海达塑机被评为“宁波市名牌产品”，2002年，“海达”商标被评为浙江省著名商标，2005年，又延续成为浙江省著名商标。为了让更多的用户认识和了解海达塑机，自2000年开始，公司斥巨资在镇海常洪隧道口、蟹浦岭、杭甬高速公路、常州小河镇、温州大桥、永康、黄岩和广东中山小榄等地制作了巨幅广告，收到了显著的商业效益和社会效益。公司的销售人员也频繁地参加广东、温州、黄岩、余姚、辽宁、北京、山东和上海等塑胶加工业密集地区的展览会和境外的印度、土耳其展览会，为公司作积极的市场推广工作。

四、技术创新

公司建有市级重点技术开发工程中心，并与上海交通大学合作申报建立市级工程研发中心，当前共有专业技术人员60余名，知名教授和高级工程师及设计开发骨干20余名，具有较强的开发设计能力。公司生产500～33 000kN HDX、HDJS、HDD系列60余种规格型号的注塑机。产品开发设计全部采用三维CAD技术，在零件制造、成品装配工艺与设备以及生产环境等方面均位于国内同行业领先地位。每年开发新产品4～6个，近

宁波市海达塑料机械有限公司

三年来公司列入市级以上科技计划项目共10个。设计开发的HDP 48PET瓶坯专用注塑机的技术当前在国内属于领先水平。公司执行的企业标准在合模力参数、渗油、整机噪声、电气系统及仪器仪表精度上均高于国家标准，接近国际标准。同时，公司自行研究的“直压式注塑机辅油缸开模差动结构”、“直压式注塑机锁模高压密封装置”、“小型注塑机快速换螺杆结构”、“大型注塑机动模板支撑结构”、“注塑机防护门挂脚夹具”、“注塑机差动阀板叠加结构”、“注塑机注射防护装置”、“注塑机抽芯阀板叠加结构”和“注塑机液压保险结构”等多项成果已获得实用新型专利，“多孔型系列双曲肘内外翻复合式锁模机构及锁模方法”获得国家发明专利。

2011年，公司重点全新开发了海达D系列二板式注塑机，该系列产品大型机采用公司自主研发的锁模机构，小型机采用北京化工大学新近研发的内循环结构。

五、产品质量

产品质量是企业的生命。数年来，公司一直致力于探索和改进质量保证体系，明确以顾客为中心的经营理念是构筑公司质量工作的基础、是推动公司各项事业发展的动力。明确公司经营目的是为顾客创造价值，提高质量是市场竞争的需要，是满足顾客的需要。从市场调查到为顾客服务的整个过程都处于受控状态，每个岗位、每个员工都有可操作的具体规范，质量体系的有效运行着力于持续的改进和创新并进行自我评价，建立自我完善机制。2000年，公司决定导入ISO9001质量体系，覆盖设计、生产、销售和服务等各个环节。2001年，又取得了英国皇家的“NQA”（皇冠）质量体系认证。2003年9月，公司顺利通过了质量体系的换版工作。2007年，公司又将ISO9001质量体系、ISO14001环境体系和OHSAS28001职业健康安全体系合并，进一步完善了企业管理，提高了管理水平。

根据市场的不断变化，公司适时推出新的服务承诺。2000年，公司的服务承诺是“省内48小时内到位服务，省外72小时到位服务。”2002年，改成了“省内48小时内到位服务，宁波地区24小时到位服务，省外72小时到位服务”，使得服务承诺更加贴近顾客。只要顾客有需求，售后服务人员就会尽快到位。从售后服务反馈统计看，用户对

公司的产品及售后服务的满意度非常高，回头客达30%以上。

六、人才培养

中青年员工占职工总数的90%以上，其中技术骨干约占有30%。公司聘请了国内外行业著名专家和教授为技术顾问，全国重点高校商学院院长和法律系著名教授为管理顾问和法律顾问。2006年，公司建立了环境优美、设施齐全的培训中心，每年按计划对员工进行岗位技能、质量管理、企业管理等实务培训。2004年开始，公司与镇海职教中心进行学企联手办学，每年由职教中心招收一班“海达班”学生，将按公司的企业文化和技能需求编写教学大纲，公司的资深技术人员也将不定期赴学校授课，学生毕业后将在双向选择的前提下到公司就业。这一举措将企业文化带进了校园，为公司不断输入新鲜血液提供了强有力的支持和保障。2006年，公司成为“区职业教育实习实践基地和市大中专毕业生实践基地”，被评为“区劳动关系和谐企业”。

公司积极致力于创造一个开放、信任的工作环境。让新员工有参与决策的权利，鼓励他们提出意见和建议，并及时充分地给予肯定、奖励及升迁等，使员工有归属感。并且给员工提供学习及成长的机会，让员工在公司统一大方向下，发展与培养个人能力。

公司除了注重培养员工的职业技能外，还十分重视员工的德育建设。公司党支部、团支部、工会等组织先后被评为“区级和市级规范化党支部”、“先进团支部”、“先进工会’等称号，公司工会和团支部联合组建了一个阅览室，开展了形式多样的文体活动与联谊晚会。2006年初，公司投资30万元建造了塑胶灯光球场，成立了海达篮球队，组织拔河、篮球和智力竞赛等活动。

广东省塑料工业协会注塑专业委员会

——2011年活动集锦

2011年全体会员代表合影

会员大会新增会员单位

企划组织化工、机电类科技图书，培训教材的编写出版工作

中国塑料加工工业协会曹俭副会长到会员企业参观

负责人：曹阳　　秘书长：蔡恒志　　地址：广东省深圳市宝安区龙华镇机荷高速公路南侧力劲工业园

邮编：518109　　E-mail:zgzs2008@126.com　　电话：0755-29834366　28123321转342

达诚机械，亚洲一流！追求卓越，服务全球！

DESIGNER MACHINERY, ASIAN BEST! Pursuing super excellence, providing service worldwide!

双螺杆PET/PLA片材机

免预结晶干燥，省电30%，可利用100%PET/PLA回收料生产。

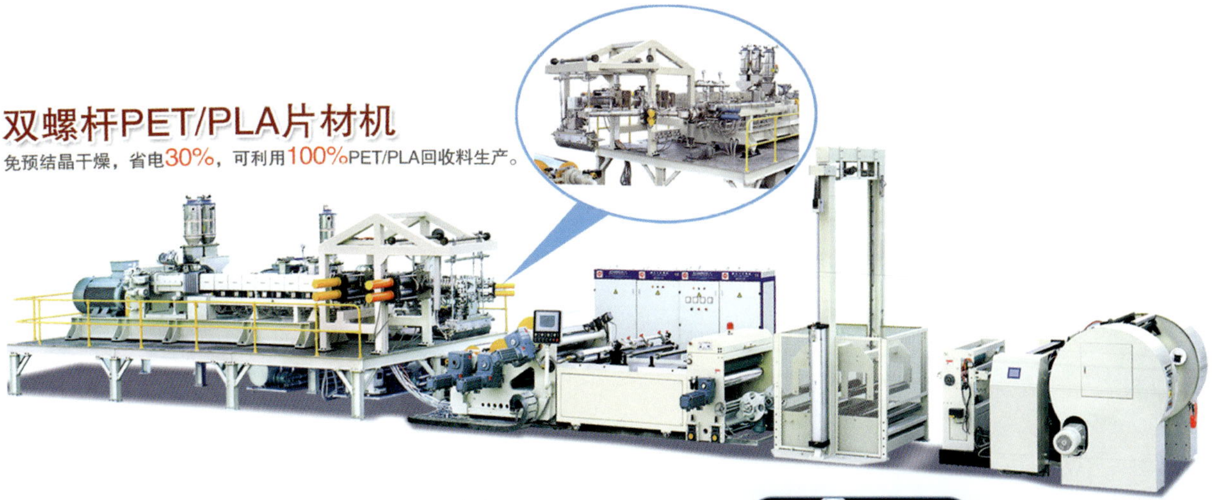

全自动气压热成型机（配翻转模）

高自动化，节省80%人工。

◀样 品

其他主要产品 Main Products:

- PET/PLA双螺杆挤出片材机 PET/PLA Twin-screw Extruder
- PP/PS单螺杆片材机 PP/PS Single Screw Extruder
- EVA太阳能电池封装胶膜生产线 Solar Battery Encapsulation Film Extruder
- 塑杯全自动生产线 Automatic Cups Production Line
- 热成型模具 Mould

美国塑料展NPE 2012
2012.4.1-4.5 · 美国奥兰多
展位: 33033，南馆

Chinaplas 2012 国际橡塑展 中国·上海 4月18-21日
欢迎莅临达诚展台：W1-D01

国际橡塑展（雅式）我司将现场开机演示“PET/PLA双螺杆挤出片材机”、“全自动气压热成型机”，展会具体信息请联系市场部
吴先生：0754-82531150，或邮箱 edenwuwu@163.com

公司实力雄厚，拥有完备的研发团队和专业的客户服务部门；目前在建新厂区面积超过7万m²；每年参加海内外近30个专业展会，在国内外多家专业杂志、报纸均有宣传和报道，欢迎广大客户、各界朋友前来参观指导。

广东达诚机械有限公司
GUANGDONG DESIGNER MACHINERY CO.,LTD.

地址：广东省汕头市升平工业区安居路28号 邮编：515061
销售直线：0086-754-82518856 82517177 82518859 82516033 82530859
传真：0086-754-82518867 售后：0086-754-82515590
E-mail : sales@dcdesigner.com dacheng888@21cn.com gddc8888@vip.163.com

http://www.dcdesigner.com

达诚公司各地办事处

天津：天津市东丽区万新街栖霞道水东里3号楼5单元505
手机：13825884693
电话：022 -84385939 传真：022 -84385939

江苏：江苏省昆山市中华园路四季华城小区28栋302室
手机：18823931851
电话：0512-36852090 传真：0512-36852090

东莞：广东省东莞市常平镇大京九塑料城塑富西路12号
手机：13825887785
电话：0769-86999528 传真：0769-86999529

广东乐善机械有限公司是一家专业制造塑料机械加工设备的高新技术企业，具有进出口经营权，集研发、生产、销售及售后服务为一体。多年来，通过不断创新及专利技术的转化应用，“乐善”牌数控塑料挤出吹塑中空成型机在产品质量、生产效率、能耗比、控制维护功能等方面都居国内同行业前列，产品销量在国内同行业中遥遥领先。“乐善”牌数控塑料挤出吹瓶机已被许多上市公司、500 强企业（如乐百氏、娃哈哈、伊利、蒙牛、中石化、统一、昆仑、霸王、立白、纳爱斯、黑牛集团和威露士公司等）大批选用。

公司成立至今，凭借品质的坚持，先后获得了多项社会荣誉和肯定：

- 承担“国家星火计划”和“国家火炬计划”项目
- 高新技术企业
- 广东省装备制造业 100 重点培育企业
- 拥有发明专利 4 项，实用新型专利 22 项，德国专利 1 项
- 通过 ISO 9001：2008 质量管理体系认证
- 通过了欧盟的“CE”认证
- 获得采用国际先进标准标志认证
- 2009 年通过国家创新基金项目验收
- 2009 年获佛山市科技进步奖三等奖
- 2011 年获顺德区科技进步奖一等奖
- 2011 年获佛山市科技进步奖二等奖

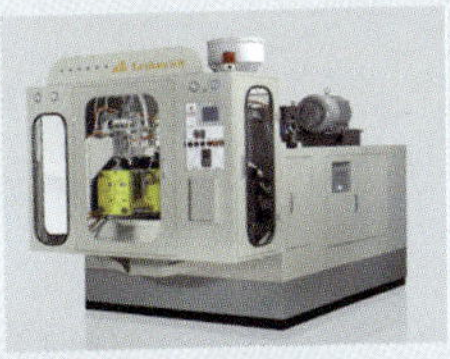

Leshan 乐善

KAI MING
广东佳明机器有限公司
国家高新技术企业
广东省名牌企业
ISO9001 质量体系认证企业
ISO14001 环境体系认证企业
国际采标企业
欧盟 CE 认证企业
广东省计量二级认证企业
注塑机 1 级节能企业
国家高新技术企业
注塑机 1 级节能标准
ISO 14001 环境体系认证
采用国际标准
CQM
ISO9001 质量体系认证
CE

Guangdong Kaiming Engineering Co., Ltd.
2888KX 伺服节能注塑机
2088KX 伺服节能注塑机
1688KX 伺服节能注塑机
1200KX 伺服节能注塑机
568KX 中型伺服节能注塑机
418KX 伺服节能注塑机
www.km-machine.com.cn
中文域名:
佳明注塑机、塑料机械

张家港塑机（饮机）出口基地

张家港市塑机饮机生产起始于20世纪70年代，到目前已跨过40个发展年头。

目前张家港市有大小塑机饮机企业389家，从业人员近2.8万人，其中年产值超2 000万元的企业35家，超亿元的企业11家；全市年产各类塑机饮机2.5万台（套），年产值超过70亿元。在全国范围内，张家港市是生产塑料机械种类全、规格品种较多的重点生产基地之一，塑机产值约占全国总产值的18%左右。其中，中空成型机与混合机产量约占全国产量的45%以上。

张家港市的饮料机械产值约占全国总产值的45%左右，是我国重要的饮料机械生产基地之一。张家港塑机饮机目前有国家高新技术企业1家、省级高新技术企业8家。多年来，张家港市塑机饮机企业通过学习、吸收、创新，申请了各种专利180多项，已被批准的160多项，其中发明专利22项。参与起草制定国家标准6个，其中2项国家标准由张家港市企业独立起草完成。在张家港市的机械行业中，塑机饮机行业是取得国家专利数较多，科技含量较高的行业之一。2011年，张家港塑机产值超过1亿元的企业有11家，产值最高的接近5亿元，其他一些规模型企业也有一定增幅。2011年，张家港塑机饮机行业通过自愿结合的原则，有10家企业组建了贷款联保，有两家企业被苏州市批准为苏州工程技术中心，目前张家港市共有11家企业获得苏州工程技术中心称号。

张家港市塑机（饮机）协会

强化行业自律

制定行规行约来约束不正当竞争

构建行业共性服务平台为企业服务

积极组织企业拓展国内国际市场

积极参加国家塑机饮机生产的国家标准以及行业标准的制定

积极鼓励企业实现科技创新

鼓励企业积极生产名优特产品

积极鼓励企业外出学习考察

协会年会暨移动信息化推广会

协会第一届工会联合会暨劳动争议调解委员会成立大会

地址：江苏省张家港市杨舍镇沙洲中路 134 号　　邮编：215600　　电话：0512-58689534
传真：0512-58689534　　http://www.chinasjyj.com　　E-mail:zjgsjyj@163.com

BEIER
贝尔机械
ISO9001:2000
塑胶挤出设备专业制造商
www.beierpm.com
Φ20~1600mmPE聚乙烯给水、燃气管材高速挤出生产线
Φ20-1600 HIGH SPEED WATER — GASSUPPLY PIPE EXTRUSION LINE
BRD 系列高效单螺杆挤出机（第二代）
BRD Series High Efficient Single Screw Extruder(G2)
BRP 系列异向平行双螺杆挤出机
BRP Series Parallel Twin Screw Extruder
一出四管材挤出生产线
One-for-four tube extrusion line
废旧塑料回收清洗生产线
WASTE PLASTIC WASHING & GRANULATING RECYCLE MACHINE
张家港市贝尔机械有限公司
ZHANGJIAGANG BEIER MACHINERY CO.,LTD.
地址：江苏省张家港经济开发区振兴路32号
ADD:NO.32 Zhenxing Road, Economic Development Zone, Zhangjiagang, Jiangsu
销售热线(SALES HOTLINE):0512-58915901/02/03/05 58798220/21/23
传真(FAX):0512-58682126 网址(WEB):http://www.beierpm.com
邮箱(E-mail):hdf@beierpm.com 邮编(P.C.):215600

张家港市二轻机械有限公司

张家港塑料机械产业集群

张家港市二轻机械有限公司始创于1958年，有着几十年从事塑料机械的研发、生产、销售经验和历史，是我国塑料机械省级定点企业、中国塑料机械工业协会会员单位。公司占地面积10 000m²，拥有20多名各类工程技术人员和一批有专业素质的员工队伍。企业通过ISO9001：2008质量管理体系认证、SGS国际认证，获得阿里巴巴优质供应商等荣誉。

公司技术力量雄厚，注重新品开发与技术改造，积极引进国内外先进技术，成功开发出品质卓越的“长城”牌塑料机械。主打产品拥有多项国家专利技术和省市级技术奖励，主要产品有PET打包带生产线、薄膜回收造粒生产线、瓶片回收清洗生产线、PET回收造粒生产线、单双螺杆挤出机、塑料管材/异型材生产线、中央集中供料系统、计量上量混合一体机以及上料、干燥、混合、破碎、冷却、输送等几十个系列上百种型号，产品行销国内29个省市、自治区、直辖市，并出口日本、俄罗斯、乌克兰、土耳其、沙特、印度、墨西哥、马来西亚、泰国等几十个国家和地区。

公司集几十年的从业经验，坚持“优良的品质、实惠的价格、完善的服务”，以诚信为宗旨，热忱欢迎国内外新老客户来人、来电惠顾洽谈。

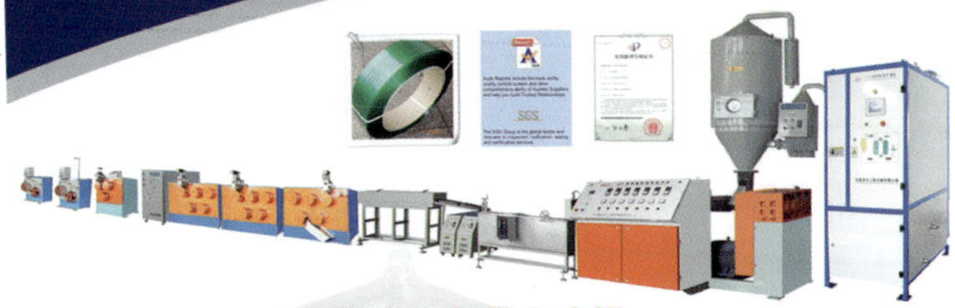

PET打包带生产线

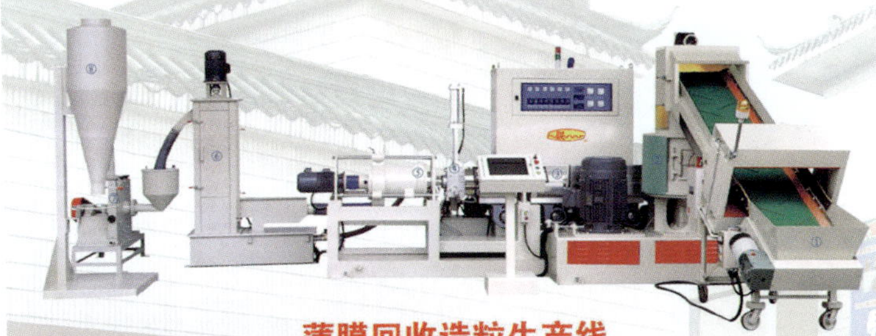

薄膜回收造粒生产线

PET瓶片回收清洗生产线

除湿干燥机

管材生产线

计量混合上料一体机

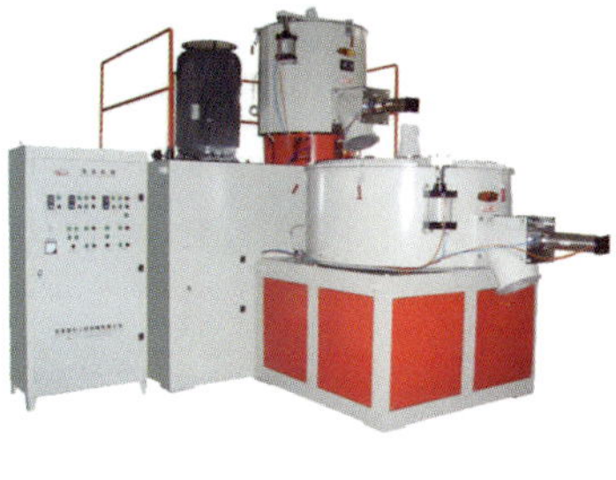

高速混合机组

地址：江苏省张家港市三兴镇白熊路66号　邮编：215624
总经理：俞先生 手机：13901565815　电话：0512-58570270　传真：0512-58574703
http://www.greatwall-machine.cn　E-mail: yu.zhenming815@gmail.com

青岛市塑料机械行业协会

青岛市塑料机械行业协会成立于 2009 年 3 月，由山东省胶州市工商业联合会组织、青岛顺德塑料机械有限公司董事长赵桂旭发起。协会成立后，成立了专职的信息和监督机构，收到了很好的效果。

青岛市塑料机械是我国塑料挤出机械的发源地之一，在 20 世纪 60 年代就开始研究和制造各种形式的塑料挤出机械和模具，经过 40 多年的发展，其研发和生产规模由小到大、由简单到复杂、由低端到高端。到目前为止，已经形成了品种齐全、技术先进、规模较大的塑料挤出机械的研发和制造基地。其中，有土工格栅生产线、PP/PE 管材生产线、PP/PVC 木塑板材生产线、PP/PE/PET 板材生产线、PET 打包带生产线、PP/PVC 排水管生产线、PVC 异型材生产线、PP/PVC 单臂 / 双臂波纹管生产线等 18 种产品获国家重点新产品、国家支撑计划、国家星火计划、国家创新基金等，拥有 100 多种发明和实用新型专利，其技术水平达到或超过世界领先水平。

宗旨：

- 信息共享
- 公平竞争
- 共同提高
- 互相约束
- 追求一流

青岛市塑料机械行业协会
地址：山东省胶州市北京路时代国际中心三号楼一单元 1501 室
邮编：266300
电话：0532-82205805
E-mail:jiaozhou.suji@163.com

青岛福润德塑料挤出技术有限公司
Qingdao Friend Plastic Extrusion Technology Co., Ltd.

买高效节能塑机，找青岛福润德

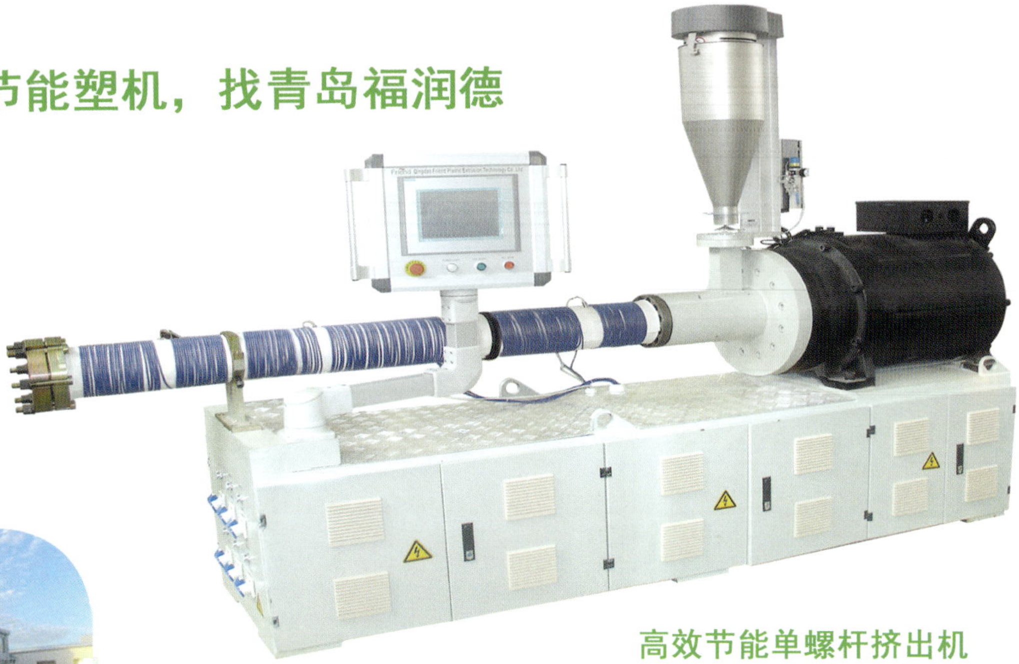

高效节能单螺杆挤出机

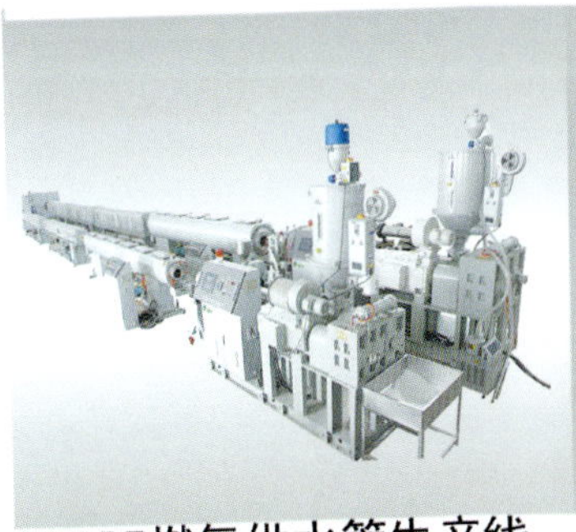

HDPE燃气供水管生产线
（ϕ20～1200mm）

PE/PP螺旋波纹管生产线
（ϕ200～2000mm）

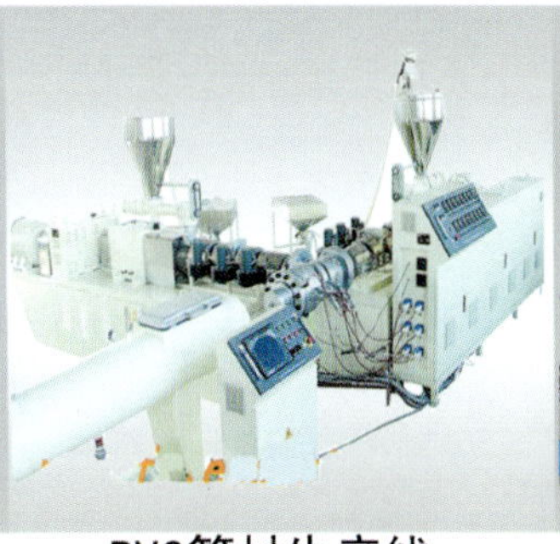

PVC管材生产线
（ϕ16～630mm）

高速铝塑复合管生产线
（ϕ16～63mm）

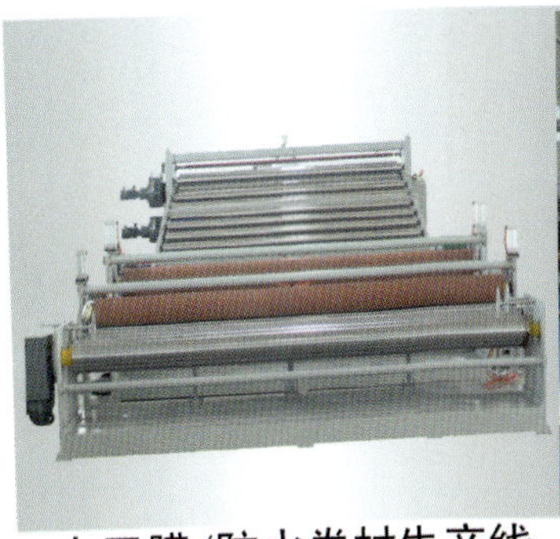

土工膜/防水卷材生产线
（宽≤7m）

3PE防腐管道生产线

塑料草坪生产线

PVC/PE/PP管材
单层/多层模具

地址：山东省青岛市胶西工业园平成中路西　总经理：赵炳仁　手机：13806392059
电话：0532-82206712　传真：0532-82206713　E-mail：friend@fet66.com
http：//www.fet66.com　www.friendextruder.com

大连塑料

大连塑料机械研究所的前身是大连橡胶塑料机械研究所，始建于1960年，1990年被确定为全国塑料机械归口研究所，并更名为大连塑料机械研究所。研究所内设有科技信息室、标准化室、技术研发部、试验中心和检测中心等机构，是全国橡胶塑料机械标准化技术委员会塑料机械分技术委员会秘书处挂靠单位、机械工业塑料机械科技信息网的网长单位以及《塑料机械》期刊的主办单位。机械工业塑料机械产品质量监督检测中心也挂靠于本所。

技术研发部专门从事塑料机械新产品的开发与研制。主要研发的产品有：塑料压延机、塑料开炼机、塑料吹塑薄膜（单层、多层复合、流延及重包装）机组，双螺杆塑料挤出造粒生产线，石化乙烯工程配套大型塑料混炼挤压造粒机组，电池膜、碳纤维新材料设备等塑料加工、辅助加工、二次成型加工设备等。

机械工业塑料机械科技信息网重新组建于1983年，是目前国内塑料机械行业的专业科技信息服务组织，在国内已具有一定的影响力，已成为塑料机械行业的专业技术信息窗口。塑料机械科技信息网及时介绍国内外塑料机械行业的技术前沿和市场动态，为企业开发产品、开拓市场提供信息服务。

全国橡胶塑料机械标委会塑料机械分技术委员会主要负责全国塑料机械行业标准的制修订、行业标准的贯彻、行业标准化咨询与服务等工作，旨在发动全行业来提高我国塑料机械产品质量和技术水平，缩小与国外同类产

地址：辽宁省大连市甘井子区营辉路18号　邮编：116036
电话：0411-86698386　传真：0411-86641645
http：//www.plasmachine.com　E-mail：xxw@plasmachine.com
所长：杨宥人　联系人：李振军

机械研究所

品的差距。多年来，制定和推广了大量的塑料机械标准，为规范全国塑料机械产品的制造以及产品质量的监督提供了有力的技术依据。

机械工业塑料机械产品质量监督检测中心主要负责相关部门下达的各项塑料机械产品质量监督抽查、统检等检验任务。此外，还为国内用户提供塑料机械产品质量仲裁检验、塑料机械新产品投产前的质量鉴定检验、采用国际标准的塑料机械产品质量验收检验、国内塑料机械科技鉴定、各种评优及公证要求的检验以及塑料机械产品质量检验方面的技术咨询和服务等。该中心的质量方针是：检验工作质量第一，确保公正、科学、权威。

《塑料机械》期刊是由机械工业塑料机械科技信息网和大连塑料机械研究所主办的国内塑料机械行业专业技术性刊物，双月刊，大 16 开版本，全年 6 期，面向全国塑料机械行业、部分橡胶机械厂家、塑料加工行业、配套件厂、大专院校及科研院所等发行、赠阅。《塑料机械》创刊于 1960 年，原名《橡胶塑料机械技讯》，1976 年又改名为《橡胶塑料机械》，一直由大连塑料机械研究所主办。1983 年改名为《塑料机械通讯》，由大连塑料机械研究所和机械工业塑料机械科技信息网主办。1994 年，中国塑料机械工业协会成立以后，《塑料机械通讯》改名为《塑料机械》。经过几十年的发展，《塑料机械》已成为有一定影响力的塑料机械行业技术交流平台。

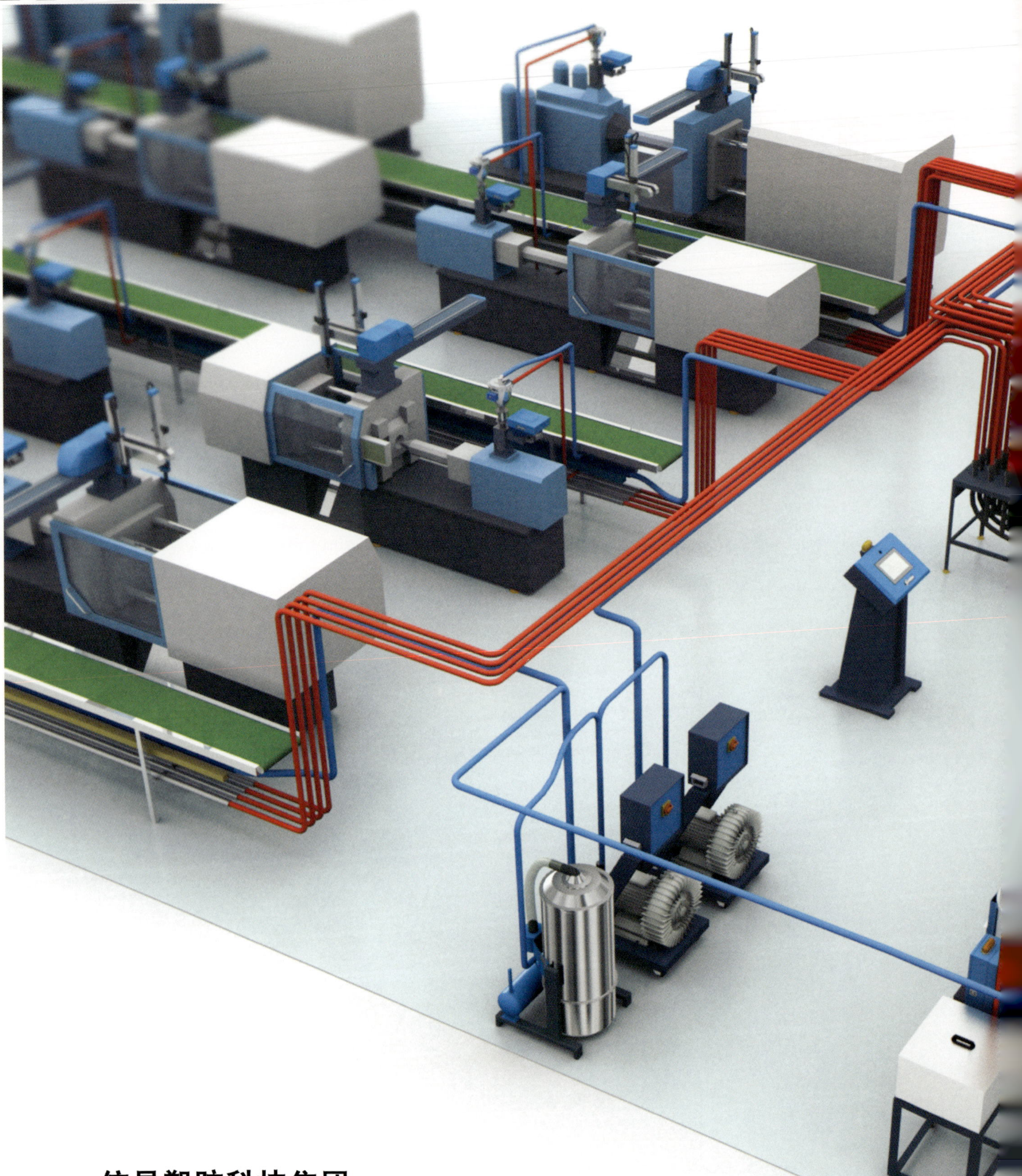

弘訊科技
弘讯科技 — 塑机行业自动化控制的领航者
——国内市场占有率领先的注塑机控制系统制造商
——高精密机械控制系统研发、制造先锋
——提供全面整合、有效、值得信赖的服务
——提供客户云端管理升级，引领行业发展趋势
弘訊科技

四大进阶服务系统　产量品质节节高升
上佳节能解决方案 HYB
塑机行业领先的管理系统 iNet
全球云端服务应变中心 TM Call Center
塑机控制相关领域客制化产品研发 挤出机 吹瓶机 注吹机 热浇道
宁波弘讯科技股份有限公司
地址：浙江省宁波市北仑区大港五路88号
Ningbo Act Technologies Co., Ltd.
ADD: No.88 Dagang Fifth Road, Beilun, Ningbo, Zhejiang, China.
电话(Tel): 0574-86829286　传真(Fax): 0574-86829287

质量为尊
服务至诚

金 久

舟山市金久机械制造有限公司和中国的普陀山同位于千岛城市——舟山市。

本公司专业制造的系列螺杆、熔胶筒产品适用于国产、进口的 30 ～ 20 000g 注塑机、ϕ15 ～ 300mm 单螺杆挤出机、ϕ30 ～ 200mm 平行双螺杆挤出机、ϕ35mm／ϕ70 ～ 92mm／ϕ188mm 锥行双螺杆挤出机及橡胶机械、化织机、石油机械等。公司产品基材采用优质钢材 38CrMoAlA，产品经过调质、定性、氮化、精磨和抛光等工艺精良制造，同时生产 GH113 镍基合金（新 3# 钢）螺杆机筒，也可以喷焊合金（双金属）。本公司除为国内外整机厂、大专院校、科研单位提供配套外，也承接加工业务，同时可上门测绘、设计、维修，改装挤出机设备。

本公司为 ISO9001：2000 国际质量体系认证企业，公司产品生产严格执行国际标准。

企业本着质量第一、信誉至上的原则，为广大客户提供质优价廉的产品，欢迎广大客户来人来电洽谈业务。

Zhoushan city Jinjiu Machinery Co., Ltd.is located in the same island city, Zhoushan city, as the Putuo Mountain of China.

The company specially produces screws and molten-rubber cylinders for homemade and imported 30–20 000 gram plastic injection machines, ϕ15–300mm single screw extruders, ϕ30–130mm parallel double screw extruders and ϕ35mm/ ϕ70mm– ϕ92mm/ ϕ188mm tapered double screw extruders , rubber machinery, petroleum machinery, etc. Using quality steel 38CrMoAlA, all products accord with the national standards after the treatment of structural improvement, nitriding, grinding, and polishing. The company can make the screw cylinder made of GH113 Nickel-based alloy which can also be sprayed various alloys. we provide products for machine factory, universities and research institutions, Meanwhile, we provide the services of mapping, design, and maintenance, and change extruder's equipments.

The company is ISO9001:2000 international quality system certification, we ensure the quality levels of products to strictly enforce the international standards.

The company will provide high quality and low price products for all users with the principle of first quality and uppermost credit. Welcome to our company and welcome to contact us.

舟山市金久机械制造有限公司
ZHOUSHAN CITY JINJIU MACHINERY MANUFACTURE CO.,LTD.

地址：浙江省舟山市金塘镇沥港沿港南路 72 号　邮编：316032　电话：0580-8051758　8053781
手机：13705805006　传真：0580-8051781　E-mail:mail@jinjiu.org
http://www.jinjiu.org　www.jinjiu.co

中国塑料机械工业年鉴2011

统计资料

客观反映塑料机械行业主要经济指标

统计资料

1990～2010年塑料机械行业工业总产值及占比
2010年塑料机械行业主要经济指标
1990～2010年塑料机械行业主要经济指标汇总
2011年塑料机械出口情况统计
2011年塑料机械进口情况统计
2011年塑料机械产品关税税率汇总

1990～2010 年塑料机械行业工业总产值及占比

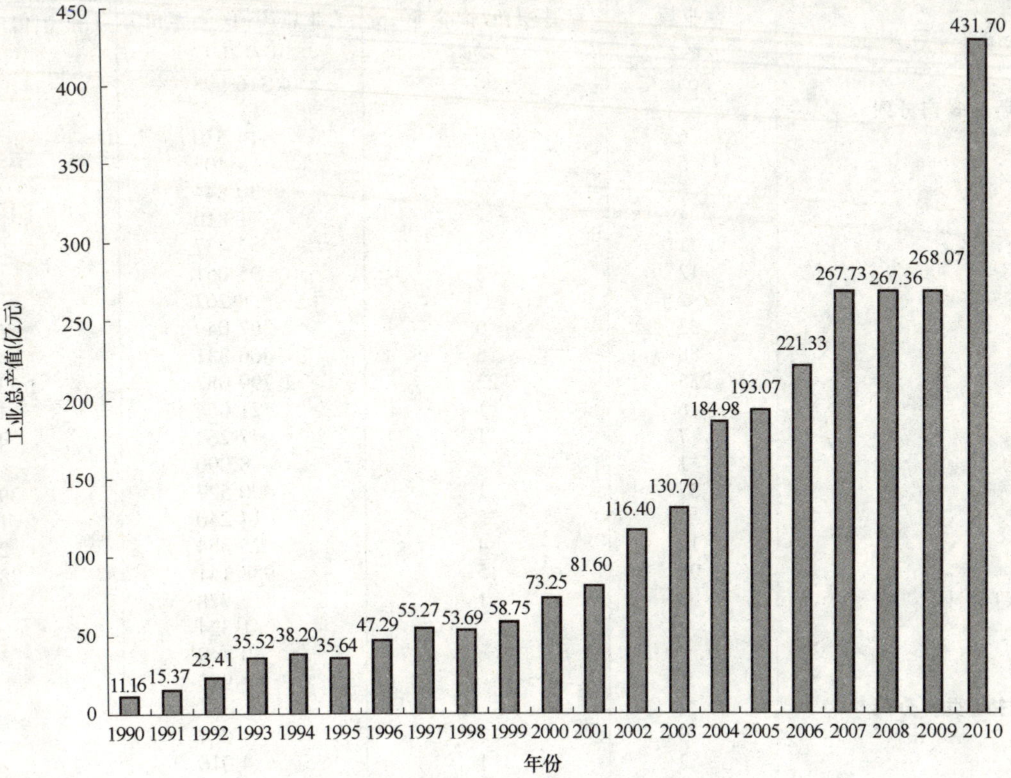

1990～2010 年塑料机械行业工业总产值

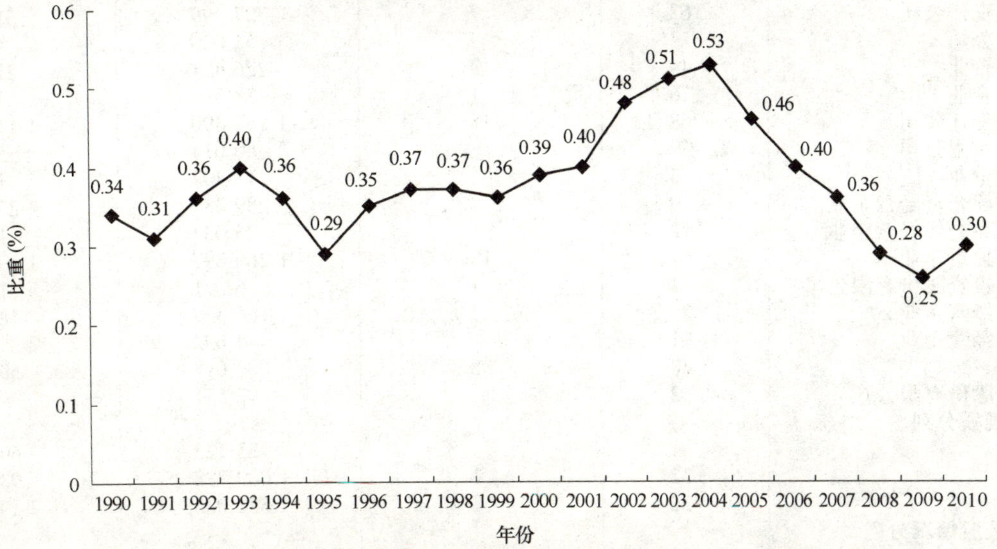

1990～2010 年塑料机械行业工业总产值占机械工业总产值比重

注：1. 1998 年以前全国机械工业企业单位的统计口径分为两种，即产值产量部分为全国乡及乡以上工业企业，财务指标部分为全部独立核算工业企业资料；1998 年年报国家统计局将上述两种口径统一调整为全部国有和年产品销售收入 500 万元以上的非国有工业企业；2007 年调整为辖区内全部主营业务收入 500 万元及以上的工业法人企业。

2. 数据来源于中国机械工业联合会。

2010年塑料机械行业主要经济指标

项目	企业数（家）	其中：亏损企业（家）	工业总产值（当年价）（万元）	工业销售产值（当年价）（万元）
合计	565	58	4 316 998	4 133 367
一、按企业所在省市分列				
北京市	6		14 510	13 975
天津市	5		8 407	8 408
河北省	6		30 844	30 861
山西省	1		1 810	1 808
内蒙古自治区	1		2 437	2 437
辽宁省	12	2	95 051	90 658
黑龙江省	2		8 262	8 045
上海市	33	6	367 049	363 546
江苏省	88	5	466 331	443 208
浙江省	235	22	1 799 082	1 738 314
安徽省	6	1	21 064	17 323
福建省	7	1	47 264	44 225
江西省	1		8 090	8 047
山东省	37	1	400 527	394 003
河南省	6		14 240	14 003
湖北省	12	4	25 354	25 774
广东省	98	15	958 141	882 901
广西壮族自治区	3	1	5 778	4 266
重庆市	1		1 324	1 324
四川省	4		40 449	39 296
陕西省	1		985	945
二、按企业注册类型分列				
国有企业	3	2	4 084	4 500
集体企业	2	1	4 016	4 016
股份合作企业	6	1	36 479	31 941
国有独资公司	1		3 109	2 609
其他有限责任公司	62	7	327 499	313 268
股份有限公司	3		51 020	46 388
私营独资企业	44	3	226 481	223 128
私营合伙企业	16	1	38 386	37 019
私营有限责任公司	268	18	1 167 490	1 113 912
私营股份有限公司	9		60 014	57 896
其他内资企业	4		13 407	13 205
与港澳台商合资经营企业	20	2	289 389	273 247
与港澳台商合作经营企业	2		23 037	17 684
港澳台商独资企业	51	13	1 260 897	1 196 221
港澳台商投资股份有限公司	1	1	16 021	15 870
中外合资经营企业	22	1	184 379	181 790
中外合作经营企业	1		4 692	4 692
外资企业	48	8	604 018	593 400
外商投资股份有限公司	2		2 581	2 581
三、按企业规模分列				
大型企业	1		723 125	693 006
中型企业	32		1 009 788	939 888
小型企业	532	58	2 584 085	2 500 472
四、按企业控股情况分列				
国有控股	6	3	14 174	12 127
集体控股	9	3	57 290	52 048
私人控股	411	26	1 911 303	1 835 264
港澳台商控股	67	15	1 518 188	1 435 079
外商控股	60	9	716 056	704 355
其他	12	2	99 988	94 494

（续）

项　　目	其中:出口交货值（万元）	从业人员平均人数	流动资产合计（万元）	固定资产合计（万元）
合计	653 988	64 883	2 607 487	994 354
一、按企业所在省市分列				
北京市	69	309	9 781	1 789
天津市	304	318	9 416	3 663
河北省		541	9 385	3 086
山西省		154	2 063	613
内蒙古自治区		360	5 346	1 812
辽宁省	8 854	1 293	48 110	30 499
黑龙江省		92	9 107	2 014
上海市	126 342	3 897	258 534	60 201
江苏省	47 977	8 908	266 534	88 324
浙江省	346 062	25 396	1 229 365	396 804
安徽省	61	409	11 873	7 770
福建省	1 726	936	9 573	7 491
江西省		263	896	627
山东省	10 580	4 713	66 855	168 480
河南省	2 020	390	2 693	1 432
湖北省	490	1 510	21 201	18 839
广东省	108 928	14 831	636 441	193 337
广西壮族自治区		174	2 396	1 383
重庆市	263	56	1 970	285
四川省	271	319	5 214	5 891
陕西省	42	14	736	15
二、按企业注册类型分列				
国有企业		755	14 938	6 379
集体企业	231	268	10 527	3 135
股份合作企业	2 131	509	7 245	2 783
国有独资公司	248	314	2 861	6 852
其他有限责任公司	32 314	6 232	165 445	57 004
股份有限公司	6 619	694	13 993	7 004
私营独资企业	5 665	3 202	45 439	128 001
私营合伙企业	7 299	976	16 545	8 221
私营有限责任公司	124 429	23 342	529 996	278 213
私营股份有限公司	8 640	884	27 743	26 770
其他内资企业		448	7 036	4 860
与港澳台商合资经营企业	36 035	3 154	207 770	57 730
与港澳台商合作经营企业	2 580	253	23 792	5 058
港澳台商独资企业	212 524	13 309	984 765	233 036
港澳台商投资股份有限公司		227	28 221	13 347
中外合资经营企业	31 158	2 629	119 778	38 135
中外合作经营企业		143	757	222
外资企业	182 937	7 493	397 891	117 168
外商投资股份有限公司	1 180	51	2 746	437
三、按企业规模分列				
大型企业	151 228	4 119	475 381	125 594
中型企业	184 062	15 301	730 094	294 802
小型企业	318 697	45 463	1 402 012	573 958
四、按企业控股情况分列				
国有控股	952	1 239	37 020	16 638
集体控股	6 876	1 226	37 194	10 494
私人控股	192 996	36 161	844 599	519 592
港澳台商控股	245 048	15 870	1 210 429	298 325
外商控股	197 038	9 023	444 739	136 941
其他	11 078	1 364	33 508	12 364

（续）

项　目	固定资产原价（万元）	固定资产净值（万元）	资产总计（万元）	流动负债合计（万元）
合计	1 311 467	856 252	3 907 463	1 904 482
一、按企业所在省市分列				
北京市	2 452	1 765	15 462	7 932
天津市	4 113	1 868	14 476	6 216
河北省	3 913	3 086	14 815	6 244
山西省	2 985	573	2 738	3 571
内蒙古自治区	1 305	694	7 317	7 433
辽宁省	31 614	23 261	86 253	25 935
黑龙江省	3 066	2 014	12 017	10 558
上海市	99 911	60 149	336 444	182 047
江苏省	124 739	83 484	389 527	224 665
浙江省	546 012	352 614	1 800 177	860 677
安徽省	8 400	6 840	22 983	13 925
福建省	9 985	6 789	20 261	5 376
江西省	791	627	1 524	57
山东省	174 129	132 142	250 287	30 746
河南省	1 758	1 431	4 270	1 737
湖北省	20 744	10 238	41 468	21 405
广东省	260 707	161 575	868 008	486 615
广西壮族自治区	1 249	912	4 219	3 292
重庆市	567	285	2 861	2 247
四川省	12 982	5 891	11 572	3 287
陕西省	46	15	787	519
二、按企业注册类型分列				
国有企业	16 255	6 323	21 379	10 904
集体企业	4 735	3 135	14 653	12 471
股份合作企业	6 274	2 728	13 155	6 243
国有独资公司	2 436	484	9 712	6 989
其他有限责任公司	81 839	49 016	241 924	123 167
股份有限公司	7 624	3 866	34 042	13 963
私营独资企业	141 885	104 702	182 258	39 186
私营合伙企业	9 966	6 733	30 224	15 361
私营有限责任公司	355 347	236 217	955 096	533 073
私营股份有限公司	26 029	17 954	58 580	13 956
其他内资企业	5 493	4 849	13 419	7 906
与港澳台商合资经营企业	66 500	42 531	281 575	150 490
与港澳台商合作经营企业	7 149	5 037	32 335	19 305
港澳台商独资企业	337 314	207 129	1 265 339	545 540
港澳台商投资股份有限公司	14 585	13 347	44 513	32 754
中外合资经营企业	44 976	36 960	165 940	91 062
中外合作经营企业	347	222	979	
外资企业	181 927	114 584	538 701	281 348
外商投资股份有限公司	786	437	3 640	763
三、按企业规模分列				
大型企业	169 896	106 752	628 599	199 432
中型企业	389 013	250 007	1 124 971	539 468
小型企业	752 559	499 492	2 153 893	1 165 582
四、按企业控股情况分列				
国有控股	24 572	10 215	58 613	39 378
集体控股	14 503	7 300	63 116	38 362
私人控股	640 067	436 282	1 553 561	759 282
港澳台商控股	411 825	257 349	1 575 536	722 550
外商控股	205 532	134 351	608 653	316 818
其他	14 969	10 754	47 984	28 093

（续）

项　　目	长期负债合计（万元）	负债合计（万元）	所有者权益合计（万元）	其中:实收资本（万元）
合计	91 642	2 029 823	1 875 001	764 206
一、按企业所在省市分列				
北京市	437	8 369	7 092	3 968
天津市		6 216	8 260	1 575
河北省		6 244	8 571	1 631
山西省		3 571	−834	3 324
内蒙古自治区		7 433	−116	1 724
辽宁省	7 243	33 178	53 075	18 638
黑龙江省		10 558	1 460	1 000
上海市	16 536	206 724	129 720	63 448
江苏省	6 205	234 120	155 406	95 546
浙江省	20 075	881 260	918 917	292 379
安徽省	1 096	16 839	6 144	3 427
福建省		5 596	14 665	6 578
江西省	240	297	1 227	1 227
山东省	2 684	47 030	203 257	102 626
河南省	286	2 023	2 247	745
湖北省	6 961	28 595	12 773	7 563
广东省	29 876	522 425	343 166	153 961
广西壮族自治区	2	3 294	920	615
重庆市		2 247	614	500
四川省		3 287	8 167	3 440
陕西省		519	268	291
二、按企业注册类型分列				
国有企业	6 306	17 210	4 169	4 660
集体企业	381	12 853	1 800	1 130
股份合作企业	156	6 656	6 399	3 379
国有独资公司	629	7 618	2 094	2 000
其他有限责任公司	10 326	142 625	98 983	28 009
股份有限公司		13 963	20 080	7 812
私营独资企业	1 521	46 642	135 498	78 474
私营合伙企业	289	15 672	14 552	10 787
私营有限责任公司	21 223	565 289	389 707	161 324
私营股份有限公司	2	15 754	42 822	9 685
其他内资企业	3 000	10 906	2 513	1 400
与港澳台商合资经营企业	14 843	165 694	115 881	49 494
与港澳台商合作经营企业		19 305	13 030	10 338
港澳台商独资企业	6 105	551 855	711 483	218 343
港澳台商投资股份有限公司	3 735	36 489	8 024	7 760
中外合资经营企业	130	92 060	73 880	35 394
中外合作经营企业		239	740	550
外资企业	22 998	308 232	230 468	132 403
外商投资股份有限公司		763	2 877	1 265
三、按企业规模分列				
大型企业		199 432	429 167	75 568
中型企业	35 243	575 226	549 745	202 340
小型企业	56 399	1 255 165	896 088	486 298
四、按企业控股情况分列				
国有控股	6 935	46 313	12 300	8 260
集体控股	480	39 100	24 016	10 930
私人控股	34 321	822 067	730 855	301 035
港澳台商控股	24 640	747 400	826 136	279 253
外商控股	22 998	344 571	264 082	157 751
其他	2 268	30 372	17 612	6 978

（续）

项　目	其中：					
	国家资本（万元）	集体资本（万元）	法人资本（万元）	个人资本（万元）	港澳台资本（万元）	外商资本（万元）
合计	2 276	6 325	82 642	260 212	237 056	175 694
一、按企业所在省市分列						
北京市			100	3 868		
天津市		105	600	870		
河北省			490	1 106	35	
山西省			3 324			
内蒙古自治区		1 724				
辽宁省			300	11 314	7 024	
黑龙江省			500	500		
上海市		332	1 088	4 312	5 153	52 564
江苏省		2 226	14 976	26 993	22 877	28 474
浙江省	234	259	37 526	81 393	127 421	45 548
安徽省		69	500	2 858		
福建省			162	2 088	3 954	374
江西省			1 227			
山东省		190	3 466	98 050	921	
河南省			1	744		
湖北省	185	1 421	5 072	466		420
广东省	1 727		11 572	24 182	69 673	46 808
广西壮族自治区			615			
重庆市				500		
四川省			1 124	970		1 346
陕西省	131					160
二、按企业注册类型分列						
国有企业	185		4 476			
集体企业			50	1 080		
股份合作企业		301	15	3 063		
国有独资公司			2 000			
其他有限责任公司	1 727	2 455	8 407	14 921	500	
股份有限公司			6 925	887		
私营独资企业			1 897	75 379	1 198	
私营合伙企业			618	10 169		
私营有限责任公司		3 237	22 898	134 103	72	1 014
私营股份有限公司			465	9 220		
其他内资企业			840	560		
与港澳台商合资经营企业	234		13 665	2 894	30 496	2 205
与港澳台商合作经营企业		332			10 006	
港澳台商独资企业			3 645		185 111	29 586
港澳台商投资股份有限公司				930	6 830	
中外合资经营企业	131		15 082	2 443	549	17 190
中外合作经营企业				550		
外资企业			1 660	3 912	1 235	125 595
外商投资股份有限公司				103	1 059	103
三、按企业规模分列						
大型企业					75 568	
中型企业		2 226	20 024	75 323	42 598	62 169
小型企业	2 276	4 099	62 618	184 889	118 890	113 525
四、按企业控股情况分列						
国有控股	185		8 076			
集体控股		301	7 175	3 453		
私人控股		5 692	40 243	247 970	3 534	3 596
港澳台商控股	234	332	14 153	1 004	231 738	31 792
外商控股	131		10 835	4 695	1 784	140 306
其他	1 727		2 161	3 090		

（续）

项目	主营业务收入（万元）	主营业务成本（万元）	主营业务税金及附加（万元）	营业费用（万元）
合计	4 158 119	3 340 121	15 269	177 477
一、按企业所在省市分列				
北京市	13 975	10 266	55	423
天津市	8 193	5 879	41	209
河北省	29 026	23 779	58	440
山西省	5 137	4 958	2	134
内蒙古自治区	2 353	2 046	9	13
辽宁省	91 078	66 281	998	4 987
黑龙江省	8 185	6 769	30	210
上海市	383 679	300 740	101	19 105
江苏省	446 882	370 080	1 294	16 204
浙江省	1 722 237	1 329 257	4 489	88 466
安徽省	16 183	14 505	32	520
福建省	44 546	37 669	362	1 166
江西省	8 009	5 526	27	280
山东省	394 322	339 045	5 073	10 862
河南省	13 903	12 264	106	211
湖北省	25 427	21 049	149	815
广东省	898 324	750 571	2 368	32 626
广西壮族自治区	4 266	3 714	6	179
重庆市	1 324	1 115	5	51
四川省	40 086	33 893	62	421
陕西省	987	716	3	154
二、按企业注册类型分列				
国有企业	7 703	7 546	27	364
集体企业	3 959	2 814	6	397
股份合作企业	32 440	27 320	254	1 774
国有独资公司	2 563	2 061	3	96
其他有限责任公司	309 895	261 390	1 669	10 976
股份有限公司	46 899	36 745	182	1 738
私营独资企业	220 355	183 379	756	5 497
私营合伙企业	36 492	31 997	117	910
私营有限责任公司	1 122 839	948 627	6 047	33 566
私营股份有限公司	57 761	43 071	473	1 190
其他内资企业	13 212	11 522	25	453
与港澳台商合资经营企业	270 226	213 173	134	13 786
与港澳台商合作经营企业	18 497	13 401	194	510
港澳台商独资企业	1 203 356	910 715	2 400	64 737
港澳台商投资股份有限公司	13 158	10 574	12	821
中外合资经营企业	182 374	152 092	193	5 063
中外合作经营企业	4 692	3 895	2	201
外资企业	609 007	477 481	2 774	35 317
外商投资股份有限公司	2 692	2 319	1	82
三、按企业规模分列				
大型企业	686 083	480 342	1 225	49 718
中型企业	960 118	756 947	1 786	40 973
小型企业	2 511 918	2 102 831	12 258	86 786
四、按企业控股情况分列				
国有控股	15 211	13 474	44	884
集体控股	52 017	42 027	205	2 279
私人控股	1 837 539	1 539 057	8 971	55 317
港澳台商控股	1 437 610	1 094 620	2 716	76 621
外商控股	719 985	570 393	2 873	38 900
其他	95 758	80 550	460	3 476

（续）

项　　目	管理费用（万元）	财务费用（万元）	利润总额（万元）	利税总额（万元）	产值利税率（%）
合计	249 477	29 990	394 991	519 916	12.04
一、按企业所在省市分列					
北京市	1 725	-6	1 795	2 553	17.60
天津市	1 289	49	797	1 290	15.34
河北省	674	105	3 308	3 781	12.26
山西省	352	11	3	260	14.36
内蒙古自治区	298	0	75	170	6.97
辽宁省	8 490	1 289	9 348	13 347	14.04
黑龙江省	275	0	908	1 202	14.55
上海市	30 010	1 969	34 140	37 925	10.33
江苏省	31 283	3 426	28 380	38 981	8.36
浙江省	99 854	14 241	205 483	256 298	14.25
安徽省	965	194	258	501	2.38
福建省	1 775	183	2 810	4 769	10.09
江西省	601	82	781	1 204	14.89
山东省	14 291	4 494	33 923	55 533	13.87
河南省	277	80	666	1 155	8.11
湖北省	2 681	94	-733	172	0.68
广东省	48 303	3 577	72 287	97 984	10.23
广西壮族自治区	520	33	10	93	1.61
重庆市	74	59	20	51	3.87
四川省	5 645	110	729	2 584	6.39
陕西省	95	1	2	63	6.44
二、按企业注册类型分列					
国有企业	1 517	38	-1 872	-1 461	-35.77
集体企业	1 012	246	-256	-250	-6.23
股份合作企业	1 491	15	1 603	2 345	6.43
国有独资公司	396	1	45	48	1.53
其他有限责任公司	17 326	2 445	18 857	30 297	9.25
股份有限公司	2 877	186	5 831	6 391	12.53
私营独资企业	14 766	3 081	13 573	23 970	10.58
私营合伙企业	1 567	128	1 866	3 034	7.90
私营有限责任公司	66 108	11 212	69 550	108 199	9.27
私营股份有限公司	2 555	439	8 553	11 108	18.51
其他内资企业	612	133	446	918	6.85
与港澳台商合资经营企业	17 448	2 941	25 245	34 354	11.87
与港澳台商合作经营企业	3 776	211	1 195	1 444	6.27
港澳台商独资企业	55 725	2 627	178 519	211 500	16.77
港澳台商投资股份有限公司	1 727	1 380	-957	-764	-4.77
中外合资经营企业	12 404	1 756	13 991	17 598	9.54
中外合作经营企业	242	2	385	645	13.74
外资企业	47 666	3 150	58 343	70 453	11.66
外商投资股份有限公司	262		75	87	3.38
三、按企业规模分列					
大型企业	28 595	1 862	130 983	151 661	20.97
中型企业	70 516	7 903	89 927	115 178	11.41
小型企业	150 366	20 225	174 082	253 077	9.79
四、按企业控股情况分列					
国有控股	2 646	510	-2 215	-1 620	-11.43
集体控股	4 423	494	3 784	4 442	7.75
私人控股	109 009	18 052	121 881	187 809	9.83
港澳台商控股	74 682	6 017	197 088	237 817	15.66
外商控股	53 676	4 315	67 844	81 600	11.40
其他	5 042	602	6 609	9 869	9.87

（续）

项　　目	主营业务收入利润率（%）	工业资金利税率（%）	流动资产周转率（次）	资产负债率（%）
合计	9.50	14.43	1.59	51.95
一、按企业所在省市分列				
北京市	12.84	22.07	1.43	54.13
天津市	9.73	9.86	0.87	42.94
河北省	11.40	30.32	3.09	42.15
山西省	0.06	9.71	2.49	130.45
内蒙古自治区	3.20	2.37	0.44	101.59
辽宁省	10.26	16.98	1.89	38.47
黑龙江省	11.09	10.81	0.90	87.85
上海市	8.90	11.90	1.48	61.44
江苏省	6.35	10.98	1.68	60.10
浙江省	11.93	15.76	1.40	48.95
安徽省	1.59	2.55	1.36	73.27
福建省	6.31	27.95	4.65	27.62
江西省	9.75	79.05	8.94	19.46
山东省	8.60	23.60	5.90	18.79
河南省	4.79	28.01	5.16	47.37
湖北省	−2.88	0.43	1.20	68.96
广东省	8.05	11.81	1.41	60.19
广西壮族自治区	0.24	2.46	1.78	78.08
重庆市	1.52	2.27	0.67	78.53
四川省	1.82	23.27	7.69	28.40
陕西省	0.24	8.44	1.34	65.92
二、按企业注册类型分列				
国有企业	−24.30	−6.85	0.52	80.50
集体企业	−6.47	−1.83	0.38	87.72
股份合作企业	4.94	23.38	4.48	50.60
国有独资公司	1.75	0.49	0.90	78.44
其他有限责任公司	6.09	13.62	1.87	58.95
股份有限公司	12.43	30.44	3.35	41.02
私营独资企业	6.16	13.82	4.85	25.59
私营合伙企业	5.11	12.25	2.21	51.85
私营有限责任公司	6.19	13.39	2.12	59.19
私营股份有限公司	14.81	20.38	2.08	26.89
其他内资企业	3.38	7.72	1.88	81.27
与港澳台商合资经营企业	9.34	12.94	1.30	58.85
与港澳台商合作经营企业	6.46	5.01	0.78	59.70
港澳台商独资企业	14.84	17.37	1.22	43.61
港澳台商投资股份有限公司	−7.27	−1.84	0.47	81.97
中外合资经营企业	7.67	11.14	1.52	55.48
中外合作经营企业	8.19	65.88	6.20	24.37
外资企业	9.58	13.68	1.53	57.22
外商投资股份有限公司	2.79	2.74	0.98	20.95
三、按企业规模分列				
大型企业	19.09	25.24	1.44	31.73
中型企业	9.37	11.24	1.32	51.13
小型企业	6.93	12.81	1.79	58.27
四、按企业控股情况分列				
国有控股	−14.56	−3.02	0.41	79.02
集体控股	7.27	9.31	1.40	61.95
私人控股	6.63	13.77	2.18	52.92
港澳台商控股	13.71	15.76	1.19	47.44
外商控股	9.42	14.03	1.62	56.61
其他	6.90	21.51	2.86	63.30

注：数据来源于中国塑料机械工业协会。表中数据由于四舍五入，合计数有微小出入。

1990～2010年塑料机械行业主要经济指标汇总

年份	企业数（家）	工业总产值（当年价）（亿元）	工业销售产值（亿元）	出口交货值（亿元）	工业增加值（亿元）	主营业务收入（亿元）	利润总额（亿元）	利税总额（亿元）	资产合计（亿元）	负债合计（亿元）	从业人员年平均人数（万人）	全员劳动生产率（元/人）
1990	259	11.16			3.21	10.05	0.47	0.98			5.19	6 185
1991	258	15.37			4.39	15.10	0.91	1.65			5.39	8 145
1992	252	23.41	22.27		7.07	30.94	0.09	1.22			5.79	12 214
1993	326	35.52	27.35		10.59	31.36	2.48	3.83	35.63	23.97	5.81	18 242
1994	316	38.20	33.97		10.85	27.17	1.56	3.01	42.76	27.28	4.71	18 962
1995	349	35.64			10.58	32.63	1.17	2.81	49.66	32.50	5.46	19 383
1996	379	47.29	43.86		11.60	39.92	1.82	3.57	55.31	34.86	6.04	19 205
1997	344	55.27	50.91		16.02	44.78	2.36	4.93	62.73	38.62	6.26	25 574
1998	166	53.69	48.81		13.79	47.23	2.63	4.74	69.51	45.47	3.87	35 608
1999	158	58.75	56.39		15.66	53.54	3.99	6.47	72.69	45.45	3.49	44 890
2000	170	73.25	69.24	5.30	19.29	66.44	5.74	8.78	94.02	57.53	3.99	48 312
2001	185	81.60	77.68	6.80	21.39	74.71	5.89	9.24	106.69	65.71	4.15	51 605
2002	215	116.40	111.27	10.00	30.66	105.79	10.43	14.70	130.69	79.77	4.14	74 092
2003	253	130.70	125.49	11.70	34.19	124.79	10.03	14.69	139.65	87.71	4.21	81 291
2004	410	184.98	187.02	28.04	45.71	180.84	16.40	22.35	197.55	111.78	5.46	83 718
2005	379	193.07	181.88	30.15	50.01	183.25	14.60	21.16	192.62	115.34	4.79	104 437
2006	413	221.33	216.08	42.82	57.68	215.66	18.18	25.58	212.12	128.15	5.05	114 102
2007	454	267.73	260.61	53.04	74.25	256.51	22.34	31.14	255.77	147.23	5.39	137 705
2008	546	267.36	251.89	59.45		247.78	16.25	23.74	286.78	165.49	6.07	
2009	544	268.07	260.28	37.70		259.70	18.20	27.15	315.39	170.79	5.60	
2010	565	431.70	413.34	65.40		415.81	39.50	51.99	390.75	202.98	6.49	

注：1. 1998年以前全国机械工业企业单位的统计口径分为两种，即产值产量部分为全国乡及乡以上工业企业，财务指标部分为全部独立核算工业企业资料；1998年年报国家统计局将上述两种口径统一调整为全部国有和年产品销售收入500万元以上的非国有工业企业；2007年调整为辖区内全部主营业务收入500万元及以上的工业法人企业。

2. 工业增加值指标在1993年以前为工业净产值。

3. 数据来源于中国机械工业联合会。

2011 年塑料机械出口情况统计

商品及国家(地区)名称	数量单位	出口量	出口额(万美元)
合计			256 518.24
注塑机(84771010)	台	24 721	82 373.78
孟加拉	台	371	1 335.16
文莱	台	1	0.85
缅甸	台	70	165.77
柬埔寨	台	7	14.77
塞浦路斯	台	1	1.25
朝鲜	台	15	111.93
中国香港	台	704	2 087.28
印度	台	568	2 149.22
印度尼西亚	台	1 444	5 424.71
伊朗	台	1 521	4 215.74
伊拉克	台	30	157.27
以色列	台	105	384.21
日本	台	647	2 322.91
约旦	台	65	141.64
老挝	台	4	12.85
黎巴嫩	台	29	74.32
马来西亚	台	915	3 303.19
马尔代夫	台	1	20.63
蒙古	台	1	2.69
尼泊尔	台	14	43.87
阿曼	台	10	33.08
巴基斯坦	台	1 086	654.43
巴勒斯坦	台	2	3.80
菲律宾	台	466	1 690.83
卡塔尔	台	6	5.23
沙特阿拉伯	台	171	689.53
新加坡	台	236	600.88
韩国	台	759	2 481.16
斯里兰卡	台	66	181.34
叙利亚	台	125	461.07
泰国	台	860	4 930.04
土耳其	台	1 542	7 733.80
阿拉伯联合酋长国	台	107	262.61
也门	台	7	12.98
越南	台	1 349	3 897.16

（续）

商品及国家（地区）名称	数量单位	出口量	出口额（万美元）
中国台湾	台	724	1 722.88
东帝汶	台	1	0.08
哈萨克斯坦	台	87	270.65
吉尔吉斯斯坦	台	22	73.78
塔吉克斯坦	台	39	136.25
土库曼斯坦	台	2	7.50
乌兹别克斯坦	台	143	430.29
阿尔及利亚	台	254	895.71
安哥拉	台	4	50.28
贝宁	台	3	13.26
喀麦隆	台	34	91.93
科摩罗	台	3	16.68
刚果	台	3	14.80
吉布提	台	14	32.60
埃及	台	317	1 144.00
赤道几内亚	台	1	0.33
埃塞俄比亚	台	65	149.46
加蓬	台	1	1.44
加纳	台	40	189.06
几内亚	台	1	1.12
科特迪瓦	台	19	78.92
肯尼亚	台	83	205.66
利比里亚	台	2	5.12
利比亚	台	3	7.22
马达加斯加	台	10	66.94
马拉维	台	26	107.72
马里	台	3	19.64
毛里塔尼亚	台	10	20.22
毛里求斯	台	1	3.52
摩洛哥	台	81	185.43
莫桑比克	台	13	55.34
纳米比亚	台	1	2.08
尼日利亚	台	181	719.20
卢旺达	台	2	4.00
塞内加尔	台	3	18.84
塞拉利昂	台	6	16.52
索马里	台	1	10.50
南非	台	294	1 443.00
苏丹	台	40	197.04
坦桑尼亚	台	1 745	93.66
多哥	台	18	112.89
突尼斯	台	107	322.51

（续）

商品及国家(地区)名称	数量单位	出口量	出口额（万美元）
乌干达	台	15	54.33
民主刚果	台	117	125.98
赞比亚	台	5	22.43
津巴布韦	台	11	46.18
莱索托	台	1	1.69
比利时	台	2	5.52
丹麦	台	2	2.32
英国	台	14	69.13
德国	台	188	830.76
法国	台	26	129.64
意大利	台	153	829.98
卢森堡	台	34	1 043.61
荷兰	台	22	84.30
希腊	台	9	56.47
葡萄牙	台	8	44.04
西班牙	台	63	328.71
阿尔巴尼亚	台	63	10.00
保加利亚	台	18	51.93
芬兰	台	26	72.03
匈牙利	台	28	150.07
波兰	台	169	853.28
罗马尼亚	台	25	147.73
瑞典	台	13	77.82
瑞士	台	1	1.68
爱沙尼亚	台	8	16.29
拉脱维亚	台	54	111.90
立陶宛	台	25	86.88
格鲁吉亚	台	7	57.03
阿塞拜疆	台	55	119.27
白俄罗斯	台	27	124.99
摩尔多瓦	台	3	5.73
俄罗斯	台	907	2 838.98
乌克兰	台	121	404.97
斯洛文尼亚	台	16	98.92
克罗地亚	台	4	5.42
捷克	台	27	276.95
斯洛伐克	台	8	28.67
塞尔维亚	台	39	136.75
阿根廷	台	431	1 686.31
玻利维亚	台	5	15.85
巴西	台	2 366	8 879.44
智利	台	101	323.02

（续）

商品及国家（地区）名称	数量单位	出口量	出口额（万美元）
哥伦比亚	台	266	803.98
哥斯达黎加	台	6	20.00
多米尼加	台	5	29.88
厄瓜多尔	台	78	248.85
危地马拉	台	8	24.58
圭亚那	台	2	5.00
洪都拉斯	台	6	10.96
墨西哥	台	406	1 815.69
尼加拉瓜	台	1	6.59
巴拿马	台	48	119.82
巴拉圭	台	18	43.04
秘鲁	台	169	469.75
圣卢西亚	台	4	0.93
萨尔瓦多	台	5	8.82
乌拉圭	台	13	42.63
委内瑞拉	台	239	767.35
加拿大	台	21	75.28
美国	台	379	2 306.53
澳大利亚	台	89	677.19
斐济	台	2	7.05
新西兰	台	27	86.11
其他注射机（84771090）	台	700	1 661.36
孟加拉	台	129	111.46
柬埔寨	台	1	2.85
中国香港	台	7	24.01
印度	台	12	48.74
印度尼西亚	台	57	170.44
伊朗	台	36	65.46
伊拉克	台	6	0.01
以色列	台	3	11.06
日本	台	10	36.79
约旦	台	4	0.91
马来西亚	台	9	28.40
巴基斯坦	台	37	62.60
菲律宾	台	8	8.14
沙特阿拉伯	台	24	11.88
新加坡	台	11	5.78
韩国	台	9	45.07
叙利亚	台	1	1.89
泰国	台	20	40.75
土耳其	台	68	230.82
阿拉伯联合酋长国	台	4	4.76

（续）

商品及国家(地区)名称	数量单位	出口量	出口额（万美元）
越南	台	20	42.91
中国台湾	台	16	17.19
哈萨克斯坦	台	5	20.60
乌兹别克斯坦	台	4	17.50
吉布提	台	6	9.60
埃及	台	9	7.91
埃塞俄比亚	台	5	0.06
肯尼亚	台	9	17.28
马达加斯加	台	1	6.00
摩洛哥	台	3	6.35
尼日利亚	台	3	6.57
南非	台	4	30.43
苏丹	台	5	28.48
坦桑尼亚	台	2	13.60
民主刚果	台	2	4.66
德国	台	10	46.48
荷兰	台	1	0.46
阿尔巴尼亚	台	1	5.40
奥地利	台	10	11.51
波兰	台	2	5.69
瑞典	台	1	0.09
拉脱维亚	台	1	9.00
亚美尼亚	台	1	0.22
白俄罗斯	台	1	4.04
俄罗斯	台	14	65.00
乌克兰	台	4	20.22
阿根廷	台	11	39.67
巴西	台	54	155.58
哥伦比亚	台	9	28.84
厄瓜多尔	台	9	37.17
危地马拉	台	2	4.77
墨西哥	台	1	14.62
秘鲁	台	6	39.60
委内瑞拉	台	3	8.41
美国	台	9	23.66
塑料造粒机(84772010)	台	3 109	5 548.19
巴林	台	2	4.02
孟加拉	台	25	42.21
缅甸	台	10	7.60
柬埔寨	台	3	1.86
朝鲜	台	14	10.60
中国香港	台	32	18.96

（续）

商品及国家（地区）名称	数量单位	出口量	出口额（万美元）
印度	台	148	306.16
印度尼西亚	台	207	145.21
伊朗	台	54	560.06
伊拉克	台	1	0.43
以色列	台	7	9.84
日本	台	38	96.87
约旦	台	6	10.45
科威特	台	5	5.60
老挝	台	1	0.50
黎巴嫩	台	3	3.41
马来西亚	台	94	184.43
蒙古	台	3	4.87
尼泊尔	台	11	15.33
巴基斯坦	台	41	47.33
菲律宾	台	26	35.36
卡塔尔	台	7	7.25
沙特阿拉伯	台	56	160.43
新加坡	台	33	108.92
韩国	台	38	62.47
斯里兰卡	台	20	22.95
叙利亚	台	8	22.36
泰国	台	65	207.59
土耳其	台	53	203.29
阿拉伯联合酋长国	台	21	20.61
也门	台	135	10.35
越南	台	433	388.07
中国台湾	台	62	184.51
哈萨克斯坦	台	19	35.13
吉尔吉斯斯坦	台	8	10.87
塔吉克斯坦	台	3	3.80
乌兹别克斯坦	台	38	128.66
阿尔及利亚	台	179	40.44
安哥拉	台	1	1.23
贝宁	台	1	2.59
喀麦隆	台	3	3.07
科摩罗	台	1	0.38
埃及	台	37	90.81
埃塞俄比亚	台	18	15.93
加纳	台	60	42.97
肯尼亚	台	10	8.17
马达加斯加	台	2	14.13
马拉维	台	4	4.45

（续）

商品及国家（地区）名称	数量单位	出口量	出口额（万美元）
毛里塔尼亚	台	1	2.95
毛里求斯	台	1	0.43
摩洛哥	台	6	12.27
莫桑比克	台	5	7.21
纳米比亚	台	1	2.81
尼日尔	台	1	0.53
尼日利亚	台	70	79.93
卢旺达	台	1	4.00
南非	台	60	86.82
苏丹	台	3	2.67
坦桑尼亚	台	20	19.73
多哥	台	1	0.43
突尼斯	台	24	22.64
乌干达	台	2	1.33
赞比亚	台	1	3.20
津巴布韦	台	1	0.08
莱索托	台	3	2.54
比利时	台	1	1.14
丹麦	台	5	0.79
英国	台	2	3.61
德国	台	49	35.18
法国	台	13	62.51
爱尔兰	台	2	3.20
意大利	台	5	20.82
希腊	台	80	23.51
西班牙	台	8	16.09
奥地利	台	1	0.12
保加利亚	台	4	50.32
芬兰	台	12	31.85
匈牙利	台	11	12.06
马耳他	台	2	13.19
波兰	台	16	82.58
罗马尼亚	台	15	40.01
瑞典	台	1	12.88
瑞士	台	1	3.62
拉脱维亚	台	2	13.85
立陶宛	台	9	38.76
格鲁吉亚	台	2	1.50
白俄罗斯	台	1	3.49
摩尔多瓦	台	1	7.46
俄罗斯	台	207	520.02
乌克兰	台	73	44.58

（续）

商品及国家(地区)名称	数量单位	出口量	出口额（万美元）
斯洛文尼亚	台	2	0.36
克罗地亚	台	1	1.56
捷克	台	2	6.65
塞尔维亚	台	3	22.37
阿根廷	台	32	96.23
玻利维亚	台	1	0.24
巴西	台	61	202.08
智利	台	17	42.37
哥伦比亚	台	8	22.68
古巴	台	14	0.49
多米尼加	台	3	11.41
厄瓜多尔	台	21	64.63
危地马拉	台	12	12.81
洪都拉斯	台	1	1.85
墨西哥	台	68	206.35
巴拿马	台	1	1.05
巴拉圭	台	3	3.46
秘鲁	台	20	44.21
萨尔瓦多	台	2	5.09
乌拉圭	台	1	0.27
委内瑞拉	台	7	27.50
加拿大	台	5	13.31
美国	台	44	143.30
澳大利亚	台	4	11.97
新西兰	台	6	0.70
其他挤出机(84772090)	台	6 054	21 734.95
阿富汗	台	5	58.22
巴林	台	2	11.10
孟加拉	台	38	190.00
文莱	台	4	0.82
缅甸	台	15	47.48
柬埔寨	台	12	66.00
塞浦路斯	台	2	4.28
朝鲜	台	15	65.87
中国香港	台	107	164.14
印度	台	531	1 865.00
印度尼西亚	台	310	1 306.97
伊朗	台	309	1 504.61
伊拉克	台	12	72.98
以色列	台	41	59.03
日本	台	65	371.91
约旦	台	56	93.29

（续）

商品及国家(地区)名称	数量单位	出口量	出口额（万美元）
科威特	台	1	9.26
老挝	台	3	5.82
黎巴嫩	台	12	21.54
马来西亚	台	322	814.30
蒙古	台	1	3.03
尼泊尔	台	4	14.57
巴基斯坦	台	43	126.24
菲律宾	台	62	185.30
卡塔尔	台	3	3.58
沙特阿拉伯	台	124	418.32
新加坡	台	30	118.89
韩国	台	68	197.83
斯里兰卡	台	13	34.64
叙利亚	台	27	160.71
泰国	台	317	1 914.00
土耳其	台	156	795.99
阿拉伯联合酋长国	台	56	222.19
也门	台	34	11.13
越南	台	626	1 244.42
中国台湾	台	112	447.22
哈萨克斯坦	台	126	603.76
吉尔吉斯斯坦	台	6	26.27
塔吉克斯坦	台	2	4.26
乌兹别克斯坦	台	74	193.80
阿尔及利亚	台	83	291.18
安哥拉	台	5	29.70
贝宁	台	1	3.40
博茨瓦那	台	1	8.72
喀麦隆	台	5	14.00
刚果	台	1	8.00
吉布提	台	7	75.52
埃及	台	121	419.08
埃塞俄比亚	台	7	7.82
加纳	台	12	28.20
科特迪瓦	台	1	5.50
肯尼亚	台	22	142.02
利比亚	台	2	43.47
马达加斯加	台	8	16.03
马拉维	台	1	8.70
毛里塔尼亚	台	3	9.54
毛里求斯	台	2	12.57
摩洛哥	台	18	51.49

（续）

商品及国家（地区）名称	数量单位	出口量	出口额（万美元）
莫桑比克	台	13	53.72
纳米比亚	台	1	0.78
尼日利亚	台	111	253.62
塞内加尔	台	2	16.12
南非	台	145	168.81
苏丹	台	9	170.87
坦桑尼亚	台	11	29.97
多哥	台	4	38.80
突尼斯	台	12	59.09
乌干达	台	3	5.81
赞比亚	台	7	10.99
津巴布韦	台	5	10.19
南苏丹共和国	台	2	6.00
比利时	台	7	14.78
丹麦	台	1	2.00
英国	台	13	110.79
德国	台	201	336.86
法国	台	5	13.01
意大利	台	12	49.01
荷兰	台	3	19.06
希腊	台	4	7.31
葡萄牙	台	4	8.79
西班牙	台	18	116.30
阿尔巴尼亚	台	1	29.14
奥地利	台	7	4.13
保加利亚	台	9	40.97
芬兰	台	20	29.45
匈牙利	台	29	50.41
马耳他	台	1	0.19
挪威	台	1	2.30
波兰	台	20	112.44
罗马尼亚	台	14	163.37
瑞典	台	9	8.74
瑞士	台	6	21.40
爱沙尼亚	台	5	36.41
拉脱维亚	台	4	79.69
立陶宛	台	6	15.73
格鲁吉亚	台	4	13.49
亚美尼亚	台	11	30.41
阿塞拜疆	台	2	9.25
白俄罗斯	台	5	57.90
摩尔多瓦	台	1	3.10

（续）

商品及国家（地区）名称	数量单位	出口量	出口额（万美元）
俄罗斯	台	457	1 954.44
乌克兰	台	111	195.86
克罗地亚	台	6	50.20
捷克	台	1	16.10
马其顿	台	2	99.63
塞尔维亚	台	1	11.98
黑山	台	1	30.55
阿根廷	台	70	202.90
玻利维亚	台	1	1.78
巴西	台	130	667.49
智利	台	58	140.00
哥伦比亚	台	26	164.45
哥斯达黎加	台	4	9.40
多米尼加	台	1	11.57
厄瓜多尔	台	7	43.77
危地马拉	台	3	6.73
洪都拉斯	台	4	14.19
墨西哥	台	38	197.61
尼加拉瓜	台	1	1.64
巴拿马	台	1	3.94
巴拉圭	台	1	0.23
秘鲁	台	25	128.41
萨尔瓦多	台	2	0.85
乌拉圭	台	9	29.64
委内瑞拉	台	40	121.93
加拿大	台	36	104.56
美国	台	137	485.83
澳大利亚	台	42	144.00
新西兰	台	44	38.02
巴布亚新几内亚	台	1	12.10
挤出吹塑机（84773010）	台	1 638	5 029.71
孟加拉	台	20	46.42
缅甸	台	5	20.14
柬埔寨	台	3	4.71
塞浦路斯	台	1	1.95
朝鲜	台	22	59.73
中国香港	台	47	255.75
印度	台	29	247.00
印度尼西亚	台	141	397.31
伊朗	台	54	767.27
伊拉克	台	10	30.06
以色列	台	7	19.33

（续）

商品及国家(地区)名称	数量单位	出口量	出口额（万美元）
日本	台	5	93.35
约旦	台	9	24.96
黎巴嫩	台	7	10.58
中国澳门	台	2	1.03
马来西亚	台	61	339.42
蒙古	台	15	29.08
尼泊尔	台	90	0.68
阿曼	台	2	9.50
巴基斯坦	台	7	24.43
菲律宾	台	9	94.86
卡塔尔	台	5	8.42
沙特阿拉伯	台	28	63.04
新加坡	台	10	5.15
韩国	台	3	139.00
斯里兰卡	台	15	41.43
叙利亚	台	11	15.14
泰国	台	34	279.37
土耳其	台	16	65.03
阿拉伯联合酋长国	台	39	48.47
也门	台	1	0.65
越南	台	157	234.27
中国台湾	台	6	23.33
哈萨克斯坦	台	70	54.20
吉尔吉斯斯坦	台	16	14.83
塔吉克斯坦	台	2	0.14
乌兹别克斯坦	台	47	77.80
阿尔及利亚	台	112	56.88
布隆迪	台	1	2.80
喀麦隆	台	5	15.24
佛得角	台	1	1.28
刚果	台	3	1.62
吉布提	台	4	13.75
埃及	台	63	110.96
埃塞俄比亚	台	14	13.57
加蓬	台	1	2.96
加纳	台	3	11.99
科特迪瓦	台	2	3.38
肯尼亚	台	7	7.67
利比里亚	台	4	6.92
利比亚	台	2	7.66
马拉维	台	3	3.43
马里	台	1	3.50

（续）

商品及国家(地区)名称	数量单位	出口量	出口额（万美元）
毛里塔尼亚	台	2	2.00
摩洛哥	台	11	38.37
莫桑比克	台	4	11.53
尼日利亚	台	35	51.64
塞拉利昂	台	2	6.67
南非	台	16	59.99
苏丹	台	21	29.28
坦桑尼亚	台	12	47.16
多哥	台	2	7.16
突尼斯	台	5	9.83
乌干达	台	2	7.94
赞比亚	台	1	0.96
津巴布韦	台	4	2.88
德国	台	1	1.20
法国	台	2	4.35
希腊	台	3	1.05
葡萄牙	台	1	1.30
西班牙	台	3	10.30
阿尔巴尼亚	台	1	3.65
芬兰	台	3	15.00
拉脱维亚	台	1	10.67
立陶宛	台	3	9.22
格鲁吉亚	台	1	2.28
白俄罗斯	台	2	17.55
俄罗斯	台	68	168.84
乌克兰	台	8	24.55
克罗地亚	台	2	11.50
阿根廷	台	19	33.14
玻利维亚	台	3	1.95
巴西	台	29	124.02
智利	台	16	101.32
哥伦比亚	台	16	61.25
多米尼加	台	1	0.70
厄瓜多尔	台	6	14.62
危地马拉	台	1	1.86
海地	台	4	8.05
洪都拉斯	台	2	12.88
墨西哥	台	15	67.81
巴拿马	台	1	2.85
巴拉圭	台	2	12.09
秘鲁	台	15	55.03
波多黎各	台	4	0.36

（续）

商品及国家（地区）名称	数量单位	出口量	出口额（万美元）
乌拉圭	台	1	1.55
委内瑞拉	台	30	98.28
美国	台	20	40.56
澳大利亚	台	3	21.24
斐济	台	2	1.66
注射吹塑机（84773020）	台	416	1 024.36
孟加拉	台	10	9.58
缅甸	台	2	1.61
塞浦路斯	台	1	0.87
朝鲜	台	1	0.55
中国香港	台	2	0.90
印度	台	42	53.68
印度尼西亚	台	14	58.90
伊朗	台	4	9.07
伊拉克	台	2	3.86
日本	台	7	84.02
约旦	台	1	3.18
黎巴嫩	台	1	1.65
马来西亚	台	13	17.05
尼泊尔	台	2	1.57
巴基斯坦	台	4	14.94
菲律宾	台	11	16.70
沙特阿拉伯	台	6	42.79
新加坡	台	1	6.86
韩国	台	1	21.36
斯里兰卡	台	9	5.89
泰国	台	21	88.70
土耳其	台	2	1.93
阿拉伯联合酋长国	台	9	27.75
越南	台	18	17.33
哈萨克斯坦	台	10	7.85
吉尔吉斯斯坦	台	1	0.65
塔吉克斯坦	台	1	3.17
阿尔及利亚	台	1	1.16
布隆迪	台	1	0.90
佛得角	台	1	1.20
刚果	台	1	0.53
埃及	台	12	29.22
埃塞俄比亚	台	6	10.75
加蓬	台	1	0.65
加纳	台	1	0.87
肯尼亚	台	10	37.74

（续）

商品及国家(地区)名称	数量单位	出口量	出口额（万美元）
马达加斯加	台	1	1.88
毛里求斯	台	1	1.20
摩洛哥	台	8	50.47
莫桑比克	台	3	2.65
尼日利亚	台	16	19.57
塞内加尔	台	3	1.80
塞拉利昂	台	3	7.22
南非	台	15	68.48
苏丹	台	1	1.20
乌干达	台	11	12.05
民主刚果	台	2	1.65
赞比亚	台	2	0.39
厄立特里亚	台	1	0.65
比利时	台	3	2.53
德国	台	1	5.23
意大利	台	2	1.20
匈牙利	台	1	0.16
白俄罗斯	台	1	1.50
俄罗斯	台	18	46.47
乌克兰	台	1	1.32
塞尔维亚	台	1	1.30
阿根廷	台	2	4.84
巴西	台	28	106.25
智利	台	16	12.89
哥伦比亚	台	1	2.11
危地马拉	台	1	5.80
墨西哥	台	6	44.38
巴拿马	台	1	0.63
秘鲁	台	2	1.24
萨尔瓦多	台	2	1.75
委内瑞拉	台	2	1.30
美国	台	25	16.00
澳大利亚	台	1	9.82
斐济	台	1	0.60
巴布亚新几内亚	台	3	2.40
其他吹塑机(84773090)	台	5 444	8 461.27
阿富汗	台	2	2.09
巴林	台	14	12.99
孟加拉	台	150	236.41
文莱	台	5	7.00
缅甸	台	67	91.85
柬埔寨	台	2	24.44

（续）

商品及国家（地区）名称	数量单位	出口量	出口额（万美元）
塞浦路斯	台	3	6.31
朝鲜	台	12	6.02
中国香港	台	9	4.11
印度	台	136	329.52
印度尼西亚	台	211	379.74
伊朗	台	224	396.52
伊拉克	台	79	51.89
以色列	台	22	28.81
日本	台	12	150.98
约旦	台	56	59.38
老挝	台	2	1.21
黎巴嫩	台	16	23.29
马来西亚	台	218	341.18
马尔代夫	台	2	21.86
蒙古	台	20	165.45
尼泊尔	台	28	20.64
阿曼	台	3	6.45
巴基斯坦	台	79	124.47
菲律宾	台	66	83.69
卡塔尔	台	23	12.76
沙特阿拉伯	台	89	215.07
新加坡	台	52	29.52
韩国	台	18	101.95
斯里兰卡	台	37	61.25
叙利亚	台	53	101.72
泰国	台	145	260.59
土耳其	台	17	24.98
阿拉伯联合酋长国	台	58	94.59
也门	台	62	26.20
越南	台	166	307.63
中国台湾	台	22	71.84
哈萨克斯坦	台	61	51.19
吉尔吉斯斯坦	台	24	43.31
塔吉克斯坦	台	3	1.67
土库曼斯坦	台	1	1.09
乌兹别克斯坦	台	55	89.70
阿尔及利亚	台	533	108.41
安哥拉	台	4	2.85
贝宁	台	7	15.68
博茨瓦那	台	6	12.66
喀麦隆	台	35	53.80
刚果	台	5	47.90

（续）

商品及国家（地区）名称	数量单位	出口量	出口额（万美元）
吉布提	台	6	5.41
埃及	台	355	183.32
赤道几内亚	台	1	0.55
埃塞俄比亚	台	33	77.27
加纳	台	61	74.44
几内亚	台	5	6.08
科特迪瓦	台	10	0.03
肯尼亚	台	62	144.00
利比里亚	台	2	1.68
利比亚	台	40	36.21
马达加斯加	台	6	5.17
马拉维	台	8	16.21
马里	台	3	5.12
毛里塔尼亚	台	6	6.10
毛里求斯	台	2	6.28
摩洛哥	台	61	62.55
莫桑比克	台	28	34.33
纳米比亚	台	1	4.28
尼日利亚	台	394	451.36
塞内加尔	台	3	12.89
塞舌尔	台	6	10.30
塞拉利昂	台	9	7.34
索马里	台	8	8.40
南非	台	172	286.60
苏丹	台	22	124.20
坦桑尼亚	台	10	64.34
多哥	台	8	18.92
突尼斯	台	37	60.05
乌干达	台	7	5.82
布基纳法索	台	1	1.08
民主刚果	台	7	19.88
赞比亚	台	7	7.61
津巴布韦	台	16	28.21
比利时	台	3	8.91
英国	台	2	8.26
德国	台	11	26.15
意大利	台	9	136.20
荷兰	台	1	2.50
希腊	台	16	25.55
葡萄牙	台	7	20.99
西班牙	台	15	38.79
阿尔巴尼亚	台	6	11.62

（续）

商品及国家(地区)名称	数量单位	出口量	出口额（万美元）
保加利亚	台	6	5.90
芬兰	台	68	98.91
匈牙利	台	1	0.54
马耳他	台	1	0.15
波兰	台	5	10.90
罗马尼亚	台	13	26.68
拉脱维亚	台	8	7.01
立陶宛	台	5	6.02
格鲁吉亚	台	27	28.34
亚美尼亚	台	5	2.93
阿塞拜疆	台	3	5.30
白俄罗斯	台	2	5.71
俄罗斯	台	151	296.78
乌克兰	台	46	57.00
斯洛文尼亚	台	1	1.93
克罗地亚	台	10	13.85
捷克	台	2	3.09
斯洛伐克	台	6	0.88
马其顿	台	3	5.52
塞尔维亚	台	4	17.00
黑山	台	1	1.25
阿根廷	台	24	38.28
玻利维亚	台	6	16.04
巴西	台	101	191.18
智利	台	30	79.54
哥伦比亚	台	60	77.53
多米尼克	台	4	10.11
哥斯达黎加	台	6	14.63
多米尼加	台	9	16.80
厄瓜多尔	台	14	29.60
格林纳达	台	1	1.10
危地马拉	台	15	42.38
圭亚那	台	2	2.69
海地	台	17	66.69
洪都拉斯	台	6	13.10
牙买加	台	7	2.92
墨西哥	台	46	81.61
尼加拉瓜	台	1	2.98
巴拿马	台	13	16.71
巴拉圭	台	21	12.64
秘鲁	台	55	93.47
波多黎各	台	3	4.45

（续）

商品及国家(地区)名称	数量单位	出口量	出口额（万美元）
圣卢西亚	台	1	1.79
圣马丁岛	台	1	2.47
萨尔瓦多	台	3	5.03
苏里南	台	8	9.71
特立尼达和多巴哥	台	12	22.01
乌拉圭	台	15	19.87
委内瑞拉	台	71	158.92
荷属安地列斯群岛	台	1	37.82
加拿大	台	7	16.98
美国	台	99	334.16
澳大利亚	台	6	11.49
新西兰	台	20	11.01
所罗门群岛	台	1	1.56
萨摩亚	台	7	0.59
密克罗尼西亚联邦	台	1	1.29
法属波利尼西亚	台	1	48.37
塑料中空成型机(84774010)	台	1 320	3 752.87
孟加拉	台	11	26.70
缅甸	台	15	53.89
柬埔寨	台	6	4.06
塞浦路斯	台	1	3.35
朝鲜	台	1	2.36
中国香港	台	5	1.48
印度	台	60	153.93
印度尼西亚	台	71	441.66
伊朗	台	45	167.80
伊拉克	台	10	14.94
以色列	台	2	5.11
日本	台	25	3.49
约旦	台	16	29.33
黎巴嫩	台	9	28.35
马来西亚	台	27	95.77
蒙古	台	4	0.40
巴基斯坦	台	16	133.19
巴勒斯坦	台	2	6.38
菲律宾	台	18	12.52
沙特阿拉伯	台	19	81.16
新加坡	台	14	14.31
韩国	台	12	34.78
斯里兰卡	台	6	20.68
叙利亚	台	13	56.25
泰国	台	35	43.07

（续）

商品及国家（地区）名称	数量单位	出口量	出口额（万美元）
土耳其	台	9	29.78
阿拉伯联合酋长国	台	17	46.60
也门	台	1	0.94
越南	台	25	59.60
中国台湾	台	11	1.40
哈萨克斯坦	台	7	14.58
塔吉克斯坦	台	1	6.70
乌兹别克斯坦	台	8	9.08
阿尔及利亚	台	11	87.49
安哥拉	台	1	4.99
喀麦隆	台	2	8.62
刚果	台	1	2.50
埃及	台	8	26.51
赤道几内亚	台	1	4.21
加纳	台	5	27.63
科特迪瓦	台	5	41.21
肯尼亚	台	7	18.08
马拉维	台	1	7.27
毛里塔尼亚	台	8	5.12
摩洛哥	台	4	8.77
莫桑比克	台	7	3.73
纳米比亚	台	1	0.45
尼日尔	台	1	1.76
尼日利亚	台	41	192.01
南非	台	18	70.29
苏丹	台	12	22.27
坦桑尼亚	台	11	19.45
突尼斯	台	1	3.29
乌干达	台	6	10.03
布基纳法索	台	1	1.12
民主刚果	台	4	11.23
赞比亚	台	6	20.19
津巴布韦	台	1	1.85
英国	台	16	68.98
德国	台	14	218.59
法国	台	4	0.43
荷兰	台	1	1.28
葡萄牙	台	1	11.95
西班牙	台	4	19.92
阿尔巴尼亚	台	3	3.09
匈牙利	台	2	6.18
马耳他	台	1	5.00

（续）

商品及国家(地区)名称	数量单位	出口量	出口额(万美元)
波兰	台	3	43.20
爱沙尼亚	台	1	7.92
拉脱维亚	台	1	2.70
格鲁吉亚	台	3	1.21
亚美尼亚	台	1	3.50
阿塞拜疆	台	4	7.50
白俄罗斯	台	1	7.40
摩尔多瓦	台	1	0.92
俄罗斯	台	20	136.36
乌克兰	台	1	4.00
克罗地亚	台	1	6.86
塞尔维亚	台	2	17.45
黑山	台	1	0.39
阿根廷	台	13	56.54
玻利维亚	台	8	21.97
巴西	台	29	73.64
智利	台	8	40.51
哥伦比亚	台	21	120.72
多米尼克	台	1	16.20
哥斯达黎加	台	1	10.05
厄瓜多尔	台	5	56.81
洪都拉斯	台	2	7.07
墨西哥	台	14	124.74
巴拉圭	台	11	20.27
秘鲁	台	11	42.32
乌拉圭	台	4	22.91
委内瑞拉	台	16	65.11
美国	台	393	175.97
澳大利亚	台	10	111.76
新西兰	台	1	7.73
塑料压延成型机(84774020)	台	1 336	1 728.07
孟加拉	台	4	4.78
缅甸	台	2	1.35
柬埔寨	台	14	2.50
朝鲜	台	5	0.77
中国香港	台	31	4.08
印度	台	15	473.46
印度尼西亚	台	38	33.84
伊朗	台	5	14.16
以色列	台	2	1.45
日本	台	1	1.13
约旦	台	4	0.56

（续）

商品及国家(地区)名称	数量单位	出口量	出口额（万美元）
科威特	台	1	4.17
黎巴嫩	台	1	3.17
马来西亚	台	32	99.12
蒙古	台	15	4.79
菲律宾	台	78	1.21
沙特阿拉伯	台	3	97.29
新加坡	台	37	30.12
韩国	台	11	8.38
斯里兰卡	台	70	14.00
叙利亚	台	1	19.27
泰国	台	25	256.78
土耳其	台	24	185.93
阿拉伯联合酋长国	台	13	12.66
越南	台	18	36.70
中国台湾	台	8	33.78
哈萨克斯坦	台	56	29.78
塔吉克斯坦	台	1	2.46
土库曼斯坦	台	1	13.78
乌兹别克斯坦	台	9	2.95
阿尔及利亚	台	3	9.85
安哥拉	台	1	0.00
加纳	台	5	0.95
肯尼亚	台	6	0.21
毛里求斯	台	10	0.07
尼日利亚	台	5	6.28
南非	台	207	1.97
苏丹	台	3	0.34
坦桑尼亚	台	5	20.73
英国	台	1	10.76
德国	台	96	27.42
法国	台	2	0.93
意大利	台	5	0.94
荷兰	台	50	0.68
希腊	台	8	0.10
西班牙	台	2	0.27
保加利亚	台	1	0.04
芬兰	台	4	4.47
匈牙利	台	1	0.13
波兰	台	5	0.73
爱沙尼亚	台	2	0.21
拉脱维亚	台	30	0.45
立陶宛	台	20	0.18

（续）

商品及国家(地区)名称	数量单位	出口量	出口额（万美元）
格鲁吉亚	台	2	2.75
亚美尼亚	台	1	0.02
白俄罗斯	台	1	27.56
俄罗斯	台	45	28.07
乌克兰	台	7	7.99
斯洛文尼亚	台	1	0.06
捷克	台	2	5.96
塞尔维亚	台	12	0.25
阿根廷	台	2	4.91
巴西	台	5	30.04
智利	台	1	0.06
哥伦比亚	台	2	0.19
厄瓜多尔	台	1	1.57
危地马拉	台	12	0.00
洪都拉斯	台	2	7.20
墨西哥	台	11	2.53
巴拉圭	台	18	0.57
秘鲁	台	3	4.19
乌拉圭	台	1	3.18
委内瑞拉	台	62	1.12
加拿大	台	56	0.49
美国	台	45	54.06
澳大利亚	台	6	62.29
斐济	台	1	0.04
新西兰	台	20	0.48
法属波利尼西亚	台	20	0.28
其他真空模塑机及其他热成型机器(84774090)	台	3 587	5 317.77
孟加拉	台	93	106.19
缅甸	台	16	27.35
柬埔寨	台	2	3.76
塞浦路斯	台	1	0.65
朝鲜	台	17	12.35
中国香港	台	58	14.90
印度	台	259	305.38
印度尼西亚	台	210	277.11
伊朗	台	84	167.15
伊拉克	台	10	23.68
以色列	台	4	2.35
日本	台	189	428.17
约旦	台	8	23.47
科威特	台	1	14.47
黎巴嫩	台	4	3.45

（续）

商品及国家(地区)名称	数量单位	出口量	出口额（万美元）
马来西亚	台	50	88.46
蒙古	台	43	51.51
阿曼	台	2	1.26
巴基斯坦	台	38	175.40
菲律宾	台	26	84.87
卡塔尔	台	7	1.63
沙特阿拉伯	台	15	32.88
新加坡	台	41	8.38
韩国	台	74	170.00
斯里兰卡	台	9	17.10
叙利亚	台	27	51.12
泰国	台	171	418.58
土耳其	台	34	93.44
阿拉伯联合酋长国	台	16	20.68
越南	台	144	223.15
中国台湾	台	126	271.59
哈萨克斯坦	台	56	97.66
吉尔吉斯斯坦	台	2	3.11
土库曼斯坦	台	3	16.10
乌兹别克斯坦	台	69	38.29
阿尔及利亚	台	29	48.10
喀麦隆	台	5	4.29
吉布提	台	1	0.03
埃及	台	25	203.27
埃塞俄比亚	台	3	1.59
加纳	台	19	8.70
几内亚	台	1	0.36
肯尼亚	台	15	44.98
利比亚	台	1	1.10
马里	台	3	0.00
毛里求斯	台	1	0.17
摩洛哥	台	1	0.16
莫桑比克	台	2	6.14
尼日利亚	台	27	56.10
南非	台	54	43.00
苏丹	台	2	2.51
坦桑尼亚	台	2	5.00
突尼斯	台	1	0.60
乌干达	台	3	7.96
赞比亚	台	3	9.78
比利时	台	17	177.46
丹麦	台	2	0.29

（续）

商品及国家（地区）名称	数量单位	出口量	出口额（万美元）
英国	台	47	11.59
德国	台	12	55.77
法国	台	10	0.40
意大利	台	3	2.05
荷兰	台	10	56.78
希腊	台	2	0.74
葡萄牙	台	2	0.50
西班牙	台	104	0.50
阿尔巴尼亚	台	4	4.68
保加利亚	台	8	14.53
匈牙利	台	4	253.61
马耳他	台	2	0.97
挪威	台	1	0.62
波兰	台	72	23.75
罗马尼亚	台	2	12.46
瑞典	台	15	2.18
爱沙尼亚	台	3	0.43
拉脱维亚	台	11	12.06
立陶宛	台	15	34.88
格鲁吉亚	台	4	11.00
亚美尼亚	台	2	3.80
阿塞拜疆	台	1	3.23
摩尔多瓦	台	1	0.49
俄罗斯	台	186	172.33
乌克兰	台	7	12.79
斯洛文尼亚	台	1	0.50
克罗地亚	台	5	10.39
捷克	台	1	0.01
黑山	台	2	1.80
阿根廷	台	18	31.32
玻利维亚	台	3	29.76
巴西	台	39	164.51
智利	台	127	37.28
哥伦比亚	台	10	20.00
哥斯达黎加	台	3	1.87
多米尼加	台	1	1.12
厄瓜多尔	台	3	6.95
危地马拉	台	2	2.77
洪都拉斯	台	1	1.01
墨西哥	台	119	116.10
尼加拉瓜	台	5	11.09
巴拿马	台	1	1.45

（续）

商品及国家（地区）名称	数量单位	出口量	出口额（万美元）
巴拉圭	台	1	3.10
秘鲁	台	26	67.97
波多黎各	台	1	1.79
乌拉圭	台	7	8.87
委内瑞拉	台	10	29.06
加拿大	台	8	11.83
美国	台	283	105.37
澳大利亚	台	12	53.36
新西兰	台	244	9.45
用于充气轮胎模塑或翻新的机器及内胎模塑或用其他方法成型的机器（84775100）	台	1 040	3 844.86
孟加拉	台	26	28.05
缅甸	台	4	1.30
朝鲜	台	3	0.07
中国香港	台	2	7.01
印度	台	10	35.50
印度尼西亚	台	43	170.35
伊朗	台	201	9.60
日本	台	15	45.44
老挝	台	1	1.19
马来西亚	台	9	103.35
蒙古	台	16	5.51
尼泊尔	台	3	0.70
巴基斯坦	台	32	32.09
菲律宾	台	16	4.99
沙特阿拉伯	台	4	31.00
新加坡	台	15	15.55
韩国	台	4	29.00
泰国	台	50	860.69
土耳其	台	7	24.05
阿拉伯联合酋长国	台	36	17.04
越南	台	4	37.96
中国台湾	台	7	22.73
哈萨克斯坦	台	15	13.96
土库曼斯坦	台	1	0.13
安哥拉	台	8	3.20
博茨瓦那	台	1	5.80
吉布提	台	9	8.32
埃及	台	90	0.31
南非	台	7	45.18
坦桑尼亚	台	16	10.03
津巴布韦	台	20	8.56

（续）

商品及国家(地区)名称	数量单位	出口量	出口额（万美元）
爱尔兰	台	11	2.78
意大利	台	2	52.76
罗马尼亚	台	13	5.84
爱沙尼亚	台	2	5.57
拉脱维亚	台	6	2.79
立陶宛	台	7	3.81
白俄罗斯	台	14	746.92
俄罗斯	台	36	105.02
乌克兰	台	2	8.96
巴西	台	23	1 226.88
智利	台	30	7.45
厄瓜多尔	台	34	5.25
危地马拉	台	23	4.57
洪都拉斯	台	4	0.40
墨西哥	台	4	0.11
巴拿马	台	14	0.21
加拿大	台	31	44.75
美国	台	105	39.42
斐济	台	2	2.56
新西兰	台	2	0.15
其他模塑或成型机器(84775900)	台	3 340	9 827.43
阿富汗	台	6	13.50
巴林	台	1	0.42
孟加拉	台	28	83.38
缅甸	台	7	15.57
柬埔寨	台	16	22.09
朝鲜	台	17	24.58
中国香港	台	96	68.98
印度	台	429	2 208.70
印度尼西亚	台	295	1 675.43
伊朗	台	223	313.10
伊拉克	台	3	0.14
以色列	台	4	13.51
日本	台	33	42.19
约旦	台	5	5.71
科威特	台	1	0.39
黎巴嫩	台	40	29.35
中国澳门	台	1	0.64
马来西亚	台	75	95.15
蒙古	台	8	9.44
尼泊尔	台	1	2.61
阿曼	台	5	4.49

（续）

商品及国家(地区)名称	数量单位	出口量	出口额（万美元）
巴基斯坦	台	57	119.14
菲律宾	台	49	30.32
卡塔尔	台	6	0.27
沙特阿拉伯	台	7	53.27
新加坡	台	134	24.69
韩国	台	31	133.14
斯里兰卡	台	5	1.69
叙利亚	台	13	54.95
泰国	台	46	583.30
土耳其	台	53	160.88
阿拉伯联合酋长国	台	8	8.74
也门	台	1	3.62
越南	台	308	419.26
中国台湾	台	170	398.38
哈萨克斯坦	台	24	61.35
吉尔吉斯斯坦	台	2	1.59
塔吉克斯坦	台	2	0.60
乌兹别克斯坦	台	8	24.56
阿尔及利亚	台	12	36.35
喀麦隆	台	1	0.80
佛得角	台	5	1.05
吉布提	台	2	3.08
埃及	台	29	91.53
埃塞俄比亚	台	22	172.33
加纳	台	1	1.03
科特迪瓦	台	10	33.28
肯尼亚	台	19	219.30
马达加斯加	台	2	1.85
毛里求斯	台	2	2.08
摩洛哥	台	3	6.60
莫桑比克	台	36	6.11
纳米比亚	台	1	30.80
尼日利亚	台	18	50.70
南非	台	6	7.40
苏丹	台	3	28.44
坦桑尼亚	台	5	0.09
突尼斯	台	6	24.11
乌干达	台	2	2.72
民主刚果	台	23	1.42
赞比亚	台	3	8.47
津巴布韦	台	2	1.05
厄立特里亚	台	1	2.20

（续）

商品及国家(地区)名称	数量单位	出口量	出口额（万美元）
英国	台	30	7.88
德国	台	6	2.36
爱尔兰	台	1	1.13
意大利	台	8	4.24
荷兰	台	1	10.09
希腊	台	3	1.15
葡萄牙	台	2	26.98
西班牙	台	9	29.80
阿尔巴尼亚	台	1	2.98
奥地利	台	1	7.93
芬兰	台	32	16.80
匈牙利	台	1	3.03
波兰	台	4	6.85
罗马尼亚	台	107	69.13
瑞士	台	1	0.32
拉脱维亚	台	3	2.50
立陶宛	台	19	30.88
格鲁吉亚	台	7	1.56
亚美尼亚	台	4	5.80
阿塞拜疆	台	1	1.73
俄罗斯	台	102	239.34
乌克兰	台	49	32.03
斯洛文尼亚	台	1	3.30
克罗地亚	台	12	15.42
捷克	台	1	9.57
斯洛伐克	台	4	0.25
阿根廷	台	49	119.47
玻利维亚	台	1	7.11
巴西	台	102	904.66
智利	台	27	36.18
哥伦比亚	台	19	79.89
哥斯达黎加	台	5	4.85
多米尼加	台	4	1.59
厄瓜多尔	台	32	13.25
危地马拉	台	2	16.65
洪都拉斯	台	1	2.27
牙买加	台	5	2.04
墨西哥	台	18	66.18
秘鲁	台	25	47.99
特立尼达和多巴哥	台	1	25.74
委内瑞拉	台	32	150.90
加拿大	台	8	50.78

（续）

商品及国家（地区）名称	数量单位	出口量	出口额（万美元）
美国	台	162	316.49
澳大利亚	台	4	6.06
新西兰	台	1	0.37
其他机器（84778000）	台	91 329	69 821.61
阿富汗	台	1	0.48
巴林	台	66	60.26
孟加拉	台	778	800.44
文莱	台	37	32.31
缅甸	台	248	590.58
柬埔寨	台	77	73.15
塞浦路斯	台	18	25.89
朝鲜	台	286	155.81
中国香港	台	1 066	318.32
印度	台	6 320	7 831.69
印度尼西亚	台	4 426	6 083.57
伊朗	台	3 069	2 695.82
伊拉克	台	93	174.01
以色列	台	434	192.85
日本	台	3 822	1 835.81
约旦	台	283	204.84
科威特	台	165	27.03
老挝	台	41	140.80
黎巴嫩	台	150	135.48
中国澳门	台	20	12.06
马来西亚	台	3 510	1 839.37
马尔代夫	台	23	3.95
蒙古	台	49	42.41
尼泊尔	台	21	7.74
阿曼	台	81	80.85
巴基斯坦	台	1 064	652.82
巴勒斯坦	台	19	9.40
菲律宾	台	766	729.12
卡塔尔	台	114	82.23
沙特阿拉伯	台	1 112	845.72
新加坡	台	798	309.40
韩国	台	2 106	1 480.95
斯里兰卡	台	592	244.36
叙利亚	台	339	260.00
泰国	台	4 613	7 332.22
土耳其	台	4 236	2 234.90
阿拉伯联合酋长国	台	981	523.13
也门	台	132	40.18

（续）

商品及国家（地区）名称	数量单位	出口量	出口额（万美元）
越南	台	2 990	3 265.18
中国台湾	台	1 279	1 766.15
哈萨克斯坦	台	992	190.59
吉尔吉斯斯坦	台	65	24.25
塔吉克斯坦	台	13	67.81
土库曼斯坦	台	40	7.85
乌兹别克斯坦	台	197	327.44
阿尔及利亚	台	915	416.00
安哥拉	台	139	43.94
贝宁	台	78	5.94
博茨瓦那	台	15	7.30
喀麦隆	台	29	102.68
佛得角	台	7	0.99
乍得	台	2	4.65
科摩罗	台	3	1.79
刚果	台	21	12.90
吉布提	台	44	26.83
埃及	台	1 081	1 423.95
赤道几内亚	台	16	11.59
埃塞俄比亚	台	98	102.69
加蓬	台	6	10.40
冈比亚	台	2	1.08
加纳	台	360	199.02
几内亚	台	8	3.48
科特迪瓦	台	19	38.26
肯尼亚	台	1 507	230.78
利比里亚	台	4	7.14
利比亚	台	9	6.58
马达加斯加	台	25	28.78
马拉维	台	14	11.07
马里	台	2	3.85
毛里塔尼亚	台	32	14.92
毛里求斯	台	18	16.80
摩洛哥	台	680	105.46
莫桑比克	台	29	12.45
纳米比亚	台	9	19.88
尼日尔	台	3	0.81
尼日利亚	台	981	1 077.30
卢旺达	台	1	2.70
塞内加尔	台	17	5.25
塞拉利昂	台	7	1.09
索马里	台	5	4.52

（续）

商品及国家（地区）名称	数量单位	出口量	出口额（万美元）
南非	台	1 395	707.32
苏丹	台	673	67.14
坦桑尼亚	台	985	181.68
多哥	台	49	44.38
突尼斯	台	266	200.02
乌干达	台	22	15.50
布基纳法索	台	2	0.21
民主刚果	台	24	34.37
赞比亚	台	21	13.99
津巴布韦	台	25	41.42
莱索托	台	5	3.93
厄立特里亚	台	2	1.80
南苏丹共和国	台	1	0.50
比利时	台	94	230.46
丹麦	台	273	23.48
英国	台	303	389.94
德国	台	2 054	1 881.67
法国	台	278	144.00
爱尔兰	台	12	2.95
意大利	台	1 156	298.52
卢森堡	台	4	0.47
荷兰	台	328	131.69
希腊	台	105	52.86
葡萄牙	台	70	116.59
西班牙	台	465	249.23
阿尔巴尼亚	台	116	53.62
奥地利	台	271	40.09
保加利亚	台	52	103.57
芬兰	台	158	310.29
匈牙利	台	193	56.97
冰岛	台	2	0.28
马耳他	台	14	6.99
挪威	台	27	3.25
波兰	台	531	241.37
罗马尼亚	台	283	354.69
瑞典	台	628	29.56
瑞士	台	15	2.87
爱沙尼亚	台	318	32.63
拉脱维亚	台	207	124.70
立陶宛	台	231	54.88
格鲁吉亚	台	90	112.97
亚美尼亚	台	85	26.43

（续）

商品及国家（地区）名称	数量单位	出口量	出口额（万美元）
阿塞拜疆	台	9	7.46
白俄罗斯	台	62	447.22
摩尔多瓦	台	2	1.64
俄罗斯	台	4 540	2 718.59
乌克兰	台	878	488.99
斯洛文尼亚	台	54	30.52
克罗地亚	台	100	68.65
捷克	台	82	59.79
斯洛伐克	台	101	21.42
马其顿	台	8	5.83
波斯尼亚—黑塞哥维那	台	5	19.26
塞尔维亚	台	47	11.18
黑山	台	7	1.35
阿根廷	台	2 008	741.22
巴哈马	台	5	13.73
巴巴多斯	台	4	0.92
玻利维亚	台	209	83.11
巴西	台	9 134	3 712.92
智利	台	632	541.13
哥伦比亚	台	658	396.31
多米尼克	台	2	0.64
哥斯达黎加	台	40	18.62
古巴	台	9	0.87
多米尼加	台	177	99.70
厄瓜多尔	台	247	237.75
危地马拉	台	207	73.66
圭亚那	台	229	5.56
海地	台	8	1.90
洪都拉斯	台	187	38.51
牙买加	台	33	6.43
墨西哥	台	862	1 290.37
尼加拉瓜	台	9	5.46
巴拿马	台	52	35.43
巴拉圭	台	189	23.40
秘鲁	台	490	599.92
波多黎各	台	17	7.91
圣卢西亚	台	1	0.07
萨尔瓦多	台	34	4.59
苏里南	台	5	4.46
特立尼达和多巴哥	台	10	28.41
乌拉圭	台	105	95.68
委内瑞拉	台	446	424.67

（续）

商品及国家(地区)名称	数量单位	出口量	出口额(万美元)
加拿大	台	293	282.43
美国	台	2 415	2 182.66
澳大利亚	台	1 026	756.00
斐济	台	50	1.22
新喀里多尼亚	台	1	2.16
新西兰	台	73	82.55
巴布亚新几内亚	台	13	26.33
所罗门群岛	台	1	0.15
法属波利尼西亚	台	2	1.25
8477 所列机器的零件(84779000)	kg	115 020 566	36 392.02
阿富汗	kg	6	0.01
巴林	kg	11 977	13.34
孟加拉	kg	96 564	132.95
不丹	kg	4	0.06
文莱	kg	920	0.11
缅甸	kg	34 461	30.49
柬埔寨	kg	9 703	15.83
塞浦路斯	kg	529	0.27
朝鲜	kg	4 200	1.85
中国香港	kg	563 210	710.21
印度	kg	9 563 813	2 828.27
印度尼西亚	kg	1 296 059	609.62
伊朗	kg	383 397	278.34
伊拉克	kg	42 654	14.22
以色列	kg	88 689	74.48
日本	kg	18 839 159	6 240.31
约旦	kg	57 912	28.08
科威特	kg	7 093	7.22
老挝	kg	494	6.23
黎巴嫩	kg	24 454	20.89
中国澳门	kg	28 711	6.72
马来西亚	kg	736 329	522.51
马尔代夫	kg	218	1.11
蒙古	kg	8 194	2.70
尼泊尔	kg	1 539	1.83
阿曼	kg	2 220	1.78
巴基斯坦	kg	268 099	161.88
巴勒斯坦	kg	4 398	1.74
菲律宾	kg	198 717	114.10
卡塔尔	kg	2 745	3.88
沙特阿拉伯	kg	117 817	111.17
新加坡	kg	179 099	335.27

（续）

商品及国家（地区）名称	数量单位	出口量	出口额（万美元）
韩国	kg	12 402 780	2 340.95
斯里兰卡	kg	130 966	95.88
叙利亚	kg	55 981	31.24
泰国	kg	1 291 489	893.98
土耳其	kg	459 526	319.68
阿拉伯联合酋长国	kg	161 822	106.34
也门	kg	18 813	2.70
越南	kg	1 657 246	786.07
中国台湾	kg	21 370 374	3 362.68
哈萨克斯坦	kg	49 870	22.56
吉尔吉斯斯坦	kg	2 714	1.89
塔吉克斯坦	kg	34 100	15.81
乌兹别克斯坦	kg	44 024	14.96
阿尔及利亚	kg	103 370	31.46
安哥拉	kg	1 880	6.20
贝宁	kg	10 050	2.08
博茨瓦那	kg	2 015	1.96
喀麦隆	kg	900	0.77
吉布提	kg	42 157	5.95
埃及	kg	256 582	142.57
埃塞俄比亚	kg	32 534	14.85
加蓬	kg	440	0.32
加纳	kg	30 148	11.01
几内亚	kg	37	0.16
科特迪瓦	kg	4 657	3.13
肯尼亚	kg	31 931	23.62
利比亚	kg	2 605	4.03
马达加斯加	kg	27 950	7.33
马拉维	kg	5 624	4.60
毛里求斯	kg	500	1.06
摩洛哥	kg	44 655	42.53
莫桑比克	kg	4 195	6.25
纳米比亚	kg	26 026	6.72
尼日尔	kg	154	1.76
尼日利亚	kg	185 958	164.75
卢旺达	kg	662	1.77
塞内加尔	kg	373	0.57
塞舌尔	kg	11	0.07
塞拉利昂	kg	479	0.14
南非	kg	148 924	111.48
苏丹	kg	32 580	23.55
坦桑尼亚	kg	19 483	18.26

（续）

商品及国家(地区)名称	数量单位	出口量	出口额（万美元）
多哥	kg	530	1.68
突尼斯	kg	10 085	11.11
乌干达	kg	967	8.04
布基纳法索	kg	880	0.15
民主刚果	kg	3 868	16.03
赞比亚	kg	912	2.63
津巴布韦	kg	8 968	2.20
南苏丹共和国	kg	2 550	2.00
比利时	kg	62 983	65.61
丹麦	kg	14 025	24.90
英国	kg	139 256	125.90
德国	kg	13 816 094	3 979.97
法国	kg	844 004	668.10
爱尔兰	kg	3 705	2.82
意大利	kg	2 095 744	861.67
卢森堡	kg	20 505	40.22
荷兰	kg	287 678	204.22
希腊	kg	7 840	7.88
葡萄牙	kg	11 863	5.10
西班牙	kg	96 495	91.99
阿尔巴尼亚	kg	15 658	20.11
奥地利	kg	7 507 048	1 113.18
保加利亚	kg	8 786	6.05
芬兰	kg	58 574	74.61
匈牙利	kg	9 939	13.18
马耳他	kg	145	0.36
挪威	kg	69	1.29
波兰	kg	172 945	125.52
罗马尼亚	kg	39 614	30.86
瑞典	kg	16 377	8.17
瑞士	kg	405 743	79.73
爱沙尼亚	kg	6 811	0.36
拉脱维亚	kg	6 137	5.16
立陶宛	kg	5 839	5.96
格鲁吉亚	kg	3 795	3.27
亚美尼亚	kg	50 185	38.61
阿塞拜疆	kg	140	0.21
白俄罗斯	kg	109 621	70.61
俄罗斯	kg	331 002	318.16
乌克兰	kg	58 789	64.22
斯洛文尼亚	kg	5 544	3.75
克罗地亚	kg	7 913	7.77

（续）

商品及国家(地区)名称	数量单位	出口量	出口额（万美元）
捷克	kg	47 176	43.00
斯洛伐克	kg	2 632	2.85
马其顿	kg	27 158	39.94
波斯尼亚—黑塞哥维那	kg	32	0.09
塞尔维亚	kg	17 425	3.74
黑山	kg	80	0.18
阿根廷	kg	81 805	98.13
玻利维亚	kg	5 812	6.38
巴西	kg	1 353 075	892.02
智利	kg	29 771	44.96
哥伦比亚	kg	75 472	63.83
哥斯达黎加	kg	1 162	3.22
古巴	kg	4 945	16.03
多米尼加	kg	4 975	7.41
厄瓜多尔	kg	58 900	51.59
危地马拉	kg	21 444	20.10
海地	kg	402	0.62
洪都拉斯	kg	3 940	4.13
牙买加	kg	262	0.37
墨西哥	kg	182 201	164.21
尼加拉瓜	kg	11 557	2.80
巴拿马	kg	4 493	12.60
巴拉圭	kg	8 639	3.69
秘鲁	kg	677 771	256.39
波多黎各	kg	16	0.09
萨尔瓦多	kg	10 704	3.17
苏里南	kg	17 430	11.24
特立尼达和多巴哥	kg	1 602	2.25
乌拉圭	kg	7 022	12.37
委内瑞拉	kg	34 323	30.20
拉丁美洲其他国家	kg	9	0.02
加拿大	kg	8 007 725	3 404.05
美国	kg	6 574 197	1 935.35
澳大利亚	kg	202 497	191.87
斐济	kg	3 292	2.10
新喀里多尼亚	kg	501	0.55
新西兰	kg	17 972	33.33
巴布亚新几内亚	kg	2 500	2.35
所罗门群岛	kg	45	0.07
法属波利尼西亚	kg	2	0.05
大洋洲其他国家	kg	5	0.09

注：数据来源于中国塑料机械工业协会。表中数据由于四舍五入，合计数有微小出入。

2011 年塑料机械进口情况统计

商品及国家(地区)名称	数量单位	进口量	进口额(万美元)
合计			372 658.75
注塑机(84771010)	台	7 435	84 219.20
中国香港	台	15	20.36
日本	台	4 173	50 735.16
韩国	台	478	5 993.63
泰国	台	2	15.03
中国	台	183	1 492.30
中国台湾	台	1 800	11 888.87
比利时	台	4	82.12
丹麦	台	4	32.05
英国	台	2	2.78
德国	台	416	7 105.28
法国	台	3	45.90
意大利	台	69	2 269.09
荷兰	台	4	43.93
葡萄牙	台	2	14.15
西班牙	台	11	40.80
奥地利	台	123	1 894.91
瑞士	台	15	618.30
加拿大	台	12	1 045.14
美国	台	118	875.33
其他	台	1	4.08
其他注射机(84771090)	台	503	7 010.93
印度	台	5	62.61
印度尼西亚	台	1	0.01
日本	台	77	634.90
新加坡	台	2	22.54
韩国	台	21	268.79
中国	台	5	32.46
中国台湾	台	156	1 693.45
德国	台	51	2 276.21
法国	台	6	81.95
意大利	台	66	1 309.44
荷兰	台	1	27.16
奥地利	台	14	213.12
瑞士	台	3	184.64

（续）

商品及国家(地区)名称	数量单位	进口量	进口额（万美元）
加拿大	台	1	4.92
美国	台	89	189.09
澳大利亚	台	5	9.64
塑料造粒机(84772010)	台	303	17 371.63
中国香港	台	6	33.54
日本	台	89	5 459.35
韩国	台	18	240.54
泰国	台	2	15.29
中国	台	6	19.14
中国台湾	台	63	1 159.45
德国	台	77	8 467.62
意大利	台	5	34.17
西班牙	台	1	2.17
奥地利	台	28	1 660.04
瑞士	台	3	264.51
美国	台	5	15.81
其他挤出机(84772090)	台	3 100	40 913.85
印度	台	2	37.46
印度尼西亚	台	1	1.50
日本	台	184	10 019.23
新加坡	台	1	4.30
韩国	台	54	724.58
泰国	台	32	214.82
中国	台	3	32.45
中国台湾	台	303	2 719.33
比利时	台	1	16.05
丹麦	台	1	21.92
英国	台	8	89.22
德国	台	197	16 756.81
法国	台	4	419.08
意大利	台	53	3 317.38
荷兰	台	2	23.68
奥地利	台	7	166.70
芬兰	台	13	299.18
瑞典	台	2	50.03
瑞士	台	23	3 117.88
俄罗斯	台	1	0.55
加拿大	台	1	188.60
美国	台	2 204	2 636.62
澳大利亚	台	3	56.49
挤出吹塑机(84773010)	台	94	7 066.51
印度	台	1	102.92

（续）

商品及国家(地区)名称	数量单位	进口量	进口额（万美元）
日本	台	11	1 199.78
马来西亚	台	1	8.26
韩国	台	1	30.85
泰国	台	2	8.26
中国	台	2	0.78
中国台湾	台	23	120.04
德国	台	32	4 506.37
意大利	台	2	210.14
瑞士	台	6	601.44
加拿大	台	2	241.27
美国	台	11	36.42
注射吹塑机(84773020)	台	57	1 943.02
印度	台	2	18.56
日本	台	27	1 031.13
韩国	台	2	30.00
中国	台	1	0.27
中国台湾	台	13	211.90
德国	台	7	530.73
意大利	台	3	82.67
荷兰	台	1	22.77
加拿大	台	1	15.00
其他吹塑机(84773090)	台	137	16 695.55
印度	台	1	9.58
日本	台	8	444.88
马来西亚	台	1	6.62
新加坡	台	5	24.39
韩国	台	1	0.20
泰国	台	1	1.01
中国	台	1	2.81
中国台湾	台	21	329.27
德国	台	61	11 325.54
法国	台	25	3 829.67
意大利	台	8	720.90
美国	台	4	0.68
塑料中空成型机(84774010)	台	122	2 936.35
印度	台	1	120.00
日本	台	15	977.86
韩国	台	1	0.09
中国台湾	台	73	627.47
英国	台	8	1.54
德国	台	19	774.65
法国	台	1	150.72

（续）

商品及国家(地区)名称	数量单位	进口量	进口额（万美元）
瑞典	台	1	3.20
瑞士	台	1	242.41
美国	台	2	38.41
塑料压延成型机(84774020)	台	148	6 505.94
日本	台	43	1 699.46
韩国	台	8	221.85
泰国	台	2	10.04
越南	台	1	0.58
中国	台	6	1.16
中国台湾	台	37	2 208.55
丹麦	台	3	13.05
德国	台	21	1 311.21
法国	台	2	19.13
意大利	台	12	731.41
罗马尼亚	台	0	15.30
瑞典	台	2	1.55
瑞士	台	4	247.79
美国	台	7	24.86
其他真空模塑机及其他热成型机器(84774090)	台	824	17 620.50
中国香港	台	2	4.95
以色列	台	2	11.99
日本	台	166	3 296.44
马来西亚	台	6	24.03
菲律宾	台	1	4.74
新加坡	台	16	45.65
韩国	台	36	698.90
泰国	台	3	15.39
土耳其	台	3	28.22
中国	台	13	6.52
中国台湾	台	318	1 404.92
丹麦	台	10	10.37
英国	台	15	33.42
德国	台	93	6 013.92
法国	台	24	205.60
意大利	台	22	2 274.04
荷兰	台	1	14.70
奥地利	台	14	296.71
芬兰	台	1	57.92
匈牙利	台	1	77.51
瑞士	台	8	1 663.53
墨西哥	台	5	1.87
加拿大	台	7	12.89

（续）

商品及国家（地区）名称	数量单位	进口量	进口额（万美元）
美国	台	57	1 416.26
用于充气轮胎模塑或翻新的机器及内胎模塑或用其他方法成型的机器（84775100）	台	181	3 953.79
日本	台	42	2 173.58
马来西亚	台	5	0.60
韩国	台	6	146.32
中国台湾	台	6	84.48
英国	台	1	4.75
德国	台	9	976.16
法国	台	67	260.80
荷兰	台	4	92.14
美国	台	41	214.95
其他模塑或成型机器（84775900）	台	981	15 940.63
中国香港	台	2	19.24
印度	台	2	69.64
以色列	台	35	225.28
日本	台	133	2 000.98
马来西亚	台	2	60.35
新加坡	台	19	91.84
韩国	台	117	3 007.92
土耳其	台	5	15.27
中国	台	2	9.17
中国台湾	台	292	1 237.35
丹麦	台	3	3.38
英国	台	8	62.23
德国	台	160	3 617.50
法国	台	1	12.37
意大利	台	43	2 451.54
荷兰	台	14	1 490.26
西班牙	台	1	0.81
奥地利	台	1	16.86
瑞士	台	32	48.95
克罗地亚	台	16	308.32
斯洛伐克	台	1	176.43
加拿大	台	1	2.63
美国	台	90	1 011.89
澳大利亚	台	1	0.43
其他机器（84778000）	台	8 822	108 821.08
中国香港	台	5	3.95
印度	台	9	62.16
伊朗	台	2	2.54
日本	台	1 889	17 388.29

（续）

商品及国家（地区）名称	数量单位	进口量	进口额（万美元）
马来西亚	台	68	462.94
新加坡	台	70	110.73
韩国	台	1 015	4 894.19
泰国	台	19	115.43
土耳其	台	5	31.40
越南	台	52	165.58
中国	台	47	427.00
中国台湾	台	1 974	9 590.68
比利时	台	6	15.15
丹麦	台	39	435.26
英国	台	85	1 783.03
德国	台	1 682	51 422.34
法国	台	84	4 075.16
爱尔兰	台	1	64.70
意大利	台	961	7 153.98
荷兰	台	30	492.44
西班牙	台	27	264.16
奥地利	台	28	1 519.53
芬兰	台	2	1.00
波兰	台	7	45.85
瑞典	台	22	212.29
瑞士	台	56	3 592.87
斯洛文尼亚	台	2	3.96
捷克	台	1	123.76
斯洛伐克	台	1	140.86
巴西	台	1	7.75
危地马拉	台	1	0.05
加拿大	台	29	539.68
美国	台	596	3 619.82
澳大利亚	台	4	26.25
其他	台	2	26.32
8477 所列机器的零件（84779000）	kg	12 128 062	41 659.77
孟加拉	kg	1 610	0.82
中国香港	kg	1 646	38.36
印度	kg	184 466	266.93
印度尼西亚	kg	4 017	5.07
以色列	kg	11	0.93
日本	kg	1 851 784	8 447.44
马来西亚	kg	176 771	147.84
新加坡	kg	5 846	99.52
韩国	kg	688 025	1 493.14
泰国	kg	69 924	190.34

（续）

商品及国家（地区）名称	数量单位	进口量	进口额（万美元）
土耳其	kg	7 130	4.36
阿拉伯联合酋长国	kg	480	4.80
越南	kg	2 307	10.90
中国	kg	110 935	133.05
中国台湾	kg	2 843 468	2 417.08
南非	kg	135	0.28
比利时	kg	1 636	22.55
丹麦	kg	15 783	52.42
英国	kg	15 814	89.96
德国	kg	2 964 578	11 194.28
法国	kg	351 634	2 258.85
爱尔兰	kg	220	0.08
意大利	kg	235 045	1 417.39
卢森堡	kg	11 818	196.77
荷兰	kg	631 943	4 784.94
西班牙	kg	901	22.32
奥地利	kg	1 028 825	1 301.89
保加利亚	kg	48	0.40
芬兰	kg	4 419	32.94
匈牙利	kg	14 748	15.22
挪威	kg	25	0.64
波兰	kg	1 832	9.41
罗马尼亚	kg	273	0.78
圣马力诺	kg	6	0.04
瑞典	kg	26 325	75.93
瑞士	kg	91 467	1 065.29
斯洛文尼亚	kg	12	0.32
克罗地亚	kg	716	1.57
捷克	kg	25 269	49.93
斯洛伐克	kg	67	2.42
阿根廷	kg	33	0.61
巴西	kg	1 774	10.63
多米尼加	kg	10	0.03
墨西哥	kg	5 710	7.98
加拿大	kg	305 445	3 180.07
美国	kg	437 645	2 589.28
澳大利亚	kg	3 820	8.69
新西兰	kg	90	3.34
其他	kg	1 576	1.94

注：数据来源于中国塑料机械工业协会。表中数据由于四舍五入，合计数有微小出入。

2011 年塑料机械产品关税税率汇总

序号	税则号列	货品名称	最惠国税率（%）	协定税率（%）								普通税率（%）
				东盟	智利	巴基斯坦	新西兰	秘鲁	中国香港	中国台湾	亚太	
6466	8477.1010	注塑机	0									45
6467	8477.1090	其他注射机	0									30
6468	8477.2010	塑料造粒机	5	0	0	0	0	0	0	0	4.5	30
6469	8477.2090	其他挤出机	5	0	0	0	0	0	0	0	4.5	30
6470	8477.3010	挤出吹塑机	5	0	2	0	0	0	0			30
6471	8477.3020	注射吹塑机	5	0	2	0	0	0	0			30
6472	8477.3090	其他吹塑机	5	0	2	0	0	0	0			30
6473	8477.4010	塑料中空成型机	5	0	0	0	0	0		0	4.5	30
6474	8477.4020	塑料压延成型机	5	0	0	0	0	0		0	4.5	30
6475	8477.4090	其他真空模塑机器及其他热成型机器	5	0	0	0	0	0		0	4.5	30
6476	8477.5100	用于充气轮胎模塑或翻新的机器及内胎模塑或用其他方法成型的机器	5	0	2	0	0	0				30
6477	8477.5900	其他模塑或成型机器	5	0	0	0	0	0	0	0	3.5	30
6478	8477.8000	其他机器	5	0	0	0	0	0	0	0	4.5	30
6479	8477.9000	零件	0									30

中国塑料机械工业年鉴2011

产业集群

介绍塑料机械行业特色产业集群，展示企业风采

综述
专文
行业概况
统计资料
产业集群
产品与项目
标准
大事记
附录

转型升级中的宁波塑料机械产业
2011年张家港塑料机械行业发展情况
大连橡胶塑料机械产业发展情况
滚塑产业发展情况
企业风采

产业集群

转型升级中的宁波塑料机械产业

注塑机应用范围广泛，产品种类多样。按照通用程度，注塑机可分为通用型注塑机和专用型注塑机两大类。

通用型注塑机应用广泛，多用于加工对技术要求不高的民用塑料制品和一般工业塑料用品。由于加工产品的精度、质量等较低，因此对注塑机精密程度要求不高。这类机器品质一般，企业进入门槛较低，多数中小企业乐于经营，但竞争激烈，企业获利空间十分有限。

专用注塑机主要是为加工某个行业的某类产品而定制设计制造的，如用于加工汽车零部件、医疗器械、电子通信以及电器元件等制品的高精密度注塑机。专用注塑机市场需求相对分散，制造难度大，许多中小企业望而却步。但产品附加值高，利润空间大。

宁波塑料机械多为通用型机器，与先进工业国家生产的塑料机械相比，技术性能上存在较大差距。如宁波塑料机械的平均耗能是外国机型（指先进工业国家生产的设备）的2倍，速度是外国机型的1/2，机器平均寿命是外国机型的1/2，而产品的开发周期则是国外先进工业国家的3倍。

进入21世纪以来，宁波塑料机械产业取得了长足的进步，特别是2010年，龙头企业宁波海天塑机集团有限公司塑料机械年产量和销售额已位居全球第一位，这是难能可贵的。从总体上说，宁波塑料机械产业大而不强的局面尚未根本改变，整个产业在全球产业价值链处于中低端的现状也并没有根本改变。

一、宁波塑料机械产业现状

2010年，宁波塑料机械规模以上企业85家，其中约有10家骨干企业具有较强的产品研发能力，有20家左右企业有一定的机械加工能力，而多数企业采取“拿来主义”方式，模仿生产行业骨干企业的产品。近几年来，虽然配套件企业逐渐独立于整机企业，但多数整机企业仍然是小而全，专业化程度低，装备水平不高，产品质量不够稳定。

2010年，宁波塑料机械规模以上企业完成工业总产值148.1亿元，实现出口交货值28.29亿元，新产品产值达到29.38亿元，利润总额17.15亿元。与2009年同期相比，分别增长63.1%、61.3%、88.5%和110.7%，主要经济技术指标均创历史新高。

相对于塑料机械产品全球领先企业，宁波塑料机械产业的技术水平和创新能力尚存在较大差距，一直处于技术追赶过程中，整机企业在原有基础上不断地向先进工业国家学习经营管理理念和发展经验，其次才是产品的技术创新。通过学习，整机企业引进了国外装配流水线，掌控了产品装配技能，实现了生产规模的扩张，但是对关键核心技术的研发，对全球产业价值链高端核心技术的掌控，仍然大大滞后。这些年整机企业的发展并没有促进产业“横向联系”的扩张，没能带动配套协作企业实现质的提升。在宁波及周边有众多塑料机械配件企业，但是缺乏为塑料机械配套高端配件的企业，于是出现了注塑机投放市场时的“双轨制”现象。用于国内中低端市场的注塑机的配套件来自国内供应商，而用于出口（特别是欧美市场）的注塑机配套件则来自国外供应商。这不但影响了注塑机企业在产品创新层面上获得的创新收益，同时也妨碍了企业追求产品个性化和开拓高端市场能力的提升。宁波塑料机械产业仍是大而不强，在全球产业价值链上仍处于中低端，整个产业亟待升级。

二、宁波塑料机械产业升级的途径

全球塑料机械产业集群集聚效应极为明显，各国塑料机械产业无例外地集中在某个特定的地理区域。以我国为例，当前已形成宁波注塑机产业集群，舟山定海注塑机螺杆产业集群，张家港挤出机产业集群，江苏昆山塑机产业基地及深圳塑机工业园区等产业集群。这些集群均具备良好的发展基础。

产业集群不仅有产业链配套半径短、节省物流成本的优势，同时更有助于产业上下游之间的合作沟通，达到产业累积性技术知识共享的目标。在产业集群，可以深入展开专业化分工，改变“大而全”、“小而全”，全而不精的局面。因此，产业集群式升级与单一企业的技术升级不同，产业集群式升级模式是分散组合的方式，因为产业集群内专业化分工明确，从而形成了完整的产业链。一个产业集群的技术进步需要链上的每个环节同步前进，换个角度说，每个环节的技术追赶也就组合了整个产业的技术进步。这是一种集思广益式的技术进步，要求产业链上的众多企业充分发挥各自专长，即可达到技术进步。也就是说，产业集群的技术追赶或升级，要比单个企业“单兵作战”式的技术追赶更加容易。应充分发挥业已形成的产业集群优势，以整机企业为主导，采用向上下游辐射带动的方式，逐步实现全行业的转型升级。在此，提出三个途径：

1. 加强塑料机械整机企业的创新能力

通过提升整机企业，特别是行业中主要骨干企业的技术创新能力，使整机企业首先实现技术追赶。在整机企业技术进步辐射带动下，达到整个行业的技术进步。最近几年，宁波海天塑机集团率先开发了节能注塑机，因其具有良好的节能效果，受到市场青睐。于是，各企业纷纷跟进，也开始转向伺服节能型注塑机的研发和生产，很快伺服节能型注塑机替代了传统的、高能耗的液压注塑机，成为市场的主流产品。伺服节能注塑机是电液复合注塑机，它既吸取了传统液压注塑机使用维护方便、注射量大的特点，又兼容电动机的节电优势，对于推动注塑机的绿色制造意义深远。这是宁波塑料机械行业设计理念的重大突破，也是塑料机械产业集成创新的成果。这一实例充分表明了行业中龙头企业的技术突破对全行业的示范带动作用。此外，注塑机重点骨干企业还应重视对关键核心技术的攻关和研发，这有助于打破先进工业国家跨国公司对关键核心技术的垄断，也有助于国内产业供应链的整体提升。

2. 充分发挥市场导向作用

我国塑料机械市场向需求多元化发展，在对通用型注塑机有较大需求的同时，还存在相当份额的高端需求。据统计，我国每年都有 10 亿美元以上的注塑机产品进口，占国内注塑机市场的 1/3。因此，企业应更加关注国内高端客户的需求，加强高端产品研发，设法满足高端客户的需求，在做好替代进口的同时实现产业升级。同时，还应加大对国外高端市场的研究，宁波有实力的塑料机械制造企业要提高产品技术含量，提高产品附加值，努力向全球塑料机械高端市场进军，与国外塑料机械巨头同台角逐，提升产品国际竞争力，最终打破高端市场长期被国外企业垄断的局面。当前，工业发达国家尚未摆脱国际金融危机的影响，这为宁波塑料机械行业进军国外高端塑料机械市场提供了良好契机，财力雄厚的企业可通过购买技术、引进国外人才、企业并购等方式向外扩张，坚定地向产业价值链高端方向转移。

3. 攻克产业链中的滞后环节

(1)注重引进品质良好的塑料机械配件企业。宁波是我国重要的注塑机研发、制造、营销基地，聚集了宁波海天、震雄、力劲、德马格、住重、宇进等国内外塑料机械巨头企业，注塑机年产量占全球的1/3。今后要进一步发展和完善基地功能，在吸引外资企业时，应克服重整机、轻配件的倾向，在继续选择性地引进国际著名注塑机企业的同时，更要针对性地引进品质良好、附加值高的塑料机械配件企业，让它们在宁波落地生根，并鼓励它们与宁波本土企业开展相互竞争、交流融汇，促进宁波塑料机械配套企业的全面提升。

(2)着手解决产业链中的瓶颈问题。塑料机械产业很多核心技术其实并不在塑料机械整机企业，而在塑料机械关键零配件企业，提高关键零配件的质量，实质上就带动了整个塑料机械品质的提升。因此，应该对整个产业的供应链状况进行认真梳理，找出并针对瓶颈环节进行改进，从而完善和提升整个产业体系。例如，塑料机械液压件的品质对于注塑机整机的品质影响甚大，我国液压件生产企业基本上只能生产中低端液压件产品，这成为我国注塑机产业升级的主要障碍。如果消除这个“木桶效应”中的短板，提高液压件的质量水平，就能较大程度上改善整机品质。从国外进口的注塑机多带模具，而精密模具有很高的附加值，有的甚至超过了机器本身，这也是从国外进口的注塑机价格大大高于我国出口注塑机价格的重要原因。因此，精密模具的制造应该被看作塑料机械产业价值链的合理延伸，应引起全行业的高度重视。

宁波塑料机械行业应根据市委提出的“思进思变思发展、创业创新创一流”精神，深入总结行业发展过程中的经验教训，要继续发挥精明务实而不张扬的创业精神，改变过去那种片面追求速度、粗放外延式扩张的行业发展模式，更加注重产业发展质量。当前，宁波塑料机械产业集群仍处于从价值链的低、中端，面临产业升级的压力，在此过程中，与发达工业国家的贸易纠纷会逐步增加，对此应有充分认识和准备；同时，发达工业国家会把高端技术“看得紧紧的”，绝不会轻易授权或低价转让给不发达国家。所以，未来很长一段时间“技术”只能靠自己，努力实现宁波塑料机械由全球产业价值链的低、中端向高端的转型，只能靠企业自身的努力才能实现。

〔供稿单位：宁波市塑料机械行业协会〕

2011 年张家港塑料机械行业发展情况

2011 年，张家港塑料机械产业承接 2010 年的高速发展，1 ~ 8 月继续保持快速发展态势。但进入 9 月份后，受欧债危机的影响，外贸出口较上半年急速下滑。同时，2011 年由于受国内通货膨胀及人民币升值造成汇兑损失的双重压力，虽然企业产值较 2010 年上升，但效益逐步下滑，不及 2010 年，行业从业人员继续在减少。2011 年，张家港塑料机械制造企业数较上年减少 46 家，减幅达 18% 左右；行业从业人员由原来的 1.8 万人减少至 1.6 万人左右，比上年减少 11%。张家港塑料机械产值超过 1 亿元的企业有 11 家，其中江苏新美星包装机械有限公司产值最高，接近 5 亿元，其他一些规模型企业产值也有一定增幅。2011 年，张家港塑料（饮料）机械行业通过自愿结合的原则，有 10 家企业组建了贷款联保，有两家企业被苏州市经信委批准为苏州工程技术中心。当前，张家港市 11 家企业获得苏州工程技术中心称号。2011 年，张家港塑料（饮料）机械行业估计年销售额 80 亿元左右，外贸出口超过 2 亿美元。

一、2011 年张家港塑料机械生产主要特点

1. 企业走小批量、多品种、宽领域发展之路

张家港塑料机械行业产品原主要以挤出机和辅机为主，随着近年挤出机领域竞争的日益激烈，挤出机生产企业经常处于微利或亏损的边缘。有的企业为了扭转这种不利局面，逐渐转变经营思路，开始小批量、多品种生产市场热销的破碎机及

废旧塑料回收机等，经营效果明显；有的企业为了适应市场对节能环保产品的需求，对原有设备进行节能改造，使其新产品在原有的基础上节能达30%以上，受到了客户认可。企业在实际生产中不断探索新的途径，根据市场需求研发新产品。2011年，张家港市亿利机械有限公司新开发的滚塑阴井接口在工艺和技术上处于领先地位，当前该产品已得到住建部的认可，准许在行业中优先推广。苏州同大机械有限公司研制开发的新型节能大型中空成型机，比同类设备节能35%以上，受到用户的称赞与好评。

2. 企业以多种经营方式克服成本上涨压力

2011年初以来，随着通货膨胀的进一步加剧，特别是工资成本的快速上升，有的企业员工工资的涨幅达40%以上，企业的生产成本及经营成本进一步提升，企业生产经营的压力越来越大。在用工成本上升、生产资料价格上涨的压力下，尽管多数企业通过调整经营思路，改变经营策略，开源节流，减少各种非生产性开支，逐步化解了用工成本和生产资料价格上涨的压力，但生产经营方式不同的企业，效益各异：生产单一品种的企业利润较低，远不如前几年丰厚；生产多品种、小批量产品的企业经营效益相对要好一些，但总体上，单机利润下降已是不争的事实，利润水平较前几年都有较大幅度下降，有的企业不得不以数量换效益。

3. 企业走多元化的发展之路

张家港塑料机械企业经过前几年的高速发展，在市场竞争日益激烈的情况下，利用自己生产塑料机械设备的优势，开始涉足塑料机械延伸的下游产品。有的企业以参股的形式，以自己的设备作为股本参股塑料制品企业；有的塑料机械制造企业直接向下游塑料制品行业延伸。当前张家港已有几家塑料机械制造企业生产的塑料制品产值已超过其塑料机械产值，并且这种向下游产业延伸的战略逐步得到塑料机械制造企业的认可。这一方面说明塑料制品行业具有广阔的发展空间，另一方面也说明塑料机械制造企业在塑料机械市场不断饱和的情况下，急于寻找新的增长点。当前，张家港塑料机械制造企业坚持多元化发展之路，探索进一步扩大业务领域。

二、2011年张家港塑料机械企业存在的主要问题及对策

1. 市场形势波动太快，企业无法应对

张家港塑料机械行业在经历2008年的国际金融危机后，2009上半年处于快速恢复期，2010年更是处于高速增长期，有的企业为了扩大生产规模，积极扩建厂房，购进设备。但到2011年下半年，市场形势急转直下，尤其是外贸出口受中东局势不稳和欧债危机的影响，下滑速度逐日加剧，出现原先已付定金的客户推迟提货或到期不提货的现象，严重扰乱了企业的生产经营部署，给企业生产造成了很大影响，企业由招工变成了辞工，市场变化让企业无法应对。

2. 通货膨胀给企业造成较大的压力

一方面，企业要面对通货膨胀的巨大压力，包括生产资料的大幅涨价，人力成本的大幅提高导致的经营成本大幅提升，给企业增加了很大的负担。据初步推算，2011年企业经营成本较上年增长15%左右，而企业要消化这15%的经营成本需要付出巨大的艰辛。另一方面，人民币对美元在不断升值，每年的升值幅度都超过5%，而对出口量较多的企业，除要承受国内通货膨胀的压力，还要承受人民币升值引发的汇兑损失。本来企业每年的主营业务收入利润率也就在10%～15%，而企业承受的国内和国际两方面的损失已远超10%～15%。所以，企业要想在市场竞争中生存下来，需要承受巨大的压力与阵痛。

3. 行业生产企业数量和从业人员数量在不断减少

由于塑料机械市场竞争空前激烈，一些小企业和生产不规范、产品质量无保障的企业不断被淘汰出局。据张家港工商部门统计，每年新进入该行业的企业数远少于退出该行业的企业数。2010年，张家港尚有261家塑料机械制造和塑料机械配套生产企业，到2011年9月，企业数已减至223家。其中除个别企业转行外，其余大多退出了该行业生产领域，也就是说在激烈的市场竞争中被淘汰出局。随着企业数的减少以及生产自动化程度的提高，企业的用工人数也在逐渐减少。2011年，行业从业人员大致减少8%左右，一是企业减少了从业人员；二是企业为提高经济和经营效率，减少成本开支，而精减部分不适合从事该行业的人员；三是企业提高了自动化程度，减少了用工人数。

三、2012年塑料机械行业发展设想

根据2011年整个塑料机械行业发展积累的经验，2012年张家港塑料机械行业的发展思路是：

1. 提倡科技创新

塑料机械行业发展的根本出路在于科技创新，要不断创新发展模式，根据市场需求探索开发高效节能、符合绿色经济和国家环保要求的新产品。

2. 以新的经营模式代替落后的经营模式

当前张家港塑料机械生产企业大多规模偏小，生产和经营方式落后，这也是张家港塑料机械行业效益普遍不高的根本原因。要改变这种小而全的经营方式，必须要改变经营思路，实行产业的重新组合与分工，逐步走规模化、集约化的社会化大生产的道路。

3. 走差异化、宽领域的发展道路

许多生产企业在探索市场的发展过程中，逐渐认识到小企业的经营模式必须走差异化、宽领域的发展道路，坚持人无我有、人有我精、人精我特的差异化发展之路。不和大企业生产同一种产品，不生产市场饱和的产品，不生产效益低下的产品，善于发挥企业优势，在经营方式上做到扬长避短，全方位、宽领域开发和生产市场有销路、经济有效益的塑料机械产品。

4. 继续探索塑料机械零配件实行招标采购的模式

为了保证塑料机械产品的整体质量，就必须保证塑料机械零配件的产品质量。而保证塑料机械零配件质量的最好办法就是集体招标采购著名企业的产品。这样既可以降低生产成本，又可以保障企业产品的整体质量。

〔供稿单位：张家港市塑料（饮料）机械协会〕

大连橡胶塑料机械产业发展情况

一、产业概况

大连地区的橡胶塑料机械产业起步于20世纪50年代，经过近60年的发展，特别是改革开放的洗礼，大连地区的橡胶塑料机械产业取得了长足的发展。业内集合了一大批经验丰富的从业者，现有专业制造企业百余家，从业人员万余人，形成了一个比较庞大的产业群体，积累了比较深厚的技术资源，带动了与橡胶塑料机械相关的配套产业的发展。

大连拥有众多生产各种吹塑薄膜设备的企业，形成了地域的集聚发展，产品的规格多、品种全、服务优，提升了地区整体的竞争力；大连橡胶机械设备的开发设计水平、规格品种和生产能力在国内一直处于领先地位，大连的品牌在国内外市场享有盛誉。多年来，大连的橡胶塑料机械企业先后承担了多项国家级的攻关任务，已经成为我国重大技术装备国产化攻营拔寨的一支重要力量。大连橡胶塑料机械的规格品种过千种，产品遍及世界五大洲90多个国家和地区，2010年大连地区橡胶塑料机械行业实现销售收入21亿元。

大连橡胶塑料机械股份有限公司被称为“中国橡塑机械的摇篮”，当前正以新的视角、新的理念、新的模式、新的步伐展开新一轮的发展；大连三垒机器股份有限公司是个多元化、复合型的高新技术企业，作为建设部大口径双壁波纹管生产线设备产业化示范建设基地，引领着大连地区波纹管生产设备产业的集聚和发展；改制后的大连塑料研究所有限公司在塑料机械的研究方面居国内领先地位，先后承担了160多项国家及省市科研项目，每年都有填补国内空白的新产品、新技术面世，大量的科技成果实现了产业化，其中各种地垫、网材、板材和特种薄膜等50多种生产线和工艺技术可向国内外转让。

二、业内活动

2008年7月，由大连橡胶塑料机械股份有限公司、大连三垒机器股份有限公司、大连通用橡胶机械有限公司、大连塑料研究所有限公司、大连宝锋机器制造有限公司、大连益达橡胶机械有限公司和大连塑料机械厂等9家企业发起，成立了大连市橡胶塑料机械协会，业务主管单位是大连市经济和信息化委员会。协会成立以来，在业内相关人士和各企业的支持下，围绕搭建交流平台的主要任务，努力做好各项服务工作，当前协会工作已经步入正常发展轨道。

2009年，受国际金融危机的影响，不少企业市场需求持续走弱，订单萎缩，产成品库存增加。为此，大连市橡胶塑料机械协会于2009年12月组织了以“面对冲击，苦练内功，趋利避害，共渡时艰”为主题的研讨会，就企业共同关心的问题展开了讨论，对企业如何抱团“过冬”等问题达成了一些共识。

结合国家颁布的十大振兴规划，大连市橡胶塑料机械协会及时汇集了规划的相关资料，于2009年10月召开了贯彻落实十大振兴规划、应对国际金融危机的学习研讨会。对地区行业态势第一次作出比较客观的分析，在如何才能做大做强地区产业的问题上达成了许多共识。这次学习研讨会把企业的发展纳入到整个行业的发展中，深化了共同谋划发展的理念。

2010年，大连市橡胶塑料机械协会组织10家单位的负责人和有关人员赴中国台湾参加两岸的交流活动，组织16家单位参观德国杜塞尔多夫国际塑料及橡胶展（K展），赴欧洲参观考察，着重了解了国外塑料机械的发展趋势，增进了企业间的交流，加深了相互了解。

2010年底，大连市橡胶塑料机械协会组织了以“运筹十二五，争取新一轮发展期的新繁荣”为主题的研讨会。联系大连地区橡胶塑料机械产业的实际，向参会企业解读了“中国机械工业‘十二五’发展纲要”、“中国塑料机械‘十二五’发展规划”、“中国橡胶机械‘十二五’发展要点”和“大连地区机械装备制造业‘十二五’发展规划（石化装备制造部分）”，汇编了相关的背景资料，围绕“十二五”期间大连地区橡胶塑料机械产业发展规模总量、自主创新、淘汰落后、调整结构和品牌质量五个方面，研讨了行业发展的方向、目标和措施办法，收到了较好的效果。

2010年以来，大连市橡胶塑料机械协会争取到大连市新产品独立申报资格，已经为3家企业完成5五种新产品的申报。为会员企业争取到大连市2010年技改贴息和民营、中小企业发展专项资金项目；争取到大连市外贸服务平台建设的申报，大连市橡胶塑料机械作为一个整体被列入大连市的建设规划。2010年，为大连市参加国际轮胎技术展的橡胶机械企业争取到展位费50%的政府补贴。

大连市橡胶塑料机械协会成立以来，充分挖掘和利用社会资源，加强与中国机械工业联合会、中国塑料机械工业协会、大连市机械行业协会以及一些具有独特功能、专业或综合性的协会之间的联系。先后组织会员企业参加了由中国机械工业联合会和大连市机械行业协会举办的企业信息化建设、现代制造服务业、“两化”融合、IT技术在企业的应用等多种专题讲座，组织参加了由大连市机械行业协会举办的中小企业融资论坛，并为4家企业争取到融资平台的机会。在中国塑料机械工业协会的帮助和支持下,2010 年,大连橡胶塑料机械股份有限公司和大连三垒机器股份有限公司分别获得了国家的贴息贷款,2011 年吉润集团的技改扶持得以申报。

〔供稿单位:大连市橡胶塑料机械协会〕

滚塑产业发展情况

当前,滚塑技术已经为人熟知,滚塑技术改变了初期只能生产容器的境况,其产品成功地应用于船舶、汽车、航海、工业构件、建筑饰品、医学、畜牧、生物等几乎各行各业。滚塑生产工艺、设备、模具和材料等的选用,在最近几年已有很大改观。特别是最近几年,滚塑技术发展很快,绝大多数的滚塑厂家都在提高工艺技术水平、改良生产设备、节约能源等方面下功夫,致力于提高生产效率、减少能源消耗。滚塑设备、滚塑模具和改性塑料生产企业的生产状况可以看作是这个行业的晴雨表。企业在研发材料、设备和模具的同时,更应关注国外同行发展趋势,找出差距,提出适合国内生产的技术目标。

在最近十年内,北美及欧洲发达国家滚塑行业发展很快,速度高于整个塑料行业的平均发展速度。1999 年,美国已有滚塑企业 252 家,加拿大有 25 家。

当前,世界上滚塑企业共有 2 400 家左右,我国有近 400 家,占世界总数的 1/6。英国、加拿大、澳大利亚在政府参与下,滚塑产业从滚塑原料、模具到滚塑过程中流变学特性的研究,从数值模拟到自动化控制等方面都得到了快速发展。1980 年,在滚塑研究和开发方面发生了两个标志性的事件:美国俄亥俄州阿克隆市和北爱尔兰建立了滚塑研发中心,ARM 创立了滚塑研发中心。后来,ARM 把滚塑研究工作分散至大学,由此,许多美国大学涉足滚塑行业,大大促进了滚塑技术的发展。据相关资料统计,滚塑原料的用量占整个塑料制品行业原料用量的 27% 左右。我国滚塑制品应用领域占比情况见表 1。

表 1　我国滚塑制品应用领域占比情况

应用领域	占比(%)
农牧食品加工	27.0
工业应用	17.0
汽车工业	15.0
房屋、园艺	8.0
运输容器	8.0
运输	7.0
玩具、游艺	5.0
休闲	4.0
其他	9.0

随着滚塑制品生产和应用领域的不断扩大,专业设备制造、模具制造、原料配制、粉末加工等相关配套行业都被带动起来,形成一个庞大的产业链。据保守统计,我国现有滚塑制品企业近 400 家,主要集中在浙江、江苏、广东、山东、上海和河北等地。但就生产规模来讲,尚未有一家称得上是大型的,年产能突破 3 000t 的不多;就产品分类来讲,有些企业的产品已经比较专业。像广东佛山山大塑料厂生产的塑料灯罩,爱得乐、波利玛生产的交通设施和游乐设施塑料制品,河北生产的塑料军工箱、汽车塑料部件,宁波江南、慈溪德顺公司生产的大型塑料容器,新帆公司和菲富利公司生产的各类塑料皮划艇及温州生产的游乐设施塑料制品等,已在业内享有盛名,在国外也有一定的知名度。但是,

一方面，整个行业的发展还很不平衡，企业主要集中在沿海地区，造成了局部地区竞争激烈；中西部地区企业很少，有些省份还是空白，由于受制品结构特殊性的限制，运输成本很高，加大了制品价格。内地用户对价格望而生畏，在一定程度也制约了行业的发展。另一方面，由于滚塑加工行业起步较晚，整个塑料制品加工行业对滚塑技术了解的人不多，参与滚塑加工的从业人员太少。另外，在高等院校塑料制品教材中，也很少介绍滚塑技术，致使专业研发人员匮乏，技术开发远落后于国外。

以下是部分企业的一些情况：

在皮划艇方面，全球前 10 名的厂家都在我国有代工点，估计全国一年的皮划艇销量超过 8 万只，占世界总销量的 10% 以上。

在 PVC 滚塑行业，我国是服装模特最大的生产国。

游乐设施塑料制品方面，我国已经是世界上生产份额最大的国家，估计全世界有五六成的游乐设施塑料制品是我国生产的。温州凯奇、温州永浪、南京万德、温州奇特乐等多家企业产值超亿元，另有十几家企业产值超5 000万元。

在新型材料应用方面，河北伊利使用 PP 料制作汽车水箱取得成功；广东协塑使用 POE 制作的柔性交通灯，进入中国香港市场已经 4 年；江南容器、德顺容器使用交联滚塑料制作耐温容器取得成功。

上海特瑞和天津拉比特生产的牧场设施塑料制品，在国际上也享有一定知名度。珠海波利玛是国内当前生产滚塑汽车保险杠的最大厂家。天津天堰生产的医学塑料教育模型，在国际上享有盛誉。

包装箱：河北金后盾、天津海正泰等主要为军队配套，其中金后盾产值超5 000万元。

化工容器和全塑储罐：慈溪江南、慈溪德顺、慈溪新远栋、台州益达、广州宝琳等近 10 家企业产值超5 000万元。

交通、建筑设施塑料制品：宁波仕波、广东爱得乐、宁波鼎旺、重庆康波特等企业产值超5 000万元。

化工钢衬塑储罐、反应容器：无锡海溪、烟台镇泰、无锡新开河、无锡新龙、无锡圣峰等企业产值超3 000万元。

体育休闲设施塑料制品：宁波温妮、慈溪菲福利、威海云阳、慈溪新帆等企业产值超2 000万元。

工业塑料异型件：上海春旭、珠海波利玛的产值超5 000万元。

塑料灯具：佛山山大、东莞如成、慈溪大丰等企业的产值超1 000万元。

汽车、农用机械塑料配件：安徽天亿、柳州嘉城的产值超3 000万元。

生产单一滚塑领域产品的企业：上海康捷宝生产塑料食品保温箱，上海特瑞生产牧场设施塑料制品，佛山健迪生产塑料家具，青岛易高生产冷水空调器塑料制品，天津天堰生产医学教育设备塑料制品。

当前滚塑产业发展中存在的问题：在制品设计方面缺少创新和自主开发能力，还只是被动地接受客户的设想，然后稍作改进。各厂家自成体系，在技术管理上还不规范，缺少指导性的技术文件，所以无法形成权威性的质量保证体系。几年前业界就提出要制定相关的国家标准，现在还没有确定下来，也没有开设专业网站和专业杂志，只有《中国塑料信息杂志》、《中国塑料信息网》和《中国滚塑门户网》报道一些滚塑信息，缺少技术交流平台。总之，宣传和推广的力度太小，在一定程度上制约了滚塑业的发展。

我国滚塑行业与国外滚塑业的差距可以从滚塑工艺过程大致分析如下：

（1）在原料方面，国内滚塑制品厂家只能依赖国外原料厂家的牌号材料。所谓牌号材料，是指有特定性能的某一牌号材料，且品种不多，选择余地有限，价格偏高。而滚塑厂家实际需要的并非全部是牌号材料，而是需要混配改性材料，这是制品对原料提出的要求。国内虽然有几家厂家生产混配料，如金色盛唐（150 ~ 200t/月）、南京聚隆（50 ~

有 24h 客服热线:4006 - 559 - 488,公司将在第一时间为客户提供便捷的服务。同时提供远程网络服务,客户只要登录公司网站获取在线服务信息,或者有任何产品维修和技术方面的问题,都可给公司发邮件,公司会为客户提供满意的答复。公司定期派服务工程师对客户进行定期的回访,包括对产品的检修和维护,解答客户在产品使用过程中出现的问题,及时向公司反馈客户的意见及建议等。年终对客户的满意度进行调查,旨在更好地向客户提供超值、满意的服务。全面打造客户心目中的中国品牌——博创。

三、科技发展,重在做好人文建设

营造品牌的差异化,提高产品的高科技含量,一直是博创孜孜不倦的追求。从几个方面推出了一系列的战略化举措:

(1)更加开放地网络人才。公司每年从高等院校招收二三十名应届大学毕业生,以增强科技研发团队的活力,并通过网络从海外引进高科技管理人才;招聘业界内有识之士加盟管理层;先后与广东职业技术学院、华南理工大学等高校结成校企人才合作关系;开设"博创班",定向培养专业技术人才。通过一系列的战略措施,培养了一批又一批的技术人才和管理人才。

当前,博创已汇聚了一大批注塑机行业内的精英,组建了一个从研发、生产、销售到服务的高效团队。他们精益求精地工作,不仅使公司充满创新活力,而且为博创成为最具活力的注塑机行业领军者打下了坚实的基础。博创研发团队结合公司特点与市场需求,成功开发出多款超国际水准的拥有自主知识产权品牌系列产品,其中,BU 二板注塑机荣列国家发改委产业结构调整指导目录,同时荣获中国机械工业科学技术奖三等奖;自主研发的超过国家 1 级节能标准的节能环保注射成型设备已大批投入生产,彻底改变了传统注塑设备转换效率低、耗散快和寿命短的状况。当前该节能系列注塑机进入全国同行业前三名,广东省内第二名,市场占有率已达 5% 以上;BM260—4C 四色机 + 热流道模具模内自动化技术,属全球首创;2010 年 10 月,博创在第 18 届 2010 德国 K 展期间与美国 TREXEL 公司就 MuCell 微发泡技术签订了"微发泡技术合作协议",成为国内第一家取得美国 TREXEL 公司专利授权的公司。2011 年 5 月 17 日,博创在广州·中国国际塑料橡胶工业展览会上率先成功推出与美国 TREXEL 公司合作的微发泡伺服注塑成型机,立即引起各行业的高度关注,市场前景良好。

(2)持续加大对科技与管理人才的培养力度。组建由高层领导和优秀骨干人员组成的讲师团。通过各种培训,使得所有员工尤其是科技人员都能够掌握技术。博创长久以来一直坚持自己培养人才,设立博创"龙之队",将优秀的中青年骨干选拔进"龙之队",通过 2 ~ 3 年的锻炼,经考核择优录用,至今已有 95% 以上的人成为中高层管理者或技术骨干力量。博创将会更加开放地坚持"引进来"、"走出去"相结合的人才引进管理模式。不仅加大对中层管理人才、研发人才的引进力度,而且为员工提供更加开放的发展空间。

(3)继续加大科技研发投入,坚持科技创新。以"高端化、创新化、品牌化"为目标,以科技为先导,以创新为源泉,以高起点、高投入、高标准引领注塑机行业的发展。同时继续加大对研发团队、人才机构和人才培训等方面的资金投入,确保博创拥有最具活力的研发团队和最具国际水平的创新技术,确保大型产品系列得到不断的充实。

(4)开阔视野,加大市场营销和市场管理,以科技创新激活市场,以市场的不断开拓促进科技创新,从而形成良性循环。2012 年,重点实施市场营销激励机制,加强市场营销人员的技能素质培训(包括新一轮的传统文化学习等)。公司将实现营业额持续增长,致力于成为整个塑料行业的标杆企业。

2011 年,博创系统地引入传统文化后,员工的精神面貌发生很大变化,工作中多了一份互相理解和支持,人与人之间相处得更加团结和谐。在下一步的文化品牌建设中,公司要以"孝、仁、义、礼、智、

100t/月)、佛山九达(50～100t/月),但远远不能满足整个行业对滚塑原料的需求,只能赖于进口。从某种意义上来讲,制品的开发是靠材料支撑的,没有合适的材料,制品的发展一定会受到限制。

(2)在设备方面,与国外相比也存在很大差距。据了解,国内大概有5～7家企业专业生产滚塑设备,如方大、德顺、金磊等,虽然其产品在国内享有口碑,但整机性能还有欠缺,具体表现在工艺参数控制、热力控制及测温测速等方面。

(3)在模具制造方面,行业内有很多模具制造厂家,加工能力也很强,但模具结构设计和模坯铸造问题较多。在设计结构时,很多设计人员除设定正常的分型外,往往只注重型体,没有考虑成型过程、成型顺序。模具结构的合理性直接影响制品品质和尺寸精度。众所周知,滚塑制品是非线性收缩,厚薄的均匀程度也是影响收缩率的一个重要因素。另外,很多细节上的问题常被忽视,如排气口的位置与大小及插入深度等。模具行业最大的问题就是模坯的铸造,本来铸造和滚塑是相差甚远的两个行业,但由于很多滚塑制品形状奇特、尺寸庞大,必须采用铝合金铸造模具才能解决,而当前尚未有一家企业能把模坯铸件做好。问题主要是气孔和密度,模坯铸件经加工后模具内部的气孔裸露在模腔表面,生产的制品表面就有许多针孔,严重影响品质。有家企业曾经做过一个测试,其模坯密度只有2.37g/mm^3,而国外的模坯铸造出来以后,直接进行抛光即可,生产效率可想而知。铸件厂家为保证铸件成品率,会采用加大壁厚的做法,这样一来就给制品厂家带来新的问题:模壁过厚、加热困难、受热不平衡,以致制品厚薄不均,继而造成收缩变形。

〔撰稿人:《国内外滚塑报道》 史春才〕

企业风采

自主创新、环保节能铸就佳明公司飞速发展

——广东佳明机器有限公司

广东佳明机器有限公司(以下简称佳明公司)成立于1998年1月14日。公司在“十一五”期间抓住了全球经济一体化的机遇,走“自主创新、环保节能”的道路,凭借佳明人的智慧、力量和独特的管理模式,大力推行自主研发、自主创新,以迅雷不及掩耳之势,在塑料机械行业快速打造出一个全新而又闪亮的品牌——佳明牌节能注塑机。

一、规模飞速发展——脱颖而出

广东佳明机器有限公司原称南海市佳明机器有限公司,凭借技术创新的兴业之路,求新求变的经营战略,动态机制的科学管理,在短短的十年里从一个作坊式的小公司发展成为集球墨铸造、机械加工、注塑机设计开发、装配和调试为一体的专业生产注塑机械的集团式企业。2011年6月,投资4亿元的佳明重工挖掘机项目也开始启动。佳明公司几乎每年平均以25%～30%的速度发展,月产量达800～1 000台,最大机型可达4 000多吨。公司建立了省级水平的研发中心,获得了国家高新技术企业称号,已经成为中国华南地区最大的注塑机生产基地之一。

佳明公司之所以发展如此迅速，得益于自主创新：研发自主创新、生产工艺创新、管理创新和注塑机节能创新，通过一系列创新，走出了一条具有佳明特色的快速发展道路。

二、技术快速创新——独领风骚

国内市场的国际化，民族工业面临着国外知名品牌、高新技术的严峻挑战，公司必须在发挥本土优势的基础上不断地持续改进，自主创新，不断提高产品的质量，不断提高产品的技术水平，才能获取市场份额，争得生存发展空间。因此，佳明公司一直将研究开发、自主创新作为首要任务，通过独特的人力资源管理方式网络了海内外许多著名的注塑机设计专家，组建了技术中心、研发中心，将欧美、日本的设计理论和中国特色的设计风格加以巧妙地结合，独创圆形注塑机钣金，充分体现了曲线美，开塑料机械行业界之先河，成为注塑机行业最受欢迎的人性化美学设计之一。注塑机性能参数、安全参数、节能参数在采用欧美标准的基础上结合我国复杂的工况环境，非常适合我国当前的实际操作水平，因此，深受用户青睐。2003 年，按广东省研发中心标准组建了研发中心，组合了我国名校的机械设计、注塑机专业毕业的高学历人才，在塑料机械行业科研机构首先实现“四化”，即开发队伍年轻化、知识化、专业化、人性化。广泛采用 CAD/CAE/CAM 高新计算机应用技术，借助计算机辅助设计分析软件实现三维元件参数化建模，机构运作仿真，主关原件应力分析等智能化设计。另外，与国内外高品牌机构如国内的国家塑料机械产品检测中心、汇川科技，国外的如日本 DAIKI、日本 YUKEN、意大利 SETTIMA 等国际知名品牌企业合作，进行塑机研发，并诚请高校的资深专家作为研发中心的客座教授。研究开发的变频节能系统、闭环变量系统、伺服节能系统，都拥有独立的知识产权，分别获得发明专利 2 项、实用新型专利 18 项，产品通过市场的考验，使用非常好，特别是伺服节能注塑机，节电效果非常明显，能耗级别达到国家 1 级能耗，是技术创新让佳明公司插上了腾飞的翅膀。

三、工艺求新求变——精益求精

（1）球墨铸造、精密机械加工、注塑机装配、注塑机调试。佳明公司已形成了现代化的流水线生产规模，包括保养维修等售后服务已形成了一条龙服务，公司领导时常教导员工“只有更好，没有最好”，所以佳明公司永远站在求新求变的战线上，创新成了永久的话题和目标，无论设计、工艺或者管理都是如此，尤其是工艺，求新创新最为突出。液压件、电器件等关键部件全部选择国外品牌，其余的基础配件全部选择自己加工制造，以确保产品的质量与品质。工艺的改革、创新和完善关系到产品品质的保证与提高，所以工艺改革一直是佳明公司不断追求的目标。

（2）配件的球墨铸造。为了提高产品的铸造品质，公司引进了日本树脂砂工艺，并在此基础上进一步延伸改进，不但工序减少一半，而且过程品质改善将近两倍，特别是外观质量，实现不同级别的提升，当前单件铸件可铸造 50t。

（3）配件加工。公司分别从中国台湾、日本和韩国购进多台五轴联动机加工中心机，组建了机加工中心部、柔性加工生产线 12 条，关键配件、重点配件、重点控制，粗、精加工分开，打破常规加工理念，批量加工，成本比以前节省一倍，加工精度和质量比以前提高近一倍。注塑机装配生产线，几经改造，形成质量控制供应链模式，生产装机实行流水线批量生产模式，上下工序实行质和量的严格追溯体系和索赔体系，大大提高了产品的过程质量和产量，工作效率比以前提高了 20% ~30%。

工艺的不断改革和创新为佳明公司的快速发展奠定了坚实的基础。

四、管理独特创新——人性自由

佳明公司的管理不同于一般的国有企业的程序化，也不同于外资企业的规范化。经过多年的摸索已创建了一套具有佳明特色的管理模式，它是一种模糊数学式的管理，在一个中型企业内部，极尽“精兵简政”的架构，充分落实销售、生产和品保的放权功能，管理呈现欧美人性化自由模式，充分展现了管理人员自觉、自愿、尽力的工作风范，牵一发而动全身，工作反应之快，改进周期之短，应变市场的速度永远优于同行，这也是佳明公司能够飞速发展，在塑料机械行业出类拔萃的一个重要因素。

创新才能傲行逐业，创新才能赢得市场，佳明公司经过自主创新，努力奋斗，短短的10年时间，已进入塑料机械行业前列。通过了ISO 9001质量管理体系认证，在同行业首先强化质量管理模式；通过了国家注塑机产品质量认证，这也是塑料机械行业首家通过双证认证的企业；通过了ISO 14001环境体系认证和ISO 10012计量保证体系认证，为公司的快速发展奠定了基础；最早通过了欧盟CE认证，将注塑机安全通过国际采标来控制；佳明公司也分别荣获“质量诚信AAA企业”、“广东省民营科技企业”、“省名牌企业”和“国家高新技术企业”等光荣称号。佳明牌注塑机也被授予“全国注塑机质量过硬放心品牌产品”、“最佳节能注塑机产品奖”。

如今，佳明公司正通过品质创新、技术创新来推动品牌建设，通过多元互补创新来打造跨国实业，占地面积10万m^2的平地分厂改建后主要进行精密加工的小型注塑机的生产。2011年，占地面积25万m^2的三水佳明工业园产值达8亿元。2011年6月，总面积超过21万m^2的佳明重工机械挖掘机生产基地开始动工，重工挖掘机年产值将达到40亿元。不久的将来，佳明公司一定能够为我国民族工业的振兴做出应有的贡献，一个国际品牌的佳明注塑机一定会展现在世人眼前。

十年积淀　成功跨越

——力劲科技集团有限公司

力劲科技集团（以下简称力劲集团）于1979年创立于中国香港，是一家从事研发制造注塑机、压铸机、CNC加工中心的技术和资本密集型企业。经过30多年的拼搏进取，力劲集团已建立了在中国大陆、台湾地区和意大利的8个占地面积超过80万m^2的现代化生产基地，以及覆盖全球的60多个营销和服务中心，集团已发展成为全球最大的压铸机制造商，中国五大注塑机制造商和中国主要的CNC加工中心制造商之一。

力劲LK压铸机是压铸机行业迄今为止唯一获得“中国名牌”的产品。而力劲LK牌注塑机、压铸机、CNC加工中心先后获得“香港名牌”、“广东省名牌”、“上海名牌”、“深圳知名品牌”和“国家重点新科技产品”等荣誉。

2011年，集团被中国塑料机械工业协会评为“中国塑料机械制造业五强企业”，中国注塑机行业10强第4名，中国塑料机械制造业综合实力20强第5名。多次被行业权威机构评为“最受欢迎的十大塑机品牌”。

一、跨越发展，十年磨一剑

过去10年，力劲集团以中国加入世贸为契机，不断技术创新，引领行业潮流，持续推广高效、精密和节能的机械设备，营业额快速增长，企业规模不断扩大，并于2006年在中国香港联交所主板上市，实现了向大型企业集团的成功跨越。

2001年，随着深圳领威科技有限公司的成立，力劲集团掀开了企业大发展的序幕。

2002年，位于深圳龙华的大规模生产基地“力劲高新技术工业园”落成投产，专注于注塑机、压铸机的研发和制造。

2004年，力劲集团收购了当时的全国重点压铸机厂阜新北方压铸机有限公司，成立了力劲北方压铸机有限公司，成功布局东北市场以及扩大集团影响力。

2005年，公司位于广东中山的生产基地二期扩建工程建成投产。2006年，又在浙江宁波建成继上海（上海生产基地于1995年建成）以外的华东第二个生产基地，主要用于注塑机、压铸机的研发和制造。

2008 年，力劲集团收购了拥有 60 多年历史的世界顶级压铸机制造商意大利意德拉公司，一跃成为全球规模最大的压铸机制造商。实现了国际化企业的华丽转身。

2010 年，力劲集团并购了著名周边设备制造商日本普莱克斯公司，企业国际化步伐不断加快。

2011 年，占地面积超过 26 万 m^2 的昆山 CNC 加工中心生产基地一期建成投产。2012 年，位于台湾地区台中市的 CNC 新厂房落成投产，力劲集团将步入新一轮发展的快车道。

随着遍布全球的投资项目陆续完成，力劲集团进一步奠定了其在中国乃至全球的注塑机、压铸机、CNC 加工中心领域的市场领先地位。过去 10 年，集团以其多年的技术沉淀和经验积累，掌握了超过 80 项技术专利，为各行业应用领域提供先进的加工设备，成为全球客户信赖的精密机械供应商。

二、技术先行，成就行业龙头

在注塑机领域，力劲集团在技术上不断创新，产品不断推陈出新，开发出锁模力 20 ~ 35 000kN的 5 大系列、数十款型号产品，包括实用型注塑机 Potenza 系列、高级注塑机 Effecta 系列、直压注塑机 Effort 系列、大型两板机 Forza 系列、微型机 SP 系列，广泛应用于汽车、3C、家电、包装、医疗、日用品、玩具、建材等行业。

公司在注塑机精密度、稳定性等性能上不断探索。早在 2007 年，公司在行业内率先推出 EFFORT 系列直压式注塑机，该机型在锁模机构部分，颠覆了传统的机铰锁模，采用油缸直压锁模、并吸收了欧洲先进的设计理念，锁模机构和射台均应用线性导轨。创新型设计，确保模板受力更加均匀，锁模力更加稳定，机器的重复精度更高，生产出更精密的产品。

为了满足高精密、超大型注塑件需求，公司不遗余力地拓宽其产品线，在微型注塑机、超大型注塑机方面取得突破。针对汽车、包装等行业对结构性注塑件需求，力劲集团推出了 FORZA 系列大型两板注塑机，两板取代了传统三板结构，并采用直压式锁模，占地面积更小，容模空间更大，适用于大型制品的加工。

2008 年，力劲集团和香港理工大学合作，开发出 2 吨级、5 吨级全球首创的上射式微型注塑机。微型机采用全电动驱动，优化设计的注射、锁模系统，先进的触控技术，锁模力最小 20kN，注射量低至 0.01g，应用于注塑通信、手表、医疗和化工等工业微型制品。微型机的成功研发，不仅使公司成为少数几家掌握微型机技术的企业，也填补了我国在这一领域的空白，力劲微型注塑机一举夺得“第三十五届日内瓦国际发明及创新技术与产品金奖”。

近年来，节能环保成为工业生产的新趋势，公司工程人员顺应潮流，不断优化注塑机锁模、注射、电器和控制的设计，更是将先进的伺服控制系统、伺服电机泵组应用于注塑机上，并且结合电磁加热，较机台运用定量泵、变量泵驱动节能 20% ~ 80%。2010 年，经国家塑料机械产品质量监督检验中心权威检测，力劲伺服节能注塑机达到国家一级节能标准，力劲 POTENZA – Ⅱ 伺服节能注塑机的节能水平以优于标准的成绩而名列前茅，成功入选“国家首批节能注塑机产品”。

从定量泵到变量泵，再到伺服控制系统；从曲肘式到直压式，再到大型两板式注塑机；开发出全电动驱动上射式微型注塑机。在过去的 10 年里，力劲集团总是站在技术革新的最前沿，通过不断地创新和改进，引领行业技术发展的潮流，获得 20 多项注塑机技术专利，产品的各项性能指标均达到国际领先水平，从而为力劲注塑机赢得了“精密、高效、节能”的美誉，成为国内塑料加工企业的首选品牌。

为提高生产效率，降低人力成本，公司率先开发出 LK—NET 车间生产管理系统，通过对每台单独的注塑机联网，实施电脑集中监控及管理，实现车间现场管理的集成化和智能化。

三、力劲品质，全球客户信赖

高品质产品，源自对产品质量近乎苛刻的追求。力劲集团遵从“精控过程、持续改进、精益求精、优质可靠”的质量方针，引进 ISO 9001 质量体系，精控原材料、加工、装配和检测每一个环节。

公司的品质保障体系包括化学成分、探伤、力学成分和抗冲击性能等多项分析。技术人员对采购的重要零件的材料成分，都进行严格的检测、确认。如入料筒、射咀身、压射冲头、钢令等热作件材料(热作钢)，头、中、尾板的毛坯材料(球墨铸铁)，机器运动部位的各种铜司材料——合金铜的成分检测，保证哥林柱、活塞杆的耐磨损。

公司除了装备超大型三坐标仪、光谱分析仪、打料测试仪、锁模力测试仪和绝缘耐压测试仪等先进检测设备，还引进了先进的 CTS—3600 数字超生探伤仪和 WDW Ⅱ—100 电子万能实验机，以确保出厂的产品始终“表里如一、内刚外强”。

公司还参与多项注塑机国家和行业标准的制定，注塑机成功通过欧洲 CE 认证。超高品质得到业界知名客户的广泛认可。力劲注塑机深受美的、长虹、欧普照明、旭日集团、英德卓佳、联志工业和敏腾等知名客户的青睐。

未来，力劲集团将继续以客户为中心，不断刷新行业技术标准，为客户提供更加“精密、高效、节能”的注塑机和整体解决方案。

在历练中创新　共创明天的辉煌

——浙江申达机器制造股份有限公司

浙江申达机器制造股份有限公司(以下简称浙江申达)是国内较早以自主品牌专业化研发、生产和销售注塑机的企业，是浙江省二轻集团公司控股企业、国家和省级高新技术企业、全国轻工业卓越绩效先进企业。经过多年的传承与历练，创新与发展，公司已成为一个集技术、产品、制造和管理四大优势于一体的现代化先进制造企业。

一、技术优势

(1)人才优势。浙江申达人才力量雄厚，拥有荣获“国家特殊贡献”荣誉的高级专业设计师、浙江省“151 人才工程”学科带头人以及大量塑料机械制造、电气自动化控制、液压传动和计算机信息化管理等方面的专业人才。

在依靠自身力量进行技术研发和创新的同时，公司还积极开展对外合作，经过多年积累，现已形成国内一流的外聘专家团队，为公司及时掌握行业最新技术动态、提高产品制造工艺水平以及突破科研攻关难题等提供了强有力的支持。

(2)研发平台优势。2009 ~ 2011 年，浙江申达与浙江大学合作攻关，成功完成“精密塑料注射成型装备设计制造平台及产品开发应用”的杭州市重大科技创新项目，建立起行业顶尖水平的精密塑料注射成型装备设计平台，使公司的研发从传统经验设计发展为仿真、三维动态设计，实现了研发水平的全面提升。利用该研发平台研制的 SE 伺服节能高效精密注塑机、IT 汽配薄壁专用注塑机等产品的各项指标居国内同行前列，部分技术指标已接近国际先进水平，并分别获得 2011 年部级科技进步奖一等奖和 2010 年部级科技进步奖二等奖。

(3)标准制定优势。作为中国橡胶塑料机械标准化技术委员会塑料机械分委员会会员，公司在不断提升自身科技创新能力的同时，结合公司行业领先地位和技术优势，承担了越来越多的行业事务，引领了整个行业的发展方向。

近年来，浙江申达参与了 3 项国家标准和 1 项行业标准的制定，并承担了 20 余项行业标准的评审工作。浙江申达参与制定的国家及行业标准见表 1。

表 1　浙江申达参与制定的国家及行业标准

标准名称	标准代号	承担职责	备注
橡胶塑料注射成型机通用技术条件	GB/T 25156—2010	主要起草单位	已发布

(续)

标准名称	标准代号	承担职责	备注
橡胶塑料注射成型机检测方法	GB/T 25157—2010	主要起草单位	已发布
橡胶塑料注射成型机全电动塑料注射成型机	GB/T ××××—××××	主要起草单位	已报批
塑料注射成型机	JB/T 7267—2004	主要起草单位	现行标准

参与行业标准的制定,有利于提升公司的行业地位及品牌形象,并且在产品技术上确立了先发优势。

二、产品优势

浙江申达产品大量采用自有创新技术,形成了完整的塑料注射成型装备产品组合,能够满足各类客户的个性化需求,是国内产品品种、规格最齐全的厂家之一。

公司长期致力于产品节能环保技术的应用,主导产品伺服节能高效精密注塑机经国家塑料机械产品质量监督检验中心按《塑料注射成型机能耗检测和等级评定的规范》和《节能产品评价导则》检测评定,确认为首批国家1级能耗节能产品,且产品节能效果远优于国家能耗标准规定的最高等级要求,与传统产品相比,使用能耗大大降低。产品被列入工业和信息化部《节能机电设备(产品)推荐目录》(第三批)。

在获得权威检验部门认可的同时,国家在产业政策方面也给予公司重点支持。伺服节能高效精密注塑机不但获批2011年国家重点新产品计划项目的政策引导资金支持重点项目,并成为发改委、工业和信息化部2011年国家重点产业振兴技术改造专项的项目产品,得到国家中央预算内资金的重点扶持。

三、先进制造能力优势

公司一线技术工人平均从事本行业10年以上,良好的业务水平和操作经验,确保了产品质量的可靠和稳定。此外,公司拥有完善的员工培训机制,除制度化的日常技能培训考核外,还建立起了包括众多高校、同行企业、供应商在内的多层次人才合作培养体系,促进了技术工人职业技能的持续提高。

此外,公司具有长期专业制造注塑机的工艺经验,建立了高效的柔性化、模块化生产工艺流程体系,并取得多项加工工装专利,在整个工艺流程中形成了具有自主知识产权的加工工艺优势。

四、优秀稳定的管理团队和管理优势

公司拥有稳定的管理团队,管理人员均为注塑机行业资深人士,对行业有深刻理解。公司充分认识到管理团队对于公司业务运营的重要作用,采取一系列有效的措施充分维持其稳定性。

在优秀而稳定的管理团队领导下,公司建立了完善的企业管理制度,严格规范企业经营活动。公司引进了现代管理体系ERP的各环节管理模块,形成了以生产计划为主线的信息管理系统,使公司的系统管理水平全面提高。公司通过了ISO 9001:2008质量体系认证,建立了完善的产品质量管理体系,在产品研发、原材料采购、产品生产、销售和售后服务等方面实行全方位的质量控制。

浙江申达在拥有辉煌历史的同时,仍然积极开拓进取,致力于自主创新,在机遇与挑战并存的市场经济大潮中,充分发挥自有优势,依托高技术、高品质和日益显现的品牌效应,力求以自我的发展来促进我国塑机产业的发展,缩小与国际先进水平之间的差距,努力将公司建设成国内最具竞争力和最具规模的注塑机制造商之一。

博创,全力打造文化品牌

——博创机械股份有限公司

一、公司简介

博创机械股份有限公司(以下简称博创)坐落在中国南方经济中心——广州,创立于2003年初,已拥有广州、杭州两大注塑机研发与生产基地,总占地面积约 180 000m²，现有员工 700 多人，拥有世界最先进的加工中心群，注塑机年生产能力达 15 000多台。

当前，与世界保持同步领先地位的 BM 多色机系列、BU 威龙两板机系列、BS 伺服节能系列、BH 混合动力系列、BT 挑战者系列、管件专用机系列和 PET 专用机系列等近 100 种规格型号的注塑机，产品主要锁模力 100 ~ 45 000kN，注射量为 25 ~ 150 000g，可满足不同客户的多种个性化需求，并提供“量体裁衣”、“一站式售后服务”。公司产销量每年以 40% 的平均速度递增，在全球 20 多个国家注册了“BORCHE”商标。从最早期的韩国、印度、印度尼西亚、泰国、土耳其、埃及、南非和法国发展到现在的意大利、西班牙、希腊、乌克兰、巴西、俄罗斯和伊朗等 60 多个国家。经过多年的开拓努力，博创已成为乌克兰、巴西、南非和印度尼西亚当地注塑机首选品牌。

公司拥有雄厚的资金、技术实力、超前的经营理念、先进的管理模式以及完善的服务体系，配以 ERP、CRM、PDM、OA 等信息化系统，是注塑机行业首家实行条形码管理的企业。公司秉承“博大精深，价值共创”的核心理念，坚持“客户的满意就是我们的追求”的质量方针，坚持为客户创造价值、为供应商创造价值、为股东创造价值、为员工创造价值和为社会创造价值的行为准则。公司与时俱进，不断开拓创新，已有 100 多个科技创新项目获得国家级和省市级荣誉以及 50 多项具有国际水准的专利。公司先后获得“广东省装备制造业 100 重点培育企业”、“广东省名牌产品”、“广东省著名商标”、“广东省重点培育自主出口名牌”、“广东省最具影响力自主品牌企业”、“广东省制造业 100 强”、“中国塑料行业最具影响力十大品牌企业”、“2011 中国塑料机械制造业综合实力 20 强企业”和“2011 中国塑料注射成型机行业 10 强企业”等荣誉称号。公司的综合实力位居注塑机行业前三甲，已成为中国塑料机械行业最具活力、最专业的综合服务提供商之一。

二、以“仁”文化为根基，打造博创品牌

优秀的企业，必然拥有优秀的企业文化。因为博创有一位热衷宣传、推广和传承中国优秀传统文化的领导者，所以企业文化广泛汲取“正心、修身、齐家、治国（企）、平天下”的中国优秀传统文化的精髓，秉承“博大精深，价值共创”的核心理念，吸引了一大批有志者集聚在博创，为实现自己的梦想与企业一起成长。

博创就是由每一个家庭所组成的一个大家庭，只要每个家庭都和谐了，企业这个大家庭自然就能长久持续地发展和传承。同时，博创运用西方先进的企业管理模式，让企业充满活力和竞争力。这种“中西结合”的管理模式，得到广大员工的认可。如每天上班前，有温暖的“早安博创”行动；早上集体朗读《弟子规》；见面行鞠躬礼、点头微笑，相互之间以家人称呼；开设“小天使寄语”专栏等。公司努力营造一个和谐的环境，让每个员工在“学”与“做”的过程中，体会传统文化的魅力，懂得做人的道理，养成孝顺父母，尊敬领导、师长，友爱同事等优良品德。公司创办了自己的刊物，成立了读书会、员工俱乐部，定期组织员工技能培训，学习交流竞赛以及户外旅游等活动。博创还将学习成果与外部分享，让更多的人了解传统文化，感受“仁”之道。2012 年 3 月，博创举办“零距离，心连心，感恩有你”的大型活动，邀请全国各行各业的精英、客户、供应商和海内外朋友来到博创参观指导，一起共同探讨文化品牌，共话未来。

在“博大精深，价值共创”的指导下，通过“仁”文化的传播，公司把“客户的满意就是我们的追求”提高到又一精神层面。在向客户提供产品服务的同时，也将博创品牌文化传递给客户，让客户对博创产品有了更多的信赖。经过几年的不懈努力，公司以文化品牌为主线，产品服务为根本，培育了许多知名大客户，如美的、富士康、比亚迪、小天鹅、惠达、荣事达、飞科、本田、晨光和纳爱斯等，并建立起良好的战略合作关系。公司在为客户提供高附加值产品的同时，对售出的产品实行终身维修，并设信”来定义博创“五大价值观”。以此为基础，建立起博创的文化体系。立大志、行正道，用“爱”、“感恩”、“责任”、“信任”、“利他”、“善良”、“智慧”等伦理观和道德观，为客户、为供应商、为员工、为股东、为社会多创造一份和谐和美好，用博大精深的传统文化，成就幸福博创，为努力提高博创文化品牌知名度而努力奋斗！

倾力打造全球最好的挤出设备

——潍坊中云机器有限公司

潍坊中云机器有限公司是一家有着40多年历史的现代化高新技术企业，主要从事各类高性能、高品质、数字化塑料管道生产设备的研发、生产和销售，其中主导品牌商标“云鸥”被认定为“中国驰名商标”。

潍坊中云机器有限公司占地面积44万m^2，建筑面积28万m^2，现有员工680余人，拥有3个科研和生产基地，具有雄厚的产品研发、机械加工和提供全程服务的能力。

1998年，潍坊中云机器有限公司通过了ISO 9001国际质量体系认证，能向客户提供从产品研究开发、生产制造到售后服务、升级提高的全程质量保证。公司同时获得了众多荣誉，主要有：“全国五一劳动奖状”、“中国驰名商标”、“山东省高新技术企业”、“山东省星火示范企业”、“山东省十佳民营高新技术企业”、“山东省先进民营企业”、“中国专利山东明星企业”、“山东省AAA级信用企业”、“山东省重合同守信用企业”以及“潍坊市十佳高新技术企业”等。

潍坊中云机器有限公司多年来一直致力于新技术、新工艺的研究、开发和应用，并与中科院、北京化工大学和清华大学等高等院校、科研机构建立了密切的合作关系。公司自主开发了36项世界领先的关键核心技术，获得了68项国家专利，多项产品获得了国家有关部门的表彰奖励；大口径PE、PP、PVC双壁波纹管生产线，铝塑复合管生产线，PP—R管材生产线，一步法化学交联聚乙烯管材生产线和超高分子量聚乙烯管材等生产线被分别列入了国家级科技成果重点推广计划、国家级火炬计划项目、国家重点新产品和建设部科技成果推广转化指南项目，并分别被山东省科技厅和北京市政府授予了19项科技成果奖，其中省部级科技成果奖二等奖多项，向客户提供了有力的技术支持。

近年来，随着国家加大对基础设施的投资力度，以及对节能减排、倡导低碳产业的政策支持力度，PE双壁波纹管、PE钢带缠绕增强管等大口径塑料管材在排水、排污领域得到了普遍推广和应用。为掌握市场先机，公司投巨资开发研制了PE、PP、PVC大口径双壁波纹管生产线，大口径PE管材生产线，大口径PVC管材生产线和大口径钢带增强波纹管生产线等一系列新产品。产品投放市场后，大获成功，特别是PE、PP、PVC—500、1000型大口径双壁波纹管生产线，融汇了国际上先进的波纹管生产技术，并加以完善和创新，取得了30多项专利，无论从设备配置，还是技术指标，均达到或超过了同类进口生产线，其市场占有率不仅在国内遥遥领先，还出口到俄罗斯、乌克兰、芬兰、波兰、斯洛文尼亚、罗马尼亚、科索沃、土耳其、伊朗、伊拉克、苏丹、阿富汗、日本、阿根廷、委内瑞拉、埃及和安哥拉等二十几个国家和地区。

随着我国经济的快速增长，潍坊中云机器有限公司迅速发展壮大。当前，正向着创造国际品牌、产品多元化、企业集团化的目标迈进，相信一个更大、更强的潍坊中云机器有限公司必将为我国机电行业的发展做出更大的贡献。

自主创新　续写辉煌

——东华机械有限公司

一、企业简介

东华机械有限公司(以下简称东华公司)成立于1986年,以专业生产全自动电脑注塑机及其附属设备为主。总占地面积超过8万 m^2,固定资产超过2亿元,配备了一整套先进完备的设计、生产、加工、装配及检测设备,拥有各类金属切削设备80多台,其中加工中心20多台,数控机床近30台。公司可一次性提供全套注塑机及其配套设备,注塑量43~50 000g,合模力220~40 000kN,共有90多个规格、百余种款式,现年产量达5 000多台,产品已遍及世界各地。

为更好地利用资源,服务于客户,提高对市场反应的灵敏度,公司在2002年底投入巨资与国外著名IT厂商协作,成功上线ERP管理系统,OA办公自动化系统和CRM客户关系管理系统,并运用到公司管理中。通过先进的管理工具,科学的管理理念,公司矢志成为世界上最优秀的橡胶塑料机械优秀供应商之一。

二、技术能力

东华公司自建厂以来,坚持以客户为中心,以科技为先导,极其重视研发和设计,每年都会拿出销售额的3%~5%作为研究经费投入到设计开发,并汇集国内的技术精英、中国香港的塑料机械权威工程师及德国与日本的技术专家,组建了由60多名高级技术人才组成的东华技术核心部门——工程系统。1994年,东华公司被广东省科委批准成立了以东华机械有限公司为依托的“广东省塑料机械工程技术研究开发中心”,全面负责东华公司的新产品研制与开发,不断推出技术水平高、市场前景好的新产品。公司长期与北京化工大学、华南理工大学等高校建立战略性联盟,进行“产、学、研”合作,联合进行多项国际最新技术、产品等项目的研究,并结合国内雄厚的设计力量,使产品的开发“快、新、变”,保证了公司所有产品均与世界先进技术同步。

由于坚持走自主研发创新及“焦点差异化”和技术领先的发展道路,20年来,东华公司已在多个项目的研发上屡创佳绩,曾经创造了多个国内第一,如国内第一台超大型注塑机(25 000kN锁模力,1993年),国内第一台两板液压式锁模大型注塑机(18 000kN锁模力,1999年),国内第一台全电动注塑机(2000年),国内第一台在线配混玻纤塑化式的大型注塑机(12 000kN锁模力,2006年),2010年3月,公司1800Se(锁模力为18 000kN)标准机成功地在0.36kW·h电能消耗情况下使用客户现用的模具生产电器塑料件,同时国家塑料机械产品质量监督检验中心派人员亲临现场验证了该产品的实际效果,评定为一级能耗标准,这是在行业里首台大型注塑机(锁模力在10 000kN以上)获得该节能评级。

三、生产能力

在零件加工方面,东华公司配备了先进的加工设备,从日本、中国台湾进口的数控车床、CNC柔性加工中心、五面体加工中心、数控钣金设备、光学对刀仪、三坐标测量仪、超声波探伤仪、激光切割机、热处理车间和无污染喷漆控制室等先进设备一应俱全。先进的加工设备结合先进成熟的加工工艺,是产品质量的重要保证。

在质量控制方面,东华公司是国内注塑机行业首家获得高新技术企业认定证书和ISO 9001质量管理和质量保证国际标准认证合格证书的企业,从1993年开始就全面推行ISO 9001质量管理和质量保证国际标准,对产品的制造实施全过程的质量监控,每一个生产岗位上的员工都经过严格的技能培训;每一道加工、装配工序都有严谨、科学的工艺规范;每一个过程都有严格的管理程序。在保证严格的零件、元器件检验、检测过程的同时，东华公司更注重的是对全过程的检验和控制，通过定期对过程质量的审核、诊断和评定，确保人、机、料、法、环五大要素输入的适时有效性，从而形成有效的闭环控制系统。技术精良的制造队伍，完整的质量保证体系，确保产品的加工和装配精度，从而保证了产品的稳定性和可靠性。

四、公司荣誉

1993 年，公司在国内首先突破特大型注塑机的设计和工艺技术，成功设计制造出国内首台合模力 25 000kN 的 TTI—2500B 型特大型注塑机，填补了我国大型注塑机的空白，获得了国务院颁发的"中华之最"荣誉证书；同年，在国内塑料机械行业中首家获得高新技术企业认定证书和 ISO 9001 质量体系认证证书。1997 年，TTI 系列全自动注塑机被评为"广东省名牌产品"。1998 年，TTI 系列全自动注塑机被原国家机械工业局认定为"中国机械工业名牌产品"。1999 年，设计制造出国内第一台 TTI—1800T 二板式注塑机，并获实用新型专利；TTI—(550—800)F 系列注塑机获广东省机械工业科技进步奖一等奖。2000 年，研制出国内第一台环保节能高效的全电动注塑机。2004 年，被广东省科技厅评为"优秀高新技术企业"。2005 年，荣获"中国机械 500 强"、"中国橡塑机械 10 强"称号。2007 年，东华公司 h 牌注塑机荣获"中国名牌产品"称号。2009 年，公司被认定为首批"国家高新技术企业"，高效环保薄壁大容量餐盒注塑机荣获"广东省高新技术产品奖"。2010 年，公司的发明专利"化学发泡预压高速注塑成型方法"荣获东莞市专利优秀奖。同年，Se 系列机型是全行业唯一在超大型注塑机（锁模力 >2 000kN）获得 1 级节能评级。2011 年，公司连续第六年被评为"中国机械 500 强"。

五、服务销售网络

东华公司的服务网点遍及世界各地，在国内各区域、各城市设立办事处达 30 个，在海外 50 多个国家和地区设有办事处或代理商，共有售后服务人员 180 多名，全部是机电一体化专业毕业，通过 ISO 9000 专业培训并持合格证，平均从事机械服务行业 5 年以上，具有丰富的塑机故障判断、解决问题及优良的人际沟通能力。

公司主动与客户联系，依据客户的时间安排，提前对机器进行检查保养，以最大限度地节约用户的时间成本，提前确保设备的正常运作；为客户进行全方位的免费培训；随时为客户设计、开发、提供机器附加功能设计参考；提供产品升级或改造服务，如产能计算、产品打包服务；若出现需公司人员现场处理的事件，客户电话预约后，公司服务人员 4h 内到达客户现场，一般故障 2h 内解决，特殊故障、系统问题 48h 内予以解决；提供 24h 全年无休维修服务，客户只需拨打公司各网络点服务热线，即可预约公司"全程管家"为客户提供的先设计后安装、保养、清洁和维护的 360 度全方位服务，同时通过各售后系统建立"一站到位、一票到底"的服务流程，实现"一次服务用户，全部设备受益"的服务目的。

泰瑞机器　共塑梦想

——泰瑞机器制造（中国）有限公司

一、公司发展概况

泰瑞机器制造（中国）有限公司是行业著名的塑料注射成型机制造商之一，于 2008 年 2 月投资建设生产基地，位于国家级开发区杭州经济技术开发区内。总占地面积 6 万 m^2，厂房面积 7 万 m^2，具有年产 4 000 台 600 ~ 40 000kN 合模力注射机的能力。公司近三年凭借产品品种齐全、个性化机型众多、品质优异和全球无时差服务而闻名。产品销往 78 个国家和地区，在土耳其、巴西、澳大利亚、印度和意大利等国家和地区设立了办事处和代理商。

2009年，在东南亚建立起第一个海外生产基地。

公司先后被评为杭州市技术中心、浙江省高新技术企业，在2010年，被列入杭州市重点培育成长型中小工业企业。公司当前拥有40人的技术研发团队。在2010年，先后完成年产1 000台伺服节能注塑机的技术改造项目和TRX2200J塑料管件专用注塑机的首台(套)项目验收。

公司始终以“新技术、高精度”为起点，以“打造泰瑞精品”为主线，通过引进、吸收国内外先进前沿技术，运用标准化、规范化和精细化管理手段，采用企业信息化ERP管理系统和UG设计软件，形成了产品技术先进、生产制造快速和成本控制有效的优势，自公司成立至今，每年的各项经营指标增速多在50%以上，最高达130%。2011年，销售收入继续保持高速增长，销售额超过5亿元。

二、完善各项管理体系，提升企业竞争实力

公司在企业治理和组织架构上进行合理的调整，按照企业经营功能设立了技术中心、质检中心、制造中心、销售中心、行政中心和财务部等部门，明确部门的岗位职责和权限，并建立起相应的绩效考核体系。从而保证公司朝着正规化、先进性的管理模式运行。

在生产组织上，为实现标准化、规范化、精细化管理，公司投资80万元引进了ERP管理系统，通过产品订单的录入、生产计划生成、采购计划形成、采购指令单下达、生产配方模拟生产等一系列的操作流程，在实现精益生产的同时有效降低了生产成本，大大缩短了交货期，实现了以数据说话的精细化管理。同时，利用ERP的推进，公司对原有的生产流程进行了梳理，基本改变了口头传递、纸质传递信息的传统。

公司加大力度推行6S管理，提高产品品质和关注安全生产。通过6S管理的推进，生产现场得到了明显的改观，零部件堆放整齐，区域划分明确，消除了安全隐患，员工有序生产意识明显增强。在提高管理水平同时增强了企业的竞争力，为公司的飞速发展打下了坚实的基础。

公司加强人力资源的开发与培养，通过培训计划的实施和技能的应知应会测评，提高了人才队伍的稳定和知识的更新；通过加强员工绩效考核，完善员工的薪酬结构，提高了员工的工作积极性。

三、积极研发新产品，提升企业核心竞争力

为了更快地发展，企业打破传统模式，大胆改革，不断从传统制造技术吸收机械、电子、信息、材料、能源及现代管理技术等成果，并将其综合应用于注塑机产品设计、制造、检测、管理、销售、使用和服务全过程，实现优质、高效、低耗生产，具体体现在以下几个方面：

1. 技术创新与质量管理

公司拥有一支近40人的高效敬业的技术研发团队。经过几年的开发，当前已经形成7大系列产品：TRX系列热塑(热固)注塑机，合模力600～40 000kN；TRX(M)系列高性能热塑(热固)注塑机，合模力600～5 000kN；U(C)PVC、PPR、PE塑料管件系列专用注塑机，PET瓶坯高速机、瓶盖高速机及相关生产线；清(混)双(多)色、夹层(发泡)注塑机；多回路(电液复合)快速注塑机；D(梦想)系列注射机；气体辅助射出成型系统和配套各类塑胶模具和辅机。引进先进适用的制造技术和管理技术，并把技术引进的重点放在消化吸收与发展创新上，通过学习借鉴与发展创新相结合，逐步从模仿为主的低层次消化吸收方式上升到掌握关键、核心制造技术，达到自主开发创新能力的高层次消化吸收阶段。近两年开发有TRX4000T大吨位注塑机和TRX2200J塑料管件专用注塑机等多系列高科技注塑机。

技术管理方面，公司全面推行项目负责制，根据新产品开发流程，每个项目组对项目进行充分的市场调研、信息资料收集，进行可行性分析，制作项目计划书，对每个项目的实施明确负责人和时间节点。对项目小组实行项目成功率与收益相捆绑的方式，有效地提高了研发人员的积极性。同时公司十分注重技术队伍的建设，公司每年都会从校园和社会招聘50余名大专以上应届毕业生深入车间、研发中心等部门实习，建立技术人才储备库。

在质量管理上，2008 年 6 月，公司为提高产品品质引入了 ISO 9000 质量管理体系和 ISO 14000 环境管理体系。2008 年 12 月已经通过国家相关认证机构认证以及 CE 安全体系认证。通过该两体系的引入，完善了质量控制体系，有效改善了公司环境，使产品质量上了一个台阶。

公司在质量管理中还借助 ERP 管理系统，设立了合格供应商管理、过程工序检验合格率、出厂检验合格率、一次检验合格率、产品批次检验率等一系列考核指标，使产品质量与员工效益、企业效益挂钩。

同时针对制造过程中发现的质量问题，成立了 QC 项目小组进行改进，仅 2010 年，公司在产品工艺、质量上改进项目就达到 100 余项。

2. 品牌管理

公司确立以“打造泰瑞精品”为经营发展战略，严格设计过程、生产过程和产品过程检验，产品 60% 以上出口国外，赢得了 84 个国家和地区用户的信赖。公司以产品品种齐全、特殊机型众多、生产交货及时、售后服务周到而得到用户好评。在售后服务上推行无时差服务，并已在国内 10 余个办事处和土耳其、巴西和澳大利亚等地设立了服务备件仓库，配备专职服务工程师，配合全球泰瑞合作伙伴一起以最快的服务响应解决客户所需。公司当前已经建立了完善的客户档案和产品档案，保证公司产品的有效跟踪和服务。

为提高产品知名度，公司每年都参加中国国际塑料橡胶工业展览会、台交会、国际橡塑展以及在国外举办的德国杜塞多夫国际塑料及橡胶展览会、美国国家塑料展览会等专业展览，同时公司投入大量资金制作高速公路广告牌及成套产品宣传资料，包括建立公司网站，拍摄 VCD 介绍公司及生产经营情况。

公司的品牌建设包括品牌构架、品牌定位、品牌核心。品牌构架将以公司拥有的“泰瑞”、“TEDERIC”二个注册商标为基础，不断丰富海外国家地区的注册，保护品牌的合法地位；完善公司品牌管理体系，加大品牌的宣传和品质提升以及使用规范。品牌定位将结合行业特性，以“打造泰瑞精品”为主线，通过学习国外技术、在国内外开展产学研合作的方式，以“节能、高效、高精度”的产品为依托，通过不断地研发新产品，使公司的产品真正成为精品。品牌核心将通过建立企业文化、企业形象塑造，使公司的日常经营与品牌战略有机结合。计划用 3 ~ 5 年的时间，使“泰瑞”、“TEDERIC”的产品成为“中国名牌”产品。

3. 节能降耗与环境保护

公司的发展方向就是“节能、高效、高精度”，公司通过有效的环境治理，提高了员工的节能低碳意识。

近两年，公司研发的 TRX 系列伺服注塑机，比传统的注塑机节能 25% ~ 60%。公司的 D250 系列注塑机、TRX80/300M 系列注塑机、D1800 系列注塑机已经通过国家节能检测中心的检测，能耗等级为 1 级，能耗指标符合国家节能产品的技术要求。

在公司内部管理和生产运营上，公司通过采用节能产品如精加工技术中心、节能伺服电动机、节能照明、智能供水等方面进行能耗控制；同时在使用新材料、新工艺上充分考虑节能和降成本。对于一些高能耗的传动装置，公司使用液压进行代替。

四、实行人性化管理，秉承“价值共创共享”的价值理念

企业所有的成果都需要人进行创造和实施，所以对于员工的尊重就是对产品、对用户的尊重。公司每年会安排一定的时间和资金投入，开展“泰瑞杯”篮球比赛、拓展活动、登山活动以及其他文娱活动，丰富员工的业余生活。通过活动提升企业的凝聚力和向心力，同时增强员工的团队意识和个人荣誉感。公司秉承“价值共创共享”的价值理念，在企业不断的发展过程中，为社会、用户、供应商、股东和全体员工创造价值。

2011 年是公司体制转型、企业发展转型关键的一年。公司建立起专门的新产品研发中心和体系，计划投入 1 000 万元用于新产品制造技术改造，加快新产品特别是符合低碳经济、循环经济的节能型产品开发，在销售网络建设上，继续完善东南亚海外制造基地的建设，以及国内国外销售渠道建设，在注塑机需求的重点区域建立销售服务点，缩短与客户沟通及满足客户需求的距离，加快服务的响应速度、提升服务质量；加大产品和企业宣传的投入，进一步增强公司的知名度；加大人才的引进力度，进行内部管理挖潜，降低生产成本，树立良好的企业形象和品牌影响力，力争在不久的将来能够使公司跻身国内注射机行业第一集团行列。

科技创造卓越　创新铸就辉煌

——山东通佳机械有限公司

山东通佳机械有限公司是集科、工、贸于一体的现代化企业集团，主要从事塑料机械、制药机械和包装机械等机电一体化机械装备的科研开发与生产经营。公司是中国塑料机械工业协会副会长单位、中国塑料加工协会理事单位，国家级高新技术企业、中国专利明星企业，公司地处山东省济宁国家高新技术产业开发区。

多年来，企业依靠技术创新，坚持科技兴企、管理增效，不断加大技术创新的投入，设立了相对独立的技术研发机构，不断开发研制出国际先进、国内领先的机械装备，先后研制出包括塑料发泡类、塑料包装类、塑料管材、塑料网材、片材类、塑料注射类、塑料中空成型类和塑料挤出机等九大系列、200多种规格的塑料机械新产品。其中多项产品填补了国内空白，获得了省、市级科技进步奖，并分别列为国家级重点新产品，国家级火炬计划项目、国家技术创新基金项目、山东省高新技术创新重点项目，获得多项国家专利。产品远销西班牙、波兰、巴西、俄罗斯、阿根廷、智利、伊朗、印度尼西亚、马来西亚和越南等60多个国家和地区。主导产品国内市场占有率达60%以上。

一、创新思路和发展战略

1. 培育创新团队，提高自主创新能力

公司多年来坚持实施人才兴企战略，加快科技创新型企业建设。人才是技术创新的核心，公司通过聘专家、引专才、炼专长等多渠道、多形式人才培养和引进机制，加快了科技创新队伍建设，形成了较为合理的人才梯队结构。公司每年都送出一定数量的技术人员到高校进修、学习、深造；定期组织专业技术人员到国外参加国际上的技术交流和培训，11年累计达到60多人次，加强了专业技术人员的国际技术交流，通过学习国外先进的生产技术和经验，拓宽技术开发人员的视野。当前公司技术中心的近100名员工，每人年平均国内、外继续学习时间都不少于30天，有效提高了公司专业技术人员的技术水平和创新能力。

2. 加强产学研合作，提高创新水平

公司先后与北京化工大学、华南理工大学和青岛科技大学等专业院校建立了紧密的产学研联合体，签订了战略合作协议，聘请国内知名的塑料工业技术专家作为企业的技术顾问，对企业产品技术创新给予全方位的支持和指导。与高校和科研院所的成功合作，有效提高了公司新产品研发水平，弥补了公司在技术开发项目、理论基础研究方面的不足，推动了企业的技术进步和创新发展。

3. 引进国际智力成果，形成创新合力

公司常年聘请德国、日本和美国的外国专家来公司工作，共同研究新产品开发课题，利用国外专家的技术经验为公司技术创新服务，形成新的合作创新体系。公司已先后聘请6位外国专家来公司工作，并成功开发了10余项新产品，取得了良好的经济效益。

另外，公司积极开展与国际技术公司的技术合作，与日本富士工业株式社合作开发的超临界流体控制系统，以及和美国MOOG公司合作开发的数控经纬网高速伺服控制系统都取得了较大的成果。

4. 根据自身特点建设研究院式工厂

公司根据塑料产品市场升级换代快、市场需求多样化等特点，结合自身技术优势，实施订单式生产，零库存管理。一切以客户需求、以产业发展需要为出发点，加强技术创新，促进技术进步。定期制定新产品开发计划，贴近市场、按照产业发展需求，研究开发市场急需的技术装备。“十一五”期间，公司成功开发新产品40多项，被列为国家火炬计划5项、国家级新产品3项，获得省、市级科技进步奖16项，完成国家企业创新基金项目1项、中央预算内投资项目1项，满足了国内外客户需求，取得了良好的经济效益和社会效益。

5. 实施知识产权战略，提高企业核心竞争力

自主知识产权是企业的核心竞争力，多年来，各级领导和同仁的关心支持下，公司一贯坚持实施知识产权工作。加强自主知识产权的保护力度。并建成塑料机械和塑料加工工艺专利信息中心，及时了解和掌握国际先进技术的发展动向，塑料加工技术的进步和发展，提高公司新产品的研发水平。加强自主知识产权的保护力度，提高企业自主技术的保护水平和保护能力。“十一五”期间，申请各类专利160多项，授权发明专利26项、实用新型专利102项和外观设计专利16项。

6. 加大创新力度，创建百年企业

技术创新是企业发展的不竭动力。企业立志于成为国内最大的非标高分子加工机械制造和研发基地，创建国家级技术中心，把高分子机械装备产业做大做强，把产品做精做细；始终以国家产业政策为导向，以市场需求为出发点，开发节能减排、环境保护和资源节约相关的新型产品，建成我国高分子挤出技术装备生产研发基地，为塑料工业发展提供技术动力。

二、主导产品与技术水平

1. 双轴取向高强度往复式数控经纬网生产技术及装备

双轴取向拉伸往复式高强度经纬网生产技术及装备，应用高速伺服数控往复挤压成型技术，由伺服控制系统精确成型经纬垂直交叉的高分子网状结构，然后进行双轴定向精确拉伸取向，相对于传统的双轴拉伸高分子网材的制片—冲切—拉伸工艺，原料利用率提高30%，可达到95%以上，项目被列为国家级火炬计划项目、山东省科技发展计划项目和山东省技术创新计划项目。

项目所生产的产品作为路面增强材料，可以防止路面因低温龟缩而产生裂纹，能改变路面的结构应力分布，阻止反射裂缝的扩展，还可以减轻车辙的轧痕，可以延长公路的使用寿命，并可相对降低路面结构层厚度，从而达到降低公路建设造价的目的。采用产品作为建筑墙体砂浆抗裂，可完全替代当前使用的玻璃纤维网，由于双轴取向拉伸高强度网材较玻纤网生产能耗可降低30%，每平方米只有0.03kW，而我国每年新增建筑面积约20亿m^2，墙体面积约60亿m^2，如果采用双轴取向拉伸高强度网替代玻璃纤维网，节能效果显著，市场前景广阔。

2. PLA聚乳酸全降解发泡片材生产技术及装备

PLA是一种生物质高分子材料，来源木薯等非农经济作物和农作物剩余物通过发酵产生发酵糖，进行聚合反应生产制造的新型非石化高分子聚合物，是可再生绿色环保材料。该材料具有理化性能优良、生物及化学降解性能好，且降解时间可控、无毒无味、耐酸碱、防病菌、防紫外线、降解后生成对环境无害的二氧化碳和水等诸多优良的性能。国家和山东省及部委将PLA相关开发项目列入“九五”、“十五”、“863”、“973”、“火炬计划”、“星火计划”、“十一五”和《国家中长期科学科技发展规划》重点科研攻关项目。

项目采用国际先进的油温控制新型高混合低剪切塑化均化元件的设计、可控压力发泡模具和国际先进的流体控制技术、物理发泡剂的精确闭环流量自动控制技术，发泡稳定，根据PLA发泡材料性能添加多种功能性辅助材料和共混改性，改善了PLA的发泡效果，得到的泡体结构均匀，表面结皮完整，保温和耐热性能优良，并保持了PLA所特有

的可完全降解性能，并采用国际先进的阶梯式油温控制和螺杆芯部的温度控制，可精确控制发泡工艺成型，带有压力自动调节功能，自动化程度高，控制精确，是PLA树脂发泡加工的专用设备、生产线各项指标均处于国际先进水平，项目通过国际查新，并通过省级科技成果鉴定，填补国内空白，达到了国际同类设备的先进水平。

产品申请国家发明专利3项、实用新型专利6项，被列为国家火炬计划和山东省技术创新计划项目。采用先进技术生产加工生物质高分子材料，生产产品可完全降解，物理性能优越，可完全替代现有一次性发泡包装材料，每年可减少造成“白色污染”的一次性发泡包装材料3.5万t，为下游客户年创产值10亿元，彻底改善一次性发泡材料对环境的污染，符合国家的环保政策，是国家鼓励发展的新型技术，环境效益显著。

3. 环保多元物理发泡保温板材生产技术及装备

设备采用超临界CO_2—相溶剂—表面活性剂—辅助发泡剂多元共混发泡配方体系，采用CO_2和水性多组分溶剂协同发泡技术，是我国鼓励发展的新型环境友好发泡剂，利用多组分环保型发泡剂生产泡沫塑料制品，绿色环保，减少HCFC的排放，并且CO_2成本低廉、来源广泛，彻底解决了氟利昂破坏环境和丁烷易燃易爆的难题，大大促进了发泡板材的产业化技术升级及推广应用。

CO_2来源于空分产生的气体并进行有效利用，可以大大提高其产品的环保水平，每年可为挤出物理发泡产业减少HCFC排放近千万吨，既有效保护了环境，又以其低廉的成本，推动了新型节能产品的推广和应用。

该生产线获得7项国家专利授权，荣获山东省轻工业科学技术进步奖一等奖、山东省重大节能产业化资金推广项目、济宁市节能改造财政奖励项目和济宁市科学技术进步奖。

公司已累计向国内各生产企业提供了600余台（套）XPS节能保温板生产线，生产出的保温板可用于6亿m^2的建筑节能保温工程建设需要，年创社会产值100亿元。按节能保温率50%计算，年节约标准煤1 000万t，取得了良好的经济效益和社会效益。

4. 塑料土工格栅生产线

承担了国家科技部企业创新基金项目“双向拉伸土工格栅生产线”，并成功开发出了国内第一条“双向拉伸土工格栅生产线”。该项目填补国内空白，获得多项国家专利，该项目的成功研发彻底改变了高速公路、高速铁路增强路基高分子材料完全依靠进口的局面，推进了高强度土工材料在基础设施建设领域的广泛应用，土工格栅作为一种新型土木工程材料，属国家高新技术产品目录中新型材料技术领域类复合材料中的增强体材料，广泛应用于土木工程、水利、交通运输、建筑、城市绿化和水土保持等方面。另外根据煤矿矿井支护材料的巨大需求、公司在“双向拉伸土工格栅生产线”的基础上，结合矿井支护材料抗静电、阻燃的要求、通过技术攻关，成功开发出“双拉双抗矿用土工格栅生产线”。该生产线生产产品已成功应用到神华集团、兖矿集团等多处矿井，年节约钢材上百万吨，“双向拉伸土工格栅生产线”荣获山东省轻工系统科技进步奖一等奖，现已成功销售到俄罗斯、乌克兰等国家，取得了显著的经济效益。

5. 系列PVC、PE/PP木塑生产线

木塑复合材料是近年来复合材料研究开发及废旧塑料再生利用的一项重要科研成果，是一种天然的绿色环保材料，可制成板材、型材和管材等，广泛应用于包装、建筑和装饰等行业。

当前，公司形成针对PVC、PP、PE材料的51、65、80、92锥双系列和各种单螺杆系列的专用加工设备，并设计配套相关辅助周边设备，形成木塑系列产品的一站式服务和交钥匙工程，获得市场的高度认可和一致好评。产品获得山东省轻工业科技进步奖一等奖，受理并授权专利6项，当前已远销20多个国家和地区，经济效益、环境效益显著。

新的篇章开启新的希望，新的历程承载新的梦想。“十二五”期间，公司将投资6.5亿元建设新型复合材料加工装备生产制造基地，项目建成投产后，可新增销售收入10亿元，利税2亿元，全面提升企业的竞争力和国际影响力。山东通佳机械有限公司必将成为世界塑料工业的知名品牌企业。

超卓无限　引领中国机械制造产业新途

——宁波海星塑料机械制造有限公司

宁波海星塑料机械制造有限公司位于宁波国家高新区，是一家专业生产精密、节能注塑机的国家级高新技术企业，创立于1999年11月。公司现拥有5万m^2的国际标准化厂房，设有十几台大型加工中心和大批先进的数控加工设备。公司是中国塑料机械工业协会副会长单位和宁波市塑料机械行业协会副会长单位。

“海星”牌注塑机配备世界一流的液压、电器及控制系统，引进欧洲风格的设计理念，通过严格的装配调试检验，为世界各地客户提供中国大陆一流水准的产品与服务。公司通过了ISO 9001质量管理体系认证和CE产品安全认证，确保持续提供满足法律法规要求和客户要求的满意产品。

公司始终保持生产规模，稳步发展。总经理陈兴良先生自1972年开始学习研究设计生产注塑机，20世纪90年代初曾赴美3年，是业内资深的工程师。“海星”注塑机是其借鉴欧美、日本等优秀技术并结合企业自身经验的完美力作。

公司凭借其强大的研发设计创新能力，不断地为客户提供适应不同产品及要求的个性化服务。现已形成十大系列、几百种规格的注塑机产品，HXF标准机、HXF—J变频节能机、HXF—V比例变量泵节能机、HXF—G电木专用机、HXF—D混双色机、HXF—S闭环精密机、HXH高速精密机、HXF—J5伺服节能机、HXJE全电动机等已达到国内领先水平，其质量和性能在市场上具有强劲竞争力。

公司凭借优秀的品质专业的服务以及诚实有效的作风，赢得了广大客户的信任。在北京、天津、青岛、苏州、上海、余姚、温州、顺德、东莞和深圳等地建立了完善的销售及服务网络。公司努力开拓国际市场，“海星”牌注塑机当前已被美国、墨西哥、阿根廷、南非、俄罗斯、西班牙、伊朗、印度、日本和泰国等50多个国家的客户所使用。公司正逐步建立起面向国内国际市场的营销体系。

优秀的品质、专业的服务、优良的技术保证，公司愿与世界各地的客户携手共创美好未来。

乐创高新技术　善助用户发展

——广东乐善机械有限公司

广东乐善机械有限公司成立于1987年，注册资本1 001万元，占地面积8 800 m^2，建筑面积16 300m^2。其前身顺德区乐善机械实业有限公司，是一家专业研发、生产、销售塑料机械加工设备的生产企业，是国家高新技术企业、广东省民营科技企业、100家广东省装备制造业重点培育企业、广东省首家专业生产数控塑料挤出吹塑中空成型机的企业、广东省名牌企业、广东省著名商标、顺德龙腾企业之一，历年来承担9项国家级、省级技术创新及技术改造项目，拥有发明专利4项，计算机软件著作权5项，实用专利20多项，综合实力国内同行业名列前茅。

公司在建新厂房位于佛山市顺德区五沙科技工业园A区北—1—3地块，占地面积约37 570m^2，新厂房将建设成为具备国际先进水平的高速节能塑料挤出中空成型机的生产基地。

公司已全面通过 ISO 9001:2008质量管理体系认证,产品获得 CE 认证及质量信得过产品证书,公司的销售网络覆盖全国乃至加拿大、东南亚地区及中东、南美洲等 10 多个国家和地区。截至 2010 年,企业资产总额近 9 000 多万元,实现销售收入 1.1 亿元,在建厂房面积 2.6 万 m^2,其中出口销售占销售额的 20%。

现有员工 270 人,自身拥有一批具有较强技术开发能力的技术人员共 82 人,占职工总人数的 30.4%,其中大专以上学历的有 45 人,占总人数的 16.7%。此外,研发人员工程师职称有 17 人,占所有研发人员的 20.7%。助理工程师职称的有 9 人,占所有研发人员的 11.0%。

企业主要生产产品四大类:数控塑料挤出吹瓶机(含 4 个系列:K 型机、YG 型机、H 型机、U 型机)、泡沫再生造粒机及塑料模具。拥有 100 多个型号的吹瓶机设计制造及配套能力,年生产能力 500 台。建立了以数控塑料挤出吹瓶机为主的产品体系,生产制品容积从 5mL 至 200L。公司当前主要产品有:

K 型数控塑料挤出吹瓶机:有 45 ~ 100K 共 6 种规格 100 多个型号,是通用型产品系列,适用于化工、食品、医药、农业、日化、玩具等行业的包装品的生产,生产制品容积从 50mL 至 30L。

YG 型数控塑料挤出吹瓶机:有 45YG、55YG 共 2 种型号,属经济型产品,适用于医药、日化、食品等行业的包装品的生产,生产制品容积从 5mL 至 1L。

H 型数控塑料挤出吹瓶机:有 30 ~ 200L 共 4 种规格,属大型产品,适用于化工、玩具等行业的包装品的生产,生产制品容积从 30mL 至 200L。

U 型数控塑料挤出吹瓶机:有 55U、65U 等多种规格型号,属中高档型产品,用于化工、食品、医药、农业、日化、玩具等行业的包装品的生产,生产制品容积从 50mL 至 30L。

聚苯乙烯泡沫再生造粒机:有 SJPS—70 一个规格,用于聚苯乙烯泡沫回收利用。

公司主导产品数控塑料挤出吹瓶机是塑料中空制品加工专用设备,属“装备制造业 7 大类 42 个中分类行业清单”中第三大类(专用设备制造业)、第 21 中类(其他专用设备制造业),产品技术覆盖机械、电器、液压、自动化控制、塑料加工、塑料模具等技术领域,是光机电一体化产品。公司当前已掌握和应用的主要先进技术有:

(1)全数字闭环控制技术。乐善吹瓶机全部采用先进的全数字闭环控制技术,机器生产工艺参数采用数字调整,温度控制、型坯壁厚伺服控制、双模架平衡控制等采用闭环控制技术。

(2)高效节能控制技术。乐善吹瓶机全部采用高效节能控制技术,包括双泵双比例液压系统、低能耗比变频控制挤出系统。与常规吹瓶机相比,单件制品能耗低 15%,生产效率高 20%,符合节能环保的要求。

(3)自动诊断网络控制技术。乐善吹瓶机全部采用自动诊断网络控制技术,具备自动诊断、自动故障提示、远程网络维护功能。

(4)多层高阻隔复合挤出技术。属塑料挤出技术中的高端技术,用于生产高阻隔抗腐蚀包装容器,如医药、农药、香精、食品等的包装和保鲜,用于替代玻璃容器和铁质容器。

公司生产的吹瓶机与同类产品相比具有四个明显的优势:①性价比优势:价格适中,能耗低。②维护简单:具有远程维护、调整功能,利用现代网络通信技术,尽量缩短生产准备、维修时间,这个功能是国内其他同档次产品所没有的。③控制系统采用电液比例控制,对系统、环境、液压油污染度和温度等条件要求不高,生产及维护费用大幅度下降。④设备功能采用模块化设计,用户可以根据产品的不同要求选用设备功能,灵活控制设备成本。

通过不断创新及专利技术的转化应用,公司的产品质量、生产效率、能耗比和控制维护功能等各项指标都居国内同行业前列,“乐善”牌数控塑料挤出吹塑中空成型机是国内最具影响力的塑料挤出吹瓶设备,广泛应用于单层、双层、单层带液位线、双层带液位线和多层高阻隔塑料中空容器生产。极高的性价比及稳定的产品质量使“乐善”牌数控塑料挤出吹瓶机成为同类产品首选品牌，被认定为“2008年广东省高新技术产品”，并荣获佛山市科技进步奖二等奖。“乐善”牌数控塑料挤出吹瓶机已被许多上市公司、500强企业（如乐百氏、娃哈哈、中石化、统一、昆仑、霸王、立白、纳爱斯、黑牛集团、威路士、伊利、蒙牛公司等）选用，产销量在国内同行业中遥遥领先。

企业秉承“乐创高新技术，善助用户发展”理念，走“立足中国，走向世界”之路，努力发展成为世界先进的塑料包装机械品牌企业，这也是公司不懈努力的方向，公司今后在发展规划上将要采取的主要措施是：

在技术改造投资方面，公司将投入大量的人力和财力，将利润和品质紧密连接，开拓领域内的技术优势与市场，突破现有的性能标准，争取与国际接轨。

在营销战略方面，将在现有国际营销代理的基础上大力开拓国际市场，为进一步扩大销售及服务范围，通过投入大量资金在广告及专业展会上扩大影响力，提升知名度，做好“急客户所急，供客户之所需”，时刻为客户着想的服务体系。

潜心压延塑化　拓展节能成型

——北京华腾佳和科技有限公司

我国制造的第一套多螺杆行星挤出机的塑化段，开始于替代德国进口WE240的核心三件套：主螺杆（太阳齿轮）、小（行星）螺杆组和内螺旋齿轮套筒（公转轨道齿轮）。1991年7月全部国产化，在深圳塑胶完成验收并荣获国家科技进步奖三等奖。华腾佳和科技有限公司的创始人刘端章先生率领公司的研发团队设计生产了我国最高品质华腾（HT）系列行星塑化挤出机。

截至2011年底，华腾行星挤出机累计在线运行超过200台。“正强”牌商标的良好商誉多年来赢得国内（PVC）压延膜片从业者的广泛信赖。

为满足压延业新老客户的供货要求，在“十一五”期间，公司年生产能力由20台（套）400支螺杆发展到40台（套）800支螺杆，实现了产能翻番的跨越式发展。为共同推动行星挤出机应用领域的拓展，公司与北京化工大学签订“科技合作协议”，并且于2010年联合开展行星机组挤出成型的课题研究。

2011年是“十二五”的开局之年，公司以不断进取的开拓精神，不但将2011年的生产规模稳步发展到50台（套）1 000支螺杆的新高度，而且为下一个五年作出全面部署。

行星挤出机的客户群是长年累月日夜不停机的压延膜片生产厂家。由于产品工艺和成本的需求，国内特定客户对于行星机螺杆的耐磨性能的要求严苛，即便是先进国家的厂家提供的昂贵的行星塑化段，也很难满足长达一年的合同质保期要求。重新设计并研制以新耐磨材料为基础，增大行星塑化段三件套啮合齿的模数，使之达到“超强耐磨”的效果的挤出机，是客户对行星机厂的要求。

2009年上半年开始，公司开始“超强耐磨”的新型多螺杆的研发试验。经过连续3年的不懈努力，每年以超百万资金投入到研发试制和定型扩产的持续发展中。公司终于实现了行星塑化机制造上的重大突破，研制出了5.5模数的HT400—S多螺杆强力行星塑化机。截至2011年底，该机型的国产塑化段已经在浙江、上海和张家港三地压延线上平稳运行，最长的已经超过18个月，其耐磨损性能和工艺性能已经得到应用厂家的普遍认可。

HT280—S强力挤出机是当时国内尚无进口样机的中型强力塑化设备。该机的研制成功，不仅为中型压延塑化的强力混塑工艺提供了理想机型，而且是加工环保木塑、橡胶、弹性体等材料的理想混塑装置。HT280—S 于 2010 年 6 月在浙江海宁压延线试车成功。杭州，佛山两地安装的该型机分别在 2011 年陆续试机验收，顺利投产。

新型强力行星挤出机中、大机型的顺利开发及成功应用，使国产多螺杆行星挤出机的设计及制造水平达到新的高度。其工艺适用范围的拓展和高效节能特性的优势，在多螺杆家族中，成为国产机型的优秀代表之一，其特点及应用范围是：

(1)大功率产能：单机功率从原来的 250kW 上升到 450kW，产能从每小时 1 800kg 跃升至 4 500kg 以上。实现产能提高 150%。

(2)高效节能：原有主力机型 HT250 的名义比功率≤0.138 9kW·h/kg，而现有 HT400—S 型机的名义比功率≤0.100 0kW·h/kg，其超强的节能及混塑功能，为我国塑机业制造出目标能耗≤0.35kW·h/kg的大型高速节能挤出机组提供了可靠的基础。

(3)连续炼胶：为国内连续混合制胶炼塑行业提供了新的选型，为推动制胶工艺升级和工厂治污提供了新的策略，为减少手工操作、提高机械化水平创造了条件。

(4)环保再生：混杂塑料再生的难题取得初步进展。不分类聚烯烃回收再生塑化成型已经在专用行星机组上取得重要突破。

(5)为精密压延机提供配套：大型压延机是国际国内关注的重型设备，而 HT400—S、HT300、HT500—S 及其他配线所需的国产 HT 新型行星机，将为“专、精、特”压延配线提供专业化、个性化的创新服务。新一代行星机的塑化能力可达每小时 10t。

2011 年是公司全力推动大型强力行星挤出机及二阶机组多样化应用研究的起步年，公司 2011 年的项目有：

(1)公司和北京化工大学的合作从混杂烯烃的回收再利用试验入手，成功联合开发了 HT140(特)于 DHT150(20)的中压挤出成型机组(负压排气功能)。

(2)按照北京化工大学工程试验室要求，量身打造的 HT140(37kW)试验平台已经从工厂转交学院。塑料机械与塑料工程研究所为科研和教学提供了方便灵活的硬件基础。

(3)新型 HT150—M3 多功能工程试验机于 2012 年初移交联合试验室，开展材料加工工艺研究和产业化工程试验，为企业创新及院所项目研究提供服务。

(4)2011 年，校企基础试验平台已经为中外客户进行了十余种材料配方的混塑工艺试验。设计并开展了塑化、返炼和成型等工艺研究，收集了许多有价值的数据。为今后工业化方案设计打下基础。

(5)通过历年试验观察和基础工艺分析，精心研制的工程试验平台即将投入应用研究。平台在拓展工艺调整功能、丰富系统重组手段、提高数据采集能力等三个基础功能上可望发挥重要作用。

科技研发投入是实现转型的关键环节，公司将确保两个试验平台的软、硬件研发和创新试验的资金投入，确保产品和装备技术升级的强大动力。

为实现华腾佳和科技有限公司在“十二五”末实现螺杆年产销 3 000 支，行星挤出机(台)及塑化段 150 台(套)以上的倍增目标。2011～2012 年，公司在提高核心部件加工能力方面投入重金，实现了以引进设备为主导、国产优质设备为补充的核心加工能力增长，确保新老品种行星机的产能和品质满足五年规划的发展要求。

公司制定了《“十二五”科技发展规划》和“新产品创新年度目标”，在北京南大门的固安开发区，规划建设多螺杆行星塑化系统生产及产业化应用试验基地，力争今后用 3 年左右时间，把北京厂区建设成华腾佳和研发中心，同期完成公司的二次创业和现代化转型。

信易品牌之路

——信易电热机械有限公司

营销管理大师Philip·Kotler说过，品牌的意义在于企业的骄傲与优势，当公司成立后，品牌力就因为服务或质量，形成无形的商业定位。信易电热机械有限公司(以下简称信易)从事塑胶辅助机械行业40多年来，一直致力于打造全球塑胶辅助机械品牌，成为“一站式”塑胶辅助机械和方案服务商。

“SHINI”商标的演变进程

信易品牌从1969年创立至今已有40余年历史，从中文“信易”牌到当前的英文“SHINI”商标，主要经历三次调整和变更。

1995年，中文商标中的图形来源于信易初期产品的料斗干燥设备，采用设备外形示意图，给人以强烈的视觉感受，使人们能从产品直接联想到信易品牌，“信易”文字来源于“信实本业经营、易求世界第一”的经营理念。该商标不仅为塑胶辅助设备最明显的标志，而且是当时塑料辅助机械行业第一个企业商标，具有划时代的历史意义。

1997年，信易产品开始外销东南亚地区，设计了初期的英文商标，因信易产品的核心部件为电热组件，故采用英文“SHINI”文字辅以红色而成，首次提出“信易服务为先”的理念。

“SHINI”名称来自英文“Service Heartfelt is Namely Ideal”首字母的缩写，中文即为“至诚至信的服务，努力使产品质量尽善尽美”。

信易将服务列为工作之首，在为客户提供良好服务的同时，也为客户提供高质量的产品，以实际行动诠释着“SHINI”的精神。

信易在全球各区域设立销售服务中心，产品营销全球。2001年，公司设计出在全球注册的商标并沿用至今。

商标秉持简明就是美的设计理念，采用黑色，纯正的粗厚字体，不仅表达稳重、严谨的企业形象，而且点明了其机械制造的行业特征。“S”上的红蓝两色，二者结合具有太极之形，有着循环之势，表明公司能灵活运用冷热在辅助机械中的运用且有回收利用之意。公司以“服务”为基础，吸收先进的管理、技术，保证质量的一流，不断创新，达到世界第一的目标。

整个标志严肃而不失活泼，立体与动态感相得益彰，中西方传统文化得到完美融合，而且简明易记，具有很强的标志性。

愿景

信易核心领导层为公司制定了企业发展的远景目标——使信易成为员工、客户、股东和社会满意的企业，成为全球最大的“一站购足”塑胶辅助机械和方案服务商。

信易将员工的满意列为首位，深知只有企业自身的员工满意了，员工服务的客户才会满意，客户满意了，企业才能成长，股东才会满意，从而实现社会满意的远景目标。

信易从业塑胶辅助机械行业40年来，从原来的电热产品、干燥设备，到今天的塑胶辅机全系列产品，一直秉承着“为塑胶行业提供全面的辅机产品及整套解决方案”的理念，力求成为全球最大的“一站购足”塑胶辅助机械和方案服务商。

使命

为了完成愿景(为谁而做？要如何做？)，信易人提出了自己的使命——以提供高性价比、可靠的产品和解决方案为目标，以优异的服务和支持为基准，诚信服务于全球的塑胶行业，为员工、合作伙伴提供发展的机会。

信易所有的事务都是围绕着服务与质量开展的。在全心全意地服务于全球的塑胶辅助机械用户的同时，实现与员工以及合作伙伴共同成长。

价值观

人才——在以人为本的同时，做到人才第一，精心培育人才，募集核心人才。

责任——责任胜于能力，要常存“责任在我”之心，以用心负责的精神做好每一件事情，以自觉履行职责为己任，积极承担社会责任。

满意——努力实现员工满意、客户满意、股东满意。

诚信——做到诚信待人、诚信服务，做守法的企业和公民。

执行——在每一阶段、每一环节都力求完美，切实执行并回报结果。

创新——着眼于全球塑胶辅助机械市场，持续创新是企业持续发展的保障。

质量——永远将质量放在第一位，全员参与质量管理。

团队——在互相尊重、互相激励、相互关心的氛围中，管理层与各级员工紧密协作。

信易通过人力资源管理部门对新进员工进行入职前的各项培训，包括企业文化、使命、价值观和CIS等，使得新员工认同信易文化与价值观，达到企业内部品牌同化的目的。

开创塑料机械控制新纪元

——宁波弘讯科技股份有限公司

一、公司概况

宁波弘讯科技股份有限公司（以下简称宁波弘讯）是注塑机控制器的专业制造商，有着近30年的专业研发制造经验。随着我国塑料机械制造业的蓬勃发展，宁波弘讯从一个简单执着的创业梦想起步，发展成为我国注塑机控制器行业的领航者。

2001年，宁波弘讯科技有限公司注册成立，为了给我国注塑机厂家提供最及时的供货和最贴身的服务，选择落户于“中国塑机之都”——宁波。厂区总占地面积超过23 000m^2，总建筑面积超过14 000m^2，配套建设研发实验楼、办公楼、生产工厂和员工生活配套设施等。宁波弘讯从2001年的10余人发展至今200余人的规模，始终坚持“言必信，行必果，敦品笃实，INNOVATION IN MOTION”的经营理念，从市场调研、设计研发、生产制造至售后服务一条龙持续发展。

只有开拓进取、技术革新、产品创新，企业才能永续经营。宁波弘讯专注于工业电脑控制系统的研发设计与生产制造，组建了一支高水平、高素质的专业人才队伍，2006年，开始筹建“塑机控制系统工程技术中心”，研发人员数量逐年增长，公司每年投入不低于总销售收入的3%作为科技研发经费，2010年，中心被评为省级高新技术企业研究开发中心。2008年与2011年，宁波弘讯被评为“高新技术企业”。

二、产品创新趋势

宁波弘讯专注于稳固并拓宽本业，以近30年的注塑机电脑控制器经验为基础，向相关塑料机械控制系统延伸，如注吹机、吹瓶机、挤出机和橡胶机的控制系统。为了使客户能够更大程度地向各类不同需求的用户推广，公司控制系统HMI面板有24国语言可选，其操作画面也可根据客户需求进行风格客制化；控制系统主机采用插卡式的结构，模块化设计。产品的多样性和多功能性使功能规格配置调整弹性较大，满足了不同国家不同客户和不同机台的需求，为客户打造了专业的软、硬件设计控制系统。

随着能源供应日趋紧张、能源价格上涨，节能减排成为世界发展趋势。宁波弘讯加大投入、潜心研究，最终成功研发出伺服节能系统。该系统为压力闭环、速度全闭环系统，采用多组PID控制。系统搭配弹性大，满足各种不同规格的特殊需求。工作过程中的快速响应、高重复精度保证了产品的稳定性与精密性；闭环状态下的压力波动量小，保压值时的转速小，实现了高效节能。根据不同生产条件，较传统液压动力系统，其最大节电效果达70%，由此提高产品品质，降低生产成本，提高企业竞争力。

随着人力成本的逐年上涨和信息业的迅猛发展，各行各业的计算机信息网络化管理已全面铺开，其所带给人类的管理优化、效益提升已深得人心。宁波弘讯自主研发，成功为管理者量身打造了"过程管理"工具——注塑机网络管理系统iNet，填补了塑料机械网络化管理的空白。iNet为管理者实时了解机器生产状态，快速了解机台生产能力，有效解决了工人参数设定出错率高的问题。网络化的排程生产、数据化的参数存储、模具与机台的状态与分类管理等功能，大大降低了人力成本并快速解决机器故障，自动生成最准确实时的报表，提高产品质量和生产管理效率。完全突破传统管理模式，从"人管人"升级为信息化、无人化管理。

三、成果转化

截至2011年底，公司拥有软件著作权数项，自主知识产权30余项。2011年，公司被评为浙江省专利示范企业。每年承担各级新产品开发项目不少于5项，每年新申请与授权专利不少于10项。

2007年12月，作为行业的领军者，公司参加起草行业标准《注塑机计算机控制系统通用技术条件》（JB/T 10894—2008），该标准于2008年11月开始实施；参加起草的国家标准《机械电气设备塑料机械计算机控制系统》（GB/T 24113.1—2009）于2009年11月开始实施。2011年，公司参与起草《注塑机交流伺服驱动器通用技术条件》行业标准。

四、销售与服务

公司以最齐备的产品种类、最人性化的产品功能、最稳定的产品质量占据了国内市场，当前我国半数以上注塑机均配备了公司的电脑控制系统，如大型厂家海天、海达、海雄、海星、华美达、泰瑞、双马、申达等均与公司建立长期友好合作关系。

公司采用代理商营销模式，近几年来除2008年第三季度受全球经济危机影响外，每年的销售额均保持持续有序增长。其中伺服节能相关产品已成为新的经济增长点，当前伺服节能系统销售额占全年总销售额的近50%。

公司一向注重对客户的技术支持及售后服务，以团队整体性力量发挥营销力量，期盼与客户创造合理利润，提高企业生产效率，促进企业成长。随着新产品的批量生产，公司在国内外各大城市设立多个维修服务点并委派技术精良的工程技术人员驻扎，给用户提供最及时全方位的服务。

五、人性化管理

公司员工爱岗敬业、感恩受雇于"以人为本"的公司而努力工作，劳资双方互信互助，成就企业的发展。宁波弘讯按照劳动法及相关法律条文规定给予员工一切福利保障，于厂区设立生活文体设施，营造美好的生活工作环境，确保员工身心健康、状态积极向上。公司出台一系列具体的员工生活成长所需的补贴办法以及各类激励机制，唯才是用，给新人提供广阔的发展空间。企业在设法为员工创造优良条件的同时，员工以最大的热忱投入工作，保证公司良性的经营运作。

回首过去，宁波弘讯的成长充满了挑战与艰辛；展望未来，公司继续努力奋斗，为提供国内最优质的工业控制系统，为引领工业控制产业的发展，为缩小与发达国家同行业的差距而贡献力量。

伺服与系统方案的完美结合

——上海御能动力科技有限公司

一、企业概况

上海御能动力科技有限公司成立于2005年，属英威腾（股票代码：002334）控股的中外合资公司。公司由多名在自动控制领域卓有建树的留美博士领衔创办，成功地将海外知名大型企业数十年的技术开发和管理经验移植到中国，已发展成为集研发、生产、制造、销售和服务于一体的科技创新型公司,并已拥有苏州御能和宁波君纬两家子公司。公司成立以来曾先后获得“张江高科技园区科技型创业企业”、“上海市高新技术企业”、“上海市创新型企业”和“浦东新区企业研发机构”等称号。

公司凭借掌握的国际先进永磁同步电动机、电力电子、数字控制及传感器等核心技术,开发了一系列高端伺服系统和设备专用电脑控制系统,致力于向机械及装备制造行业提供伺服驱动产品及机电一体化系统解决方案,立志成为受人尊敬、客户信赖、全球卓越的工业自动化产品和服务供应商。当前为止已申请发明专利11项、实用新型及外观专利20多项,软件注册20多项和多个注册商标等。

“KINWAY”品牌产品已广泛应用于塑料机械、纺机、油田、机床、工业机器人、包装机械、电子制造、光伏等领域,并远销美国、韩国、俄罗斯、日本、巴西、越南、印度东南亚等国家和中国台湾地区。

二、用心经营,建设品牌

公司规模不断扩大,于2009年和2011年分别成立了苏州御能和宁波君纬两家子公司。2011年,公司与国内上市公司深圳市英威腾电气股份有限公司强强联合,共同投资改制成为中外合资公司。

公司始终坚守“客户至上、品质第一、以人为本、持续创新”的质量方针,以“追求客户的满意,用不断创新的精神和持续改善的态度,为他们提供优质和有竞争力的工业自动化产品和服务”为使命,为实现“成为受人尊敬、客户信赖、全球卓越的工业自动化产品和服务供应商”这一美好愿景而不懈努力。

身为美籍华人的企业创建者们,怀着一颗报国之心,以振兴民族产业为己任。7年来,企业投资性质在变、产品系列在变、品牌策略在变,而节能、环保和低碳的主题以及提升中华民族制造装备水平的社会责任感始终不变。

公司自成立以来,从未停止对品牌核心价值的探索和传播,2010年,品牌推广口号“Better Servo, Better Solution | 伺服与系统方案的完美结合”,标志着公司有了一个更为清晰的品牌定位。

三、科学管理,以人为本

公司始终严格按照ISO 9001质量认证体系和CE认证要求进行经营和生产;6S管理的推广应用对公司形象的提升、工作效率的提高和损耗降低都取得显著效果;ERP管理系统可实现研发、采购、生产、销售及财务等环节无缝连接,大大提高了工作效率并降低了成本;IPD管理的导入与大力推行实现了工作流程和管理理念的变革,每个员工都积极地参与到了这场变革中,而对产品市场化的推动也取得了显著成绩。扁平的公司组织架构让信息传达快速、准确、高效;国际化的企业经营理念结合了科学的项目管理方法;公司以市场为龙头,深入研究市场和客户需求,实施以价值驱动品牌策略,并结合企业自身资源制定了明确的中长期发展规划。

公司当前总人数有210多人,其中留美博士4人、硕士13人,大专以上学历者占总人数的65%;作为科技创新型企业,研发人数约占总人数的1/3。高素质的团队带来高效管理、高新技术以及高品质的产品。

公司的理念是:只有高效的管理才能研发出尖端技术、只有高效的管理才能生产高品质的产品、只有高效管理才能提供优质服务,只有高效管理才能培养优秀人才。在工业水平总体相对落后的当代中国,迫切需要创新来赶超世界强国;而创新首先需要观念的创新、管理的创新,然后才能有技术和产品的创新。

四、技术创新,品质第一

作为公司研发团队核心的留美工学博士在电力电子、电机控制等方面有着20多年的研发和设计经验,在美国有30多项专利,在国际一流杂志和期刊上发表过近百篇科研论文和数本专著。公司还有国内著名高校毕业的或有多年产品设计经验的博士、硕士和学士,不断创新的理念和严谨的设计开发流程使其形成了一个有竞争力和创新活力的集体。与此同时，公司每年投入的研发费用占公司总销售额的比例超过6%，在人力和物力上保证技术和产品研发的需求，保证了公司持续创新的动力。公司每年都有数个专利产生，当前为止已申请发明专利11项、实用新型及外观专利25项，软件注册18项和多个注册商标等。

公司的核心技术主要围绕永磁同步电动机设计、电力电子集成设计、数字控制算法和应用软件开发以及专用传感器的研究和开发。这些技术的积累为公司在开发不同应用行业产品打下了良好的技术基础，确保公司为行业客户提供高技术、高性能、高可靠性和高性价比的系统集成解决方案。公司现已自主开发了一系列高端伺服驱动产品和设备专用电脑控制系统，特定领域所需的张力控制、液压控制和电子凸轮等功能模块均集成于伺服控制软件中。

御能伺服控制技术从成熟、稳定、可靠的混合动力汽车电机控制系统衍生而来，产品通过严格的电磁兼容、高低温、潮湿、振动等实验，适应各种恶劣环境。“KINWAY”品牌的伺服产品已广泛应用于塑料机械、纺机、油田、机床、工业机器人、包装机械、电子制造和光伏等领域。

五、多产品线，齐头并进

在IPD思想的指导下，公司开辟并搭建了四大产品线，分别为注塑机产品线、纺机产品线、通用伺服产品线和机床产品线，明确了市场、技术、供应链、销售服务、质量和财务等各职能部门的职责，大大提升了工作效率。

1. 注塑机产品线

公司在进行技术创新的同时深入研究注塑机械工艺流程及参数，将注塑机特定的工艺需求融入到控制软件算法中，使整个注塑机的能效和制品精度发挥到最佳状态。

根据注塑机机型、流量和吨位的不同，公司提供四类伺服液压系统解决方案来满足不同客户的需求，即单泵控制系统、多泵合流控制系统、多泵复合控制系统和多泵多模式控制系统。其中，多泵复合控制系统和多泵多模式控制系统旨在满足海外高端客户对大型注塑机的需求，已远销到韩国、俄罗斯等国家和地区。

单泵控制系统的功率范围为7.5～55kW，可满足大部分400t以下的注塑机需求。更大锁模力的注塑机则采用多泵控制系统方案，主伺服驱动器根据上位机的需求，通过CAN—BUS总线将数字命令传输给各个子驱动器进行协调控制，各伺服驱动器根据应用需求确定最节能的工作状态，协同控制各电机的力矩和转速，确保压力和流量的快速响应和稳定以及制动过程的平稳转换，多泵合流控制系统最多可实现16套伺服液压泵的联动，最大流量可达4 000L/min。

多泵复合控制方案是公司2010年新推出的液压控制方案，即在多泵液压注塑机中同时采用多组分流与合流的控制方案，与单纯的多泵合流系统相比响应更快，更节能，成型周期更短；多模式控制方式常用于20 000kN以上注塑机的液压控制，泵的数量在3个以上，泵与泵之间有4种组合应用模式。

此外，PQ解耦控制方案、多段PID和双排量柱塞泵等多项特色技术的应用，对节能效果和响应速度都有显著提高，也进一步提高了御能伺服电液系统在行业内竞争力。

2. 纺机产品线

该产品线包含在纺机行业的专用伺服系统和电脑控制系统，当前主要有SL300织机电子卷取送经、ML500剑杆织机主轴伺服系统、ML501提花机龙头伺服系统、ML502喷水织机主轴伺服系统及RS2000剑杆织机全伺服电控系统。公司的纺机伺服控制产品具有操作简易、定位精度高、响应快速和高效率等特点，有效克服了机械卷取部件的缺陷所产生的隐档和停车档问题，提高设备性能和布匹品质，比传统系统节能20%以上。可满足高性能喷水织机、喷气织机和剑杆织机的电控需求，促进织机自动化水平的产业升级。

3. 通用伺服产品线

该产品线包含DB100整个系列的通用型交流

伺服系统。该系列产品均内置制动单元和制动电阻。设计人性化,接线方便,调试简单,具有优异的高速反应性能,且内置共振抑制功能,可有效抑制机械结构之共振现象。产品广泛应用于各种机床、电子设备、包装机械和印刷机械等领域。

4. 机床产品线

公司最新研发的 H600 高精度伺服系统,自带 EtherCAT 通信功能,支持 17 位编码器和多种编码器接口,响应快速,精度高,可实现位置控制、速度控制和力矩控制,配有电子凸轮及电子齿轮。可适用于全电注塑机、数控机床、工业机器人和印刷机械等高端领域。

六、公司发展战略

公司开发的多款产品均填补了国内空白,并积极推动我国工业装备的产业升级。在以节能、环保和低碳为主题的今天,公司积极参与和推动伺服节能系统应用和普及,为节能减排、改善环境做出应有贡献。

公司已形成浙闽大区,华南、西南大区,苏皖大区,东北、华北大区和华中、西北大区多个直属销售服务网络,经销商和代理商已遍布全国大部分区域,并到达韩国和东南亚地区。公司以良性发展的姿态向国际伺服市场进军,专注打造国际知名伺服品牌,力争在国际伺服市场上占据一席之地。

扎根中国　行走世界　爱科的脚步无处不在

——杭州爱科机械有限公司

杭州爱科机械有限公司(以下简称爱科)成立于 2007 年,是一家专业制造立式注塑机的企业。爱科虽然仅成立 5 年多,却凭借其创业团队在行业中积累的丰富经验、突出的技术力量和出色的研究开发能力与专有技术,在塑料机械行业站稳了脚跟,形成了自身的发展特色,并跻身于国内立式注塑机行业的前列。

国际金融危机使爱科的业务遭受一定的影响,但没有影响公司的整体发展规划。公司把更多的精力投注于研究开发一些技术含金量高的注塑设备:全自动连接器专用高速机、多物料多工位系列射出成型机、IMD 模内贴标专用系列射出成型机、汽车玻璃包边专用系列机、LSR 液态硅胶专用系列射出成型机和 LED 支架专用机及汽车拉索专用系列射出成型机等。

随着这些专用机型的陆续开发成功,爱科在设备质量和交货期方面也做了大量认真细致的工作。公司制定了严格的从零件加工、检验到组装的全套操作标准,利用文字和表格形式的生产全程记录,实现了对整个生产过程的全程监控,确保了产品质量的可追溯性,从而将“分工明确,责任到人”的规范化管理落到了实处。爱科还制定了一套完善的人才培训机制,使员工们在学习中深入领会“品质”的重要性,不断提高自身的专业技能和素养。科学合理的激励机制以及良好的发展平台,使员工们逐渐在头脑中形成了“好品质就出在我手中”、“以客户的立场来审视我们的产品”以及“每一个岗位都很重要”的思想,从而能够将“品质第一”的概念贯穿于实际工作流程中。对于一些重要的零部件供应商,爱科则以多种形式的合作方式与他们建立了密切的战略合作伙伴关系,最终确保了零部件的质量和交货期。

凭借对采购和生产环节的严格把控,爱科实现了“为客户提供高性价比、高技术含量产品”的承诺,其各具特色的立式注塑机或专用注塑机,以其各自的性能优势而受到了市场的欢迎。

基于闭环控制技术的 AKMP 系列伺服节能立式注塑机满足了客户对节能、低噪声和高精度的应用需求。该机能够按照实际需要的流量和压力为液压系统供油,克服了普通定量泵系统因高压溢流而导致的高能耗。在预塑、合模和射胶等高流量工作阶段,电动机按照设定的转速工作;在保压和冷却等低流量工作阶段，电动机转速降低，从而使液压泵电动机的实际能耗降低了50%～80%。这种闭环控制技术还确保了系统压力的稳定性，压力波动量通常低于±0.5kg，同时，注射运动的重复精度也大为提高，确保了产品的高精度和一致性。

BMC系列成型机拥有螺杆注塑成型、压铸成型等不同的工作模式，其中螺杆注塑成型机，射出过程分快速射出、慢速射出和保压3段控制，行程则由位置（时间）控制，且可任意调整，既方便又精确。由于采取了下模固定、上模下降关模的模式，并装有成品顶出装置，因而对镶入件具有良好的定位性。

LED支架（LCP连接器）专用高速机采用立式四柱直压锁模和立式注射工作模式，同时采用ACC氮气储能装置，使得最高注射速度可达800mm/s。同时，该设备在实际的注塑生产过程中，可实现注射终点的精确位置控制，控制精度达±0.1mm。

三缸直锁转盘机采用三缸联动直压锁模设计，锁模力分布更加均匀、充分，并显著提高了模具的保护精度。配合爱科新一代的AKMP伺服（电子泵）节能系统，该机的运行更加平稳、精准，可比普通液压注塑系统节能70%，尤其适用于高精密、高品质产品的生产。与传统机型相比，该机的占地面积节省了15%，高度降低了30%，操作台下降了50%，且完全不需要踏板，从而提供了安全、可靠且舒适的操作环境。

多工位多色转盘机的立式射出转盘为2站式或3站式，可进行多色或多物料的一体成型。模块化的设计使得独立的射出系统可根据制件的特点进行多种组合搭配。此外，独立的锁模系统使整机不仅可作为标准机使用，还可作为标准转盘机使用，从而增加了多色转盘机的使用功能，注射产品的范围更加广泛。该机具有高重复精度、高响应、低噪声和低能耗的优越性能。

爱科人深知品牌推广的重要性，随着爱科的高速发展，爱科的品牌推广意识越来越强。电子商务互联网：爱科与慧聪网、阿里巴巴、tradevv和百度等多家平台合作；杂志宣传：与慧聪商情、聚风塑胶、PT现代塑料、亚太塑胶商情、塑胶工业和现代塑料工业等多家媒体合作。除此之外，爱科积极参与国内举办的各项专业展会，如雅式展、亚太橡塑展、余姚的塑料博览会、台州的塑料交易会、温州的塑胶原料展和东莞的橡塑包装展等。

2010年，爱科的多款产品摘夺了行业大奖，这是爱科雄厚综合实力的见证；筹备已久的新厂房顺利落成，让公司的生产与管理再次跃上一个新台阶；公司业绩在上年增长30%的基础上，又取得50%的增长，成果喜人；推出了国内注塑机行业内比较超前和先进的BMC专用射出成型机和三缸直锁转盘专用射出成型机等各种新型产品。2010年5月，爱科第三年蝉联“十佳塑机企业”；2010年10月，在中国塑料加工工业协会举办的塑料“创新与节能”行业推荐评选活动中，爱科的LSR液态硅胶专用射出成型机荣获“最佳独特优秀设计产品奖”和“最佳节能注塑机产品奖”两项大奖；2011年8月，获得由荣格传媒有限公司颁发的“最佳节能创新奖”。

“爱心造就和谐，科技引领未来”的理念，使爱科积聚了一批有识之士，组建了一个和谐的团队。员工的努力奋进，主管的敬业指导，客户的信任和支持，成为爱科冲破困扰的最佳武器，是爱科所拥有的最为宝贵的财富。

秉承着“品质第一、服务客户、创新技术”的经营理念，爱科的销售网络覆盖海内外多个城市和地区，在国内设立了18个办事处，在国外拥有8个代理商，能够随时洞悉市场需求的变化，最大限度地满足客户的不同需求。爱科不断地提升服务品质，为客户提供售前、售中和售后的整体技术支持。持续完善自我，创造共赢共荣，永续经营，共同迈向成功的每一天。

爱科的发展思路是在变化上下功夫，在速度上做文章，使自己的产品始终处于国内领先地位，甚至能和国际水平抗衡。爱科的发展目的是追求质量服务客户。爱科的发展目标是让国内外更多的人认识爱科，把爱科变成国际品牌。

产品与项目

介绍塑料机械行业国家火炬计划项目、获奖项目、产业关键共性技术项目以及塑料机械行业节能产品

2011年塑料机械行业国家火炬计划项目简介
2011年塑料机械行业获奖项目简介
塑料机械行业节能产品简介
塑料机械行业产业关键共性技术项目简介

2011 年塑料机械行业国家火炬计划项目简介

一、海天 MA 伺服节能塑料注射成型机

海天塑机集团有限公司的天隆 MA 伺服节能系列塑料注射成型机采用自主创新研制的高性能伺服动力驱动系统，在提升精度、提高效率的同时，最大限度地满足了客户对节电、节水的要求。该机型以其环保节能的有效品质得到了市场好评，被誉为“对传统液压注塑机进行了一次彻底的革命”，填补了全液压注塑机与全电动注塑机之间的行业空白。该系列节能注塑机性能优异，性价比高，系统响应快，重复精度高，节能效果达到国际同类产品领先水平。在节电方面：在同等工作状态下，天隆 MA 系列较传统注塑机可节能 20% ~80%。在节水方面：伺服电动机比例输出液压油，避免多余热量产生，液压油甚至不需冷却，实现大幅节水。2004 年，海天天隆 MA 伺服节能系列获得“变频注塑机的节能装置及其节能方法”国家发明专利；2008 年，获宁波市科技进步奖一等奖；2009 年，获宁波市北仑区科技进步奖一等奖；海天伺服节能技术自 2006 年开始被列为宁波市重点推广节能产品。

继天隆 MA 成功推向市场之后，为满足客户更高要求，海天塑机集团以天隆 MA 为平台，推出天隆 MA Ⅱ 系列第二代机型。该系列以更先进的设计理念，更可靠的硬件配置，在提升精度的同时，使节能效率达到最佳，为中高端液压机用户的最佳选择。天隆 MA 第二代注塑机采用优化合模单元，结构紧凑，运行平稳可靠，节能高效，适用于较高精密度塑料制品的成型加工。

二、适用 IT 和汽车行业的高速高效薄壁注塑机

浙江申达机器制造股份有限公司研发生产的适用 IT 和汽车行业的高速高效薄壁注塑机符合国家重点支持的高新技术领域，列入国家《2011 年重点产业振兴和技术改造中央资金投资工作重点》，符合国家发展战略需求。该项目中的产品是国家发展和改革委员会、工业和信息化部批准的 2011 年国家重点产业振兴和技术改造专项“年产2 500 台伺服节能高效精密注塑机、适用 IT 和汽车行业的高速高效薄壁注塑机建设项目”的项目产品。产品先后列入 2010 年国家重点新产品计划和 2011 年国家火炬计划，并取得省(部)级科技成果和科技进步奖二等奖。

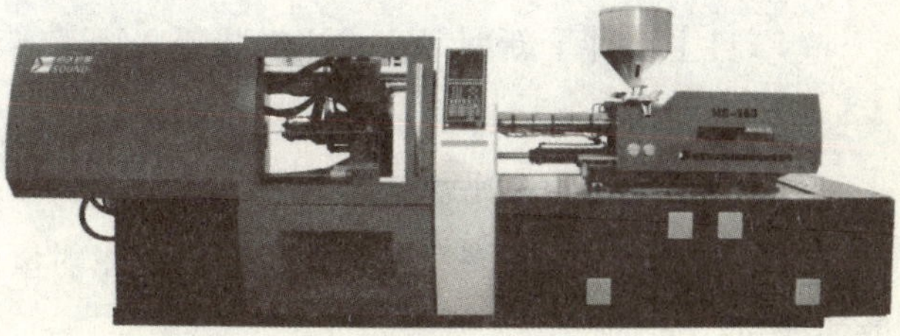

本项目产品在国产注塑机上运用蓄能阀控伺服注射技术，实现薄壁高速高效精密注射；采用高响应伺服电动机直接驱动螺杆塑化计量系统和高效加料的剪切料筒加料口专利技术组成的高速高效塑化计量系统，实现高速高效精密塑化加料。本项目产品首次推出一种负后角双曲肘机构，具有螺纹专用脱模的旋转式制品脱模装置和具有提高螺纹副疲劳强度的用于注塑成型机的后螺母专利技术组成的高效、高强度新型负后角双曲肘合模机构，实现高速高效精密合模，有效地解决了常规注塑机在高速、高效、薄壁、精密成型等方面的技术难题。

三、高精度节能复合液压注射成型机

博创机械股份有限公司生产的高精度节能复合液压注射成型机以其优异的品质获得了项目评审专家的一致好评，高精度节能复合液压注射成型机产业化后可为注塑行业进一步提高工艺精度，节约能源、降低资源消耗提供先进的技术装备，并且在节能环保、高速、高效、多功能、低能耗的技术研发上取得了显著的成效。

该项目的实施，可促进制造领域专项技术的应用推广，如注塑技术、液控技术、电控系统等专业技术；促进科研与生产的结合，加速科技成果的转化；促进塑料行业的产业技术升级，提高生产效率，提高成型速度和工艺精度。从技术层面上满足塑料加工行业的需求，提高相关产品的市场竞争力，从而推动相关电脑、通信、消费类电子等相关产业的发展。

四、TRX2200J 塑料管件专用注塑机

泰瑞机器制造（中国）有限公司自主研发的TRX2200J 塑料管件专用注塑机采用螺杆挤出塑化、柱塞注射的挤注系统、22 000kN锁模力的肘杆式锁模机构、节能的多变量泵系统闭环控制自适应预塑背压以及液压喷嘴阀门等技术，创造了国内首台最大注射量的注射机，打破了国外高端管件注塑机长期垄断的局面，填补了国内注塑机的空白。

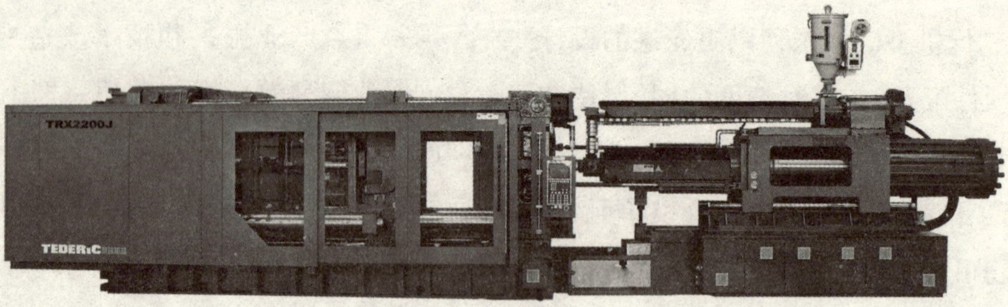

主要技术特点：

（1）自主设计了新型活塞式注料装置。

（2）自主设计了一整套射前储料机构。

（3）采用主动背压平衡技术。

（4）国内首台配备多变量泵系统的最大注射量的注射机。

TRX2200J 塑料管件专用注塑机主要先进性：

（1）项目采用自主设计螺杆挤出塑化、柱塞注射的挤注系统、22 000kN锁模力的肘杆式锁模机构、节能的多变量泵系统闭环控制自适应预塑背压以及液压喷嘴阀门等技术，用较小的螺杆达到超大的塑化量，创造了国内首台最大注射量的注射机，

不仅大大提高了塑化能力，而且降低了加工难度，节约了成本，提高了产品的品质，并掌握了超大型高端注塑机的核心技术。

(2)产品在活塞和储料筒之间增加了密封圈，密封性能大大改善，基本上杜绝了熔融塑料溢出等问题；通过UG对三大模板进行结构创新设计及强度挠度分析，在不增加模板重量的情况下提高系统的刚性，有利于减小冲击、保护模具等，性能更安全可靠。

(3)本项目产品采用日本YUKEN负荷感应变量柱塞泵，通过3组油泵之间的叠加使用，在所需排量不大的时候，其中部分油泵处于“待机休息”状态，这样只需要将其中一个泵设为“主泵”给定压力信号，节能效果非常好。

五、HYB塑机伺服节能控制系统

宁波弘讯科技股份有限公司作为国内最大的塑料机械控制系统的制造商，为满足客户通过节能以降低生产成本之要求，对各种节能控制技术进行了深入广泛的研究和实践，成功推出“HYB塑机伺服节能控制系统”并投放市场。

该项目产品HYB塑机伺服节能系统是一种油电复合控制系统，通过交流异步永磁式伺服电动机驱动定量泵。在注塑成型过程中，闭环控制器根据电脑设定的压力、流量指令，做出相应的频率调整，控制交流异步永磁式伺服电动机的转速，从而对注塑机液压系统的压力、流量进行精确控制。采用压力、速度与位置全闭环控制的复合运算，即在传统开环或半闭环控制系统(压力、速度控制)的基础上，增加位置信号的反馈，而且闭环控制的复合运算，真正地实现高精度高重复性的全闭环控制。近年来大量应用于高性能高精度注塑机上，实现了低功耗、高精度、噪声低等性能，并且其机台控制参数开放到HMI人机界面来调试，调试工作更方便、更快捷、更安全。

随着世界各国在“环保”的发展主题下，能耗、噪声、泄漏等控制方面日益严格，节能已成为注塑机制造商、控制器生产商的研究重点。作为一种选择，全电动注塑机具有节电、节水、高性能特性，运转经费大幅度下降，加工周期短、工效高，但制造成本相当高、且品种少，全电动注塑机因价格和技术的因素限制了其应用。因此，高性价比的油电复合型伺服节能注塑机成为客户优先选择的对象。

2011年塑料机械行业获奖项目简介

一、BU系列新型锁模结构大型二板式注塑成型机

博创机械股份有限公司研发的BU系列新型锁模结构大型二板式注塑成型机获得中国机械工业科学技术奖三等奖。

项目成功研发了BU系列新型锁模结构大型二板式注塑成型机，产品具有结构简单、新颖、高效节能等特点，并且关键技术都申请了专利保护。其采用新型锁模结构，四根拉杆受力均衡，锁模力线性可控；通过电脑程序运算，独立精确控制每个抱闸位置；伺服电动机配双级柱塞泵，降低了液压系统的油液发热量和噪声，延长了电动机、液压泵和液压元件的使用寿命；优化设计模板结构，减轻模板重量，此类二板机符合国内市场需求，并可以取代昂贵的进口机器。

博创研发的 BU 系列新型锁模结构大型二板式注塑成型机，其技术水平经专家鉴定委员会评价达到国内领先水平，科研成果已成功应用于航空航天、汽车、IT、数码电子、家用电器、建筑材料、日用品、农业生产资料、医疗器械等众多领域，对突破西方国家“高、精、尖”设备对我国的技术壁垒，为我国专业技术研究与经济建设做出了贡献。该项目的实施，可为注塑行业提高工艺精度、节约能源、降低资源消耗提供先进的技术装备，将有力推动我国塑料行业向高端产品发展，对汽车、轻工、建材、电子等行业降低生产成本、提高生产效率有重要的作用，促进行业技术进步和加快产品结构调整，也有利于增加就业岗位，促进社会的发展与进步。

二、12 000kN大型橡胶机

东华机械有限公司与德科摩橡塑科技（东莞）有限公司联合完成的“12 000kN大型橡胶机”荣获2011 年中国机械工业科学技术奖二等奖。

该机采用新型塑化注射系统，以及公司成熟的大型两板注塑机锁模技术，机器在工作状态能根据不同制品的注塑工艺和设备负载运行进行塑化、注射，实现注射量大、一次成型大尺寸规格制品，大大提高了生产效率，提高了制品的重复精度与质量。机器相对于立式注射成型机来说，降低了对厂房高度的要求，增大了开模空间，同时符合国家关于企业产品和技术升级的发展要求，具有广阔的市场前景。

该产品被列入广东省重点技术改造项目，获省市财政资金支持，拥有 3 项专利技术，为当前国内最大型的卧式橡胶机。

三、新一代伺服节能注塑机

东华机械有限公司的“新一代伺服节能注塑机”荣获 2011 年中国机械工业科学技术奖三等奖。“新一代伺服节能注塑机”是东华机械自主研发的高新技术产品之一，采用先进的伺服驱动控制新技术，实现伺服电动机对注塑机能量需求的自动匹配，节能高达 30% ~80%，制品重复精度可控制在3‰以内。该产品于 2010 年通过广东省科技成果鉴定，达到国内领先水平，并通过国家塑料机械产品监督检验中心检测达到 1 级（最高级）能耗水平，也是行业内首家大型机（锁模力20 000kN以上）荣获 1 级节能标准。该系列机型拥有 6 项专利技术，其中 2 项发明专利。

新一代伺服节能注塑机的推广应用得到广大用户的好评，不仅为公司带来新的利润增长点与竞争力，更能为塑机行业的产业升级与国家的节能减排起到一定的社会示范作用。

四、基于嵌入式系统的实时控制压铸机的研发和产业化

广东伊之密精密机械股份有限公司的“基于嵌入式系统的实时控制压铸机的研发和产业化”项目荣获2011年中国机械工业科学技术奖三等奖。

伊之密最新一代压铸成型设备——ARC实时控制系列冷室压铸机，采用当前公认的最先进的实时控制技术。实时控制技术在压射参数稳定性、提速和减速性能、慢压射多段性等方面，有着普通压铸机无可比拟的优势，为稳定生产高质量的压铸件和实现全自动化压铸生产创造了条件。伊之密联合浙大、泛康公司研制了一种嵌入式数据采集控制模块和控制软件，该模块与PLC、HMI共同组成压铸机实时控制系统。系统的实时性能够满足高性能闭环控制压射系统的要求，同时保持了PLC控制系统的通用性和模块化设计思路，整套系统易维护，可靠性和性价比高。另外，根据实时压射系统的需求研制的控制软件实现了以下功能：曲线显示、存储和查询；压射参数的提取、显示和统计分析；压射工艺参数的超差报警功能；压射速度的实时闭环控制，控制参数自动适应模具参数及压射系统参数的变化，保持压射速度的稳定性。

本项目产品具有国内领先水平的性能和优势，成功开发实时控制系统技术，成为填补该项技术在我国应用的空白，有助于我国在高质量铝镁合金件的制造技术方面与世界发达国家处于同一水平。另外，该项目产品的价格与国外机比较有很强的竞争力，可部分取代进口高档压铸设备，为国内节省大量外汇。

塑料机械行业节能产品简介

一、天虹JUⅡ系列节能注塑机

海天塑机集团有限公司研发的天虹JUⅡ系列第二代机型是二板式注塑机系列的升级换代产品，继承了JU一代机型固有的特点：占用空间小，开合模行程长；锁模力精密高且分布均匀，开模力大；开合模速度快，低压护模功能灵敏可靠；磨损小，维修性好；各参数易于调节。JU Ⅱ系列针对多年来 JU 一代机型的大量客户应用实践，兼顾大型注塑机技术的市场发展方向，对各部件进行全方位的改善和提升，多项性能指标特别是干循环周期时间和开模、破模定位精度等显著提高，用油量大幅度减少，整机运行更加稳定、安全、可靠。

该系列机型在搭载了高性能的伺服电动机动力控制系统后，提高了精度的同时，节能效率达到最佳。它特别适合成型容量较大的模具及其注塑制品，例如，垃圾分类桶、家用电器、汽车零件、物流周转箱及大型托盘等制品。该系列机型凭借出色的机器稳定性、良好的安全可靠性、超强的机械部件、功能完善的人性化操作系统、超长的机器寿命等性能特点，赢得了注塑机用户的青睐。

二、伺服驱动节能注塑机（EM80—SVP ~ EM2600—SVP）

佛山市顺德区震德塑料机械有限公司研发的伺服驱动节能注塑机采用交流伺服电动机驱动高效柱塞定量泵或齿轮泵系统和最新伺服电动机负载节能技术的注塑成型设备：驱动系统配置了高响应交流伺服电动机驱动负载敏感型高效柱塞定量泵，系统工作时，动力输出随工艺参数变化自动调整，通过调节交流伺服电动机的转速，调节系统的流量输出以及进行压力控制，整机功率消耗大大减低，冷却时可完全停止，与常规机器相比，可节电 30% ~80%。

主要机型技术参数如下：

型号	锁模力（kN）	塑化能力（g/s）	开模行程（mm）	空循环时间（s）	理论注射容积（cm³）	能耗（kW·h/kg）
EM80—SVP	800	11	320	1.5	163	0.34
EM260—SVP	2 600	44	530	2.8	715	0.27
EM480—SVP	4 800	92	770	3.8	2 164	2.21
EM560—SVP	5 600	92	835	4.0	2 164	0.20
EM1000—SVP	10 000	121	1 150	8	4 941	0.20
EM2000—SVP	20 000	230	1 700	10	13 253	0.19
EM2600—SVP	26 000	296	1 900	12	17 640	0.18

该 SVP 系列产品经过国家塑料机械产品质量监督检验中心检测，依据《塑料注射成型机能耗检测和等级评定的规范》和 GB/T 15320—2001《节能产品评价导则》，产品能耗等级为 1 级，达到节能产品的技术要求。

产品的特色和创新点：

（1）采用交流伺服电动机驱动高效柱塞定量泵或齿轮泵机构，节能效果十分明显。与传统的注塑机驱动方式相比，可节电 30% ~80%，是油压驱动型注塑机省电效果最好的控制系统。

（2）动态响应快。交流伺服电动机具有极高的响应速度，可实现系统的高响应控制，适合高效和精密注射成型，与变量泵系统比响应速度由 220ms 提高到 80ms。

（3）交流伺服控制系统配合各种传感器，可实现机器速度、位置和压力的闭环控制，制品成型质量好，重复精度高，系统重复精度达0.2%，更适于加工3C类高精密制品。

(4)状态转换灵活。速度、力矩控制灵活切换，平滑过渡，抗过载能力强，伺服的力矩过载倍数≥200%。

(5)系统发热大大减少，可节省液压油和冷却水30%以上，符合环保要求。

(6)噪声低，最大噪声仅74dB，改善了工作环境。

三、Se绿箭系列伺服节能注塑机

Se绿箭系列伺服节能注塑机是东华机械有限公司自主研发的高新技术产品之一，该系列注塑机28 000kN以下各型号产品达到国家1级能耗标准。

该产品是一款节能、高效环保型产品，具有如下特点：

(1)高节能：较同吨位相同螺杆直径传统型定量泵系列机型节能效果达50%以上。

(2)高效率：高动态响应，压力响应时间在40ms以内。

(3)高环保：相对于常规注塑机，电热耗低，水耗少，工作噪声降至75dB以下(国家标准82dB)。

(4)高精密：制品重复精度在3‰以内。

同时该系列产品具有自主知识产权，当前申请实用新型专利4项、发明专利2项，授权实用新型专利4项。

四、BS伺服节能系列注塑机

博创机械股份有限公司专业生产高精密注塑机系列产品，根据塑料加工业的市场需求和技术要求，在现有产品线的基础上，进行产品升级改造，开发生产高速节能全自动塑料成型机——BS伺服节能系列。

BS系列注塑机融合了博创稳定成熟的注塑机制造技术及专用伺服电动机系统的高品质特性，具有精密、运行稳定、加工范围广泛、操作保护功能安全可靠等优异性能的同时，更实现了无级PQ模拟控制、节能环保、精度高、响应快、噪声低等特点。

采用五点铰斜排列双连杆锁模机构，运动平稳，受力放大倍数合理，润滑性能好，机铰使用寿命长，整个机构受力刚度好，适用于精密成型。锁模安全锁机构采用阶梯式，位置合理，安全、人性化。该系列注塑机还有较长的移模行程，调模轻便、自如，是当前最为先进的锁模机构。

该产品通过对设备模块进行“组合和匹配”，以提高注塑机的生产效率和使用功能，提高工艺稳定性和精度，增强品种的标准化和系列化水平。

经国家塑料机械产品质量监督检验中心检测，博创公司的BS伺服节能系列注塑机节能指标已超过国家1级节能标准，成为行业第一。通过技术创新，使博创的伺服技术引领行业的发展方向，BS伺服节能系列注塑机处于行业领先地位。

五、SM系列伺服控制节能注塑机

广东伊之密精密机械股份有限公司研发的SM系列伺服节能注塑机广泛应用于精密电子零部件、

通信器材、家电产品、玩具、汽车配件等不同塑料产品的加工。该产品采用日本先进伺服专用泵，结合伺服驱动闭环控制技术、水冷技术、柔性避震技术，最优惯量比技术、液体流程损失优化方案等，使得设备高效稳定运行，节能效果更佳，综合能耗指标更低（≤0.35kW·h/kg）。尤其在大型注塑机伺服泵节能控制方面表现更佳卓越，采用多泵同步控制、动态分合流控制等技术，使得大型特大型注塑机的节能效果更加显著。另外，由于伺服泵系统响应速度快、效率高，压力速度实现全闭环控制，使注塑机的重复精度控制更加精确（≤0.1mm）。

通过该系列产品的研发，公司掌握了以下核心关键技术：

多泵同步控制技术：多泵同步控制技术是国内大型特大型节能注塑机研究的难题之一，技术难题的解决将进一步提升节能效果。普通产品通过主副泵控制方案，由主泵分配指令的方式或采用同步信号的方式都不是最理想的方式，前者副泵响应慢，出口单向阀增加系统负载，增加能耗；后者虽然能够提供同步信号，但随着泵的数量增加对系统控制信号的数量需求增加，成本增加。而真正的多泵同步技术是采用运动控制技术，动态进行实时分配闭环控制。

动态分合流控制复合技术：动态分合流控制复合技术，简单来说就是如何动态调整各个动作动力源，分配各个动作的压力和速度，实现同步或分步的一个过程，在标配非同步的注塑机中实现这些功能很困难。公司已经完全掌握这些技术，并能够灵活运用。可以对标准注塑机进行开合模同时进行顶出和熔胶的动作高度复合控制，从而提高工作效率，缩短生产周期。

水冷技术：伺服系统水冷方案，由于工业用水的洁净度很难得到保证，导致水冷技术在注塑机伺服系统的应用一直被忽略，但随着技术的进步和革新，水冷方案变得更加可靠，且成本低。采用纯净水和充特殊气体的方案就是其中的方案之一，纯净水对金属的腐蚀性小，而特殊气体对温度比较敏感，温度高则气压加大，推动水进行循环，不需要额外提供动力和过滤，从而达到可靠、低成本控制。

六、SE伺服节能高效精密注塑机

浙江申达机器制造股份有限公司研发生产的SE伺服节能高效精密注塑机符合《国家重点支持的高新技术领域》和《2011年重点产业振兴和技术改造中央资金投资工作重点》，属国家《产业结构调整目录（2011）》鼓励类，符合国家发展战略需求。该产品已列入2010年浙江省级工业新产品计划和2011年国家重点新产品计划，并取得省级科技成果。

SE伺服节能高效精密注塑机集伺服电动机直驱伺服变速动力控制系统、融入多项专利技术和自有技术的液压系统和机械系统于一体，是交流伺服技术、液压技术和机械技术三学科交叉的科技创新成果，是公司通过自主创新研制设计的新一代集节能、环保、高效、精密于一体的“超强节能型”注塑机。经国家塑料机械产品质量监督检验中心按《塑料注射成型机能耗检测和等级评定的规范》和《节能产品评价导则》检测评定，确认为1级能耗节能产品。其总体技术水平达到国内领先，节能技术达到国际先进水平，成为当前畅销国内外的高端节能产品。

七、POTENZA—Ⅱ伺服节能注塑机

力劲科技集团有限公司研发的POTENZA—Ⅱ（800～13000kN）伺服节能注塑机，应用先进的节能控制技术，使该系列注塑机具有高省电、高响应、高精度、高稳定性等一系列优点，达到国际先进技术水平，对促进行业升级、推动产业链发展起到重要作用。经国家塑料机械产品质量监督检验中心权威检测，力劲伺服节能系列注塑机能耗检测试验结果达到国家1级标准，并以优于标准的成绩而名列前茅。

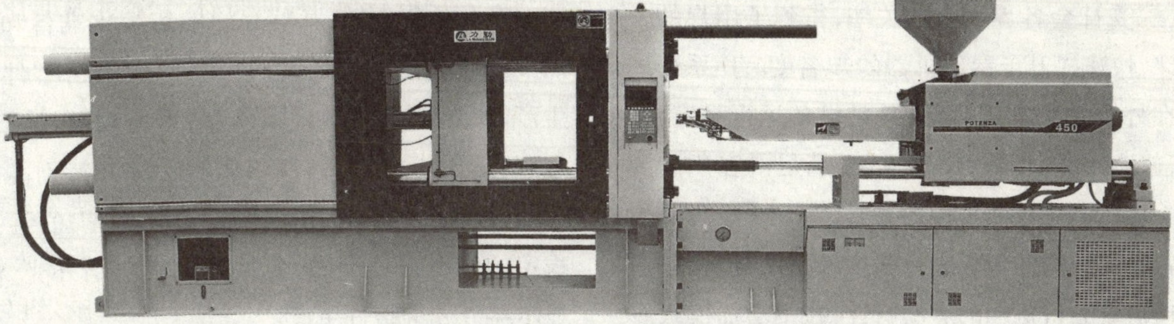

该产品主要性能特点：

高性能的伺服系统，满足高精度和节能的要求；机械安全锁，确保人身及模具安全，同时方便用户更换模具；高刚性、高强度、高精度的锁模结构，减少变形和模具的损坏，满足高精度的生产要求；液压系统采用优化的组合设计，使有效功率做到最大化，节约能源，提高生产效率；中央自动润滑系统，定时润滑机铰，有效提高机器使用寿命；双缸注射设计，减少占地空间；射台部件由油压驱动，结构紧凑，操作简单，方便用户转换生产新的产品和维护时更换熔胶组件；采用高扭力、高效率的液压马达。

八、**HDJS 伺服注塑机**

宁波市海达塑料机械有限公司 HDJS 伺服注塑机以绿色技术革命为发展核心，实现全系列伺服动力液压驱动。

该产品采用伺服电动机取代传统的三相异步电动机，实现节能型的高性能动力驱动，攻克了注射冲击、多泵系统保压、平行成型工艺等技术问题，提高了伺服节能注塑机的成型性能，扩大成型功能。

在大型注塑机上创新使用多泵动力驱动，主动力为多个交流伺服电动机 + 齿轮泵的节能动力驱动系统，充分发挥了伺服电动机在大型注塑机上运行功能。运用 CAN 总线及多泵控制技术，实现多泵控制同步，达到多泵并用的完满效果，并实现完全避免采用模拟信号控制时信号在传送过程中受到外来因素干扰的现象发生；通过 CAN 总线实现对压力、流量控制并对实际压力、流量、驱动器电流、负载等多个信号实时监控。

伺服动力驱动升级注射成型设备性能。根据伺服动力驱动的性能，改进锁模机构的性能，达到锁模机构在低速高压的实际成型工况下达到额定合模力，提高了成型性能。一般注射机需在高速冲击工况下才能达到额定锁模力，但这种锁模工况不符合实际成型工艺。伺服电动机动力驱动情况下，无法实现高速冲击锁模，因而往往不能达到额定锁模力，同时也暴露出了传统设计的缺陷。公司及时改进设计，纠正传统设计的缺陷，升级了锁模机构的性能。

公司 HDJS 全系列伺服电动机动力驱动注射设备不但耗电量优于《塑料注射成型机能耗检测和等级评定的规范》1 级能耗等级规定的标准，而且富有自主特色，同时提高了普通注射设备的性能，使公司的注射设备又上一个新的水平。

九、D系列伺服节能注塑机

2011年，泰瑞机器制造（中国）有限公司推出了D系列（梦想）注塑机。D系列机型自投放市场以来，深受社会各界人士的关注，得到了用户的一致好评，快速提升了泰瑞机器的知名度。D系列注塑机在外观上更加国际化，并且设备运行稳定，精度高，速度快，能耗低，操作方便，满足了客户的要求。D系列模板肘杆机构的设计，利用UG高级仿真对斜筋式结构的模板进行强度及挠度分析，并通过运动仿真分析机构的运动特性，在不增加模板厚度的情况下了提高系统的刚性，并优化机构的运动曲线，使机构运动更平稳。

1. D250型塑料注射成型机

能耗等级为1级，能耗指标符合节能产品技术要求，直接能耗指标：0.32kW·h/kg。

产品适用领域：其特有的均匀熔化准备和注射的准确性确保了高精度的小型机械精密零件加工生产，摄影产品的塑料零件、精密传动部件零件的生产；适用于对清洁、自动化的要求又特别高的医疗器材产品开发；适用于高速成型、周期短、注射量稳定的光电通信产品，包括笔记本电脑外壳、液晶显示器外壳等塑件生产。

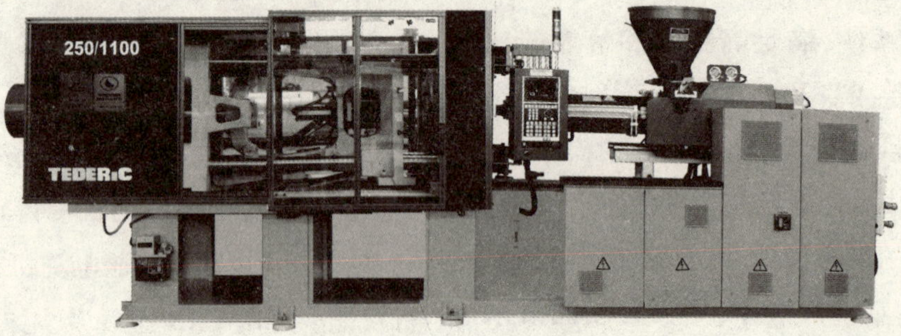

与普通注塑机相比，D250型塑料注射成型机主要有以下优点：配备伺服动力系统的节能型注塑机，节能效果突出，与常规机相比节能70%左右；配备伺服动力系统的节能型注塑机，精度明显提高，废品率不足0.1%；该机器采用高性能伺服阀和比例阀，系统压力有明显提升，在现场测试达到17.5MPa，使注塑成型周期大大缩短，凸显泰瑞技术和制造水平在国内业界的领先优势；节电30%～80%；伺服系统响应速度达到0.02ms，远大于变量泵0.3ms的响应速度，使控制精度大大提高。

2. D1800型塑料注射成型机

能耗等级为1级，能耗指标符合节能产品技术要求，直接能耗指标：0.37kW·h/kg。

产品适用领域：锁模力和注射量大，适用于生产物流周转的大型塑料托盘；拉杆间距大，适用于汽车制造行业的汽车保险杠、汽车大型塑料部件的生产；适用于大型家用电器塑料件的生产。

与普通注塑机相比，D1800型塑料注射成型机主要有以下优点：性能稳定可靠，该机与普通注塑机相比，具有很大的竞争优势；尤为突出的是该机节能效果非常显著，与以前常规注塑机相比，由于它采用伺服动力系统，可以节电65%左右；低噪声，不良率降至2%，产量提高20%；普通电动机启动电流是正常运行时的5倍，伺服节能注塑机采用软启动，不会对电网造成冲击。

十、TRX—M 系列伺服节能注塑机

泰瑞机器制造(中国)有限公司的TRX—M系列伺服节能注塑机在保留M系列的优秀功能之外，又配备了高性能的伺服变速动力控制系统，用交流伺服驱动替代传统的液压、直流、步进和BD变频调速驱动，使动态响应和转矩密度提高到最高水平，使系统运行达到更短的周期、更高的生产率、更好的可靠性和更长的使用寿命。在整个注塑机成型过程中对不同的压力流量作出相应的频率输出，并对压力流量进行精确的闭环控制，实现伺服电动机对注塑机能量需求的最佳匹配和自动调整。融合了传统液压注塑机与全电动注塑机的优点，是注塑机的一次创新。

TRX80/300M塑料注射成型机能耗等级为1级，能耗指标符合节能产品技术要求，直接能耗指标：0.38kW·h/kg。

TRX80/300M塑料注射成型机主要优点：

(1)响应快，精度高(伺服电动机从停止到额定转速只需要30ms，低压低流量的重复再现性为±0.5%)。与普通注塑机精密度相比，压力流量速度响应在0.03s左右，可大大提高重复精度，位置精度在0.1mm以内。

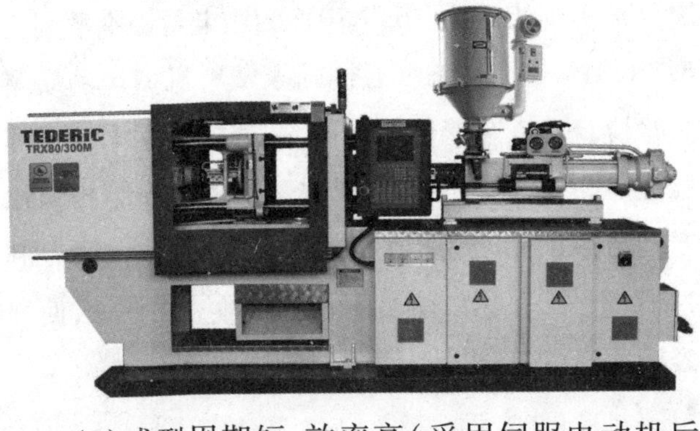

(2)成型周期短，效率高(采用伺服电动机后每个动作的启动与停止时间更快，取消比例阀，液压泄漏减少，速度加快)。

(3)电动机能耗低(伺服电动机效率在90%以上，而普通的异步电动机效率一般在80%左右，也就是说在相同功率下，该注塑机能耗更低)。

(4)节水节油(高效率的系统能有效避免油温上升，水冷却容量减小，升温小，降低了液压油的更换率)。对部分管件厂家跟踪调查发现，该注塑机在一年周期内仅在炎夏10～20天左右的时间内，使用的冷却水仅为传统注塑机用水的1/3。

(5)低噪声。由于以上特点，也带来了成品率提高、噪声下降等优点。

产品适用领域：以精确注射和高速成型为特性的高精密超薄产品制造，如移动通信生产厂所需的各种手机配套塑料件，它的塑件壁厚精度可以达到0.5mm左右；适用于自动化要求高、注塑成型量大的产品，其机器本身的节能效果尤为突出，如IT领域的笔记本电脑配套的塑料件；适用于其他精密制品的生产。

十一、“海星”牌 HXF—J5 系列伺服节能注塑机

宁波海星塑料机械制造有限公司研发的“海星”牌HXF—J5系列伺服节能注塑机，输出功率随负荷变化而变化，不存在多余的能量浪费。冷却极端电动机不工作，耗电量为零，相比传统注塑机可节能30%～80%。由于采用高响应伺服电动机与内啮合齿轮泵动力系统，注塑机达到最大输出量仅需0.05s，相比传统注塑机响应速度明显加快。伺服电动机的精密特性与内啮合齿轮泵的精密特性叠加，并通过高灵敏度的压力反馈装置形成闭环，注射重复精度可达3‰，相比传统液压机表现出更强的注射稳定性，成型产品的合格率大幅提高。配置旋转编码器和压力传感器，时刻对流量和压力进行反馈，及时通过改变伺服同步永磁电动机的旋转和转矩而对流量压力作出相应调整，确保成型重复精度更高，实现节能最大化的要求，最大限度地提高生产效率。

十二、GEK(L)/S 伺服节能系列注塑机

浙江金鹰塑料机械有限公司研发的 GEK/S 伺服节能注塑机装载了高性能的伺服电动机动力控制系统，具有节能环保、闭环精密、响应快捷、噪声低等特点，融合了传统液压注塑机与全电动注塑机的所有优点，实现液压注塑机的一次全新革命，引领未来注塑机发展的新潮流。

GEL/S 系列注塑机提供了一种可以实现立式锁模，卧式注射的机器，综合了立式注塑机和卧式注塑机的优点，解决了立式机的高度瓶颈。该机采用双锁模、双注射的结构，相当于两台机器的产能，占地面积大大减小，与两台机器相比，不但节能，而且只需一个人操作，可节省一半人力。

十三、双马 EK 系列伺服节能注塑机

宁波双马机械工业有限公司研发的 EK 系列伺服节能注塑机采用交流伺服电动机驱动高效内啮合齿轮定量泵组成高响应死循环控制系统，伺服电动机的转速根据外部机器输入的流量、压力指令而变，以此来控制液压泵的输出流量和压力。流量控制通过伺服电动机控制液压泵转速来改变泵的排出流量，压力控制通过回馈泵机组的内装压力传感器的信号来构成死循环控制，实现精密成型。注塑机在工作过程中，每一个循环周期内都需要不断变换各动作的速度和压力，以适应注塑成型工艺对压力、速度、时间的控制要求，但由于普通电动机 + 定量泵系统存在较多的节流损失与溢流损失，因而功率损耗较大，特别是对于一些保压压力较高，保压时间长的制品而言，表现更为明显。该产品的伺服电动机油泵系统通过负载调节伺服电动机的转速来改变油泵的排量，向系统提供驱动负载所需要的压力和流量，实现“按需分配”，可极大地减少保压工况及空转工况（等待周期）的流量损失，保压时电动机处于停转状态，没有节流损失，能量损耗大大减小，系统效率提高，节能效果十分显著。

十四、HN—SV 系列、HD 系列注塑机

富强鑫（宁波）机器制造有限公司开发的 HN—SV 系列注塑机属于新型环保节能产品，本机种采用伺服节能回路设计，可以在需要动力时才输出，在生产及保压过程等无需大量动力输出的状态，以节能方式维持机台基本运作，可以大幅度节省能源损耗。在理想状态下，与标准普通电动机加定量泵机种相比，可节省 70% 的用电量。本系列机型于 2010 年 3 月首批通过国家塑料机械产品质量监督检验中心节能检测，符合并通过国家 1 级节能标准。此外，HN—SV 系列注塑机的射出结构采用专利再生回路，提升射速射压，射出导柱使用专利衬套，永久免润滑，锁模单元采用新一代设计，使得容模范围更广，机械寿命更长。

东莞富强鑫的 HD 系列注塑机采用网络型塑机专用系统，配置高速中央处理器，操作方便，响应速度快，扩展性能好。新一代曲手锁模机构，采用经有限元分析之高钢性模板，加长大柱抱持度，有效降低应力和变形量，提升结构稳定性和精度。其次，配置交流永磁同步高性能的伺服电动机，实现系统压力和流量死循环控制，符合国家 1 级节能标准（≤0.40kW·h/kg）。

为保障安全生产，HD 系列注塑机配备机械、油压、电气三重安全保护装置；HD600（含）以上配置电动安全门，稳定，快速，操作安全。全机种新式内藏式免调整安全杆，减少外露，机器更加美观；符合国家注塑机安全要求。

十五、S 系列精密伺服节能注塑机

宁波华美达机械有限公司研发的 S 系列精密伺服节能注塑机产品采用同步伺服油电混合系统，配置进口伺服驱动电动机以及专用控制器，具有精度高、响应速度快、节能节水的特点，伺服电动机效率可以高达 90%，与同等规格定量泵机型相比，平均节能 50% 以上。尤其在大型注塑机的应用上极具节能优势。公司生产的大型伺服注塑机主要有 8 800～22 800kN 锁模力机型，所有机型均采用同步永磁伺服控制技术、多伺服系统合流技术，采用压力、流量半闭环控制，具有节能率高、响应速度快等优点。

华美达系列大型伺服注塑机全部采用 CAN 接口数字通信技术代替常用的模拟量控制技术，具有抗干扰能力强、精确度高的优点。另外，采用先进的复合油路设计，可在开模的同时同步进行脱模或抽插芯动作，在整个循环中节省抽芯或脱模时间，提高注塑机效率。伺服节能型注塑机由于油温低，对冷却水需求量较常规机型小 30%～50%，对于与之配套的辅助设备要求比常规注塑机要求更低，客户在配置冷却塔或其他冷却设备时可酌情降低配置规格，节省成本。伺服注塑机在机器使用方面完全和常规注塑机相同，客户调试产品不需要改变任何成型工艺。在制品精度方面，由于伺服注塑机采用半闭环控制技术，相比较常规开环控制精度更佳，制品误差率可以控制在 0.5% 以下。公司所生产的伺服注塑机能耗标准全部达到国家塑机检测中心公布的国家 1 级节能标准。

十六、SP120A 注塑机/JS300 注塑机 EcoPow 节能系统

仁兴机械（深圳）有限公司开发的注塑机 EcoPow 节能系统，可以按市场之所需及规格配置于所有仁兴品牌的注塑机上。EcoPow 节能系统由动力节能系统及电热节能系统组成。

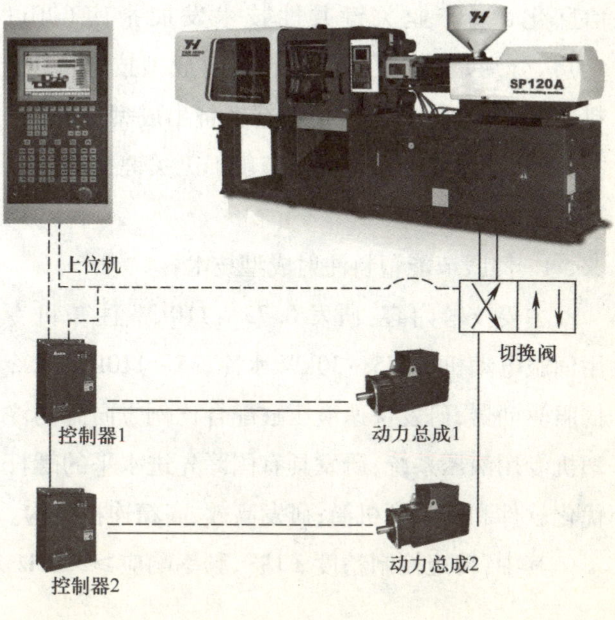

动力节能系统的构成：

(1)意大利技术的永磁交流伺服电动机。

(2)德国制造且带间隙补偿装置及容量优化技术的内齿轮泵。

(3)进口品牌的伺服驱动器。

(4)防震底座以及温控部件，日本制旋转编码器及过压保护阀，德国制压力传感器，特造的联轴器。

电热节能系统：

(1)标准装置的电热系统。

(2)带保温罩的电热系统。

(3)电磁感应加热系统。

EcoPow节能系统优良效果：

(1)优异的省电节能：本系统严格按注塑机实际所需动力而支付功耗，相对于传统定量泵注塑机，其省电节能高达50%～80%，节能的幅度视实际模塑工艺及所配装的电热系统而定。一般而言，注塑机实际所需动力功率对比全功率的比例越低，节能效果越高。此外，若选用带保温罩的电热系统可大幅减少热辐射的损失而进一步提高节能效果。

(2)工作重复精度大幅提升：EcoPow系统输出的油量和压力均受系统内的编码器及压力传感器反馈而严格控制，再配合机器的位置及时间信号使注塑机的工作重复精度较传统的注塑机大幅提升。

(3)环境噪声大幅降低：EcoPow系统由优质的器件精巧构成，其工作噪声远低于注塑机行业标准的噪声指标。

(4)工作的室温环境明显改善：机器工作油量基本上不多于实际所需，故本系统油温远低于相同规格的传统注塑机，因而大大减少用户配用之冷却水量及缩减热交换器的规格。而且选用带保温罩的电热系统可大幅减少热的散失，再配合油温的降低可明显改善工作的室温环境。

塑料机械行业产业关键共性技术项目简介

2011年，塑料机械行业有4个项目入选工业和信息化部《产业关键共性技术发展指南(2011年)》，分别是“伺服节能塑料注射成型技术”、“塑料微尺度制造技术”、“塑料精密挤出成型技术”和“基于拉伸流变的塑料高效节能加工关键技术”，项目具体内容如下：

1. 伺服节能塑料注射成型技术

主要技术内容：研发0.75～110kW注塑机专用伺服电动机，0.75～30kW水冷、35～110kW风冷伺服驱动器；研发快速液压缸配合比例方向阀的注塑机专用液压系统；研发具有国际先进水平的螺杆优化软件和高耐磨机筒；研发高效、高精连杆机构。

其中，转矩控制精度±1%，频率响应≥200Hz，液压压力控制误差±1bar(1bar=0.1MPa)；全硬化螺杆硬度58～61HRC，料筒内孔浇注双合金，有效厚度2～2.2mm，硬度57～59HRC；开合模定位误差≤±1mm，制品重量重复精度≤0.8‰；能耗指标0.35kW·h/kg。

2. 塑料微尺度制造技术

主要技术内容：塑料微注射成型装备技术；塑料微挤出成型装备技术。

其中，微型注射成型机，合模力10～300kN，注射速度≥300mm/s，注射压力≥200MPa，温度控制精度±1℃，制品重量重复精度≤0.5%；微结构成型注射机，合模力200～800kN，注射速度≥500mm/s，注射压力≥250MPa，温度控制精度±1℃，制品重量重复精度≤0.5%。

3. 塑料精密挤出成型技术

主要技术内容：研发以精密驱动、精密塑化、高热惯性机筒、稳流螺杆和精密控制为特征的精密挤出成型主机；研发塑料熔体泵、并联式稳压装置等稳压稳流关键部件；研发以塑料精密挤出成型模具设计和制造技术；研发基于等时到温控制系统、统计过程控制系统、DCS 控制系统、Web 的智能远程控制系统的精密挤出成型先进控制技术。

其中，螺杆直径 16～65mm，螺杆转速 15～150r/min，流量波动＜5%，熔体压力波动＜4%，熔体控温精度 ±1℃；制品几何精度，轴向几何波动＜5%，横向几何波动＜5%。

4. 基于拉伸流变的塑料高效节能加工关键技术

主要技术内容：研究开发拉伸形变支配的高效节能塑料挤出成型关键技术及基础装备，包括拉伸形变支配的叶片塑化挤压系统，负载感应型低速大扭矩驱动与传动技术，拉伸形变支配的塑化挤出成型过程智能化控制技术。

研究开发塑料短热机械历程塑化注射成型关键技术及基础装备，包括叶片式短热机械历程塑化注射系统，负载感应型液压驱动与传动技术，塑料无螺杆塑化注射成型过程智能化控制技术。

与国际先进的常规螺杆加工技术与设备比较，塑化挤压、塑化注射系统的能耗降低 20% 左右，体积重量减少 20% 以上，整机能耗降低 25% 以上。其中，拉伸形变支配的叶片塑化挤压系统，在保证塑化质量的前提下，最大挤出产量≥100kg/h，比能耗≤0.22kW·h/kg(测试物料为低密度聚乙烯，挤出压力≥15MPa)，有效热机械历程≤650mm；塑料短热机械历程塑化注射系统，在保证塑化质量的前提下，最大塑化能力≥120g/s，比能耗≤0.18 kW·h/kg(测试物料为聚苯乙烯)，理论注射容积≥2 600cm^3，有效热机械历程≤1 000mm。

塑料机械行业标准制定、修订情况

我国注塑机安全标准推进情况及对策建议
塑料机械行业标准化工作概述
塑料机械行业标准目录

我国注塑机安全标准推进情况及对策建议

我国注塑机安全标准 GB 22530—2008《橡胶塑料注射成型机安全要求》于 2008 年 11 月 20 日发布，于 2009 年 11 月 1 日实施。对此，国内外塑料机械行业均非常重视，并作了相应的改进和贯标工作，取得了一定成效。但由于种种原因，标准的执行力度仍然处于较低水平。本文将对近两年我国注塑机安全标准推进进程进行详细介绍，并对标准执行情况进行综合分析，以期与行业共同探讨问题的解决方法，促进安全标准的全面贯彻执行。

一、安全标准出台的背景和意义

塑料注射成型机是机电一体化产品，具有机械、电、热、压力等多重危险，并具有合模力大、速度快、操作频繁等高危风险特点，世界各国特别是发达国家对其安全性非常重视。在安全标准方面，早在 1997 年，美国就发布了 ANS/SPI B151. 1-1997《塑料机械　卧式喷射模塑机　制造、维护和使用的安全要求》；欧洲也发布了 EN201-1997《橡胶塑料机械　注模机　安全性要求》，之后日本等国家也颁布了相关安全标准。同时，各国也规定了相应的安全认证要求，例如在欧洲，人工上下料的塑料注射成型机被欧盟机械指令列为危险机械，必须要通过 CE 安全认证；美国、日本等也规定了 UL、JIS 等安全认证要求。政府和协会共同推进安全标准的执行和安全认证，不仅极大地规范和提升了这些国家生产的注塑机的安全性能，也为其他国家生产的注塑机的进入设置了安全技术壁垒。

当前，我国越来越提倡以人为本，重视保护公民的人身安全，对于有安全缺陷或存在有害于人身健康材料的产品查处力度不断提高，伤害赔偿额度也不断提高。我国原有的注塑机 JB/T 7267—2004 标准中对安全性能的规定较少，因此注塑机安全性能相对较低，加上塑料制品生产企业片面追求效率、不重视安全，以及生产工人安全意识淡薄等问题，安全事故时有发生。为尽快规范注塑机产品的安全标准，提升产品的安全性能，全国橡胶塑料机械标准化技术委员会组织制定了 GB 22530—2008《橡胶塑料注射成型机安全要求》，填补了我国注塑机安全标准的空白，为我国相关生产企业的产品设计、技术改进提供了正确的技术导向，为政府对行业的监管提供了技术依据。

二、涉及安全标准的相关法规和处罚规定

我国政府为保障公民的人身财产安全，在产品质量方面制定了相应的法律法规。其中最重要的法律就是 1993 年首次制定、2000 年重新修订的《中华人民共和国质量法》。该法明确了生产销售不符合保障人体健康和人身、财产安全国家标准、行业标准的产品的法律责任、处罚规定和政府监督职能。作为注塑机生产企业必须尽快提高注塑机的安全性能，尽可能减少安全事故发生的可能性，这样才能有效地规避行政处罚风险和意外赔偿损失，有效地保护操作工人的人身安全，从而使企业保持持续平衡发展。

三、安全标准的推进情况

为推进我国塑料机械行业执行安全标准的进度，国家塑料机械产品质量监督检验中心协同中国塑料机械工业协会等相关单位，秉承服务与监督并重的方针，做了大量的标准宣贯、辅导咨询、行业宣传、监督检验等工作：

1. 标准的宣贯

国家塑料机械产品质量监督检验中心与中国塑料机械工业协会、宁波市塑料机械行业协会等单位，在宁波、广州、珠海等注塑机集中生产地联合开

展了安全标准宣贯活动,企业参加踊跃。

2. 咨询验证服务工作

由于新安全标准与我国当前塑料机械的安全设计相差较远,需要从液压、电气、钣金、机械结构、说明书等多方面进行改进。为此,国家塑料机械产品质量监督检验中心推出了标准培训、设计审核、资料审查、样机检验等安全标准咨询检测系列服务,共计服务企业107家。该项服务甚至也吸引了想进入中国市场的日本、韩国甚至加拿大、德国等众多国外企业,其中十多家外资企业与该中心签订了相应的技术服务合同,从而使进入我国市场的注塑机也能符合国内安全标准的要求。

3. 安全标准推进的引导宣传工作

各级塑料机械协会对安全标准的推进执行均非常重视,多次通过理事会相关报告和大会会刊文章等不断宣传安全标准执行的必要性和紧迫性。协会还进行了其他的宣传推进活动。例如,2010年中国塑料机械工业协会与中国国际塑料橡胶工业展览会举办商协作,由国家塑料机械产品质量监督检验中心和协会共同组织对参展塑料机械产品进行安全标准抽查,并对已通过安全标准审查的机器贴上合格标志,促进推广。

4. 标准的协调工作

由中国塑料机械工业协会牵头,国家塑料机械产品质量监督检验中心配合组织相关企业多次与全国橡胶塑料机械标准化技术委员会进行沟通协商,全国橡胶塑料机械标准化技术委员会对一些标准条款进行了明确和调整,从而使得注塑机的安全标准具有更强的可操作性。

5. 政府委托的监督工作

针对注塑机的安全标准执行情况,国家塑料机械产品质量监督检验中心多次接受各级政府委托的监督任务,对注塑机生产企业进行了监督抽查,为政府掌握注塑机行业安全标准执行进程及产业质量动态提供了技术支撑。为顺利地开展国家级监督抽查工作,国家塑料机械产品质量监督检验中心负责制定了注塑机国抽方案,现已批准公示。

四、安全标准的实施情况分析

经过两年多的宣贯推进,绝大多数塑料机械生产企业对安全标准及其执行意义有了不同程度的了解,安全意识和安全设计能力有了较大提高。但实际执行情况仍然较差,其中全面执行的企业仍然不多,一些中大型企业仅执行了部分型号规格标准。而小企业执行情况更差,多数既不了解又未执行安全标准。造成执行不力的原因如下:

(1)由于执行新安全标准注塑机上需要增加安全阀、安全模块以及改进结构,会相应增加成本。而注塑机由于材料成本上升、竞争激烈等原因,本来就是薄利产品,因此在经济形势低迷又没有同步推进提高价格的情况下,执行安全标准对企业成本压力较大。

(2)由于我国塑料制品的生产自动化程度相对较低,常采用半自动化的工作方式,而安全标准的执行在提升安全性的同时略微降低了手动式、半自动式生产效率,操作工人也需要改变一些操作习惯。而有些注塑机用户企业过于注重生产效率,安全意识不高,甚至对符合安全标准的机械有一定抵触情绪,从而影响符合安全标准的注塑机的销售。

(3)随着我国对公民人身安全保护重视程度的日益提高,人身伤害赔偿额不断增加,作为事故率仅次于冲床的塑料机械生产企业也慢慢地意识到塑料机械安全性能的重要性。但由于老标准要求低,很多伤害官司仍能以反诉违规操作的方式做一定程度的逃避。因此,有部分塑料机械生产企业仍对塑料机械安全的重要性认识不足。另外,为了减少成本和提高效率,也有不少企业明知故犯,期望通过逃避监督的方式延迟执行安全标准。

(4)中小企业技术力量相对薄弱,有的小企业甚至没有专业的电气、液压技术人员,而要执行安全标准需要电气、液压、机械等多方面技术人员的协同改进设计,企业技术能力的不足制约了按安全标准设计生产设备的能力。还有一些小型企业质量管理较差,缺乏必要的检验能力,不能对采购的涉及安全的零部件进行监控,甚至不具备安全标准规定的出厂检验项目的检测设备，无法对装配好的注塑机进行严格的安全检测。

(5)由于欧美国家一般均采用机械手操作的自动线生产，自动化程度高，所制定的标准比较适合自动化生产。而我国制品生产自动化程度较低，一般采用半自动生产，因此其生产过程与国外有一定的差别，GB 22530—2008 是从 EN201 转化过来的，在适应国情上亦存在一些问题。同时，由于相关的安全元件尚未有相应标准，再加上工况不同，要求也不同，所以即使配置进口的安全元件也有可能存在适应性和可靠性较差的问题。

五、推进对策的建议

1. 加强行业自律

遵守《中华人民共和国质量法》，严格执行安全标准，不生产、不销售不符合保障人体健康和人身、财产安全标准和要求的工业产品，是我国生产者、销售者应尽的法律义务。因此，塑料机械行业企业应提高安全意识，尽快全面执行安全标准。行业应加强自律性，建议通过全面检查和互评，并通过展会和相关媒体公布检查互评情况，达到表扬先进、鞭策后进、推进贯标的目的。

2. 提高风险意识

根据《中华人民共和国质量法》，生产、销售不符合保障人体健康和人身、财产安全标准和要求的工业产品将面临行政处罚、人身伤害赔偿、司法退赔等诉讼，会对企业名牌评审、上市申报等造成不利影响，甚至会造成企业声誉的严重受损和财产的重大损失。因此，生产企业应该提高风险意识，严格执行安全标准，保证企业能够平稳健康的发展。

3. 加强监督

为保证全国能够同步推进安全标准的执行，需要各级政府加强对行业的监管，增加国家级、省级等各级监督抽查任务，确保塑料机械生产企业把安全标准落到实处，努力把自己的产品做得更好。

4. 进一步完善标准

根据国情的不同，建议可以参照美国等先进国家的标准，在确保安全风险可控的前提下，进一步完善我国的安全标准。相关的安全元件当前尚未有对应的标准，影响企业对安全质量的全面控制。因此，建议尽早制定安全元件的相关标准。

希望各注塑机生产企业及相关单位进一步增强责任感和使命感，以人为本，重视保护公民的人身安全，深入贯彻执行国家安全标准，全面提高注塑机的质量安全水平。

〔撰稿人：国家塑料机械产品质量监督检验中心　郭一萍〕

塑料机械行业标准化工作概述

在国家标准化管理委员会、中国机械工业联合会和全国橡胶塑料机械标准化技术委员会等上级主管部门的关心和指导下，在塑料机械标准化分技术委员会、秘书处和工作组等全体成员的共同努力下，塑料机械行业标准化工作取得了突破性进展，实现了跨越式发展。塑料机械行业标准化工作在组织构架、专业领域的划分、标准的覆盖与配套以及标准水平和结构等各方面都逐步趋于合理、健全和完善。

塑料机械行业标准化工作是塑料机械行业职能的重要组成部分，标准水平的高低是衡量一个国家塑料机械行业技术水平的主要标志之一。在塑料机械产品结构调整、提升竞争力等方面，标准化工作具有不可替代的技术基础作用。加大标准体系结构调整力度，不断提高标准水平，增强标准的有效性，对于塑料机械行业的发展具有重要的意义。

一、行业标准化工作基本情况

1. 标准化管理工作

(1)组织建设。塑料机械标准化分技术委员会(以下简称塑标委)负责全国塑料机械行业的标准化归口工作(包括塑料机械行业标准的规划制定，标准体系确立，标准制修订计划的编制与申报，各项标准的起草、修订、复审、报批、贯彻及实施等)，业务上归属中国机械工业联合会指导。第一届塑标委成立于 1987 年；第二届塑标委成立于 1992 年；第三届塑标委成立于 1999 年，按国家标准化管理委员会要求于 2003 年对塑标委进行了清理整顿；第四届塑标成立于 2011 年 12 月，由 31 家单位的 31 名委员组成，另聘请顾问 2 名，杨宥人任主任委员，李坚、夏向秀、何亚东任副主任委员，李香兰任委员兼秘书长，秘书处仍设在大连塑料机械研究所。

第三届塑标委运作期间，根据国家标准化管理委员会的统一部署以及专业要求，组建成立了“泡沫塑料机械”、“塑料薄膜机械”和“聚合物拉条切粒设备”工作组。工作组的组建，得到了各地方政府和企业的支持，极大地调动了企业的积极性，为加快标准制修订起到了积极的推动作用。

在第四届塑标委委员人选推荐中，严格按照《全国专业标准化技术委员会管理规定》的条件，第三届塑标委委员凡符合规定条件者，建议推荐连任，不符合条件的则予以更换，重新推荐。同时，为了满足更多企业加入技术委员会的愿望，新一届塑标委还吸收了近几年发展较快的生产企业参加。换届后，第四届塑标委的组成结构更加合理，包括设备生产和使用单位以及大专院校和科研院所等方面的专家、学者及专业技术人员，覆盖了绝大多数产品的企业代表，有着广泛的代表性和业内权威性，是一个技术知识密集、具有人才优势的权威性组织。委员的整体素质较高，全部为中高级职称，都是拥有较高理论知识和专业实践经验的行业骨干。新一届塑标委对上届工作进行了认真总结并制定了新一届工作计划、章程和秘书处工作细则。

(2)业务建设。为适应各项工作的需要，促进塑标委委员及标准制修订人员业务素质的提高，塑标委积极组织参加中国机械工业联合会举办的国家标准 GB/T 1.1—2009《标准化工作导则第 1 部分：标准的结构和编写》的培训班。另外，每年度标准计划下达后，通过标准计划及起草工作会议对标准编写人员进行培训，有些委员及标准制修订人员参加过多次培训，他们既有丰富的技术专业理论和实践经验，又掌握标准化知识。通过组织建设和业务建设，塑标委建立了一支拥有较高专业理论知识和较丰富实践经验的标准化工作队伍。

(3)体系建设。2009～2010 年，根据国家标准委和中国机械工业联合会对标准体系建设工作的具体部署，塑标委全面分析了我国塑料机械行业形势和产业发展趋势，研究了我国塑料机械标准实施现状，探索了塑料机械标准体系范围和对标准的需求。通过分析现行国内外强制性标准和推荐性标准现状，以及针对标准的缺失和滞后及标准的适用性和时效性较差等塑料机械标准存在的主要问题，提出了今后标准化工作的建议和改进措施；通过分析塑料机械标准体系结构和布局、标准数量和质量，建立了塑料机械标准体系框架，编制和完善了标准体系表，为促进行业发展提供了技术支撑。另外，塑标委还根据中国机械工业联合会的部署，就国内安全生产，人身、财产安全等对塑料机械专业领域产品安全标准的要求，国际上尤其是国际贸易对塑料机械专业领域产品安全标准的要求，以及国内外塑料机械专业领域产品安全标准发展趋势等进行了分析，编制完成了《塑料机械专业领域产品安全标准体系》。

2. 标准化科研工作

塑料机械行业标准化工作以往以标准制修订为主，解决了量大面广产品无标生产的问题。近年来，为建立健全我国橡胶塑料机械标准体系，进一步推动安全、环保和节能标准的制定，标准化工作范围日趋拓宽，业务工作已由单一的标准制修订向院企合作制定标准及开展标准课题研究、企业产品开发和推广及信息服务等方面延伸，进一步扩大了业务范围。为了加快安全标准的制定，2007 年，全国橡胶塑料机械标准化技术委员会全面启动了安全标准的研究和制定工作，确立申报的《橡胶塑料通用机械安全标准研究》标准化公益研究科研课题，得到了上级主管部门的大力支持并立项。通过两年的项目研究，转化并制定了 13 项强制性国家标准和 4 项相应的检测方法国家标准及行业标准，覆盖了橡胶塑料通用加工设备中极为重要的产品。标准化公益研究科研课题“橡胶塑料通用机械安全标准研究”被评为 2011 年中国石油和化学工业联合会科技进步奖二等奖。塑标委还参与了申报“大型混炼挤压造粒机组技术与安全标准的研究”标准化公益研究科研课题。

3. 行业标准制修订及实施情况

在国家标准化管理委员会、中国机械工业联合会和全国橡胶塑料机械标准化技术委员会等主管部门的领导下，在全行业的大力支持下，全体委员以高度的责任感，关心、参与、合作，尽心尽力地履行塑标委章程所赋予的职责和义务，充分发挥了组织的整体功能。在经费少、任务重、难度大的情况下开展了踏实而有效的工作，较好地完成了塑料机械标准化的各项任务，基本上改变了标准数量少、水平低的落后情况。塑标委的工作成果为推动行业技术进步、提高产品竞争力起到了积极的作用，取得了显著的成绩。

2011 年，塑标委按照中国机械工业联合会下达的计划，组织标准起草工作组起草了 1 项机械行业标准《聚氨酯发泡设备　通用技术条件》，修订了 1 项机械行业标准《塑料薄膜回收挤出造粒机组》。这两项标准于 2011 年底完成报批工作。

多年来，经过塑料机械标准化工作者的共同奋斗和努力，现已有塑料机械标准 90 项，其中一些标准已经过多次修订。对于每一项标准的制修订，塑标委都是首先征求委员们的意见，组织行业的骨干企业成立标准起草工作组，将既是行业的骨干企业又愿意承担该项工作的单位作为负责标准的起草单位，组织召开标准起草会。通过组织起草工作组多渠道收集国内外先进标准和数据（例如与外商谈判资料、引进设备的实测数据，对国内重点厂进行调研、走访用户等收集的数据），对国内外情况进行逐项综合分析对比，严格按照编制、初审、送审、报批等程序制修订具有先进水平、适应国情并能引领技术发展的塑料机械行业标准。

在专业标准体系方面，塑料机械行业基本构筑了以产品标准为主体，以安全标准、基础标准、通用标准、方法标准以及分等标准为辅的更为合理、更具可操作性的行业标准体系。在制修订塑料机械标准时，既考虑了国内企业的现状，又以产品技术发展和企业发展为主要目标，积极采用国际标准和国外先进标准，以利于改进产品质量，提高产品技术水平，促进塑料机械行业技术进步。塑料机械产品质量分等标准为企业上等级及产品创名牌提供了依据。

4. 标准信息和咨询服务工作

根据行业和企业的需要，塑标委在机械工业塑料机械科技信息网上发布《塑料机械标准目录》，并及时对《塑料机械标准目录》进行动态修改更新。同时，塑标委在《塑料机械》杂志上发布《塑料机械标准目录》，为各相关标准化、认证、检测、计量等管理机构及标准归口单位提供并解释标准，为相关企业提供标准及信息服务，扩大了塑标委的影响，推动了标准的贯彻实施。

二、主要成绩及经验

一年来，塑料机械行业标准化工作在国家标准化管理委员会、中国机械工业联合会和全国橡胶塑料机械标准化技术委员会指导下，在企业的大力支持和塑标委全体委员的共同努力下，取得了显著成绩，在行业发展中发挥了重要的推动和引领作用。

1. 认真贯彻《中华人民共和国标准化法》，及时完成行业标准复审工作

为了适应社会主义市场经济发展和对外贸易

的需要，塑标委进一步贯彻《中华人民共和国标准化法》，不断加强与企业的联系，积极跟踪现行标准的执行情况，及时了解标准在贯彻中的反馈信息，及时完成了上级主管部门下达的行业标准复审工作。根据中国机械工业联合会《关于开展 2011 年度机械行业标准复审工作的通知》的文件要求，塑标委对 2005 年批准发布的现行行业标准 JB/T 5416—2005《塑料挤出干法热切造粒辅机》的主要起草单位及主要生产单位征求了意见。而后，塑标委秘书组又对委员进行了函审征求意见，最后确定该项标准的技术内容符合当前科学技术发展，能够满足经济建设需要和使用要求，继续有效。另有 1 项行业标准 JB/T 5292—1991《塑料真空成型机》已调整为国家标准 GB/T 25941—2010《塑料真空成型机》，并已发布实施。2011 年度塑料机械行业标准复审报告已上报中国机械工业联合会。

2. 积极参加中国机械工业联合会及全国橡胶塑料机械标准化技术委员会组织的各项活动

积极参加中国机械工业联合会举办的机械工业标准化工作会议、产品安全标准体系研讨会；积极参与全国橡胶塑料机械标准化技术委员会注塑机节能标准的起草工作；积极参与《橡胶塑料通用机械安全标准研究》标准化公益科研课题的研究，并获中国石油和化学工业联合会颁发的科技进步奖二等奖。

3. 按时完成上级主管部门下达的各项工作

按照中国机械工业联合会《关于开展机械工业重点领域机械产品安全标准体系编制工作的通知》要求，认真编制完成了《塑料机械专业领域产品安全标准体系》；撰写的论文《塑料机械节能标准化工作的现状和发展》在 2011 年 5 月广州第二十五届中国国际塑料橡胶工业展览会论坛上宣讲；积极填写国家标准化管理委员会及中国机械工业联合会调查问卷等。

4. 标准化工作推动和引领了行业发展

多年来，在上级主管部门指导下，在企业的大力支持和塑标委全体委员的共同努力下，标准化工作在行业发展中发挥了重要的推动和引领作用。主要体现是：

（1）作为市场经济体制的技术支撑，维护了市场经济秩序。塑料机械标准是产品是否合格的依据，是产品能否获得市场准入权的准绳。这些标准服务于市场，并为市场规则体系提供技术依据，成为市场规则体系的组成部分，有力地提高了市场管理、监督和处罚的力度和效能，营造了公平竞争的市场环境，维护了市场秩序，保障了我国塑料加工装备制造业健康稳定发展。

（2）作为经济结构调整的技术手段，促进了塑料加工装备制造业不断适应塑料加工产业结构调整的要求。塑料机械标准以其对先进技术的适应性与技术的导向作用，引导塑料加工装备制造企业的资金流向和市场取向，引导企业开展技术创新和研制高技术产品，以期优化我国塑料机械的产业结构和产品结构。与此同时，通过推进先进标准和提高标准的技术指标，提高了市场准入门槛，既鼓励和支持了企业开发高技术含量产品，也使落后产品无法进入市场，落后产品、技术和装备终遭淘汰。

（3）作为科技创新成果转化的途径，推动了新技术、新工艺和新装备的推广应用。多年来，塑料机械制造业不断地通过对引进技术的消化吸收和自主创新，新产品、新工艺层出不穷。很多科技创新成果通过标准的作用转化为优势产品并被迅速地推广应用，取得了良好的经济效益和社会效益。

（4）提升了塑料机械制造企业的市场竞争力。塑料加工装备制造业标准化工作的有效开展，企业标准化程度的提高，降低了企业生产成本和提高了生产效率，使企业产品具有比较优势，提升了企业的竞争力。

（5）通过制定安全标准，保障了操作人员的身体健康和生命安全。

（6）通过制定橡塑机械产品型号编制方法和术语标准，极大地推动了行业间的技术交流，有力地促进了国内外贸易的发展。

5. 充分发挥塑标委及其秘书处的职能作用

塑标委是塑料机械标准制修订的权威机构，有一套健全和完善的管理制度，工作有章可循，有据可依。标准化工作法规性强，涉及面广，所以协调各方面意见，满足各方面要求是极为困难的。委员充分履行塑标委章程中所赋予的职责，热爱标准化事业，积极参与塑料机械标准的制修订工作，为塑料机械行业的发展发挥了积极的作用。

秘书处承担着大量的组织、协调、标准的初审、报批以及筹备各种会议等工作。为了做好这些工作，大连塑料机械研究所在人力、物力、财力上给予了无偿的支持。秘书处在实践中也在不断地摸索标准化工作的新思路和新方法，从而有效发挥了常设机构的职能作用。为了适应标准化工作改革的要求，开拓标准化工作的新领域，做好行业服务工作，秘书处人员积极参加上级主管部门举办的基础标准宣贯培训及标准复合员等培训，为提高日常工作质量打下了良好的基础。

三、存在的问题

1. 产品标准覆盖面

根据我国国家标准 GB/T 12783—2000《橡胶塑料机械产品型号编制方法》中产品型号的分类，在塑料机械标准中已完成量大面广产品标准的制定工作，但对于很多塑料制品类加工设备还有待于加速制标工作，一些产品标准还缺少与之配套的相应方法标准。因此，今后需要不断完善标准体系，扩大产品标准的覆盖面。

2. 标准制修订周期长，一些新产品新技术不能及时纳入标准

2010 年底上报的行业标准至今尚未批准发布，急需解决标准发布及出版周期长等问题。特别是产品标准中的系列与基本参数，变化会更快。所以，应采取有效的措施，利用标准手册或推进联盟标准的制定，弥补这一缺陷。

3. 企业对标准实施的重视程度还有待加强

标准的实施状况较差，一方面，从塑标委工作而言，往往十分注重标准的制修订工作，认为标准制定完毕得以发布，则工作任务圆满结束，而对标准如何进行宣传和贯彻实施缺乏重视和必要的研究；另一方面，标准化工作的重要主体之一——产品生产企业，有的把实施标准看成负担，回避或忽视标准的执行，因此也不同程度地造成了标准实施不力。

四、2012 年标准化工作指导思想、工作目标、重点工作任务

1. 指导思想

行业标准化工作应成为塑料机械行业发展的前沿工作，发挥其不可替代的基础作用。“以市场为导向，以企业为主体，推进标准化工作的进一步发展”是行业技术发展和企业参与市场竞争的需要，应着力提高标准水平，加快标准更新速度，强化标准化服务，充分发挥标准化在振兴塑料机械行业中的基础性作用。按照“抓住机遇、贴近市场、务实创新、突出重点、深化服务、强调实效”的指导思想，制定计划和安排工作，使各项工作具有体现总体的鲜明特点，确保其总体目标的最终实现。

2. 工作目标

不断提高标准的整体水平，继续贯彻执行积极采用国际标准和国外先进标准的方针，与国际标准和国外先进标准接轨。做好国际标准和国外先进标准的收集、翻译和咨询工作；加强对外交流，通过对国外先进标准的转化和技术接轨，促进我国产品整体水平的提高；要及时修订标龄长、内容老化的现行塑料机械标准，力争使标准的标龄控制在 5 年以内；加快标准对节能、环保新产品新技术科研成果的转化，及时制定完成实用性强的技术标准。

3. 重点工作任务

（1）围绕提高塑料机械产品的竞争力，在制修订标准的运行机制上增强科学性和预见性，积极探索市场取向的新路子，快速响应市场变化，加快标准制修订速度。在此基础上，着力提升塑料机械标准的整体水平。主要产品的开发要以制修订的标准为依据，淘汰的产品，其标准也要淘汰；要不断增强标准的适应性，不断提高标准的技术含量，促进

高新技术与塑料机械行业标准的结合，提高标准的技术水平，满足国家经济发展的要求；要加强对同行业国际标准及国外先进标准的研究，使塑料机械行业标准采用国际标准和国外先进标准的比例不断提高，增强对国际市场的适应性。

(2)当前，国际上塑料机械产品的性能正朝着高速、高效、节能、低噪声和高自动化方向快速发展。我国塑料机械行业要走自己的创新道路，不断调整产品结构，积极发展高效、节能、环保型塑料机械产品，以适应我国国民经济发展的需要，并大力发展有国际竞争力的出口创汇产品。因此，应重点做好行业标准中的安全标准、涉及环保要求的标准、基础标准，符合国家有关重大工程项目并与主攻课题相配套的标准，市场急需制定的、技术先进并有发展潜力的产品标准的制定；拟开展塑料滚塑成型机等标准的研究制定工作；修订《塑料挤出异型材辅机》等14项已下达计划的行业标准。

(3)对于已实施5年或5年以上的标准全面复审，提出继续有效、修订和废止的结论；对不适应市场发展需要，标准内容或标准级别需做较大调整的现行标准，应及时进行修订；对于已淘汰产品或技术落后产品的标准一定要废止。总之，要保证现行标准技术内容的先进性和适应性。

(4)继续拓宽业务范围，积极为企业提供标准化咨询服务，为行业营造一个大家庭的友好氛围，使塑料机械行业标准化工作更加充满活力。

第四届塑标委在当前经济转型、全面落实行业“十二五”标准化发展规划的关键时期，要把我国的塑料机械标准化工作做得更加富有成效，不断创新，进一步满足国内外市场的需要，为我国塑料机械行业做大做强做出更大贡献。

〔供稿单位：全国橡胶塑料机械标准化技术委员会塑料机械分技术委员会〕

塑料机械行业标准目录

标准编号	标准名称	采标情况	拟代替标准	复审时间及结论	立项情况、完成时间、进展情况
GB/T 12783—2000	橡胶塑料机械产品型号编制方法				
GB 20055—2006	开放式炼胶机炼塑机安全要求	非等效 EN:1417:1997			
GB 22530—2008	橡胶塑料注射成型机安全要求	非等效 EN201:1997+A1:2000+A2:2005			
GB 25433—2010	密闭式炼胶机炼塑机安全要求	修改 EN:12013:2000			
GB 25434—2010	橡胶塑料压延机安全要求	修改 EN:12301:2000			

（续）

标准编号	标准名称	采标情况	拟代替标准	复审时间及结论	立项情况、完成时间、进展情况
GB 25431.1—2010	橡胶塑料挤出机和挤出生产线　第1部分:挤出机的安全要求	等同 EN: 1114-1: 1996			
GB 25431.2—2010	橡胶塑料挤出机和挤出生产线　第2部分:模面切粒机的安全要求	等同 EN: 1114-2: 1998			
GB 25431.3—2010	橡胶塑料挤出机和挤出生产线　第3部分:牵引装置的安全要求	等同 EN: 1114-3: 2001			
GB 25936.1—××××	橡胶塑料粉碎机械　第1部分:刀片式破碎机安全要求	等同 EN: 12012-1: 2000			2010.12 完成
GB 25936.2—××××	橡胶塑料粉碎机械　第2部分:拉条式切粒机安全要求	等同 EN: 12012-2： 2001 + A2: 2008			2010.12 完成
GB 25936.3—××××	橡胶塑料粉碎机械　第3部分:切碎机安全要求	等同 EN: 12012-3: 2001			2010.12 完成
GB 25936.4—2010	橡胶塑料粉碎机械　第4部分:团粒机安全要求	等同 EN: 12012-4: 2006			
GB/T 25156—2010	橡胶塑料注射成型机通用技术条件				
GB/T 25157—2010	橡胶塑料注射成型机通用检测方法				
GB/T 13577—2006	开放式炼胶机炼塑机				
GB/T 9707—2010	密闭式炼胶机炼塑机				
GB/T 13578—2010	橡胶塑料压延机				
GB/T 12784—1991	橡胶塑料加压式捏炼机				
GB/T 25941—2010	塑料真空成型机		JB/T 5292—1991	2011 年复审废止	
HG/T 2148—2009	密闭式炼胶机炼塑机检测方法				
HG/T 2149—2004	开放式炼胶机炼塑机检测方法				
HG/T 2150—2009	橡胶塑料压延机检测方法				
HG/T 3120—1998	橡胶塑料机械外观通用技术条件			2008 年复审确认	
HG/T 3228—2001	橡胶塑料机械涂漆通用技术条件			2008 年复审确认	
HG/T 3108—1998	冷硬铸铁辊筒		HG/T 2400—1992、HG/T 3108—1998、HG/T 3118—1998		计划号: 2009-0086T-HG 合并修订 2011.12 完成

（续）

标准编号	标准名称	采标情况	拟代替标准	复审时间及结论	立项情况、完成时间、进展情况
JB/T 5293—1991	可发性聚苯乙烯泡沫塑料成型机		JB/T 5293—1991		2010.12 完成
JB/T 5418—1991	聚丙烯不织布机		JB/T 5418—1991		计划号：2011-0159T-JB 2012.12 完成
JB/T 5421—1991	塑料薄膜回收挤出造粒机组		JB/T 5421—1991		2011.12 完成
JB/T 6490—1992	塑料压力成型机		JB/T 6490—1992		计划号：2011-0168T-JB 2012.12 完成
JB/T 6493—1992	塑料制袋机		JB/T 6493—1992		计划号：2011-0169T-JB 2012.12 完成
JB/T 6928—1993	塑料挤出带辅机		JB/T 6928—1993		计划号：2011-0163T-JB 2012.12 完成
JB/T 6929—1993	塑料挤出转盘制鞋机		JB/T 6929—1993		计划号：2011-0166T-JB 2012.12 完成
JB/T 7251—1994	塑料挤出拉丝辅机		JB/T 7251—1994		计划号：2011-0164T-JB 2012.12 完成
JB/T 8061—2011	单螺杆塑料挤出机				
JB/T 8538—2011	塑料机械用螺杆、机筒				
JB/T 8539—1997	塑料挤出吹塑中空成型机		JB/T 8539—1997		2010.12 完成
JB/T 8698—1998	热固性塑料注射成型机		JB/T 8698—1998		计划号：2011-0162T-JB 2012.12 完成
JB/T 8703—2011	塑料挤出吹塑薄膜辅机				
JB/T 6489—1999	塑料捏合机		JB/T 6489—1999		计划号：2011-0167T-JB 2012.12 完成
JB/T 8943—1999	全塑鞋用注射机		JB/T 8943—1999		计划号：2011-0161T-JB 2012.12 完成
JB/T 5420—2001	同向双螺杆塑料挤出机		JB/T 5420—2001		计划号：2011-0170T-JB 2012.12 完成
JB/T 6491—2001	异向双螺杆塑料挤出机		JB/T 6491—2001		计划号：2011-0171T-JB 2012.12 完成

（续）

标准编号	标准名称	采标情况	拟代替标准	复审时间及结论	立项情况、完成时间、进展情况
JB/T 6492—2001	锥形双螺杆塑料挤出机		JB/T 6492—2001		计划号：2011-0172T-JB 2012.12 完成
JB/T 6494—2002	料斗式塑料干燥机		JB/T 6494—2002		计划号：2011-0160T-JB 2012.12 完成
JB/T 10342—2002	塑料挤出异型材辅机		JB/T 10342—2002		计划号：2011-0165T-JB 2012.12 完成
JB/T 10464—2004	拉条式塑料切粒机			2010 年复审继续有效	
JB/T 5289—2004	鞋用转盘注射成型机			2010 年复审继续有效	
JB/T 7267—2004	塑料注射成型机			2010 年复审继续有效	
JB/T 7669—2004	塑料混合机			2010 年复审继续有效	
JB/T 5416—2005	塑料挤出干法热切造粒辅机			2011 年复审继续有效	
JB/T 5417—2007	塑料排气挤出机				
JB/T 5291—2007	塑料破碎机				
JB/T 5438—2008	塑料机械术语				
JB/T 2627—2008	塑料挤出硬管辅机				
JB/T 5290—2008	塑料圆织机				
JB/T 5419—2008	塑料挤出平膜扁丝辅机				
JB/T 10898—2008	塑料挤出复合膜辅机				
JB/T 10899—2008	塑料挤出双壁波纹管辅机				
JB/T ×××××—××××	锥形同向双螺杆塑料挤出机				2010.12 完成
JB/T ×××××—××××	可发性聚苯乙烯泡沫塑料预发机				2010.12 完成
JB/T ×××××—××××	可发性聚苯乙烯泡沫塑料板材成型机				2010.12 完成
JB/T ×××××—××××	可发性聚苯乙烯泡沫塑料板材切割机				2010.12 完成
JB/T ×××××—××××	塑料挤出流延薄膜辅机				2010.12 完成
JB/T ×××××—××××	PVC 塑料配混系统				2010.12 完成

（续）

标准编号	标准名称	采标情况	拟代替标准	复审时间及结论	立项情况、完成时间、进展情况
JB/T ×××××—××××	聚氨酯发泡设备　通用技术条件				2011.12 完成
JB/T 53115—1999	塑料挤出吹塑中空成型机　产品质量分等（企业内控标准）				
JB/T 53123—2000	塑料圆织机　产品质量分等（企业内控标准）				
JB/T 53129—2000	塑料挤出平膜扁丝辅机 产品质量分等（企业内控标准）				
JB/T 53109—1998	单螺杆塑料挤出机　产品质量分等（企业内控标准）				
JB/T 53028—1999	锥型双螺杆塑料挤出机　产品质量分等（企业内控标准）				
JB/T 53029—1999	料斗式塑料干燥机　产品质量分等（企业内控标准）				
JB/T 53030—1999	异向双螺杆塑料挤出机　产品质量分等（企业内控标准）				
JB/T 53031—1999	塑料真空成型机　产品质量分等（企业内控标准）				
JB/T 53032—1999	塑料制袋机　产品质量分等（企业内控标准）				
JB/T 53079—1999	塑料挤出带辅机　产品质量分等（企业内控标准）				
JB/T 53080—1999	塑料挤出转盘制鞋机　产品质量分等（企业内控标准）				
JB/T 50018—1999	塑料注射成型机　产品质量分等（企业内控标准）				
JB/T 53111—1999	塑料挤出吹塑薄膜辅机　产品质量分等（企业内控标准）				
JB/T 53112—1999	密闭式炼塑机　产品质量分等（企业内控标准）				
JB/T 53113—1999	开放式炼塑机　产品质量分等（企业内控标准）				
JB/T 53114—1999	塑料压延机　产品质量分等（企业内控标准）				
JB/T 53116—1999	塑料混合机　产品质量分等（企业内控标准）				
JB/T 53117—1999	热固性塑料注射成型机　产品质量分等（企业内控标准）				

（续）

标准编号	标准名称	采标情况	拟代替标准	复审时间及结论	立项情况、完成时间、进展情况
JB/T 53118—1999	橡胶塑料加压式捏炼机 产品质量分等(企业内控标准)				
JB/T 53119—1999	塑料压力成型机 产品质量分等(企业内控标准)				
JB/T 53120—1999	塑料捏合机 产品质量分等(企业内控标准)				
JB/T 53121—1999	鞋用转盘注射成型机 产品质量分等(企业内控标准)				
JB/T 53122—1999	塑料挤出硬管辅机 产品质量分等(企业内控标准)				
JB/T 53124—1999	可发性聚苯乙烯泡沫塑料成型机 产品质量分等(企业内控标准)				
JB/T 53127—1999	塑料破碎机 产品质量分等(企业内控标准)				

〔供稿单位:全国橡胶塑料机械标准化技术委员会塑料机械分技术委员会〕

中国塑料机械工业年鉴2011

大事记

介绍2011年塑料机械行业重大事件

2011年中国塑料机械工业大事记

2011年中国塑料机械工业大事记

1月

20日 中国塑料机械工业协会发出《关于统计会员企业2010年主要经济指标的通知》,决定加强行业统计工作,为会员企业及时掌握行业经济运行的准确信息、全面了解行业经济发展状况提供客观依据,为促进行业经济又好又快发展、努力实现“十二五”规划目标提供有力帮助。

2月

12日 中国机械工业企业管理协会发布《关于表彰第五届全国机械工业明星企业家、优秀企业家的决定》,对12名明星企业家、86名优秀企业家、40名优秀企业管理工作者进行表彰。塑料机械行业的广东金明精机股份有限公司董事长马镇鑫、广州博创机械有限公司董事长朱康建、海天塑机集团有限公司总裁张剑鸣、广东伊之密精密机械有限公司董事长陈敬财、宁波双马机械工业有限公司董事长赉伟良荣获“全国机械工业优秀企业家”称号,慈溪市德顺容器有限公司董事长孙罗娇荣获“全国机械工业优秀企业管理工作者”称号。

15日 中国塑料机械工业协会发出《关于征集‘中国塑机新风采’摄影作品的通知》,要求每家会员单位提供5幅摄影作品,反映本单位的新成果、新变化和新面貌,进一步推进企业文化建设。“通知”发出后,会员单位积极响应。已上交的摄影作品充分说明,会员单位创造了许多富有特色、个性鲜明的优秀企业文化,为推动企业转型升级、实现又好又快发展发挥了重要作用。

4月

8日 中共中央政治局常委、国务院总理温家宝在浙江就经济运行情况进行调研时,到宁波海天塑机集团有限公司考察。当了解到海天塑机集团的产品远销五大洲100多个国家和地区,整机性能达到了国际先进水平,其中注塑机更是在业内排名第一时,温家宝高兴地说:“在激烈的竞争中占领市场,这条路走对了!你们要努力站上装备制造业的制高点。”

12日 全国政协提案委员会副主任、中国机械工业联合会会长王瑞祥在北京会见了中国塑料机械工业协会会长张静章。王瑞祥充分肯定了塑料机械工业在“十一五”期间所取得的成绩,他讲道,塑料机械在机械工业这个大家庭中产值占比虽然不高,但其发挥的作用还是不小的,每年创造了400亿元的产值,却撬动了1.5万亿元的塑料制品工业,其技术水平和节能环保作用明显。随着塑料在各行业的广泛应用,塑料机械一定会得到更好的发展。他还就产业结构调整、学习国外先进技术,提出了明确要求和殷切期望。

17~18日 “SAC/TC231/WG5塑料机械电气系统标准制定工作组第二次会议”暨《注塑机交流伺服驱动系统通用技术条件》行业标准征求意见稿评审会在宁波召开。中国塑料机械工业协会常务副会长钱耀恩、全国工业机械电气系统标准化技术委员会秘书长黄祖广出席会议并讲话。会议讨论通过了《注塑机交流伺服驱动系统通用技术条件》行业标准,决定上报全国工业机械电气系统标准化技术委员会审批,讨论了《工业机械电气设备系统及塑料机械计算机控制系统形象化图形符号》标准(草案)。

5月

13日 全国政协提案委员会副主任、中国机械工业联合会会长王瑞祥,国家工业和信息化部装备司副司长王富昌一行,到宁波海天塑机集团有限公司考察。两位领导对宁波海天塑机集团有限公司所取得的成绩给予充分肯定,并就推进科技创新和转型升级、努力实现"十二五"良好开局提出了新的要求,希望海天塑机集团切实当好推动行业科学发展、跨越发展的排头兵,在实现中国塑机产业由大变强的实践中不断创造新的辉煌。

14~16日 中国机械工业联合会会长王瑞祥、国家工业和信息化部装备司副司长王富昌一行,先后到广州博创机械有限公司、广东震德塑料机械有限公司、广东伊之密精密机械股份有限公司参观考察,充分体现了政府部门和上级领导对塑料机械行业的高度重视和亲切关怀,是对全行业各项工作的极大推动。

15日 中国塑料机械工业协会四届四次理事会议在广州远洋宾馆举行。会议听取了会长张静章以"在'十二五'征程中奋力开创行业发展新局面"为题的讲话,听取了常务副会长钱耀恩关于2011中国国际塑料机械产业论坛暨中国塑料机械工业协会四届三次会员代表大会议程的说明,听取了秘书长粟东平所作的协会秘书处工作报告。会议同意温州捷豪塑机有限公司、仁兴机械(深圳)有限公司、泰瑞机器制造(中国)有限公司、青岛顺德塑料机械有限公司、青岛福润德塑料挤出技术有限公司、丰铁机械(苏州)有限公司、广东联升精密机械制造有限公司、东莞信易电热机械有限公司8家单位加入中国塑料机械工业协会,同意增补大连吉润企业集团有限公司、顺德乐善机械有限公司为协会理事单位,同意增补浙江申达机器制造股份有限公司、大连三垒机器股份有限公司为协会常务理事单位,同意增补广州博创机械有限公司为协会副会长单位。

16日 2011中国国际塑料机械产业论坛暨中国塑料机械工业协会四届三次会员代表大会在广州远洋宾馆举行。全国政协提案委员会副主任、中国机械工业联合会会长王瑞祥,国家工业和信息化部装备司副司长王富昌,出席会议并作重要讲话,中国机械工业联合会执行副会长于清笈参加会议。中国塑料机械工业协会会长张静章以"共创塑机工业'十二五'发展新辉煌"为题发表讲话,常务副会长钱耀恩发布了"2011中国塑料机械行业经济发展报告"。德国机械设备制造业联合会、美国塑料工业协会、意大利塑料橡胶机械设备和模具制造厂商协会、英国塑料协会、英国塑料和橡胶研究协会、台湾区机器工业同业公会塑橡胶机械专业委员会、海天国际控股有限公司、德国长飞亚塑料机械有限公司、杜塞尔多夫展览(中国)有限公司、雅式展览服务有限公司等组织的代表,分别就世界塑料橡胶机械工业发展趋势等专题发表了演讲。

★ 大同机械集团隆重举行庆祝"大同机械新办公楼落成暨东华机械成立25周年"典礼,中国塑料机械工业协会给副会长单位东华机械有限公司专门发出贺信表示祝贺。

17日 中国塑料机械工业协会在广州琶洲展馆海天塑机集团公司展位上举行了《中国塑料机械工业年鉴》(2010年版)新书首发仪式。全国政协提案委员会副主任、中国机械工业联合会会长王瑞祥,国家工业和信息化部装备工业司副司长王富昌,中国机械工业联合会执行副会长于清笈,中国塑料机械工业协会会长张静章,机械工业信息研究院副院长、机械工业出版社副社长郭锐,出席了首发仪式。中国塑料机械工业协会常务副会长钱耀恩在首发仪式上致辞,中国塑料机械工业协会秘书长粟东平主持了首发仪式。中国机械工业联合会王瑞祥会长、国家工业和信息化部装备工业司王富昌副司长共同为《中国塑料机械工业年鉴》(2010年版)揭幕,并向中国塑料机械工业协会理事单位赠送了该书。据悉,这是王瑞祥会长第一次出席中国机械工业年鉴社的新书发布活动,体现了中国机械工业联合会主要领导对机械工业年鉴的关爱和期望。

17～20日 第25届中国国际塑料橡胶工业展览会在广州琶洲展馆隆重举行,中国塑料机械工业协会是该展会的主办单位之一。中国塑料机械工业协会会长张静章、常务副会长钱耀恩、秘书长粟东平出席了17日举行的开幕仪式,张静章致辞。

28日 中国机械工业联合会、中国汽车工业协会在北京发布了2010年中国机械工业百强企业、中国汽车工业30强企业名单。在中国机械工业百强企业中,海天塑机集团有限公司名列第49位。

★ 宁波市塑料机械行业协会召开三届四次会员大会暨三届六次理事会。会议听取了宁波市塑料机械行业协会会长张剑鸣以“争取良好开局,谋求更好发展”为题所作的工作报告。中国塑料机械工业协会常务副会长钱耀恩出席会议,并以“努力实现‘中国塑机之都’的新跨越”为题发表讲话。

31日 大连橡胶塑料机械股份有限公司与美国罗克韦尔自动化(中国)公司举行签字仪式,正式拉开了战略合作的序幕。美国罗克韦尔自动化(中国)公司将为大连橡胶塑料机械股份有限公司生产的密炼机、压延机、挤出压片机等提供标准配置服务,其全球OEM团队也将提供周到及时的服务,并以最短的供货周期满足使用需求。

6月

11日 中国塑料机械工业协会发布《关于通过检测的节能型塑料注塑成型机公告》,公布了经国家塑料机械产品质量监督检验中心根据《塑料注射成型机能耗检测和等级评定的规范》检测,达到1级节能标准的宁波海天集团股份有限公司等23家企业生产的节能型塑料注塑成型机型。

14～15日 中国塑料机械工业协会与全国橡胶塑料机械标准化技术委员会在无锡召开了《橡胶塑料注射成型机安全要求》等3项国家标准宣贯和技术研讨会议。中国塑料机械工业协会常务副会长钱耀恩、秘书长粟东平出席会议并讲话。会议期间,有关专家详细讲解了这3项国家标准的内容和要点。与会人员认真研讨了GB 22530—2008《橡胶塑料注射成型机安全要求》的实施内容,交流了该标准的实施情况和存在问题,探讨了对该标准的修订工作,并就《橡胶塑料注射成型机能耗标准》的制定工作提出了许多很好的意见和建议。

7月

1日 国家工业和信息化部发布《产业关键共性技术发展指南(2011年)》,塑料机械行业的伺服节能塑料注射成型技术、塑料微尺度制造技术、塑料精密挤出成型技术、基于拉伸流变的塑料高效节能加工关键技术等4项技术被列入该“指南”。这是塑料机械首次作为单列行业被列入《产业关键共性技术发展指南》,也是塑料机械行业8个重点产品于2010年被列入《装备产业技术进步和技术改造投资方向》后,所取得的又一重要突破,标志着塑料机械行业的发展进入了新阶段。

5日 中国塑料机械工业协会公布了“GB 22530—2008《橡胶塑料注射成型机安全要求》实施细则”,为全行业深入贯彻落实该项国家标准提供了可操作性的依据。

14日 中共中央政治局委员、广东省委书记汪洋,在广东省委常委、副省长肖志恒等有关领导的陪同下,就加快转型升级、加强社会建设专题,到广东伊之密精密机械股份有限公司调研。汪洋一行兴致勃勃地参观了生产车间,关切地询问了产品研发情况,勉励该公司在坚持自主创新方面迈出更大步伐,继续开拓进取,在做大做强、跨越发展的道路上越走越远,不断朝着国际现代化企业迈进,为地方乃至广东的经济做出更大的贡献。

26日 中国塑料机械工业协会发出通知,决定开展2011中国塑机行业优势企业排序及分析研究工作。该项工作的主要内容是，采取自愿申报的原则，参照中国企业联合会的例行做法，根据申报企业2010年完成销售收入（或营业收入），并参考其他相关指标，由相关专家组成评审委员会负责评审，再由中国塑料机械工业协会发布"2011中国塑机制造业综合实力20强企业"、"2011中国塑料注射成型机行业10强企业"、"2011中国塑料挤出成型机行业5强企业"、"2011中国塑料中空成型机行业5强企业"名单，并举行授牌仪式。同时，发布《2011中国塑机行业优势企业发展报告》。"通知"发出后，得到了会员企业的积极响应。

8月

15日　中国机械工业联合会三届理事会第四次会长会议在新疆昌吉市召开，全国政协提案委员会副主任、中国机械工业联合会会长王瑞祥在会上作重要讲话。他在讲话中指出，中国塑料机械工业协会经过积极努力，将本是规模较小的产业的发展建议列入了国家的规划中，把行业的主张上升为国家意志，提高了规划的层次和执行力，成为全行业规划体系中的亮点。

★　由中国国际贸易促进委员会与罗马尼亚驻华使馆共同组办的中国—罗马尼亚经贸论坛在北京举行。罗马尼亚总理博克、中国国际贸易促进委员会会长万季飞等出席论坛并发表演讲。中国塑料机械工业协会秘书长粟东平、协会国际合作部主任王静出席本次论坛，并同来自罗马尼亚从事进出口与分销工业产品和设备的专业公司代表进行了深入交流，积极探讨我国塑料机械产品开拓罗马尼亚市场等相关问题。

22日　中国塑料机械工业协会秘书长粟东平在中国机械工业联合会外宾室接待了日本三大银行之一的瑞穗实业银行股份有限公司产业调查部代表。粟东平秘书长介绍了我国塑料机械行业概况和发展趋势。瑞穗实业银行股份有限公司产业调查部渡边先生，围绕日本注塑机市场动向、生产商的发展与对外合作动向，以及原材料生产、塑料制品消费动向等方面，进行了详细的介绍，并通过对比中日注塑机生产商的各自优势，提出了合作的可能性。

31日　国家科技部发布《关于下达2011年度国家有关科技计划项目的通知》。震德塑料机械有限公司的伺服驱动节能注塑机、广州博创机械有限公司的节能环保注射成型设备和浙江申达机器制造股份有限公司的SE型高效精密塑料注射成型机产品被列入2011年国家重点新产品计划项目。

此外，宁波海天塑机集团有限公司等13家塑料机械行业企业的产品被列入2011年国家火炬计划项目。

9月

2~3日　国家工业和信息化部装备工业司副处长韩行、中国塑料机械工业协会常务副会长钱耀恩就企业科技创新和产品结构调整等专题，到广东金明精机股份有限公司进行实地调研。

22日　中国机械工业对外经济技术合作总公司与乌克兰技术服务公司在北京召开乌克兰敖德萨工业园区建设说明会。中国机械工业联合会执行副会长陆仁琪主持会议，中国塑料机械工业协会国际合作部主任王静与中国机械工业联合会及有关专业协会代表参加了会议。会议认为，乌克兰是我国机械工业企业实施"走出去"战略一个很好的选择，我国机械企业可以通过已有的业务联系渠道或借助行业协会的平台，利用对方的资源和市场到乌克兰发展，寻求更多的合作机会，既有利于打破贸易壁垒，又有助于实现产业转移与深度合作。

★　第11届中国塑料交易会开幕式在台州国际会展中心广场隆重举行。中国塑料机械工业协会常务副会长钱耀恩与各主办单位领导共同出席了开幕式。开幕式结束后，常务副会长钱耀恩参观了会员单位和业内企业的展台，并与部分参展人员热情交谈，观看了注塑机等塑料机械设备的现场演示。

23日 中国机械工业主题宣传活动报告会在北京隆重举行。会上，中国塑料机械工业协会会长、海天塑机集团有限公司董事长张静章和震雄集团主席蒋震博士分别荣获“装备中国功勋企业家”荣誉称号。

25日 中国走进东盟座谈会在京召开。中国—东盟商务理事会中方常务副秘书长许宁宁主持会议，中国机械工业联合会、中国机电产品进出口商会等行业协会的20余位代表参加了会议。东盟是我国塑料机械的主要出口市场之一，中国塑料机械工业协会副会长单位南京艺工电工设备有限公司作为走进东盟企业的代表也应邀出席了本次会议。会议交流了走进东盟优秀企业的成功经验，分析了中国企业在东盟投资发展过程中所存在的问题，提出了促进中国企业有效拓展东盟市场的建议。

27日 国家工信和信息化部发布《2011年国家重点产业振兴和技术改造中央投资年度工作重点》，塑料机械行业的高速、节能、全自动塑料成型机和挤出造粒机(组)作为装备制造行业重点领域装备和重点产业技术装备列入其中。

28日 中国塑料机械工业协会发出《关于在协会网站举办‘网上S展’的通知》，决定在中国塑料机械工业门户网站上举办中国塑料机械博览会(简称“网上S展”)。“网上S展”包括塑料机械、辅机及配套件、塑料原材料、模具、加工中心等5大类，参展企业可根据需要上传产品图片、企业简介和联系方式等，展会采用中英文形式，面向对象为国内外广大客户，展台集塑料原材料、塑料机械、塑料加工制品、塑料机械加工设备和模具铸造为一体，全方位地链接了塑料制品的上、中、下游产业。业内企业反映，协会的这一举措为充分展示塑料机械及相关产业产品，为树立企业品牌、进一步拓展国内外市场，搭建了一个良好的平台。

29日 大连三垒机器股份有限公司在深圳证券交易所首次公开发行A股，股票代码:002621。

10月

8日 国家科技部发布《关于发布2011年国家火炬计划重点高新技术企业评选结果的通知》，浙江申达机器制造股份有限公司、广州博创机械有限公司被评为2011年国家火炬计划重点高新技术企业。

28日 中国塑料机械工业协会网站改版升级工作业已完成。改版后的协会网站有中英文两种版面，其中，中文版有10个栏目，分别为关于协会、行业动态、政策法规、人才招聘、专家委员会、节能减排、网上S展、出版刊物、塑料加工、塑机新风采；英文版有3个栏目，分别为About CPMIA、Member List、Member News。改版后的协会网站还具有3个鲜明特点，为服务会员、服务行业提供了良好载体。

11月

14日 国家工业和信息化部发布《重大技术装备自主创新指导目录(2011年版)(征求意见稿)》，塑料机械行业的全电动智能化塑料注射成型机(微型)、大型超大注射量塑料注射成型机、汽车用多层塑料燃油箱塑料挤出中空成型机、丁基橡胶后处理生产线、双轴取向拉伸往复式高强度经纬网生产线、多层共挤纳米吹塑成套设备等6种设备，作为高端成型加工装备被列入该目录。

15日 国家工业和信息化部发布《节能机电设备(产品)推荐目录(第三批)》(征求意见稿)。该目录包括变压器、电机、低压电器、工业锅炉、塑料机械、热处理、内燃机、压缩机、制冷、泵阀、风机等11大类、60种设备(产品)。其中，塑料机械行业的塑料挤出机、伺服塑料注射成型机和全电动塑料注射成型机设备列入该目录。

16日 2011年度中国机械工业科学技术奖颁奖大会在武汉隆重举行。塑料机械行业的大连橡胶塑料机械股份有限公司"XYG—4S1300、XYG—F4S1300钢丝帘布压延生产线"荣获一等奖;东华机械有限公司"12 000kN大型橡胶机"荣获二等奖;广东伊之密精密机械有限公司的"基于嵌入式系统的实时控制压铸机的研发和产业化",东华机械有限公司的"新一代伺服节能注塑机",广州博创机械有限公司"BU系列新型锁模结构大型二板式注塑成型机"以及镇江液压件厂有限责任公司"微型摆线四五齿全液压转向器关键技术开发及产业化",分别荣获三等奖。

17日 中国塑料机械工业协会在上海召开四届四次常务理事会议。会议听取了会长张静章以"着力推动协会工作迈上新台阶"为题的讲话,听取了常务副会长钱耀恩关于四届五次理事会议议程的说明和近期工作的落实意见,听取了秘书长粟东平关于协会秘书处工作的汇报,一致同意宁波海雄塑料机械有限公司等5家单位加入中国塑料机械工业协会,决定增补泰瑞机器制造(中国)有限公司为中国塑料机械工业协会理事单位。

18日 中国塑料机械工业协会四届五次理事会议在上海召开。会长张静章首先在会上致辞并讲话,常务副会长钱耀恩作关于2011年前三季度塑机行业经济运行情况分析报告,秘书长粟东平作关于协会秘书处工作报告,宁波塑料机械行业协会、张家港市塑料(饮料)机械协会、青岛市塑料机械行业商会、大连市橡胶塑料机械协会分别介绍了工作情况。会议期间,中国机械工业联合会执行副会长陆仁琪出席会议,并作关于机械工业国际贸易情况分析和产业损害预警与维护产业安全的报告;国家塑料机械产品质量监督检验中心常务副主任郭一萍作关于实施GB22530《橡胶塑料注射成型机安全要求》情况报告。VDMA德国塑料与橡胶机械协会会长Thorsten Kuehmann(索斯藤·奎曼)先生就"德国塑料橡胶机械市场发展趋势与合作"专题,美国塑料工业协会主席William Carteaux(威廉·卡尔托)先生就"美国塑料机械工业现状及新产品新技术发展趋势"专题,分别作了演讲;杜塞尔多夫展览(中国)有限公司董事总经理Axel Bartkus(曾耀德)先生就"2013德国杜塞尔多夫国际塑料与橡胶工业展览会(K2013)"专题,雅式展览服务有限公司副总经理梁雅琪就"2012中国国际塑料橡胶工业展览会(Chinaplas2012 国际橡塑展)"专题,分别作了介绍;中国机械工业年鉴编辑委员会市场编辑曹春苗就认真做好《中国塑料机械工业年鉴》(2011年刊)的有关工作,作了专题发言。

23日 宁波海天塑机集团有限公司与浙江大学、北京化工大学完成的国家科技支撑计划项目"精密塑料注射成型装备研发及产业化",被评为2011年宁波市科技进步奖一等奖。

12月

2日 国家工业和信息化部装备司重大技术装备处副处长张荣瀚,中国塑料机械工业协会秘书长粟东平,中国资源综合利用协会技术装备委员会梁蔚秘书长等一行,到广州博创机械有限公司调研,在听取该公司总裁朱康建介绍后,就公司发展企业文化和企业融资等话题进行了深入交流,并前往生产现场观摩了全球首创四色模内成型机的生产运行情况,参观公司装配车间、零件加工中心、产品展示厅和员工餐厅等。

8日 中国工程院在北京公布了2011年增选的54名新院士名单。中国塑料机械工业协会专家委员会副主任、华南理工大学机械与汽车工程学院教授、博士生导师瞿金平成为中国工程院环境与轻纺工程学部的新晋院士。增选的54名新院士是经过两轮评审、选举、主席团审议和报请国务院备案等多个程序的严格遴选,从485名有效候选人中脱颖而出。瞿金平教授此次当选,使得中国塑料机械工业半个多世纪以来有了第一位中国工程院院士。

25日 中国塑料机械工业协会会长、海天塑机集团有限公司董事长张静章在第八届中国诚信企业家大会表彰活动中荣获"诚信中国北斗奖——2011年度中国十大诚信民营企业家",海天塑机集团有限公司荣获“信用中国七星奖——2011年度中国十大行业信用典范”。

28日 由中国塑料机械工业协会组织的“2011中国塑料机械行业优势企业排序工作”（参见中塑机协〔2011〕16号文），本着“公平、公正、自愿”的原则，根据各企业上报的2009年度和2010年度资料，经核实、公示后，正式公布“2011中国塑料机械制造业综合实力20强企业”、“2011中国塑料注射成型机行业10强企业”、“2011中国塑料挤出成型机行业5强企业”和“2011中国塑料中空成型机行业3强企业”入选名录。

★ 由大连电视台主办的“2011大连年度经济人物”揭晓暨颁奖典礼在大连广电中心举行，大连橡胶塑料机械股份有限公司董事长兼总经理洛少宁继2010年被评为“2010大连年度十大经济人物”之后，2011年再次荣获此项殊荣。

29日 广东金明精机股份有限公司首次公开发行股票，在深圳证券交易所创业板市场上市，证券号:300281。

〔供稿单位:中国塑料机械工业协会〕

附录

介绍中国塑料机械工业协会2011年工作情况，介绍塑料机械行业相关科研院所，公布工业和信息化部节能机电设备（产品）推荐目录（摘选）

2011年中国塑料机械工业协会工作概况
中国塑料机械行业科研院所介绍
工业和信息化部节能机电设备（产品）推荐目录（第三批）（摘选）

2011 年中国塑料机械工业协会工作概况

2011 年,面对错综复杂的国内外形势,我国塑料机械行业深入贯彻落实科学发展观,以"绿色发展、和谐共赢"的理念,加快技术进步与技术改造,不断推进产业结构升级,推进节能减排与安全生产,行业经济保持持续稳定发展,在"十二五"开局之年实现了产销两旺、出口增速、利润提高的喜人局面,为完成"十二五"的各项任务目标奠定了良好的基础。

与此同时,在相关业务主管部门的指导和各位常务理事的带领下,在各位理事的积极支持和广大会员单位的共同努力下,中国塑料机械工业协会秉承"服务企业、服务行业、服务政府"的宗旨,不断加强自身建设,积极开拓业务领域,提高工作人员素质和服务水平,协会工作取得了一定的成绩与进步。

一、行业发展迈上新台阶

2011 年,我国塑料机械行业完成工业总产值 464.51 亿元,工业销售产值 444.46 亿元,出口交货值 80.59 亿元,主营业务收入 454.26 亿元,利润总额 40.87 亿元,均创历史新高。随着战略性新兴产业的大力发展,塑料机械在国民经济中的杠杆效应也日渐凸显,作为重要技术装备的地位也越来越得到政府各主管部门的认可。

2011 年,中国塑料机械工业协会组织行业企业和专家向工业和信息化部、国家发展和改革委员会、科技部等主管部门申报了多个项目,积极为行业和企业发展争取有利的国家政策支持,取得明显的成效。

1. 组织开展产业共性、关键技术重点项目的研究工作

2011 年 2 月,中国塑料机械工业协会起草"塑料机械行业开展产业共性关键技术重点研究项目的情况报告",并向工业和信息化部报送了 6 个项目。2011 年 7 月,工业和信息化部正式发布《产业关键共性技术发展指南(2011 年)》,塑料机械作为复合材料制备单列行业,伺服节能塑料注射成型技术、塑料微尺度制造技术、塑料精密挤出成型技术和基于拉伸流变的塑料高效节能加工关键技术 4 个项目正式列入指南,占装备制造业 65 个项目的 6%。

2. 组织申报塑料机械行业列入《重大技术装备自主创新指导目录》(2011 年版)的产品

综合近年我国塑料机械行业自主创新产品的研制和生产情况,以及重大技术装备的研制成果,结合企业意见,协会于 2011 年 3 月向工业和信息化部申报了 9 大项目,项目初审于 11 月初完成,塑料机械作为单列行业有 7 项进入修订版《重大技术装备自主创新指导目录》。列入《重大技术装备自主创新指导目录》的塑料机械产品见表 1。

表 1　列入《重大技术装备自主创新指导目录》的塑料机械产品

产品名称	主要技术指标
全电动智能化塑料注射成型机	合模力:400 ~ 5 500kN;注射容量:19 ~ 3 000cm^3;塑化能力:3.8 ~ 70g/s;能耗:≤0.30kW · h/kg(Ⅰ级节能指标);制品重量重复精度:≤0.06%(精密级)
大型超大注射量塑料注射成型机	合模力:1 000 ~ 8 000kN;注射量:3 500 ~ 160 000g;能耗:≤0.4kW · h/kg;精度:合模位重复精度 <0.5mm,注射位置重复精度 <0.5mm

（续）

产品名称	主要技术指标
大型聚乙烯、聚丙烯连续混炼挤压造粒机组	生产能力:25万~30万t/a;转子直径:450mm;连续运行时间:8 000h/a
汽车用多层塑料燃油箱塑料挤出中空成型机	多层燃油箱层数:6层;产量≥400 kg/h;制品生产率:≥30个/h
丁基橡胶后处理生产线	机组生产能力:5万t/a;螺杆直径(公称):2~151mm;螺杆转速:30~300r/min;连续运行时间:8 000h/a
双轴取向拉伸往复式高强度经纬网生产线	频率:0~50次/min之间任意调整;网孔成型尺寸:1.5~100mm在线调节;产品抗拉强度:5~15kN/m;生产线速度:15~20m/min
多层共挤纳米吹塑成套设备	纳米成型模头最少达64层;制品厚度误差:≤±3.0%;各组分控制精度:0.1%

3. 组织申报《装备产业技术进步和技术改造投资方向(2011年)》项目

2010年,塑料机械作为单列行业有八大类产品进入目录,行业7家单位获国家专项支持资金共计3 061万元。2011年3~4月,受工业和信息化部规划司委托,中国塑料机械工业协会对塑料机械行业享受2010年国家装备产业技术进步和技术改造投资方向专项支持的企业进行了实地考察和电话沟通,并将详细的落实情况上报给工业和信息化部主管部门。

2011年,国家继续对装备产业技术进步和技术改造项目计划下拨资金150亿元,协会于3月初组织申报了12个项目。在新的投资方向目录中,塑料机械行业在2010年节能塑料橡胶注射成型机、高速节能塑料挤出机组、大型高效二板注塑机、全电动塑料注射成型机、微孔发泡塑料注射成型机、大型双螺杆挤出造粒机组、大型对位芳纶反应挤出机组和碳纤维预浸胶机组等8大项目基础上增加了“高效节能塑机”。此项目几乎涵盖所有类型的高效节能塑料机械,对我国塑料机械产业结构调整和转型升级起到较好的推动作用。

在此基础上,“高速、节能、全自动塑料成型机、挤出造粒机(组)”作为“重点领域装备和重点产业技术装备”,“高效、智能塑料成型装备”作为“重点装备自主化”列入《2011年重点产业振兴和技术改造中央投资年度工作重点》项目。

2010~2011年,塑料机械行业共获“装备制造业技术进步和技术改造”专项资金支持4 189.4万元,其中协会理事单位共获专项资金支持3 751万元,占行业所获支持总额的89.5%。

4. 组织推荐“伺服节能塑料注射成型装备”和“节能型挤出机”进入工业和信息化部《节能机电设备(产品)推荐目录(第三批)》

2011年,协会多次与国家发展和改革委员会、工业和信息化部节能司及相关落实单位进行沟通,通过分析塑料机械现有能耗水平、各环节能耗情况以及与国际同类产品的能耗比较,明确主推伺服节能技术,并提出相应的政策建议,主要包括:对伺服驱动注塑机生产企业给予增值税先征后退优惠政策;对采购伺服节能型注塑机的直接用户按配套电动机功率给予补助。同时,还推荐了18家企业的23项节能产品进入《节能机电设备(产品)推荐目录》,并组织了行业专家进行评审。

5. 组织申报智能装备项目

2011年3~4月,塑料机械行业海天塑机集团有限公司、震德塑料机械有限公司、广州博创机械有限公司、大连橡胶塑料机械股份有限公司、广东金明精机股份有限公司、广东东华机械有限公司、南京艺工电工设备有限公司、大连三垒机器股份有限公司和张家港同大机械公司等9家骨干单位申报了18个智能装备项目。在此基础上,经与行业重点骨干企业共同研究讨论,对塑料机械予以新的诠释:“作为高分子复合材料制造装备,围绕航空航天、清洁能源、高铁、汽车、医用、通信、物流、农业等行业对高分子复合材料成型的需求，开发高速、高效、节能的高分子复合材料制造装备，如高分子复合材料注射、挤出和中空成型装备等智能化生产成套工程；并具有智能成套装备的集成和应用功能，如质量在线检测、故障自诊断、修复功能和流程网络化管理等，使我国的高分子复合材料成型设备总体技术水平跻身国际先进行列，以立足于国民经济重点领域和战略性新兴产业的制高点。”2011 年 4 月，协会正式向工业和信息化部提出申请将“高分子复合材料制造装备（塑料机械）”作为单列项目纳入《国家“十二五”智能制造装备产业发展规划》。

6. 组织申报“中国机械工业科学技术奖”

协会组织会员企业申报 2011 年中国机械工业科学技术奖，并组织推荐和评审，当前初评结果已经公布，有 4 家会员单位的 5 个项目在获奖名单之列，分别是大连橡胶塑料机械股份有限公司的“XYG—4S1300、XYG—F4S1300 钢丝帘布压延生产线”（荣获一等奖），广东东华机械有限公司与德科摩橡塑科技（东莞）有限公司联合完成的“12 000kN大型橡胶机”（荣获二等奖），广东伊之密精密机械有限公司与浙江大学、杭州泛康控制技术有限公司联合完成的“基于嵌入式系统的实时控制压铸机的研发和产业化”（荣获三等奖），广东东华机械有限公司的“新一代伺服节能注塑机”（荣获三等奖），广州博创机械有限公司的“BU 系列新型锁模结构大型二板式注塑成型机”（荣获三等奖）。

7. 组织申报塑料机械行业“数控一代”装备创新工程

为加快塑料机械行业转型升级和结构调整，提升行业技术创新能力，增强塑料机械行业的国际竞争力，协会积极争取塑料机械行业作为单列行业进入工业和信息化部《“数控一代”装备创新工程》，并于 2011 年 6 月组织骨干企业推荐拟重点开发的“数控一代”创新产品，以及将《塑料机械行业拟重点开发“数控一代”创新产品报告》上报至工业和信息化部主管部门。申报的 8 个项目为塑料机械一体化数控装备、塑料机械伺服驱动及控制装备、数字化及信息化技术在橡塑机械中的深化应用、高速数控 500 成型机的开发研制、全电动注射成型机、新型数控一代注塑成型成套设备、大型挤压造粒机组数控系统开发和双向同步拉伸电池膜生产线。

8. 组织提交 2012 年《进出口税则》修订意见和关税政策意见

2010 年，在协会积极争取下，塑料机械行业企业建议增列的税目——注射吹塑机成功进入 2011 年度税则实施方案，原 8477.3000 吹塑机调整为 8477.3010 挤出吹塑机、8477.3020 注射吹塑机和 8477.3090 其他吹塑机，增加了 2 个税号。

为继续配合国家财政部关税司做好 2012 年《进出口税则》修订工作，协会于 2011 年 6 月就修订了 2012 年塑料机械产品进出口税则税目以及关税政策建议，向各会员单位征求意见，并就我国塑料机械进出口税号与国际标准统一的问题与德国 VDMA 进行了充分的交流。

9. 向商务部提交印度贸易政策审议

2011 年 5 月和 8 月，中国塑料机械工业协会先后向中国机械工业联合会、商务部提交“关于印度对华注塑机反倾销案的报告”，明确提出印度方在此案处理过程中存在的问题，号召我国塑料机械企业在竞争日趋激烈的国际市场中充分了解国际规则，主动维护自身权益，避免进口方为保护其国内市场而错用、滥用国际规则；不能仅是被动地应诉国外对我国产品的反倾销，更应主动出击，了解国外企业向我国出口过程中是否存在倾销问题，并合理合法地利用国际规则采取相应措施。

10. 推动落实行业相关标准工作

2011 年 6 月，协会与全国橡胶塑料机械标准化技术委员会在无锡市联合召开《橡胶塑料注射成型机安全要求》、《橡胶塑料注射成型机通用技术要求》、《橡胶塑料注射成型机检测方法》等 3 项国家标准的宣贯和技术研讨会议，使企业全面了解和充分理解并有效使用这些标准。当前，单螺杆塑料挤出机的新行业标准也在审批过程中，通过后将代替

1996 年的旧行业标准，这些标准有助于注塑机和挤出机企业深入开展安全与节能工作。

11. 其他重要事件

2011 年 9 月，中国塑料机械工业协会会长、海天塑机集团董事长张静章和震雄集团主席蒋震博士荣膺“装备中国功勋企业家”称号。

2011 年 9 月 29 日，协会常务理事单位大连三垒机器股份有限公司在深圳证券交易所首次公开发行 A 股；12 月 29 日，协会副会长单位广东金明精机股份有限公司首次公开发行股票，证券号 300281。

2011 年 8 月 31 日，在科技部《关于下达 2011 年度国家有关科技计划项目的通知》（国科发计〔2011〕420 号）中发布了国家星火计划、火炬计划、重点新产品计划、软科学研究计划立项结果，并公布了相关名单，塑料机械行业多家企业的产品被列入其中。2011 年国家重点新产品计划项目（塑料机械部分）见表 2。2011 年国家火炬计划立项项目（塑料机械部分）见表 3。

表 2　2011 年国家重点新产品计划项目（塑料机械部分）

企业名称	项目名称
佛山市顺德区震德塑料机械有限公司	伺服驱动节能注塑机（EM80—SVP ~ EM2600—SVP）
广州博创机械有限公司	节能环保注射成型设备（BS60 ~ BS1680，BU1000 ~ BU3500，BM150 ~ BM1680）
浙江申达机器制造股份有限公司	SE 型高效精密塑料注射成型机

表 3　2011 年国家火炬计划立项项目（塑料机械部分）

企业名称	项目名称
张家港市同大机械有限公司	TDB—2000L 吹塑托盘专用制造装备
泰瑞机器制造（中国）有限公司	TRX2200J 塑料管件专用注塑机
浙江申达机器制造股份有限公司	适用 IT 和汽车行业的高速高效薄壁注塑机产业化
雁峰集团有限公司	节能环保型平面凸轮四梭圆织机
宁波弘讯科技有限公司	塑料机械伺服节能控制系统
宁波海天塑机集团有限公司	MA 伺服节能塑料注射成型机
山东通佳机械有限公司	PLA 聚乳酸全降解发泡片材生产技术及装备产业化
广州博创机械有限公司	高精度节能复合液压注射成型机产业化

2011 年 10 月 8 日，科技部发布的《关于发布 2011 年国家火炬计划重点高新技术企业评选结果的通知》公告：2011 年国家火炬计划重点高新技术企业评选工作已经结束，共评选出 598 家企业。其中，塑料机械行业的浙江申达机器制造股份有限公司和广州博创机械有限公司被评为“2011 年国家火炬计划重点高新技术企业”。

在推动行业经济建设的同时，协会还组织行业企业开展“中国塑机新风采”摄影比赛，在业界广泛征集展示企业文化的优秀作品，并通过网站、会刊、会议等多种渠道进行展播，在行业内掀起一股推动现代企业文明建设的新风尚。

二、行业服务领域实现新开拓

1. 协会会刊内容更为丰富

2011 年，协会会刊《中国塑机》出版 6 期，共刊登各类新闻信息近 500 篇。2011 年《中国塑机》的特点：

（1）开辟专栏报道。2010 年德国 K 展期间，协会组织行业骨干企业领导和专家共 43 人前往参观，并在 2011 年《中国塑机》第一期上开辟专栏“K 展掠影”，将此行了解到的国外同行的发展情况以及国内企业参展产品进行了集中报道。

（2）出版中英文特刊。为了让国内外用户更直接有效地了解国内塑料机械行业及其企业情况，为协会会员单位创造更多走出国门的机会，打造好会员单位名片，2011 年第二期会刊借“Chinaplas 国际橡塑展”的契机，以中英文对照形式出版，并在展览会和协会主办的国际论坛上赠送给国外企业及参会代表。

(3)采集大量国际行业信息。为了丰富会刊内容，同时也为了让会员单位加强对国外塑料机械行业新产品、新技术的了解，每月从国外行业相关网站和刊物上采集大量国际塑料机械行业信息，编译后刊登在会刊及协会网站上。

2. 协会网站换新颜

2011 年，为了更好地服务行业，协会网站进行了全新改版。现网站有中英文两种版面，其中中文版有 10 个栏目：关于协会、行业动态、政策法规、人才招聘、专家委员会、节能减排、网上 S 展、出版刊物、塑料加工、塑机新风采；英文版有 3 个栏目：About CPMIA、Member List、Member News。

改版后的网站有 3 个特点：

(1)采用中英文对照形式广泛宣传会员单位。除能在协会会员、网络会员栏目中找到会员名录外，还可在英文版的“Member List”栏目查看会员单位的简介和联系方式，为国内外行业人士及用户了解协会会员提供一个良好的平台。还可在“企业新闻”和“Member News”栏目中查看会员单位的最新动态。

(2)“塑机新风采”、“网上 S 展”、“出版刊物”、“行业动态”、“节能减排”栏目各有侧重又相互补充，从不同角度对行业进行宣传。

(3)重视人才发展和协会工作透明化。通过“人才招聘”栏目为广大企业用人和社会求职搭建起一座沟通的桥梁。同时，协会的所有发文均可在“协会公文”栏目中查阅和下载。

3. 行业统计数据进一步细化

协会秘书处按月、按季度将国家统计局的统计数据和海关的塑料机械产品进出口数据进行定期分析和发布，以供会员参考。但由于国家统计局提供的行业数据较宏观，没有具体的企业信息，因而协会在进行行业分析时难以把握企业的实际发展情况，仍需要依靠协会会员的力量来弥补统计数据的不足。对此，2011 年年初，协会启动了“2010 年会员企业主要经济指标”统计工作，共有 29 家企业参与了此项统计。在此基础上，从 7 月起，秘书处又组织开展了“2011 中国塑机行业企业排序及分析研究工作”，为政府部门了解塑料机械行业情况、进行宏观决策、指导塑料机械行业发展提供准确依据；为协会及时掌握企业经济运行的准确信息，争取政府部门更多关注和政策扶持，着力推进行业做大做强提供客观依据；同时也为 2011 年行业评优活动，以及出具企业排名、新产品、新技术等相关证明提供基本依据。

4. 国际交流与合作打开新局面

2011 年 5 月 18 日，协会组织召开了“2011 中国国际塑料机械产业论坛暨四届三次会员代表大会”。会议邀请了全国政协提案委员会副主任、中国机械工业联合会会长王瑞祥以及国家工业和信息化部装备工业司副司长王富昌出席会议并作重要讲话，还邀请到德国机械设备制造业联合会(VDMA)、美国塑料工业协会(SPI)、意大利塑料橡胶机械设备和模具制造厂商协会(ASSOCOMAPLAST)、英国塑料联合会(BPF)、英国橡胶和塑料研究协会(RAPRA)、台湾区机器工业同业公会(TAMI)塑橡胶机械专业委员会等国际组织和兄弟协会负责人就世界塑料机械现状、发展趋势及绿色节能等发表演讲。通过此次会议，国际同行及组织充分认识到中国塑料机械工业协会具有强大的凝聚力，并纷纷表示希望保持多方面的联系，共同加强行业国际交流与合作。

此外，国内多个对外组织也主动与协会加强联系。2011 年，协会秘书处组织行业相关企业参加了多次国际会议，例如，乌克兰工业园区建设说明会、与日本三大银行之一——瑞穗实业的交流会、中国—罗马尼亚经贸洽谈会、中英尖端工程峰会、中国—奥地利经贸洽谈会及国际商会贸易融资峰会等，扩大了行业与国际组织和企业交流的机会，为塑料机械企业创造了开展国际合作和开拓国际市场的新契机。

在专业展会方面，协会不仅从会员角度出发，切实发挥中国国际塑料橡胶工业展（Chinaplas）主协办单位的作用，为参展会员单位广泛争取参展优惠、向主承办方雅式展览服务有限公司提交会员单位对展会的意见和建议，着力促进提高展会展品档次和服务水平；进一步加强同国际展会主办单位的合作，组织业内企业“走出去”参加国际展会，开拓国际市场。

三、会员队伍吸收新力量

2011年，共有13家企业向协会提交申请，并通过理事会审议正式成为协会会员。这些企业是温州捷豪塑机有限公司、仁兴机械（深圳）有限公司、泰瑞机器制造（中国）有限公司、青岛顺德塑料机械有限公司、青岛福润德塑料挤出技术有限公司、丰铁机械（苏州）有限公司、广东联升精密机械制造有限公司、东莞信易电热机械有限公司、宁波海雄塑料机械有限公司、约翰内斯·海德汉博士（中国）有限公司、大连德通橡塑机械有限公司、宁波伟力机器人科技有限公司和东莞艾尔发自动化机械有限公司。

四、秘书处自身建设得到加强

在服务行业持续发展的工作中，中国塑料机械工业协会也在不断加强自身队伍建设。当前，协会有专职工作人员6名，兼职工作人员4名（包括会计1名、在读研究生3名）。

在增加秘书处专职工作人员的同时，协会更加注重提高员工的全面业务素质，提高服务能力。为此，秘书处先后安排人员参加“战略性新兴产业发展规划政策分析暨新兴产业项目资金申报专题研讨班”、“节能减排国家专项资金申报暨‘十二五’节能减排规划与产业发展专题研讨班”、“中小企业扶持政策解读研讨班”；在会长单位的大力支持下，顺利完成了新员工赴宁波的实习，使新员工在学习塑料机械基础理论知识、了解产品主要部件及设备生产组装过程、掌握日常工作必备的基础技能等方面得到了比较系统的培训。

当前，世界经济的复苏存在诸多不稳定和不确定因素，塑料机械行业也将面临新的机遇和挑战。为此，协会要始终保持清醒的头脑，准确判断和把握形势，增强忧患意识，深入贯彻落实科学发展观，加强服务职能，提高服务实效，团结全行业的力量，推进塑料机械行业又快又好地发展。

〔撰稿人：中国塑料机械工业协会　粟东平〕

中国塑料机械行业科研院所介绍

北京化工大学塑料机械及塑料工程研究所

北京化工大学塑料机械及塑料工程研究所（以下简称研究所）创建于1993年，其创始人为我国聚合物加工领域的著名学者朱复华教授。在朱复华教授的领导下，研究所在人才培养、团队建设、科技创新和成果转让等方面取得了显著成效，为研究所的发展奠定了坚实的基础，并确立了面向国家重大需求、研发成套工程技术和装备的立所之本。

研究所依托“化工过程机械”国家重点学科、

“机械设计及理论”北京市重点学科、“动力工程及工程热物理”一级学科博士点，开展人才培养和学科建设。中国塑料机械行业专家委员会秘书处设在该研究所。

当前研究所有员工30余人，包括5名教授、12名副教授。50%以上的教师具有博士学位。研究所拥有近百名研究生，以及一些具有企业工作背景的工程技术人员，具有很强的科技创新能力。

在过去的10年中，研究所承接并完成了200余项科技项目，包括国家自然科学基金项目、国家科技支撑计划项目、国家“863”项目、省部级科技计划项目，以及与国内外企业间的合作项目。获得国家科技进步奖二等奖1项、省部级科技奖励10余项。研究所的科技成果转化及技术服务能力在国内聚合物加工领域享有盛誉。

研究所的主要研究领域包括：聚合物加工原理、聚合物加工技术及装备、精密加工技术及装备、聚合物微纳制造技术及装备等。研究所的可视化系列实验装备及研究成果在国内外有较高的知名度，在单螺杆、双螺杆挤出理论方面自成体系。在精密挤出原理及装备、三螺杆挤出装备、挤胀成型原理及装备、天然高分子材料挤压原理及装备、超高分子量聚乙烯成型技术、木塑复合材料制品成型等方面的研究具有特色。在新型功能材料、软硬共挤医用高分子材料、光导纤维、木塑复合材料、阻燃复合材料等方面有卓越的建树。在塑料微发泡材料制备技术、纳米—聚合物复合材料制备技术、塑料注塑CAE等方面具有良好的研究基础。在塑料机械先进控制技术、基于PLC的塑料生产机械控制技术、基于统计过程控制技术、基于以太网和互联网的网络控制技术等方面具有特色。

研究所努力建设“治学严谨、学术平等”的所风，崇尚“科学求真、技术求精、成果求新、服务求诚”的科研价值观，坚持“塑造卓越，机变求新”的立所理念，营造“志存高远、锐意进取、团队协作、诚信待人”的文化氛围。

研究所与美国、英国、日本、加拿大、俄罗斯、乌克兰、荷兰、以色列、澳大利亚等国家及中国香港、台湾地区的科研单位及知名企业建立了学术及科技合作关系。

华南理工大学聚合物新型成型装备国家工程研究中心

华南理工大学聚合物新型成型装备国家工程研究中心（以下简称工程中心）于1998年2月经原国家计划委员批复组建，依托于华南理工大学，是相对独立的具有法人资格的从事技术研究开发及成果转化的经济实体，其企业名称是广州华新科实业有限公司。

工程中心的主要任务是紧紧围绕我国国民经济各个领域对聚合物成型加工产业提出的要求，开展聚合物加工新技术、新设备的工程化研究，搭建科研与产业之间的“桥梁”，促进科研成果向现实生产力转化。主要工作涉及新技术工程化研究及验证、技术示范基地建设、技术服务和技术人才培养等。

“十一五”期间，工程中心把握国家工业节能降耗的发展趋势，以解决我国聚合物加工产业可持续发展急需的共性技术问题为目标，重点开展聚合物高效、节能成型加工技术及装备的研究，成功开发了一系列聚合物高效节能加工装备并实现产业化，其中包括塑料动态塑化挤出机、聚合物及其复合材料三螺杆动态混炼挤出机、塑料脉动压力诱导注塑机、物理场强化在线配混注射成型设备、聚合物动态流变工作站、叶片式塑料塑化挤出机和叶片预塑式塑料注射机等。新技术产品由多家塑料机械制造企业生产、销售，在国内近 30 个省、市、自治区推广应用，社会效益和经济效益显著。

“十二五”期间，工程中心将继续在学术带头人瞿金平院士的带领下，开拓创新，奋勇前进，把工程中心建设推向更高阶段、更高水平。

工业和信息化部节能机电设备（产品）推荐目录（第三批）（摘选）

序号	设备名称	型　号	主要技术参数	适用范围	执行标准
1	塑料挤出机	SJ—120＊30	螺杆直径：120mm；长径比：30；实测比功率：0.348kW/(kg/h)	汽车、电子电器、日用轻工、航空航天、医药卫生及包装等领域	JB/T 8061—1996《单螺杆塑料挤出机》；相关指标：名义比功率≤0.47kW/(kg/h)
		SJ—150＊30	螺杆直径：150mm；长径比：30；实测比功率：0.375kW/(kg/h)		
		M3B—1700Q	螺杆直径：60mm；长径比：30；实测比功率：0.32kW/(kg/h)		
		JG SJ—75/33	螺杆直径：75mm；长径比：33；实测比功率：0.21kW/(kg/h)		

（续）

序号	设备名称	型　号	主要技术参数	适用范围	执行标准
2	伺服塑料注射成型机	UN90SM、UN160SM、UN200SM、UN260SM、UN320SM、UN400SM、UN480SM	锁模力：900～4 800kN；能耗值：0.20～0.37kW·h/kg	汽车、电子电器、日用轻工、航空航天、医药卫生、包装及军工等领域	GB/T 15320—2001《节能产品评价导则》，《塑料注射成型机能耗检测和等级评定的规范》；相关指标：注塑机能耗等级1级≤0.4 kW·h/kg，注塑机能耗等级2级≤0.55kW·h/kg
		EM80—SVP、EM120—SVP、EM150—SVP、EM180—SVP、EM220—SVP、EM260—SVP、EM320—SVP、EM400—SVP、EM480—SVP、EM560—SVP	锁模力：800～5 600kN；能耗值：0.21～0.34kW·h/kg		
		BT—80S、BT—120S、BT—150S、BT—200S、BT—260S、BT—320S、BT—380S、BT—480S、BT—560S、BT—650S、BT—780S	锁模力：600～10 000kN；能耗值：0.27～0.36kW·h/kg		
		D250、D1800	锁模力：2 500～18 000kN；能耗值：0.32～0.37kW·h/kg		
		TRX80/300M	锁模力：800kN；能耗值：0.38kW·h/kg		
		MA600/100、MA600/150、MA900/260、MA1200/370、MA1600/540、MA2000/700、MA2500/1000、MA2800/1350、MA3200/1700、MA3800/2250、MA4700/2950、MA5300/4000、MA6000/4000u、MA7000/5000u、MA8000/6800u、MA9000/6800u、MA10000/8400u、MA12000/8400u、MA13000/10500u、MA14000/10500u、MA16000/13700u、MA18500/13700u、MA21000/15800u、MA24000/15800u、MA24000/35000u、MA28000/31000u、MA28000/48000u、MA28000/58000u、MA33000/58000u、MA40000/89000u	锁模力：600～40 000kN；能耗值：0.30～0.40kW·h/kg		
		BL160EK、BL200EK	锁模力：1 600～2 000kN；能耗值：0.30～0.35kW·h/kg		
		HDJS50、HDJS78、HDJS88、HDJS128、HDJS168、HDJS208、HDJS258、HDJS288、HDJS328、HDJS388、HDJS438、HDJS538、HDJS588、HDJS658、HDJS768、HDJS880	锁模力：500～8 800kN；能耗值：0.27～0.36kW·h/kg		
		SE90、SE130、SE160、SE220、SE280、SE330、SE380、SE480、SE580、SE680、SE780、SE1000、SE1250、SE1500、SE1800、SE2200、SE2800	锁模力：900～28 000kN；能耗值：0.29～0.38kW·h/kg		
		90Se、130Se、160Se、190Se、260Se、320Se、380Se、450Se、500Se、600Se、750Se、1000Se、1250Se、1800Se、2200Se、2800Se、4000Se	锁模力：900～40 000kN；能耗值：0.21～0.36kW·h/kg		

（续）

序号	设备名称	型号	主要技术参数	适用范围	执行标准
2	伺服塑料注射成型机	ST1800Se、ST2200Se、ST3150Se	锁模力：18 000 ~ 31 500kN；能耗值：0.36kW·h/kg	汽车、电子电器、日用轻工、航空航天、医药卫生、包装及军工等领域	GB/T 15320—2001《节能产品评价导则》，《塑料注射成型机能耗检测和等级评定的规范》；相关指标：注塑机能耗等级1级≤0.4 kW·h/kg，注塑机能耗等级2级≤0.55kW·h/kg
		SP120A	锁模力：118kN；能耗值：0.36kW·h/kg		
		JS300	锁模力：294kN；能耗值：0.35kW·h/kg		
		GEK60/S、GEK80/S、GEK100/S、GEK120/S、GEK150/S、GEK180/S、GEK220/S、GEK250/S、GEK280/S、GEK360/S、GEK400/S、GEK450/S、GEK530/S、GEK600/S、GEK720/S、GEK850/S、GEK1080/S、GEK1350/S、GEK1800/S、GEK2200/S	锁模力：600 ~ 22 000kN；能耗值：0.27 ~ 0.38kW·h/kg		
		PT80、PT130、PT160、PT200、PT250、PT320、PT400、PT480、PT560、PT650、PT850、PT1000、PT1300	锁模力：800 ~ 13 000kN；能耗值：0.24 ~ 0.34kW·h/kg		
		HMD88M6—S、HMD128M6—S、HMD168M6—S、HMD218M6—S、HMD268M6—S、HMD320M6—S、HMD400M6—S、HMD500M6—S、HMD680M6—S	锁模力：880 ~ 6 800kN；能耗值：0.27 ~ 0.38kW·h/kg		
		PD60—KX、PD80—KX、PD88—KX、PD98—KX、PD118—KX、PD128—KX、PD148—KX、PD168—KX、PD188—KX、PD218—KX、PD238—KX、PD268—KX、PD288—KX、PD328—KX、PD369—KX、PD398—KX、PD468—KX、PD538—KX、PD688—KX、PD788—KX、PD1088—KX、PD1288—KX、PD1388—KX、PD1688—KX、PD2088—KX、PD2888—KX	锁模力：600 ~ 28 880kN；能耗值：0.31 ~ 0.38kW·h/kg		
3	全电动塑料注射成型机	VE400、VE600、VE900、VE1200、VE1500、VE1900、VE2300、VE3000、VE4100、VE5000	锁模力：400 ~ 5 000kN；能耗值：0.18 ~ 0.25kW·h/kg	汽车、电子电器、日用轻工、航空航天、医药卫生、包装及军工等领域	GB/T 15320—2001《节能产品评价导则》，《塑料注射成型机能耗检测和等级评定的规范》；相关指标：注塑机能耗等级1级≤0.4kW·h/kg，注塑机能耗等级2级≤0.55kW·h/kg